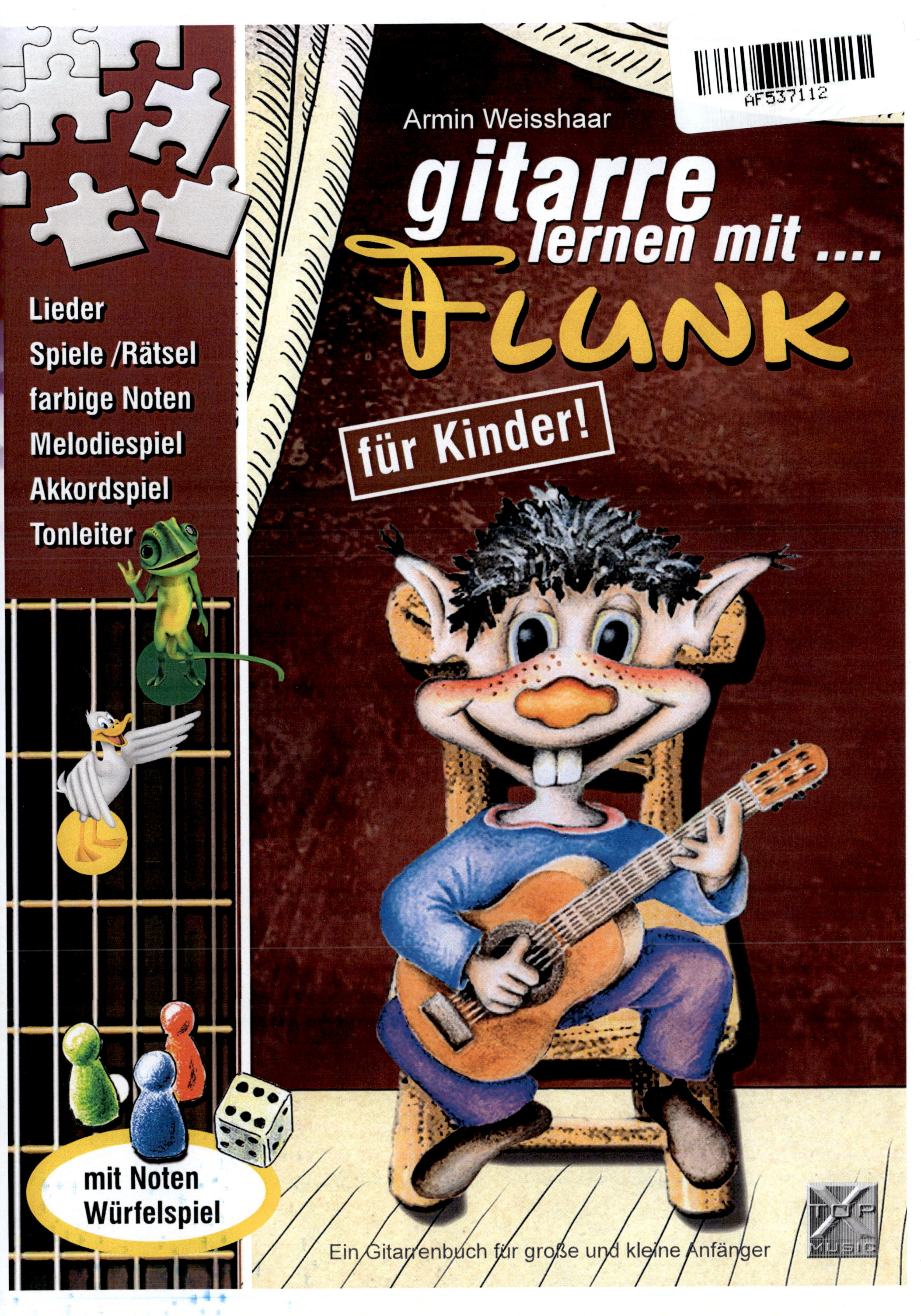
Armin Weisshaar
gitarre lernen mit ....
FLUNK
für Kinder!
Lieder
Spiele /Rätsel
farbige Noten
Melodiespiel
Akkordspiel
Tonleiter
mit Noten
Würfelspiel
Ein Gitarrenbuch für große und kleine Anfänger
TOP MUSIC

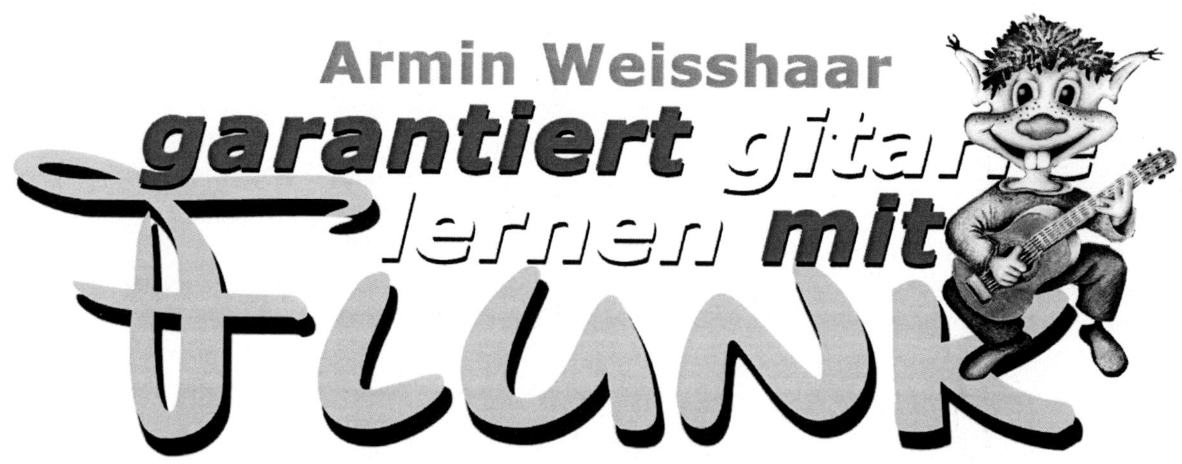

Ein Gitarrenbuch für kleine und große Anfänger mit vielen Liedern, Spielen und Rätsel

Idee/Konzeption: Armin Weisshaar

Texte & Geschichten: Armin Weisshaar

Bilder & Illustrationen: Claudia Hahn / Armin Weisshaar / Fotolia

Layout, Noten- und Textsatz: A.W.V. Verlag, 78052 Villingen-Schwenningen

CD-Recording: TopX Studios by Armin Weisshaar

Printed in Germany

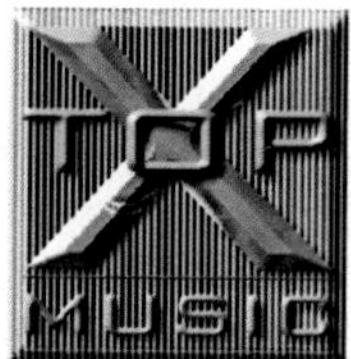

Top X Musikverlag
Epfentalstrasse 3
78052 Villingen-Schwenningen
www.topxmusic.de

Best.-Nr. TX88901

Anhang

Geschichten, Spiele und Rätsel

Zeichenerklärung:

(G) = **Geschichten**
(SP) = **Spiele**
(R) = **Rätsel**
(M) = **Malen**

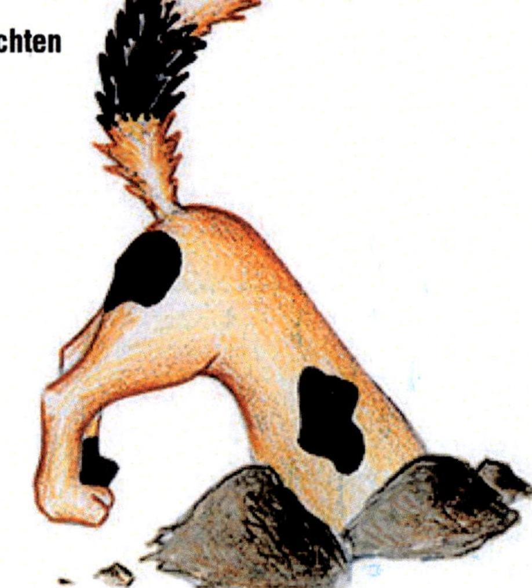

Lieber Lehrer, liebe Eltern,

Musik ist wie eh und jeh ein wichtiger Bestandteil unseres Lebens und ein unabdingbarer Teil aller Kulturen.

Wer Musik macht, kann Etwas, was heutzutage sehr wichtig ist. Er kann zuhören, Spaß haben und vor allem in der Gruppe und mit Freunden gemeinsam Musizieren. Mit etwas Glück kann sogar noch mehr daraus werden und vielleicht wird das Musizieren sogar einmal zum Beruf.

Diese Gitarrenschule wendet sich an alle, die **Gitarre**, **E-Gitarre** oder auch **Bass** spielen wollen.

Die einzigartige Idee des Buches ist für Gitarrenfreunde ab 6 Jahren gedacht, kann jedoch vom musikalisch-inhaltlichen Aspekt gesehen auch von jugendlichen und erwachsenen Anfängern verwendet werden. Die Schule enthält zudem viele Anregungen und Spielstücke für den Gruppenunterricht, wobei der Lehrer selbst auch als weiterer Spieler für die Akkordbegleitung beim Musizieren mit in den Unterricht eingebunden werden kann.

Mehr als 70 Kinderlieder, darunter auch bekannte Musikstücke, klare Lernziele, übersichtliches Notenbild, sinnvolle Spielübungen und Rätsel verhelfen dem Schüler und dem Lehrer zu einem erfolgreichen Unterricht.

Farbige Noten und Tiere: Die farbigen Noten und das Notenlernen mit den Tieren, sollen den Kindern im Vorschulalter, aber auch den Schülern denen das Noten lesen Schwierigkeiten bereitet als Lernunterstützung dienen. Dabei werden die farbigen Punkte (kann man handelsüblich kaufen) bei der entsprechenden Note aufgeklebt.

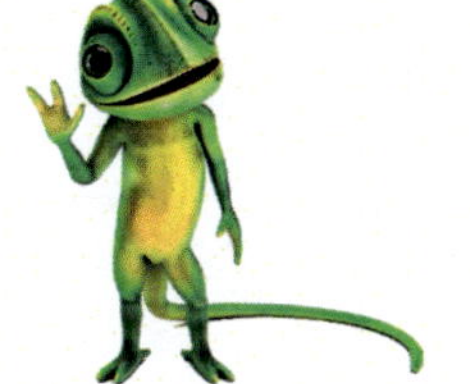

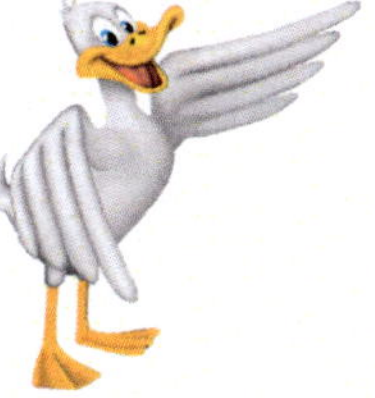

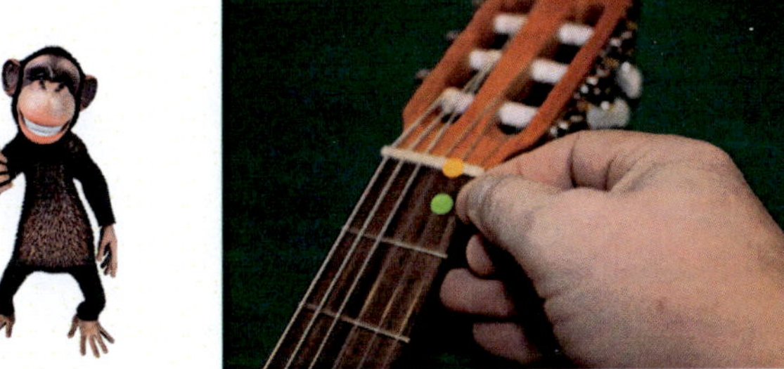

Berge und Wasser: Das Zeichnen der Berge und des Wassers kann jederzeit in den Unterricht eingebaut werden. Bei vielen Übungen in diesem Buch sind diese Beispiele schon miteingebaut.

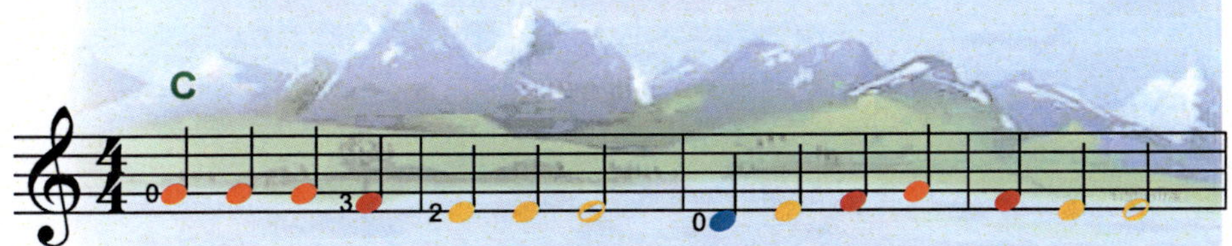

Es soll dem Schüler das Erkennen der hohen und tiefen Noten erleichtern. Und außerdem macht es noch jede Menge Spass!!

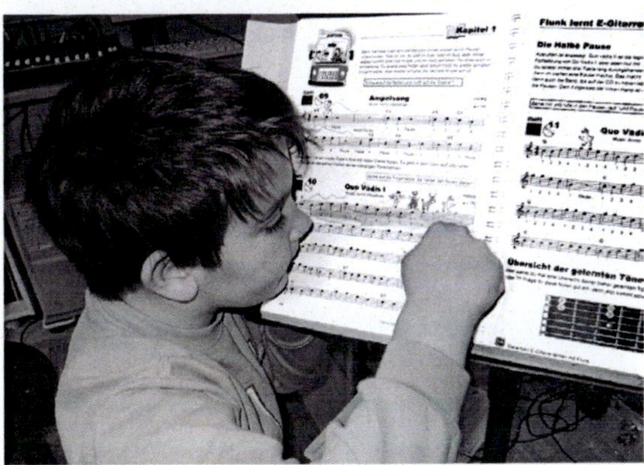

Viel Spass am Musizieren wünscht Euch

ARMIN WEISSHAAR

Hallo Gitarrenschüler,

ich bin Flunk, der Kobold und möchte mit dir zusammen das Gitarrenspiel erlernen. Ich begleite dich mit meinen Freunden Gräslin, dem Zauberer, der frechen Maus Sally und dem tollpatschigen Krokodil Koko in die Welt der Musik. Dabei erleben wir eine Menge Abenteuer und haben auch jede Menge Spass. Bereits nach kurzer Zeit wirst du Lieder auf der Gitarre spielen und zur **Begleit-CD** mitspielen können.

Wir nehmen dich mit auf eine musikalische Reise mit über **70 Kinderliedern.** Du wirst auf der Gitarre Melodien nach Noten spielen und mit einfachen Akkorden, Lieder begleiten lernen. Und zum krönenden Abschluß erhältst du noch eine persönliche Gitarren-Urkunde.

Übrigens: Gebt nicht gleich auf, wenn etwas auf Anhieb nicht klappt. Es ist schließlich noch kein Meister vom Himmel gefallen. Ihr werdet merken, dass ich ab und zu auch meine Problemchen habe. Aber jetzt genug gequatscht. Folge mir auf den nächsten Seiten.

Euer

FLUNK

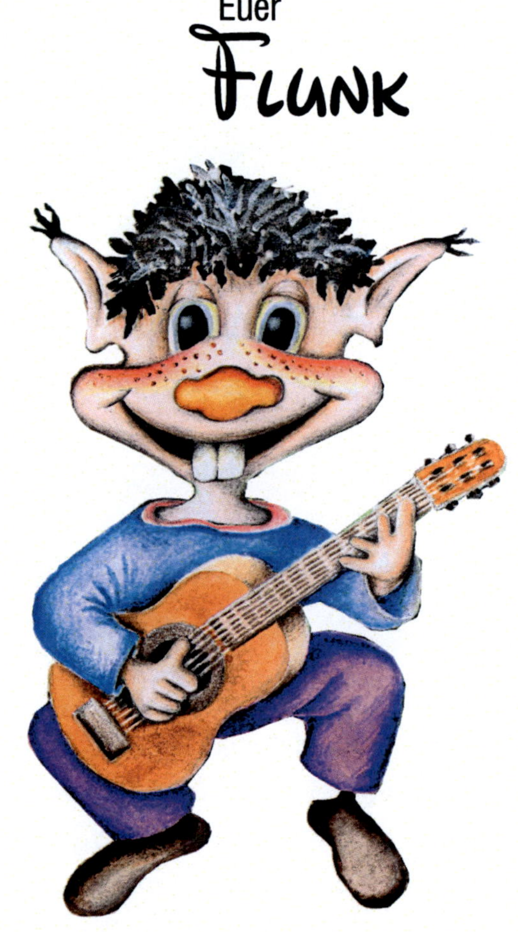

Dieses Buch gehört

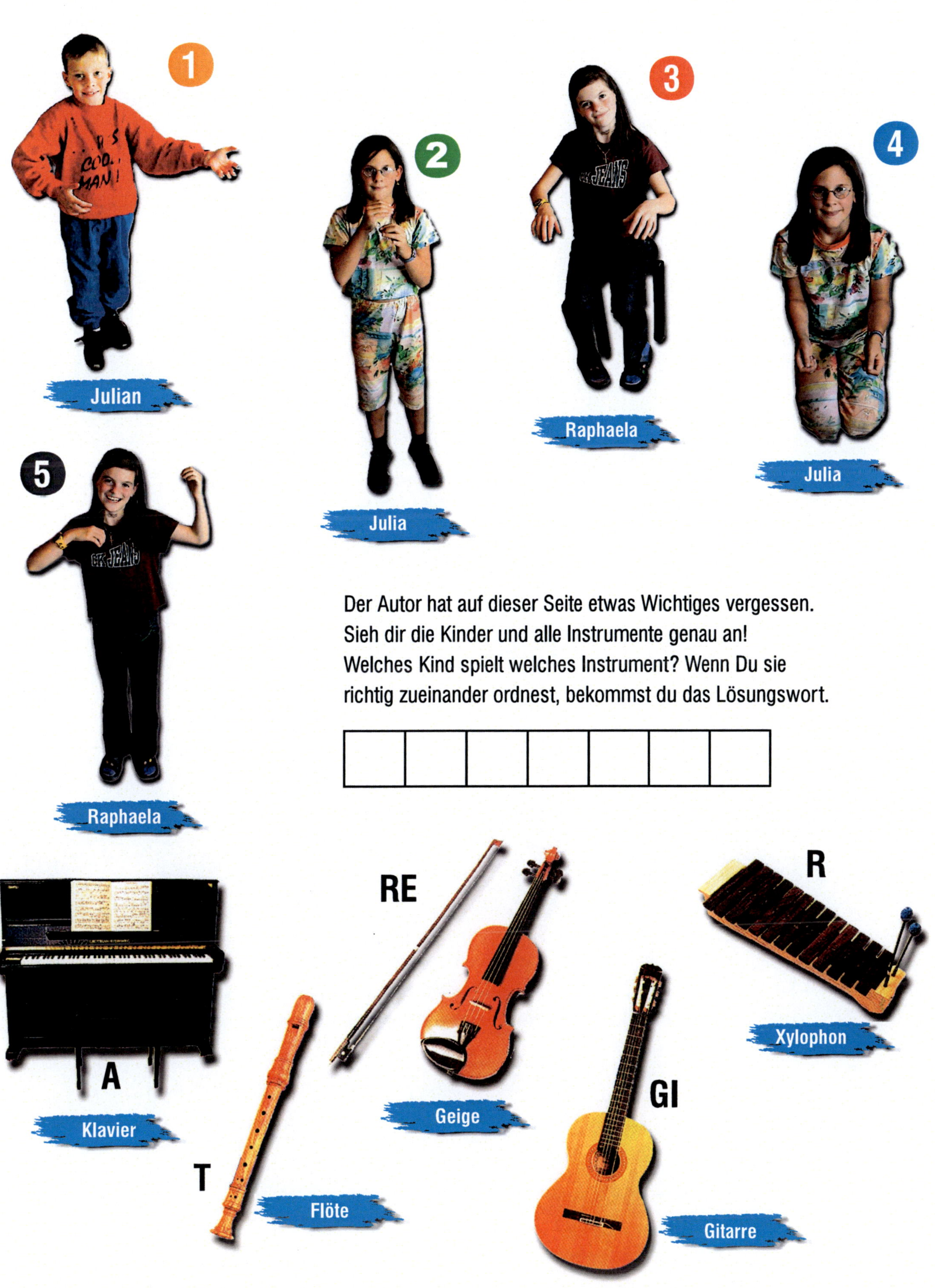

Der Autor hat auf dieser Seite etwas Wichtiges vergessen. Sieh dir die Kinder und alle Instrumente genau an! Welches Kind spielt welches Instrument? Wenn Du sie richtig zueinander ordnest, bekommst du das Lösungswort.

Die Gitarre

Du hast doch bestimmt in einem Musikgeschäft oder einem Prospekt schon einmal eine Gitarre gesehen. Hier siehst du ein Bild mit einer Konzert-oder Klassikgitarre und den wichtigsten Bezeichnungen. Flunk hat sich das Foto gleich an seine Zimmerwand geheftet, so dass er die Bezeichnungen nicht vergisst.

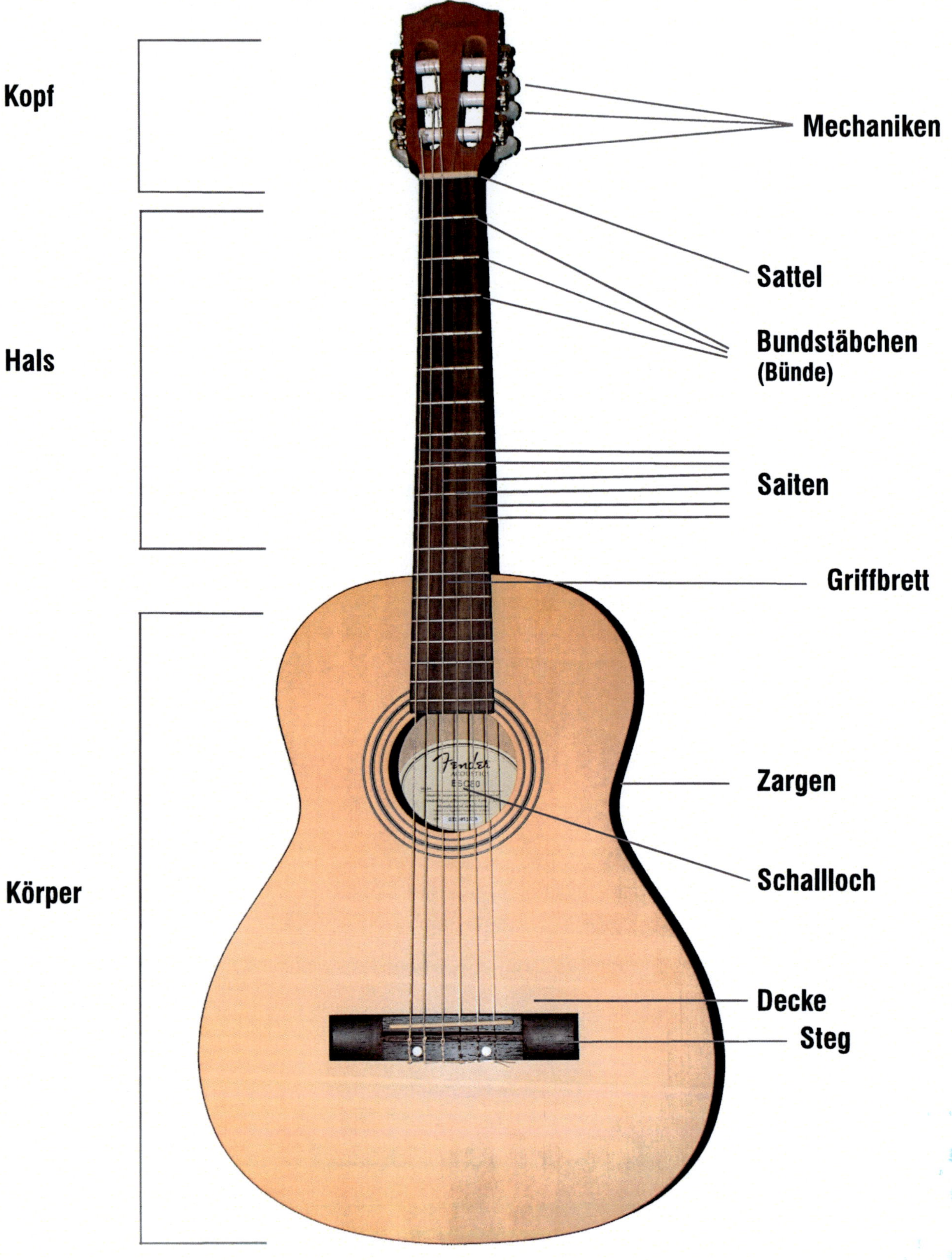

Gitarrenfreak

Man kann die Gitarre aber auch mit einem Menschen vergleichen, denn sie hat auch einen Kopf, einen Hals und einen Körper. Flunk hat es dir einmal aufgezeichnet. Meinst du nicht auch, dass der Mann eine gewisse Ähnlichkeit mit deinem Lehrer hat?

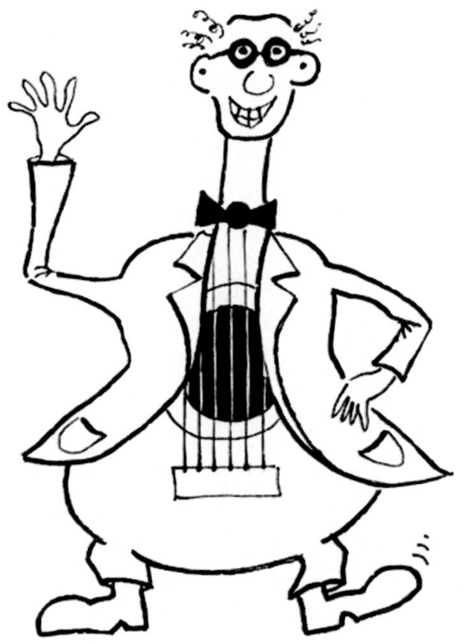

Übung:

Versuche einmal selbst eine Gitarre zu zeichnen.
Flunk hat schon mal mit dem Körper angefangen.

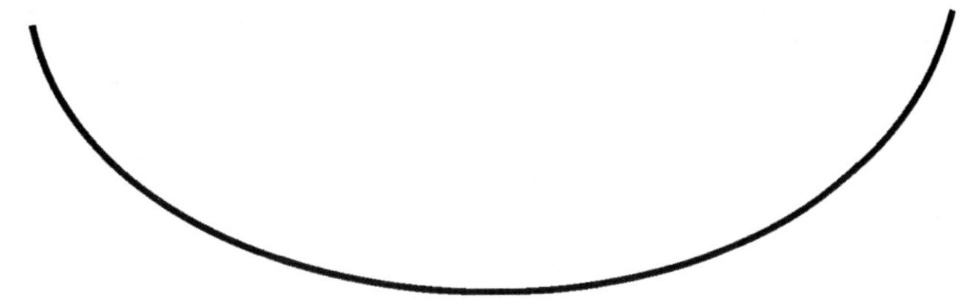

Die ersten Versuche

Alles fing an im Sommer letzten Jahres. An einem Samstagmorgen waren Flunk, Sally und Gräslin in der Stadt um einen kleinen Einkaufsbummel zu machen. Neue Schuhe für Flunk, dessen Füße wieder gewachsen waren und neue Klamotten für Sally, die wieder einmal sämtliche Pullover, Hemden und Hosen angefressen hatte, sollten her. Eigentlich nichts ungewöhnliches, denkt ihr jetzt bestimmt. Es ist eigentlich ja auch nichts besonderes, einen Einkaufsbummel zu machen. Das passiert Woche für Woche. Wären da nicht diese Musiker gewesen, die in der Innenstadt gespielt haben.

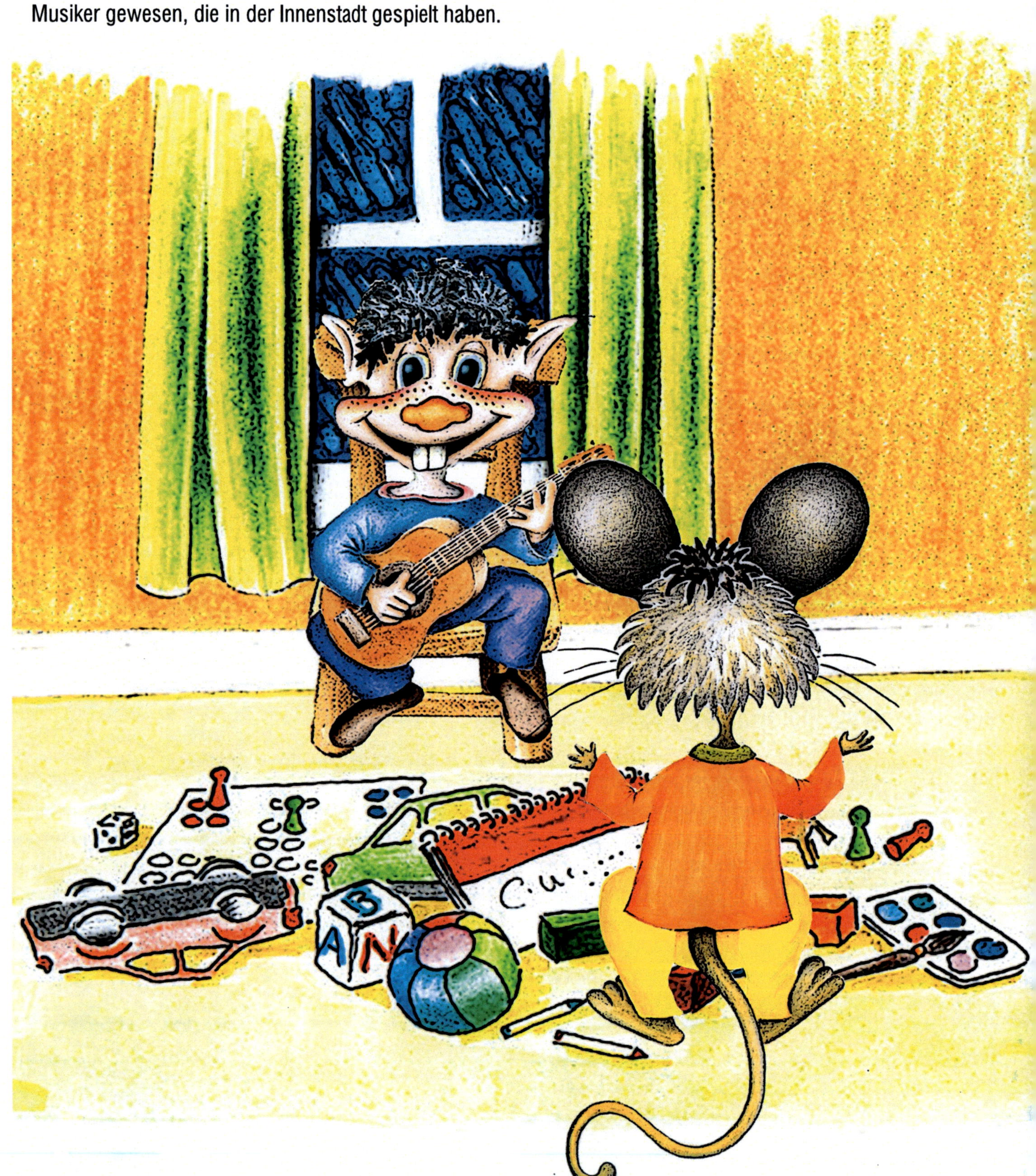

Mit ihren Instrumenten und ihren Liedern, die in die Beine gingen, hatten sie innerhalb kurzer Zeit die Zuhörer wie eine Traube um sich versammelt und in wahre Begeisterungsstürme versetzt. Und da war noch dieser Wahnsinnsgitarrist, der ein Soli nach dem anderen spielte. Dieser hatte es Flunk ganz besonders angetan. Von diesem Tag an wollte Flunk Gitarre lernen. „So möchte ich auch einmal spielen können", hatte er zu den anderen gesagt. Am Weihnachtsfest hättet ihr Flunk dann erleben sollen. Mit leuchtenden Augen ist er auf den bunt geschmückten Baum zugelaufen und hat sein riesiges Päckchen oder besser gesagt sein riesiges Paket aufgerissen und seine funkelnagelneue Gitarre ausgepackt. Seitdem sitzt er fast in jeder freien Minute in seinem Zimmer und übt. Ab und zu schaut auch einmal Sally oder Gräslin vorbei. Die halten es aber meistens nicht sehr lange aus, denn so richtig schöne Melodien kann Flunk natürlich noch nicht spielen, aber es ist ja bekanntlich noch kein Meister vom Himmel gefallen. Mit der linken Hand tut er so als würde er Töne oder Akkorde greifen und mit dem rechten Daumen schlägt er alle sechs Saiten runter und dann wieder hoch. „Oh jeh, jetzt klimpert er wieder", sagt Sally dann meistens und Flunk ist beleidigt. Denn eines müßt Ihr Euch merken: **Künstler vertragen ungern Kritik.**

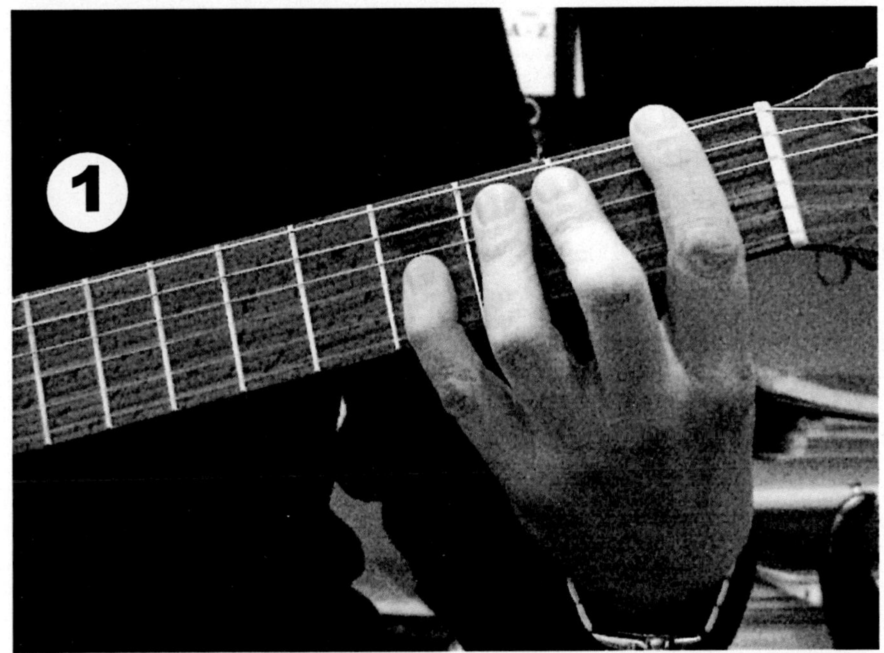

Übung 1:

Wenn ihr wissen wollt, wie Flunks Geklimper klingt, dann probiert es doch einfach einmal selbst aus. Legt die Finger der linken Hand wie auf Bild No.1 auf das Griffbrett. Mit der rechten Hand schlagt ihr wie auf den Bildern 2, 3 und 4 mit dem Daumen nach unten. Na, jetzt könnt ihr Euch ja denken, wieso es Sally und Gräslin nie lange ausgehalten haben.

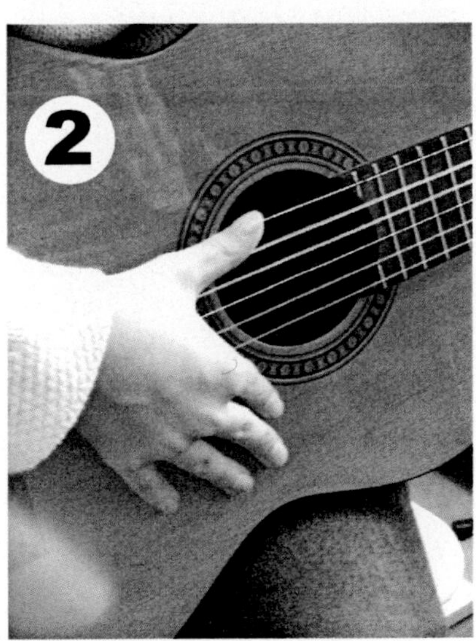

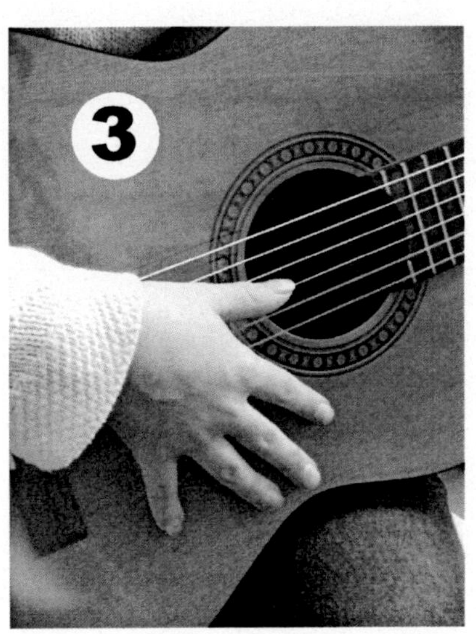

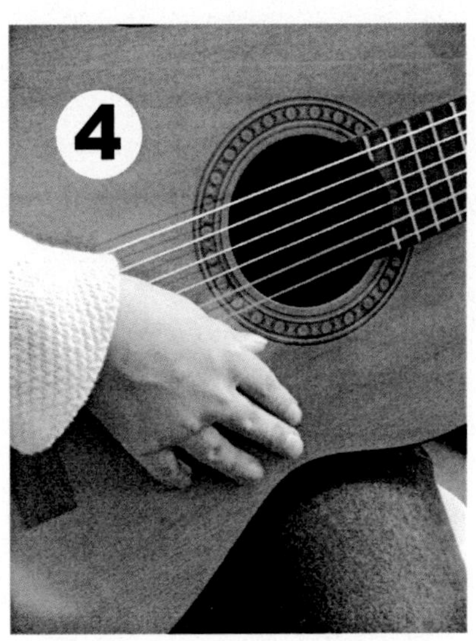

Übung: Flugzeug

Manchmal macht Flunk mit seiner Gitarre auch Quatsch. Wie vor ein paar Tagen, als Sally in sein Zimmer kam. „Sally", sagte er, „ich zeige dir einmal wie wir mit unserer Zeitmaschine in die Zukunft reisen". Das ist nämlich sein größter Wunsch. Er würde gerne zusammen mit seinen Freunden in einer Zeitmaschine reisen und große Abenteuer erleben. Dabei schlägt er mit dem Daumen seiner rechten Hand die tiefe E-Saite an und fährt mit dem Zeigefinger der linken Hand vom Sattel aus bis hin zum Ende des Griffbrettes. „Wow", ruft Sally ganz begeistert, „das hört sich ja echt an, als ob ein Flugzeug oder eine Zeitmaschine startet." Probiert es doch selber einmal aus und ihr werdet merken, wie sich der Ton von Bund zu Bund verändert.
Auf den nebenstehenden Bildern seht ihr wie es gemacht wird.

Also merkt euch: Im ersten Bund (beim Sattel) klingt der Ton am tiefsten und am Ende des Griffbrettes am höchsten.

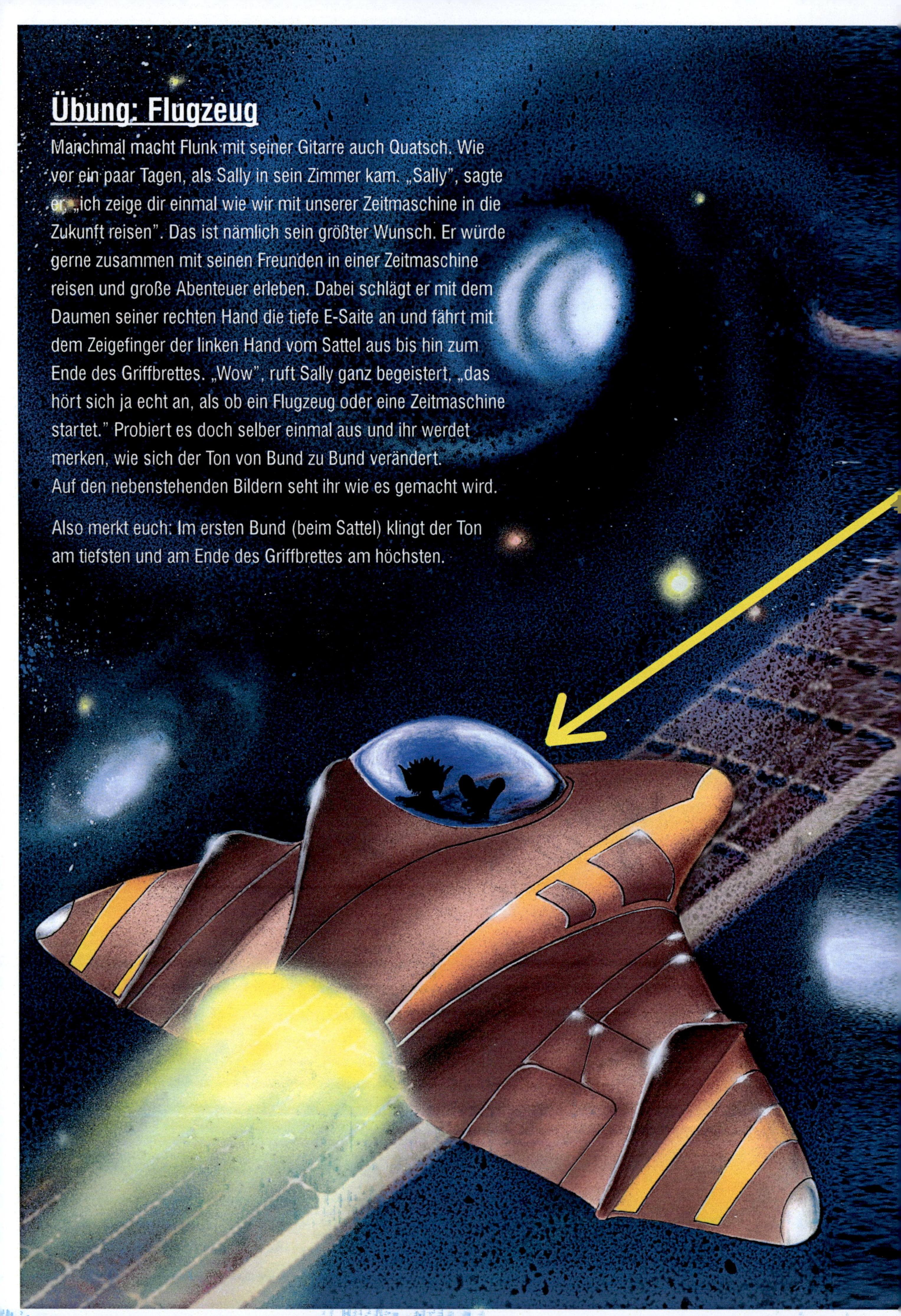

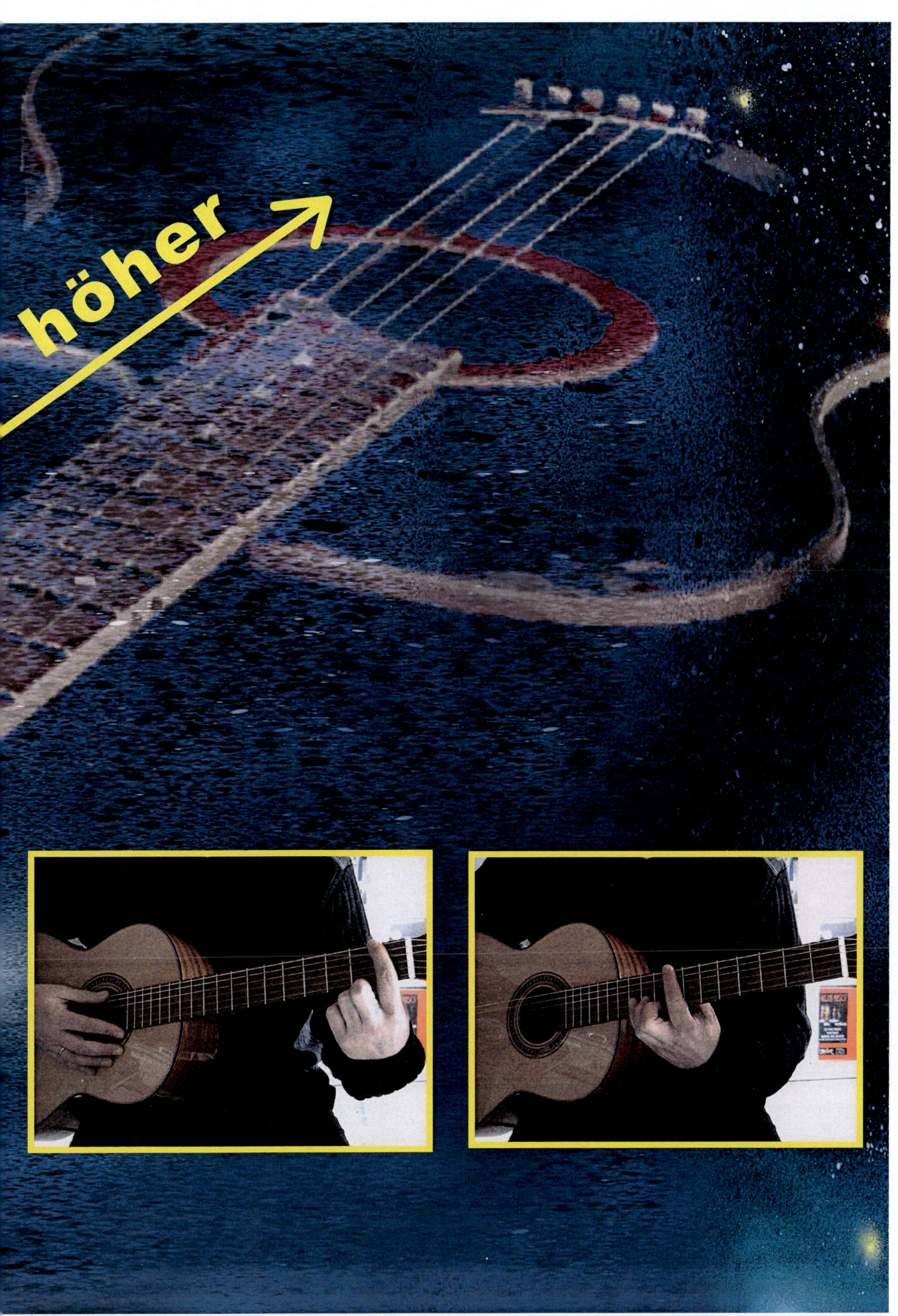
höher

Das Werbeplakat

Gerade wollen Flunk und Sally die Bäckerei Semmelbrösel betreten, da fällt Ihnen ein riesiges rotes Plakat auf. Ganz aufgeregt liest Flunk „Jetzt anmelden für die neuen Kurse. Individuell gestalteter Einzel und Gruppenunterricht in Gitarre, Bass, Keyboard, Akkordeon, Schlagzeug und vieles mehr." „Mensch Flunk", sagt Sally und zwinkert mit ihren Augen. „Jetzt hast du endlich jemanden, der dir das Gitarrenspiel professionell beibringen kann". Schnell rennen die beiden nach Hause um es Gräslin zu erzählen. Der steht aber bereits mit einer Zeitung unter dem Arm vor der Tür. „Stell dir vor Flunk, ich habe dich heute an der Musikschule angemeldet." „Äähm", stottert Flunk, „Woher hast du gewußt, dass die Musikschule neue Kurse anbietet?" „Tja," lacht Gräslin und zeigt mit seinem Finger auf eine Anzeige in der Zeitung. Flunk und Sally schauen sich an und Gräslin schmunzelt. „Ich war halt einfach ein bißchen schneller als Ihr."

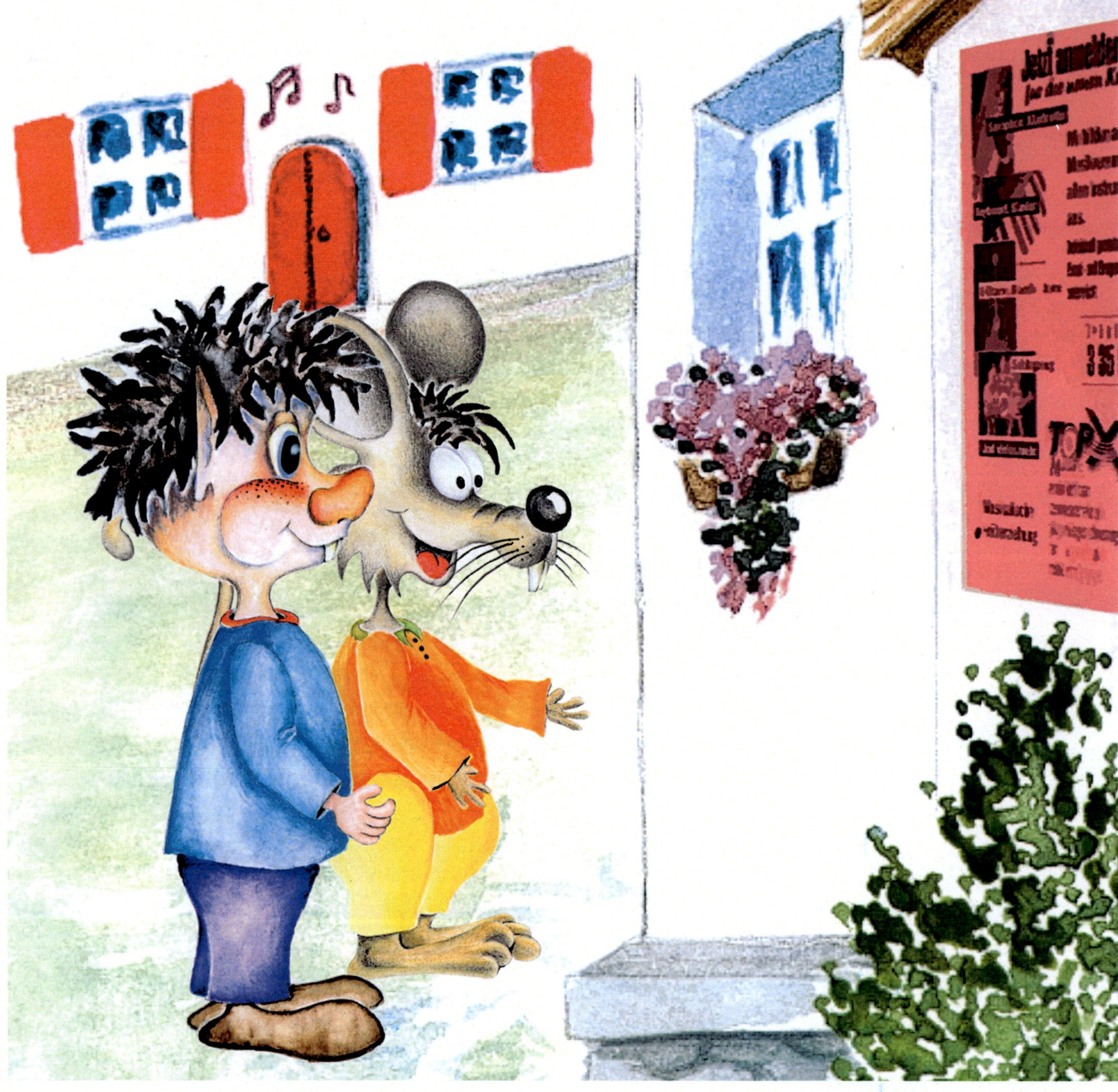

Die erste Gitarrenstunde

Flunk hat seine erste Gitarrenstunde. Er kann es kaum erwarten und macht sich auf den Weg zur Musikschule. Unterwegs trifft er Janosch, der ihm aus dem Fenster zuwinkt. „Hallo Flunk“, ruft er, „kommst du mit auf den Fußballplatz? Wir treffen uns alle dort”. „Ja natürlich“, erwidert Flunk, „ich komme nach dem Gitarrenunterricht vorbei. Willst du nicht mit mir zum Gitarrenunterricht mitkommen?”, lacht Flunk. Aber Janosch will einfach noch nicht so richtig. Vielleicht fängt er ja doch in nächster Zeit an, denkt sich Flunk und läuft weiter. „Also bis nachher“, ruft ihm Janosch noch hinterher. Vor der Musikschule steht schon Herr Pauli, das ist Flunk's Gitarrenlehrer und wartet auf ihn. Er zeigt ihm die ganze Musikschule mit all den Räumen und Instrumenten. Flunk ist ganz aufgeregt. So viele verschiedene Instrumente hat er noch nie gesehen. Vom Keyboard über Gitarre und Verstärker bis hin zum Schlagzeug steht alles in den verschiedenen Unterrichtsräumen. „Als erstes zeige ich dir, wie man überhaupt einmal eine Gitarre hält”. Herr Pauli nimmt Flunk in einen Raum mit, dort haben gerade Julia und Rafaela Gruppenunterricht. Die strahlen über beide Ohren und zeigen Flunk die verschiedenen Gitarren und wie sie gehalten werden.

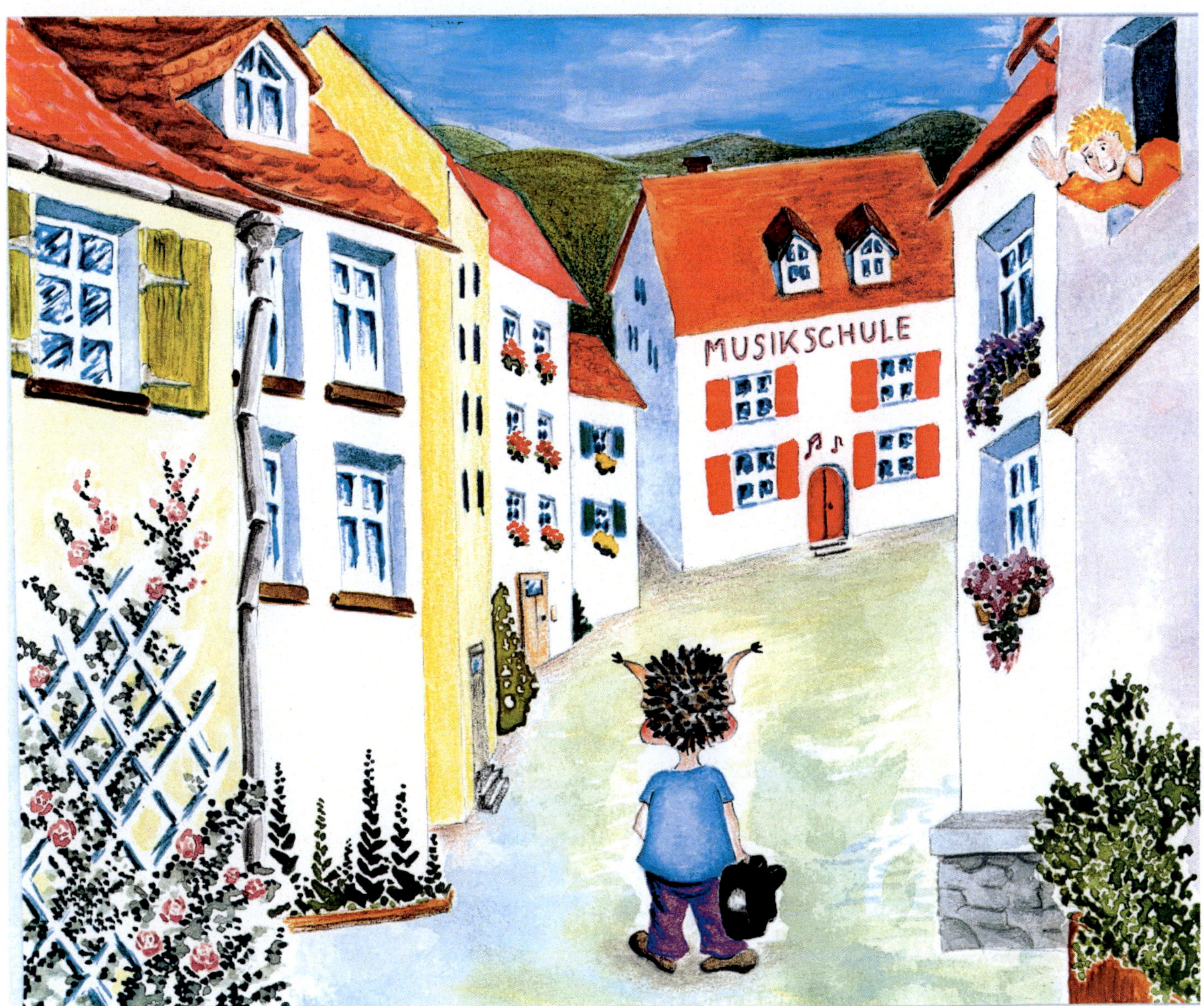

Welche Gitarre!!

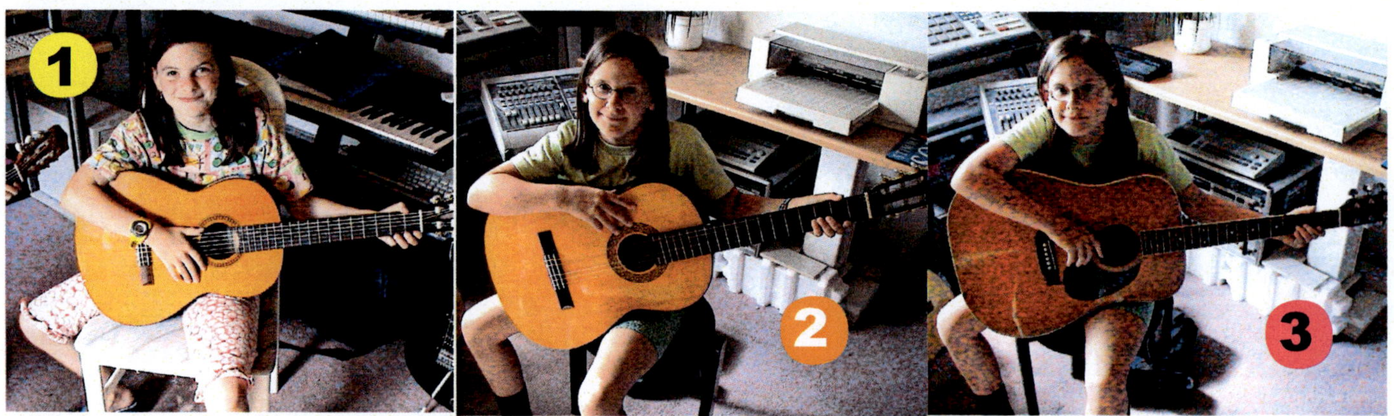

Auf dem **Bild No.1** siehst du Raphaela (9 Jahre) mit einer **klassischen Konzertgitarre.**
Sie spielt eine 3/4 tel Gitarre, die ist etwas „kleiner" und Raphaela kann mit ihren Fingern locker und bequem um den Hals greifen. Die Saiten sind aus Kunststoff (Nylon) und lassen sich sehr gut spielen. Auf dem **Bild No.2** siehst du Julia (9 Jahre) die zusammen mit Raphaela Gruppenunterricht hat. Sie spielt eine normale Konzertgitarre. Auf dem **Bild No.3** spielt Julia eine **Folk- oder Westerngitarre**. Diese hat Stahlsaiten und die liegen viel enger beieinander als die Nylonsaiten bei der klassischen Gitarre. Sie ist deshalb auch etwas schwerer zu spielen und eignet sich am besten für Liedbegleitung z.B. mit Akkorden oder für Rocklieder.

Klassik- und Westerngitarre

Auf dem Bild links siehst Du den Hals einer **Klassikgitarre** und rechts daneben den einer **Westerngitarre**. Hierbei ist deutlich erkennbar, daß der Hals der Klassikgitarre wesentlich breiter ist und die Saiten weiter auseinander liegen, als bei einer Westerngitarre.

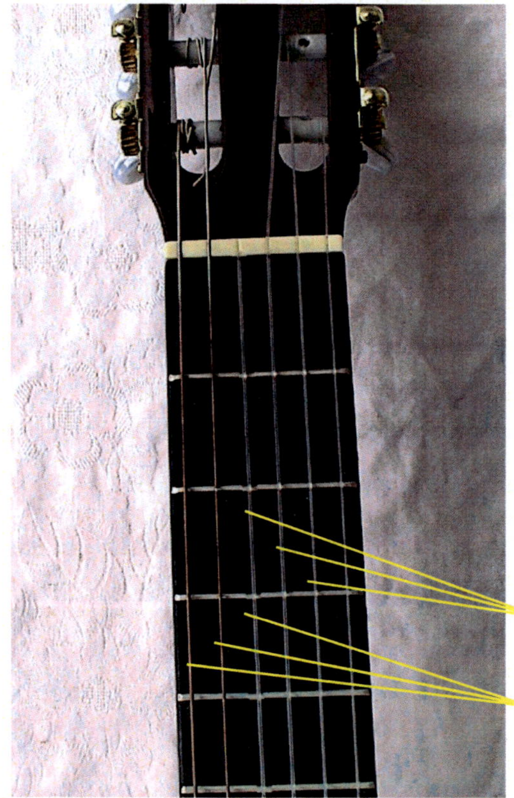

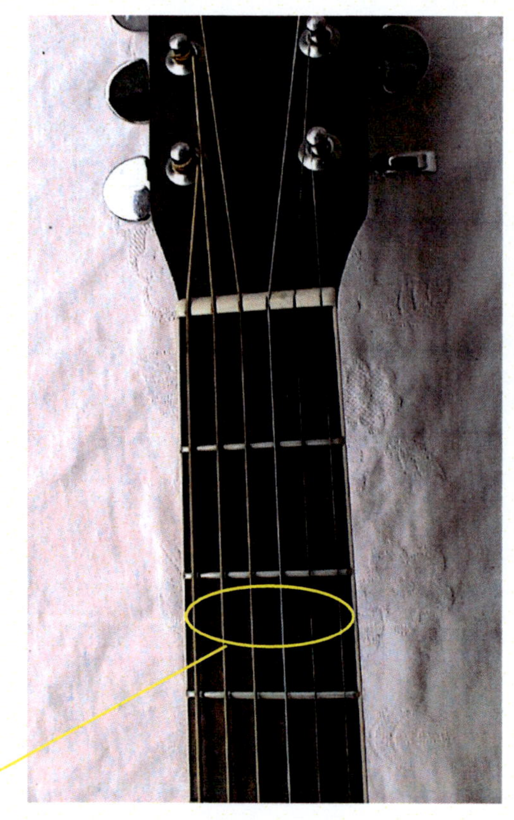

Die Haltung der Gitarre

Im Laufe der Zeit wirst du für dich selber die beste Gitarrenposition herausfinden.

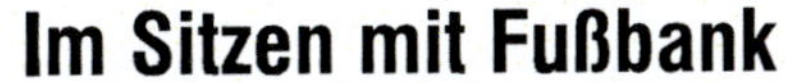

Im Sitzen mit Fußbank

Im Sitzen und Abstützen des Fußes mit einer Fußbank hast du eine stabile Sitzposition und die Gitarre sitzt in der Mitte des Körpers.

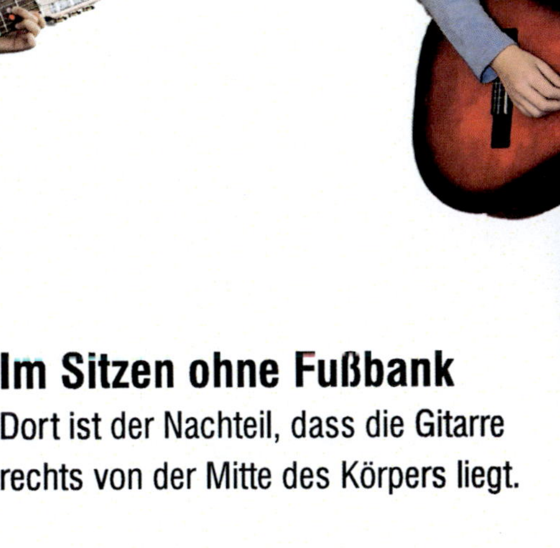

Im Sitzen ohne Fußbank

Dort ist der Nachteil, dass die Gitarre rechts von der Mitte des Körpers liegt.

Im Stehen mit Gurt

Der Vorteil liegt darin, dass du eine aufrechte Haltung hast während als Nachteil Verspannungen im Schulterbereich auftreten können.

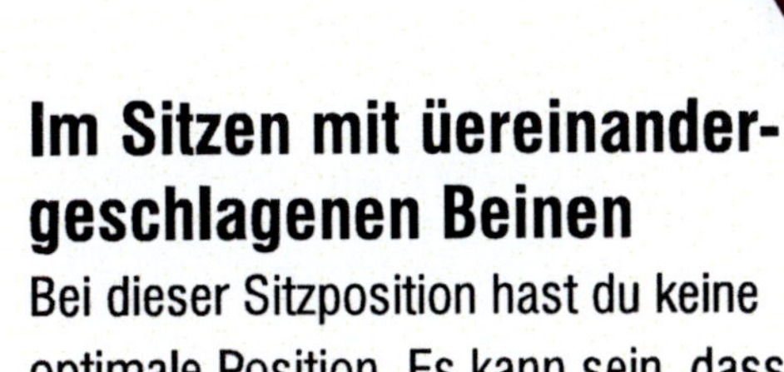

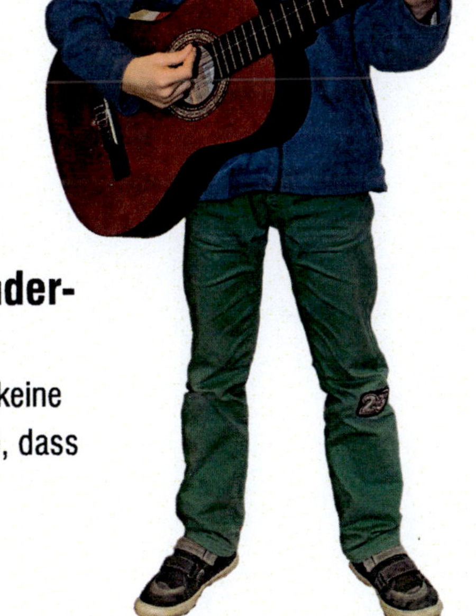

Im Sitzen mit üereinandergeschlagenen Beinen

Bei dieser Sitzposition hast du keine optimale Position. Es kann sein, dass dein rechtes Bein einschläft.

Natürlich gibt es viele Möglichkeiten, die Gitarre zu halten. Hier zeigen dir ein Kinder aus der Musikschule ein paar Beispiele, die durchnummeriert sind. Was meinst Du? Wie hält man eine Gitarre richtig?

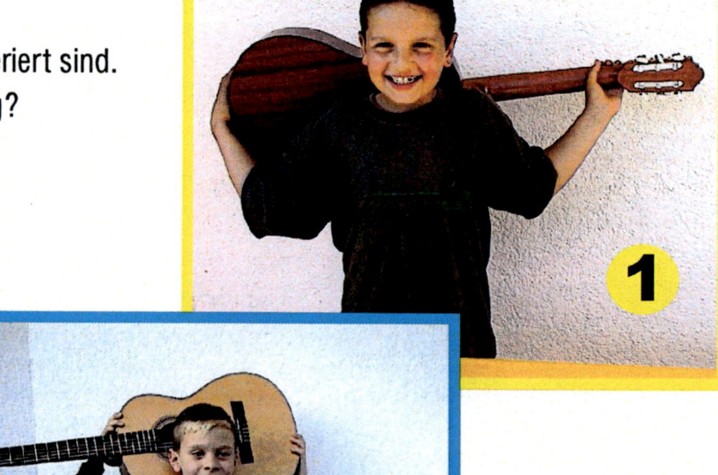

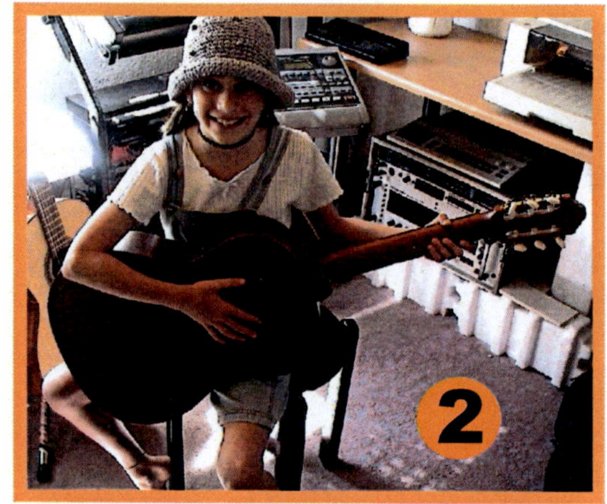

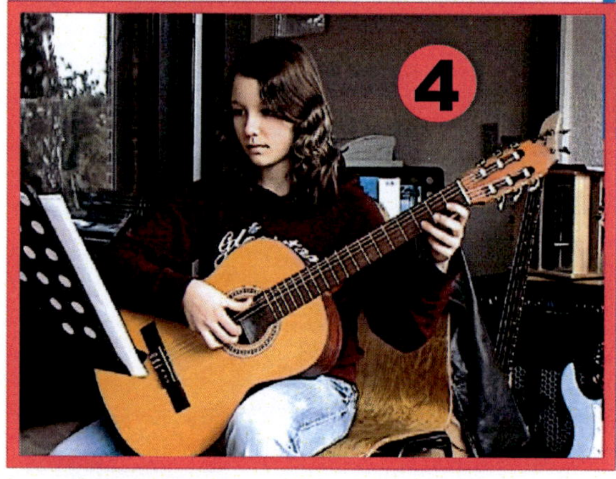

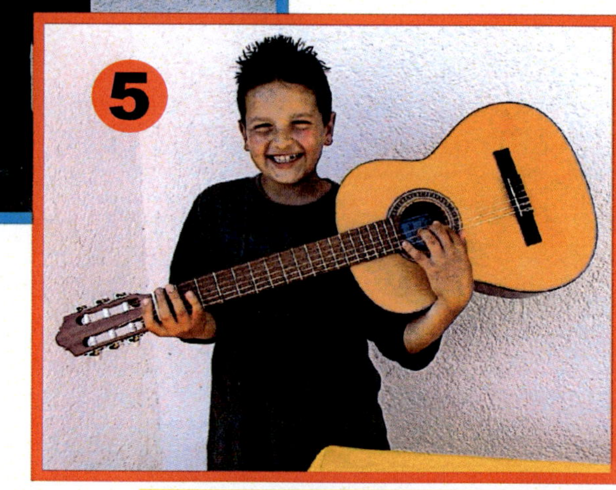

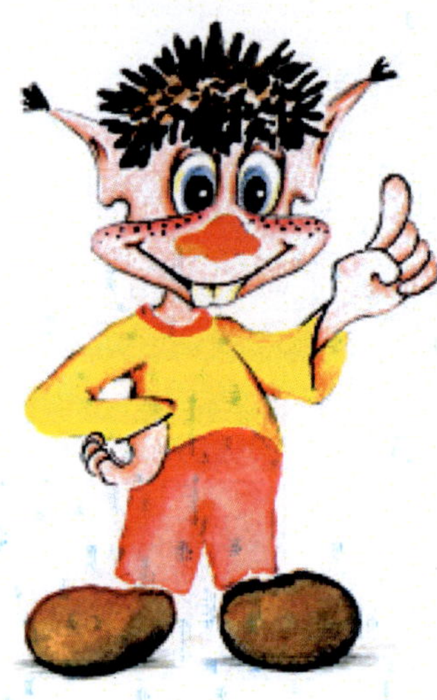

FRAGE?

Welche Haltung davon ist richtig und welche falsch?

Richtig

1 ☐ **2** ☐ **3** ☐ **4** ☐ **5** ☐ **6** ☐

Falsch

1 ☐ **2** ☐ **3** ☐ **4** ☐ **5** ☐ **6** ☐

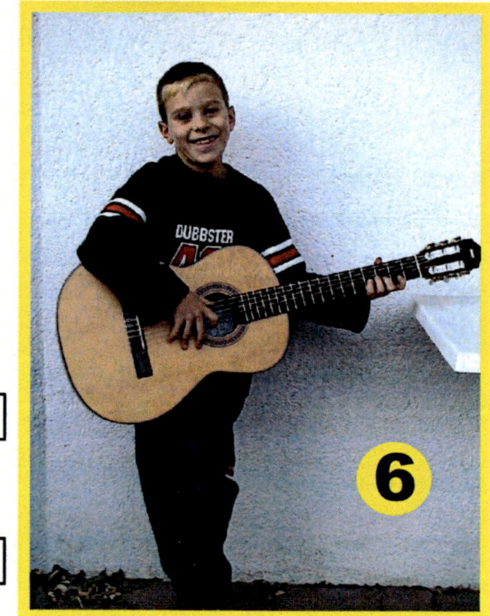

01

Stimmen der Gitarre

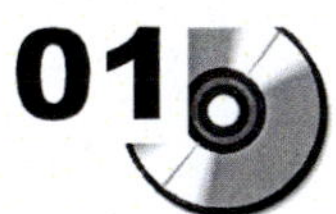

Lege die CD in deinen CD-Player oder in das CD-Laufwerk deines Computers und spiele Beispiel 1 ab. Höre dir die Anweisungen an und stimme jede Gitarrensaite in der Tonhöhe wie du sie auf der CD hörst.

Stimmen mit der Schulmethode

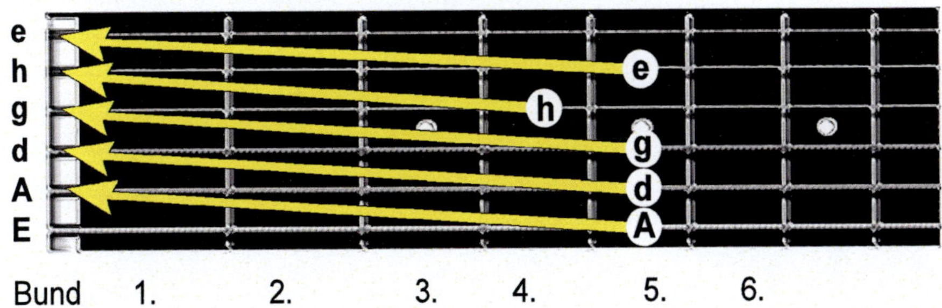

1. Stimme die **6. Saite** (E-Saite) nach einem Klavier, einer Stimmpfeife, einem elektronischen Stimmgerät oder nach der CD.

2. Spiel im **5. Bund** der **E-Saite**, das ist der **Ton A**. Stimme die leere A-Saite danach.

3. Spiel im **5. Bund** der **A-Saite**, das ist der **Ton D**. Stimme die leere D-Saite danach.

4. Spiel im **5. Bund** der **D-Saite**, das ist der **Ton G**. Stimme die leere G-Saite danach.

5. Spiel im **4. Bund** der **G-Saite** (ist eine Ausnahme), das ist der **Ton H**. Stimme die leere H-Saite danach.

6. Spiel im **5. Bund** der **H-Saite**, das ist der **Ton E**. Stimme die leere E-Saite danach.

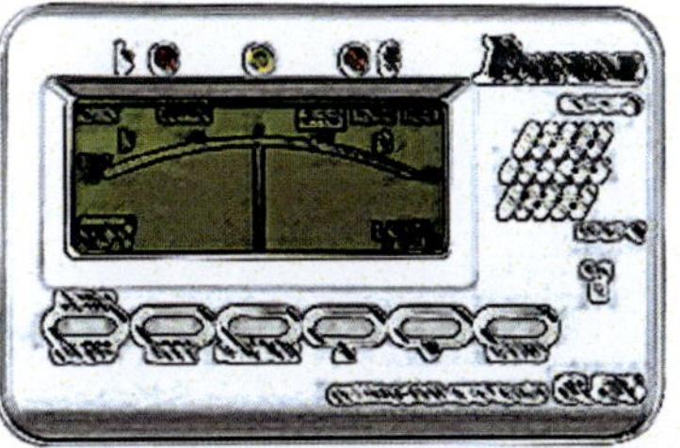

Stimmen mit Stimmgerät

Ein besserer Weg ist die Verwendung eines elektronischen Stimmgeräts. Diese Geräte zeigen für jede Saite an, ob sie zu hoch oder zu tief ist. Damit ist das Stimmen auch für Einsteiger sehr einfach, aber auch Fortgeschrittene benutzen diese Geräte gerne, wegen ihrer schnellen und einfachen Handhabung.

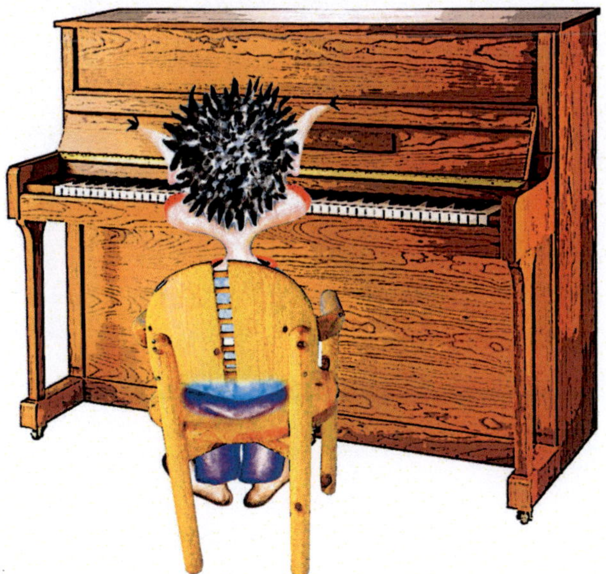

Stimmen mit Bezugstönen

Wenn man ein Klavier hat, kann man die Töne auf dem Klavier anschlagen, und die Gitarre danach stimmen. Da nicht jeder im Besitz eines Klavier ist, kannst du es ja mal mit deinem Gitarrenlehrer in der Musikschule probieren. Der Lehrer schlägt den entsprechenden Klavierton an, und du versuchst, die Gitarre auf die gleiche Tonhöhe einzustellen. Mit etwas Übung müsste das leicht möglich sein.

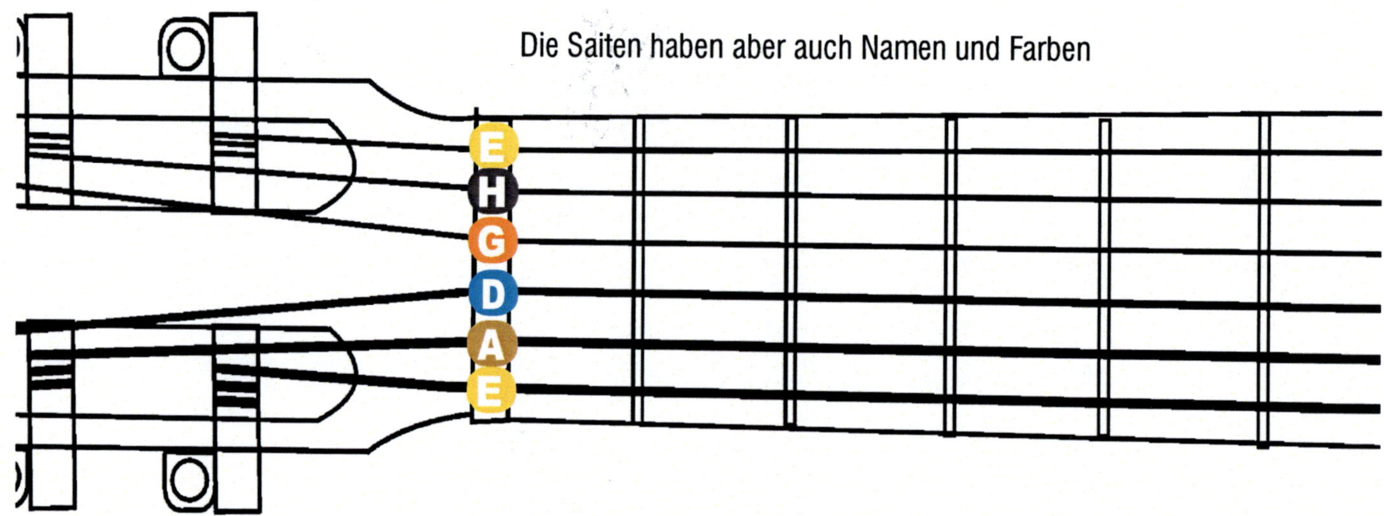

Aber wie soll Flunk sich die sechs Gitarrensaiten merken? „Kein Problem", sagt Herr Pauli und schmunzelt. „Da gibt es ein Sprichwort, das mußt du dir gut einprägen: **Ein Anfänger Der Gitarre Hat Eifer.**" „Wow" lacht Flunk ganz begeistert, „das ist ja cool" und im gleichen Moment hat er einen noch besseren Reim. **Esel Anton Der Ging Hafer Essen.** Überlege dir doch ganz einfach auch einen passenden Reim, vielleicht hast du ja noch eine bessere Idee wie Flunk und sein Gitarrenlehrer.

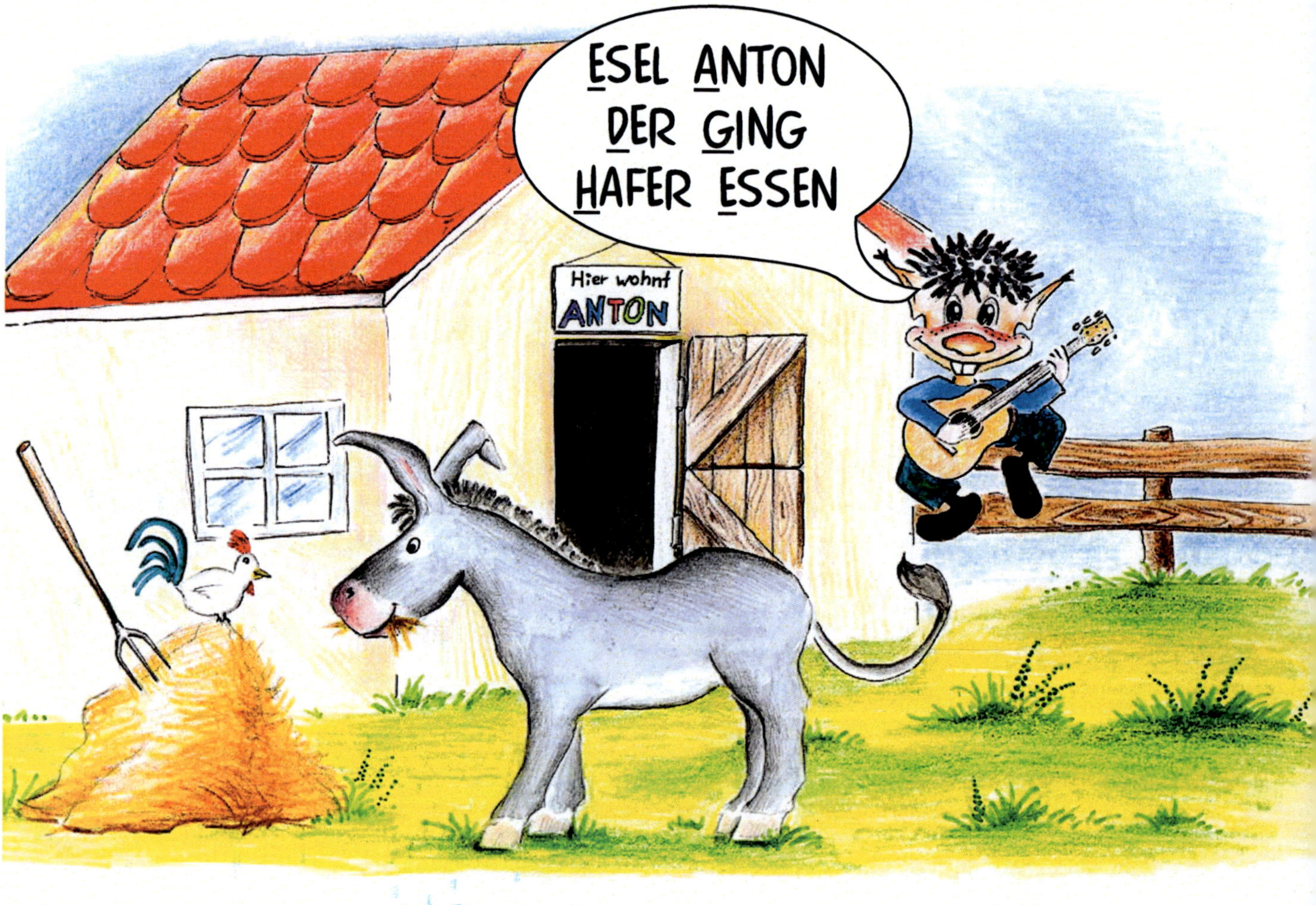

ESEL ANTON
DER GING
HAFER ESSEN

Hier wohnt
ANTON

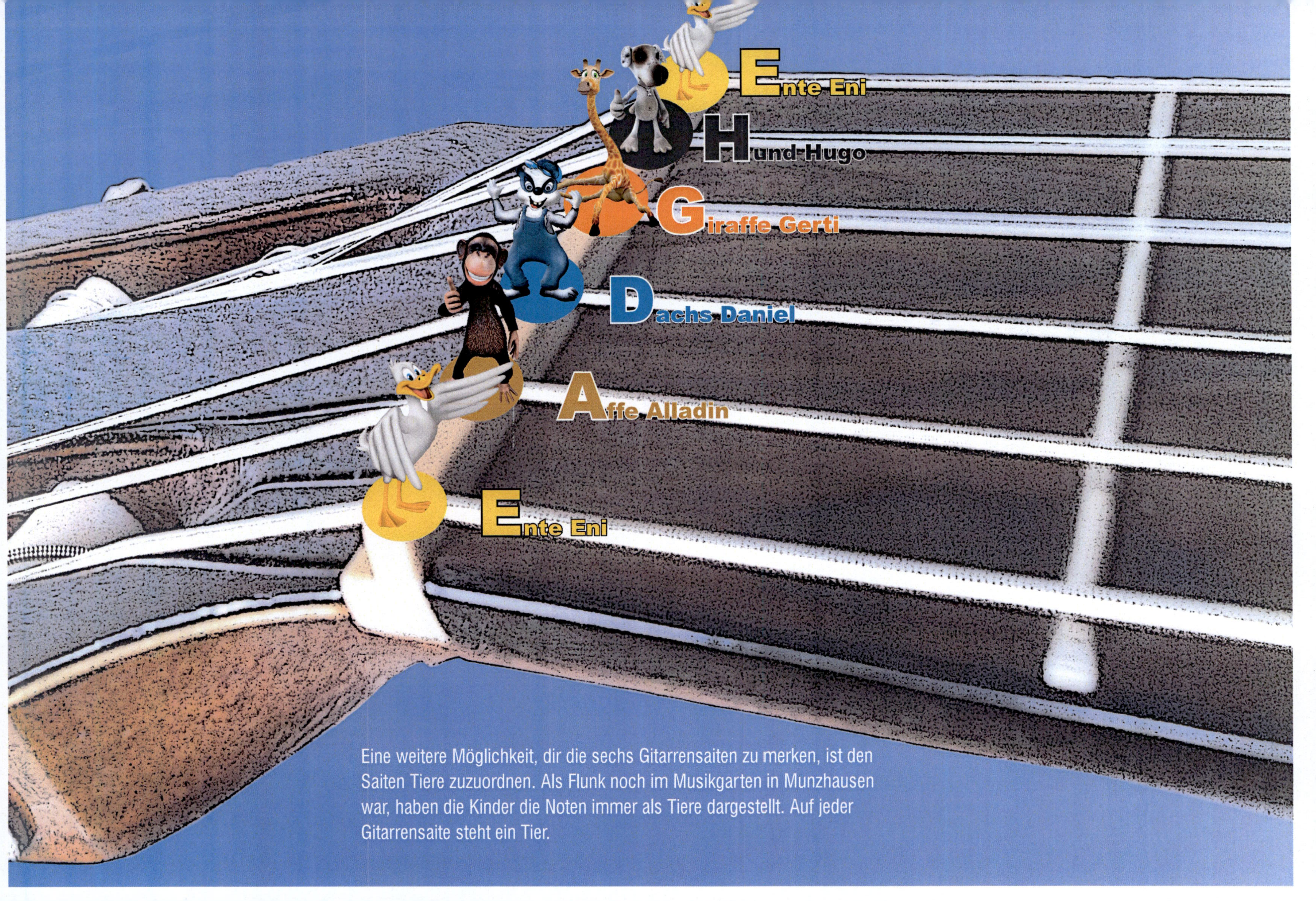

Eine weitere Möglichkeit, dir die sechs Gitarrensaiten zu merken, ist den Saiten Tiere zuzuordnen. Als Flunk noch im Musikgarten in Munzhausen war, haben die Kinder die Noten immer als Tiere dargestellt. Auf jeder Gitarrensaite steht ein Tier.

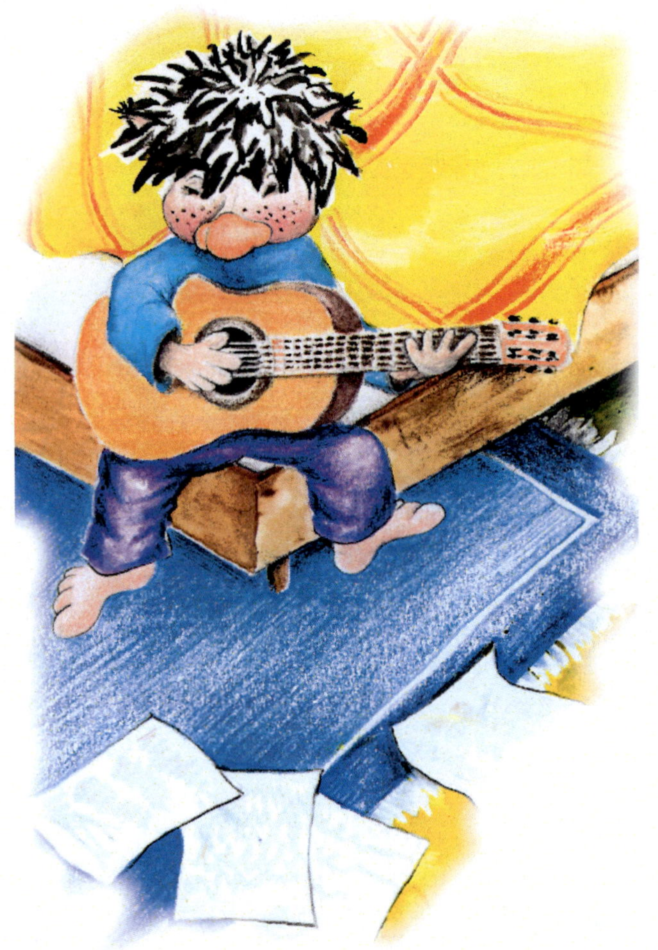

Die rechte Hand

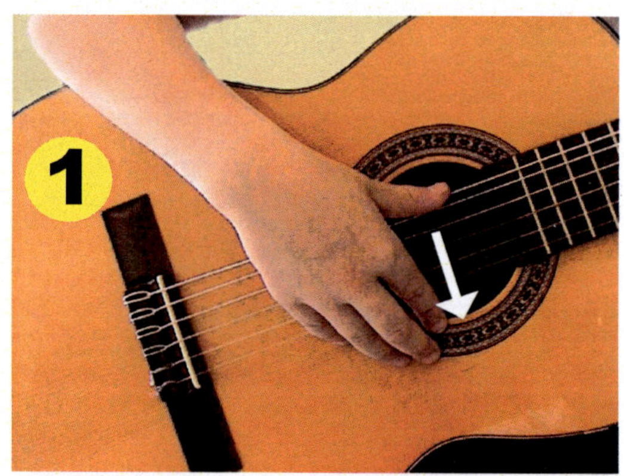

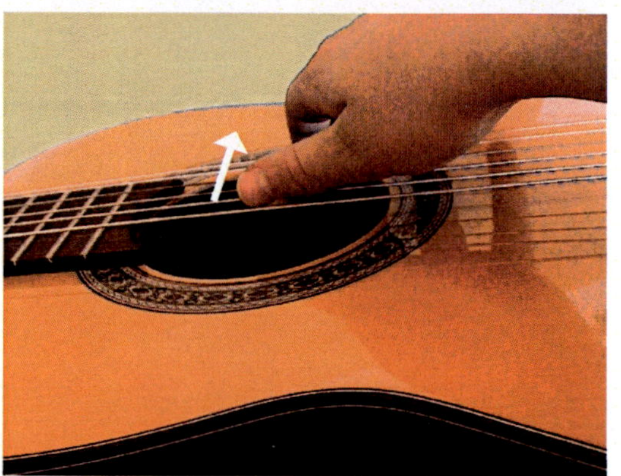

Als nächstes lernst du die rechte Hand und den Daumenanschlag.
Der Unterarm liegt auf dem Bauch der Gitarre (dem höchsten Punkt des Zargenrandes (Bild 1).
Du läßt die Hand locker herunterhängen. Der Daumen darf sich erst einmal auf der tiefen E-Saite ausruhen. Wie der Pfeil auf dem Foto zeigt, sollte der Daumen immer am Zeigefinger vorbeischauen.

Der Daumenschlag

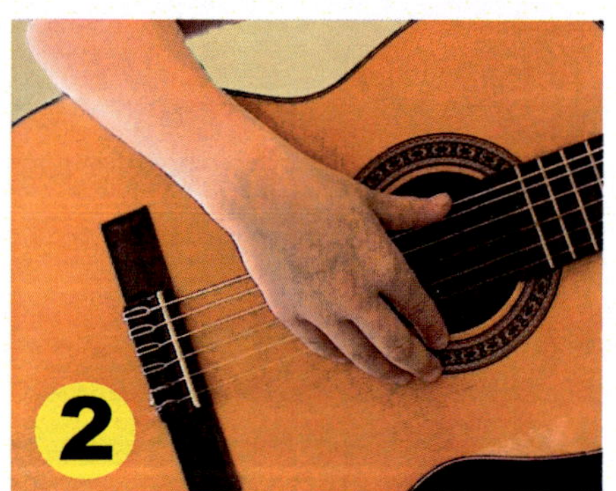

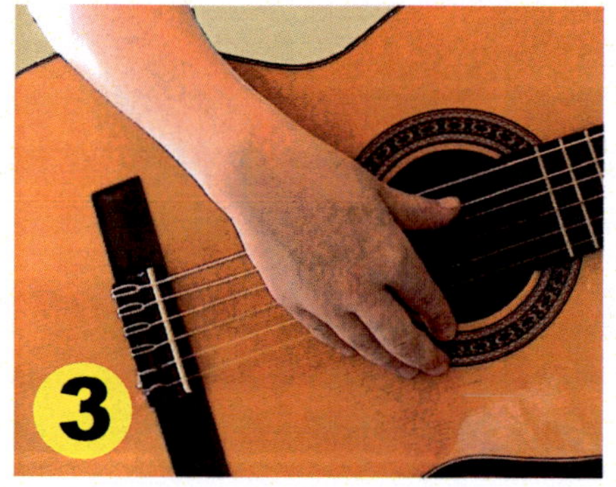

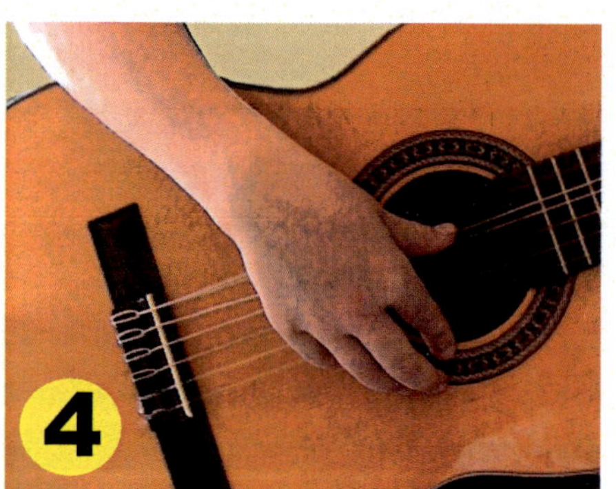

Schlage jetzt mit dem Daumen die tiefe E-Saite an (Bild 2) und laß ihn dann auf der A-Saite liegen (Bild 3+4). Versuche danach auch alle anderen Saiten. **Aber Achtung:** Nachdem du die jeweilige Saite angeschlagen hast, bleibt der Daumen immer auf der nachfolgenden Saite liegen. Ist doch einfach, oder?

Schlage alle Saiten nacheinander jeweils acht Mal von der tiefen bis zur hohen E-Saite mit dem Daumen an.

02

Alle Saiten

Text & Musik: Armin Weisshaar

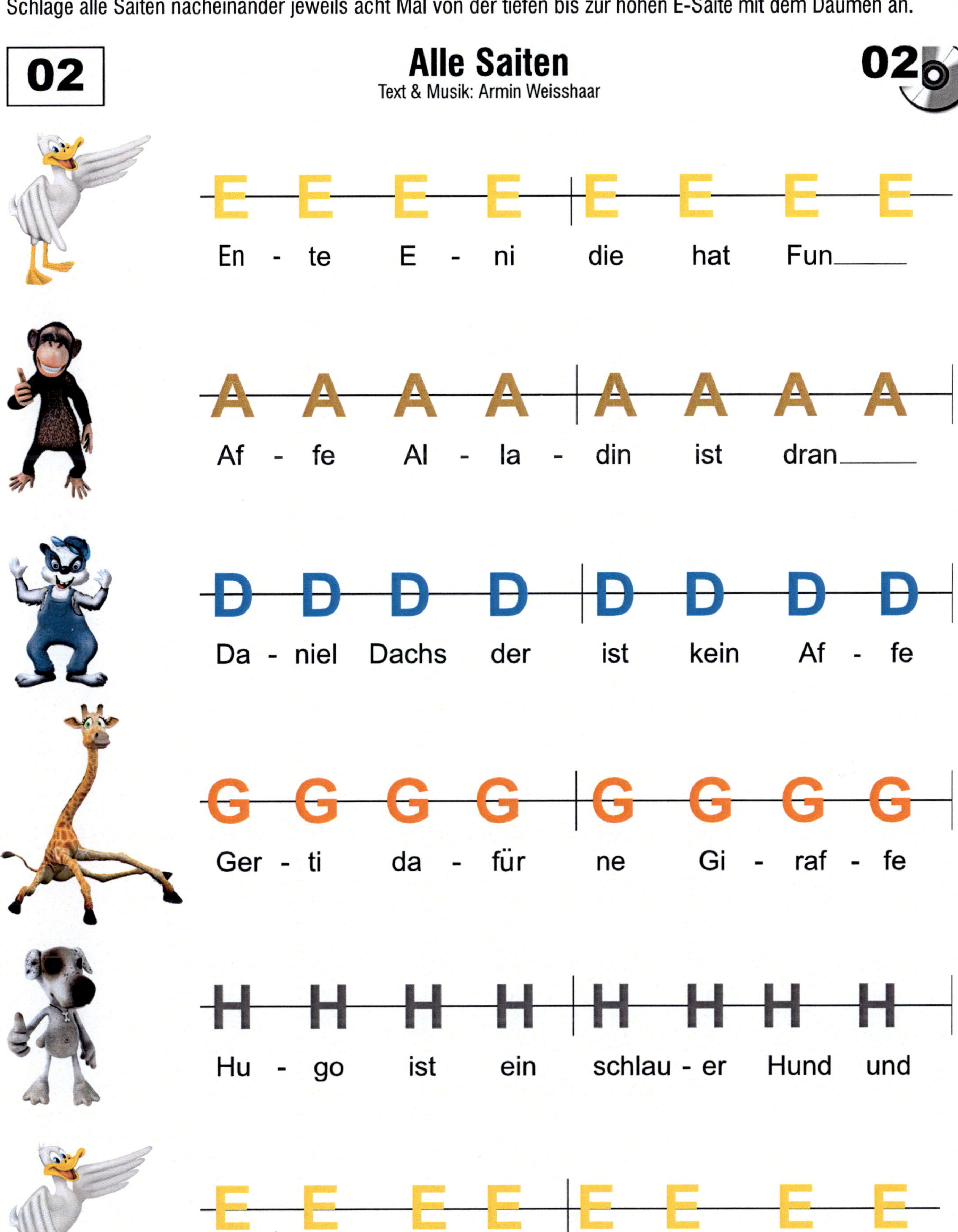

03

Der Daumenschlag

Bei den nächsten Übungen spielst du mit Daumenschlag. Steht ein Kreis mit Flunk's Freund auf der Saite, wird diese angeschlagen.

Übung 1

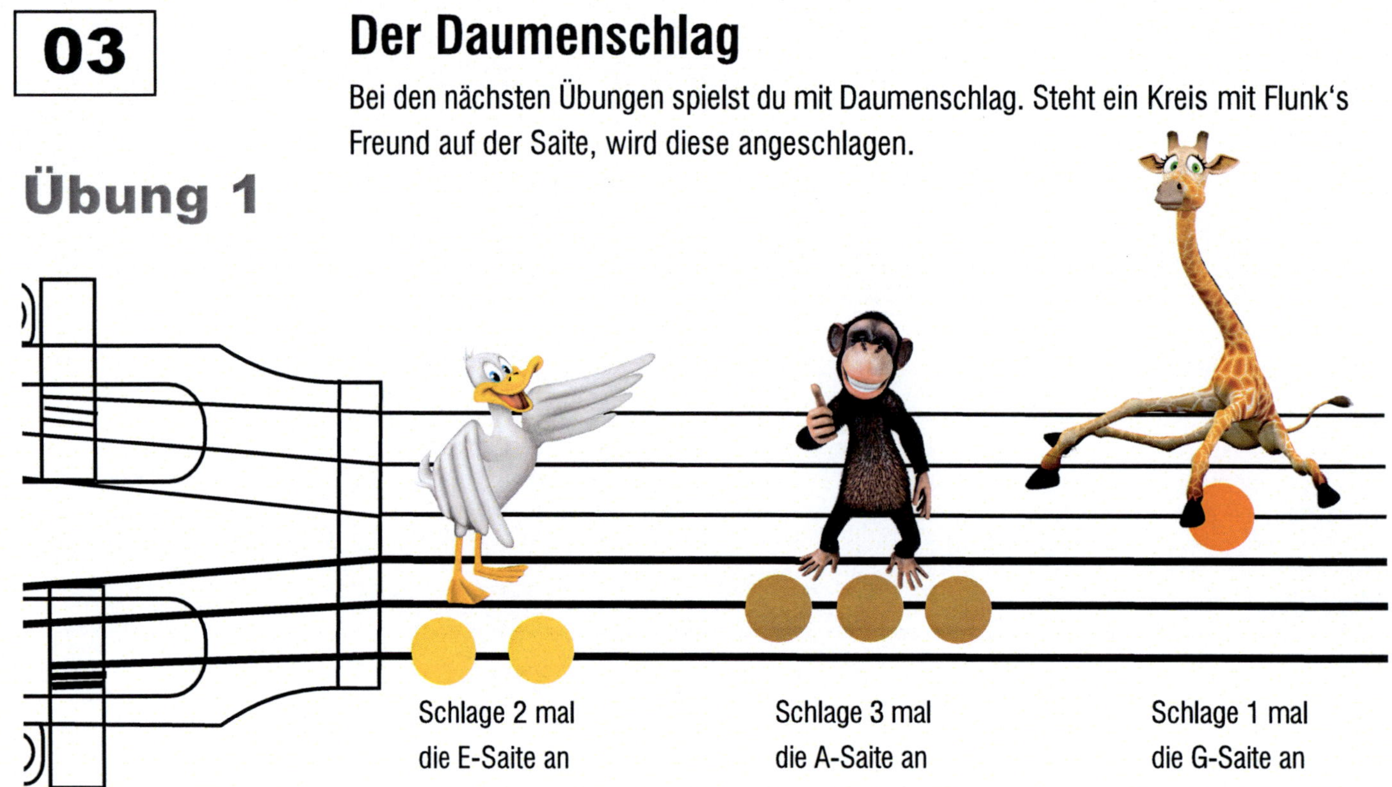

04

Treppaufablied

Text & Musik: Armin Weisshaar

Jetzt kannst du bereits dein erstes einfaches Lied spielen. Beim **„Treppaufabblied"** spielst du wie die Pfeile es zeigen, jede Saite einmal an. Von der **tiefen zur hohen E-Saite** und von der **hohen zur tiefen E-Saite**.

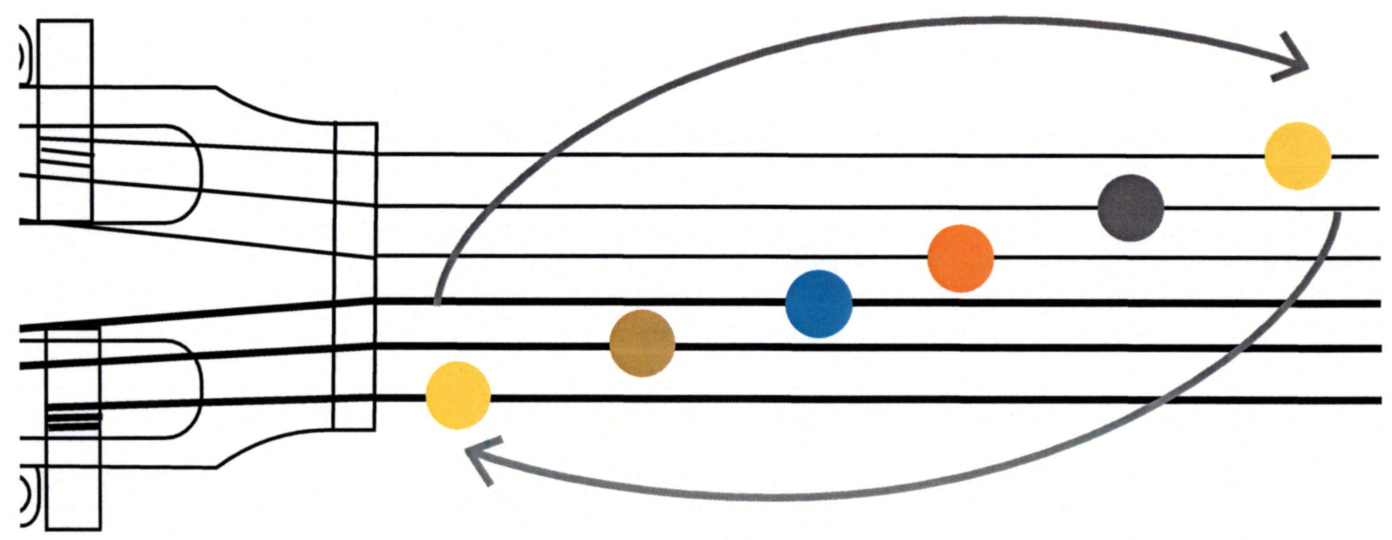

Das Notensystem

Das Notensystem hat fünf Notenlinien.

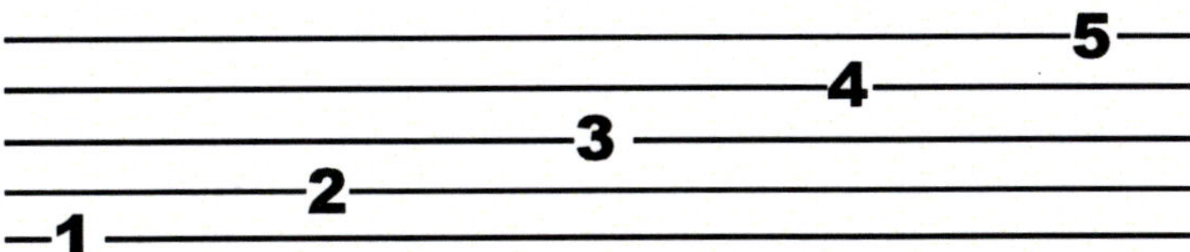

Das Notensystem hat aber auch vier Zwischenräume.

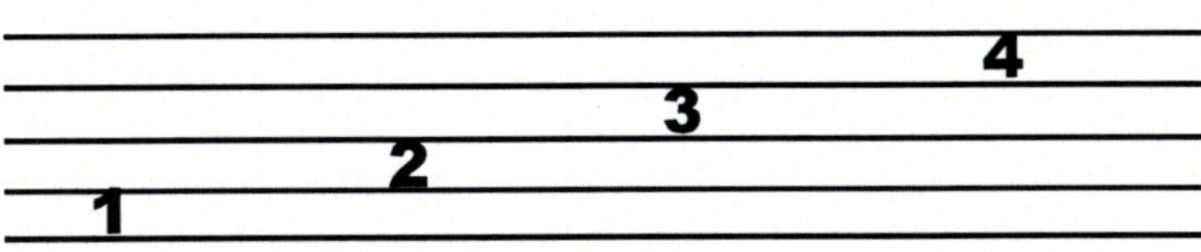

Auf den Notenlinien und den Zwischenräumen liegen die verschiedenen Noten, die auch verschiedene Farben haben. Du lernst jetzt mit Flunk nach und nach die einzelnen Noten.

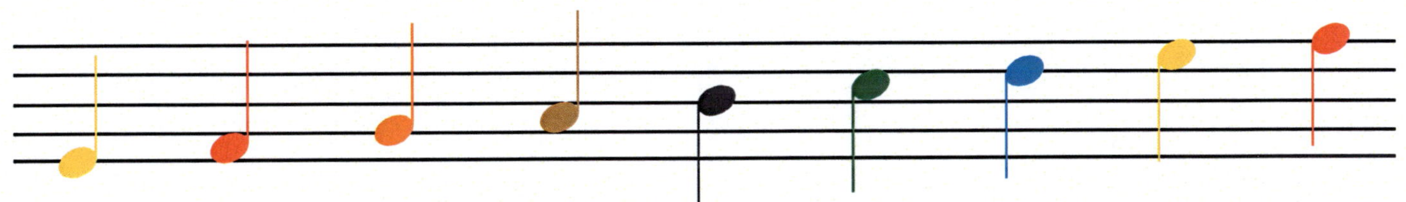

Hier siehst du „**Jim und Bim**". **Jim** ist eine **Viertel Note** und **Bim** eine **Halbe Note.** Die beiden sind Flunks beste Freunde; na ja, außer Janosch, Gräslin und Sally natürlich. Jim und Bim helfen immer dann, wenn Flunk oder auch du nicht mehr weiter weißt. Also immer, wenn Jim mit seinem erhobenen Finger oder auch Bim auftaucht, heißt das: **Aufgepasst,** jetzt kommt etwas **Wichtiges oder Neues!!**

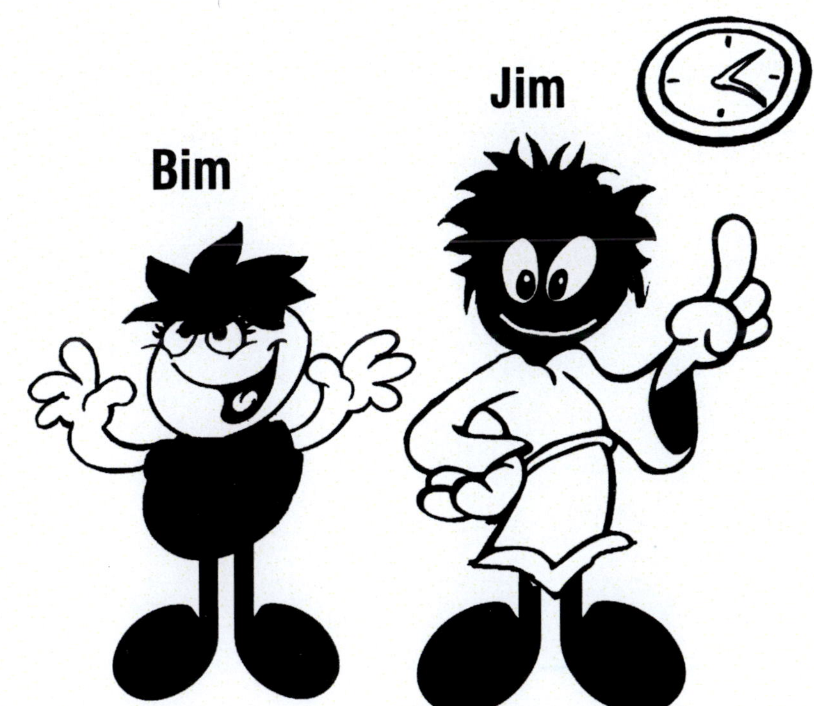

Takt / Taktart / Taktstriche

Als Hausaufgabe muß Flunk die Takte in verschiedenen Farben anmalen. Sally hilft ihm dabei.

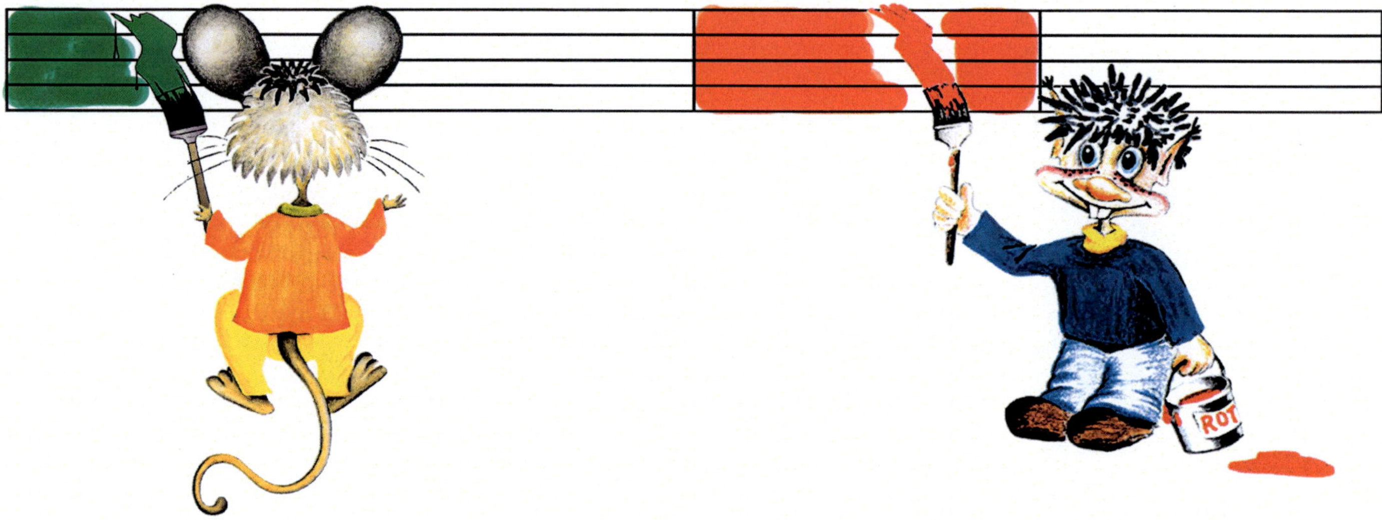

Du kannst den beiden ja helfen. Male die 4 Takte jeweils in einer anderen Farbe an.

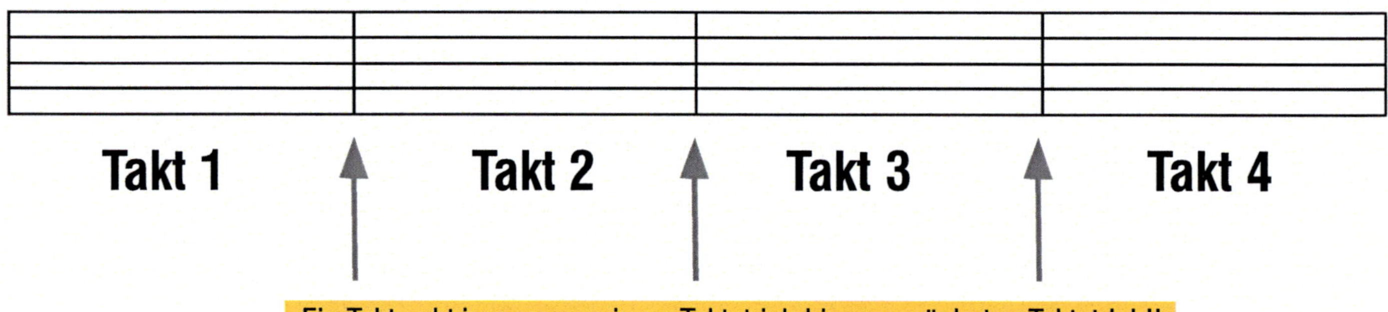

Ein Takt geht immer von einem Taktstrich bis zum nächsten Taktstrich!!

Jeder Takt enthält immer eine bestimmte Anzahl von Schlägen. Wie viele Taktschläge ein Takt enthält, kannst du an der Angabe der Taktart erklennen, die immer am Anfang der Noten steht! Ein $\frac{4}{4}$-Takt („Viervierteltakt") bedeutet, dass jeder Schlag vier gleich lange Schläge oder Noten enthält.

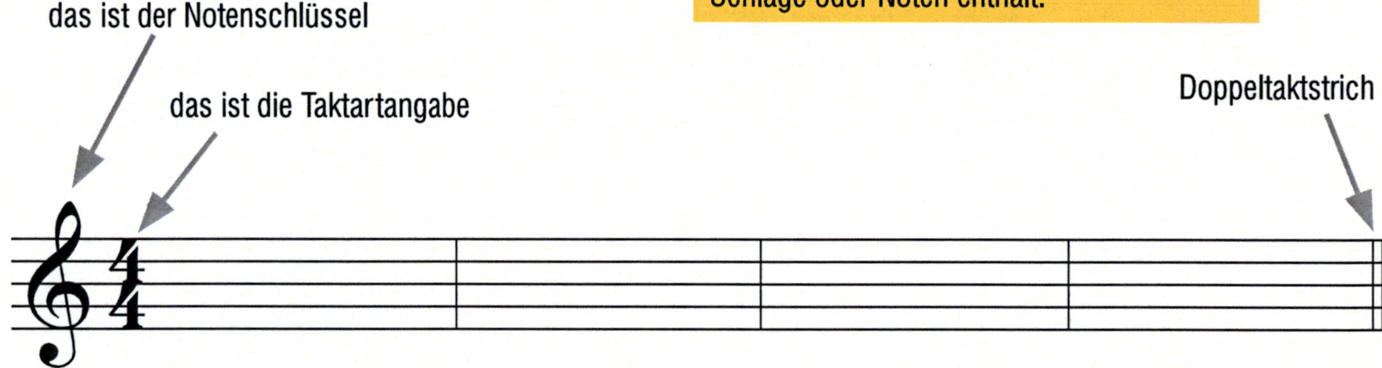

Die Länge der Töne (Tondauer)

Mit richtigen Noten, können wir auch die Länge der Töne angeben.

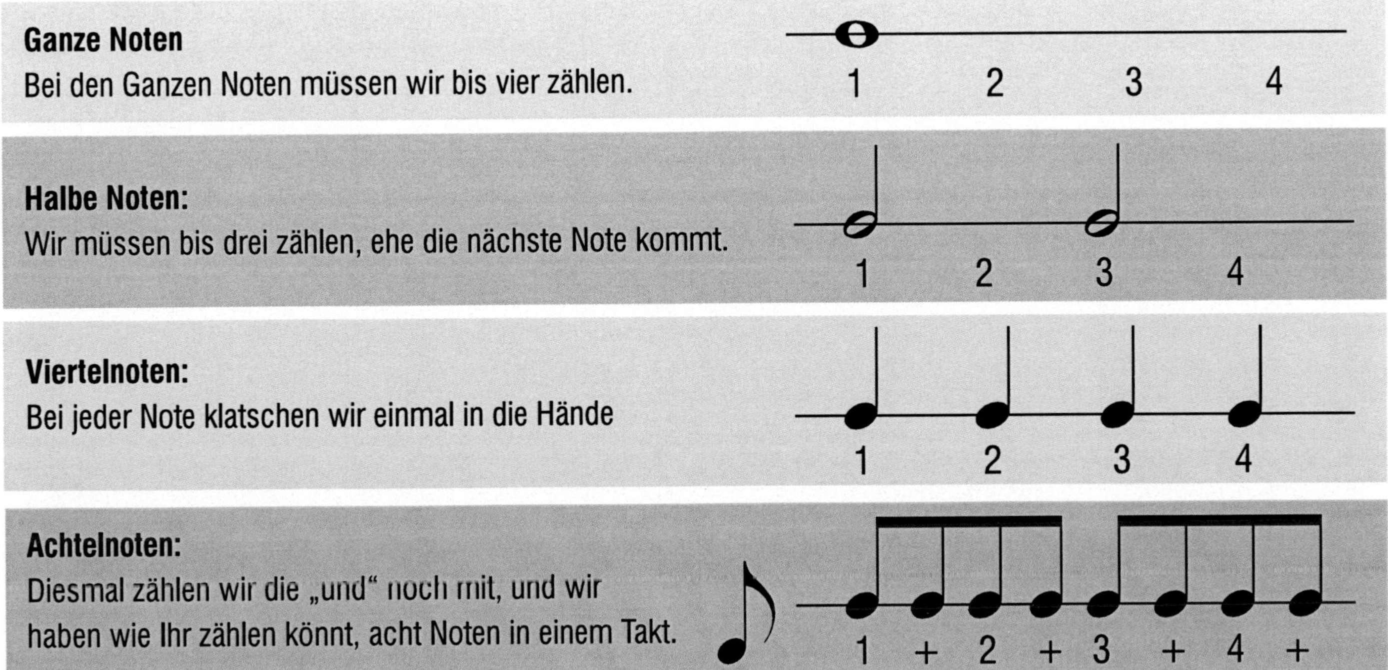

Ganze Noten
Bei den Ganzen Noten müssen wir bis vier zählen.

Halbe Noten:
Wir müssen bis drei zählen, ehe die nächste Note kommt.

Viertelnoten:
Bei jeder Note klatschen wir einmal in die Hände

Achtelnoten:
Diesmal zählen wir die „und" noch mit, und wir haben wie Ihr zählen könnt, acht Noten in einem Takt.

Klatschübung:

Bei den nächsten Übungen klatscht du die Noten. Die Viertelnoten müssen gleich lang sein. Bei den halben und ganzen Noten zählst du laut mit. Erst wenn du die Notenlängen beherrschst, singst du den Text dazu. Erfinde eine eigene Melodie zu dem Text!

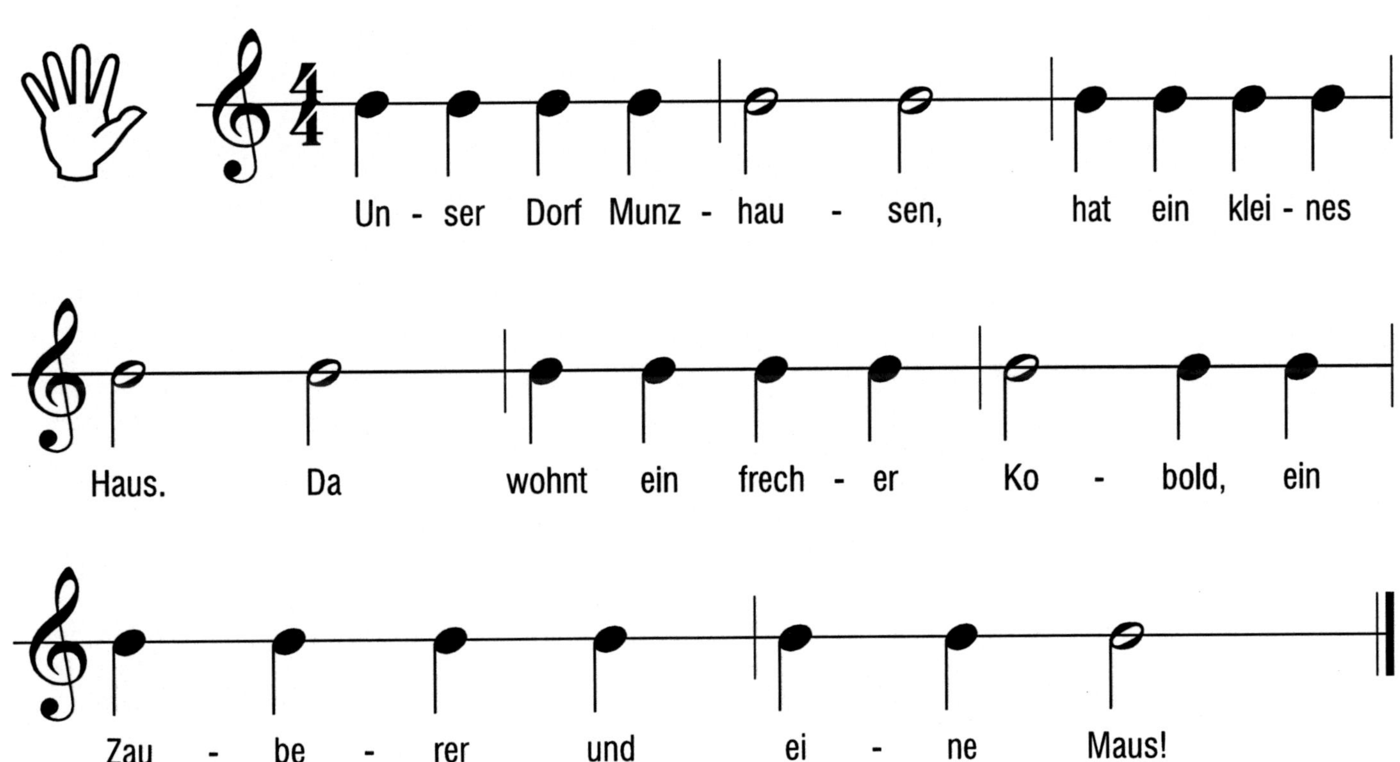

Töne auf den Notenlinien

Wie schon gesagt, merkt Flunk sich zu den Noten Tiere. Hier siehst du die Töne, die auf den Notenlinien liegen. Wenn dich mal die vielen verschiedenen Noten durcheinander bringen, dann probier es einfach mal aus.

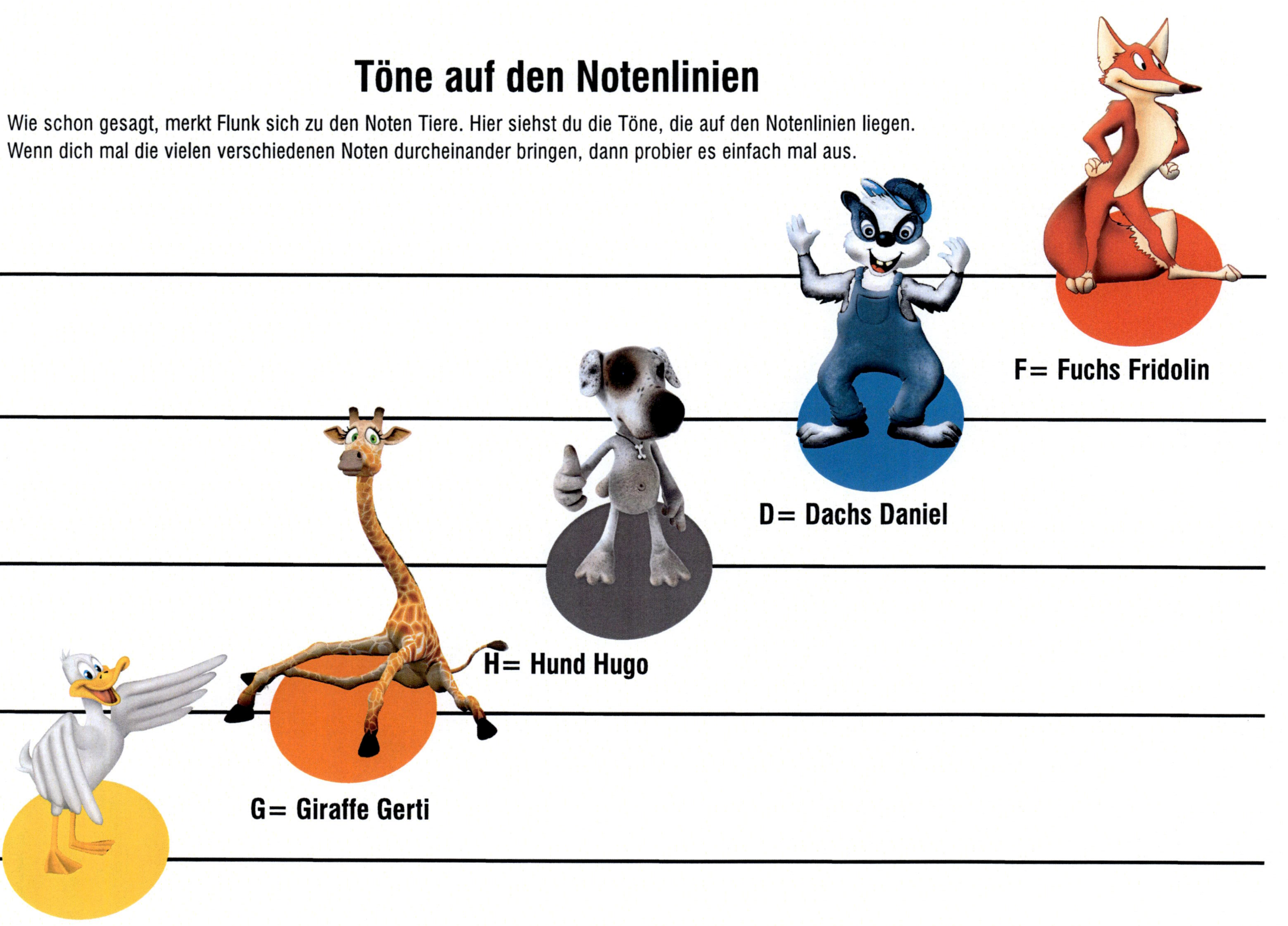

Töne zwischen den Notenlinien

Hier siehst du die Töne, die zwischen den Notenlinien liegen.

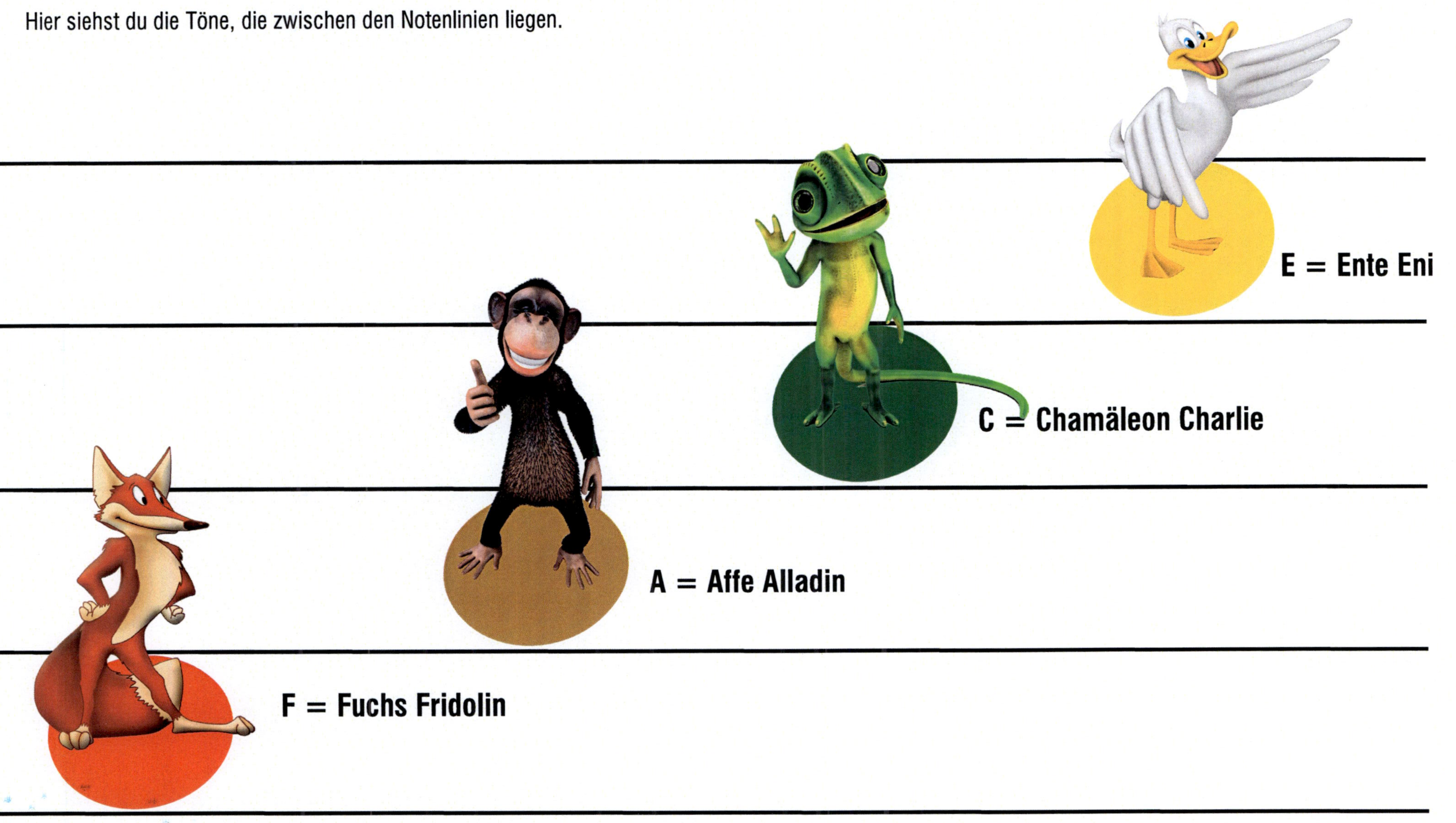

Die G (Giraffe Gerti)- Saite

Die Note auf der zweiten Notenlinie von unten ist das „mittlere G". Auf der Gitarre ist das die dritte leere Saite. Du mußt also nichts greifen.

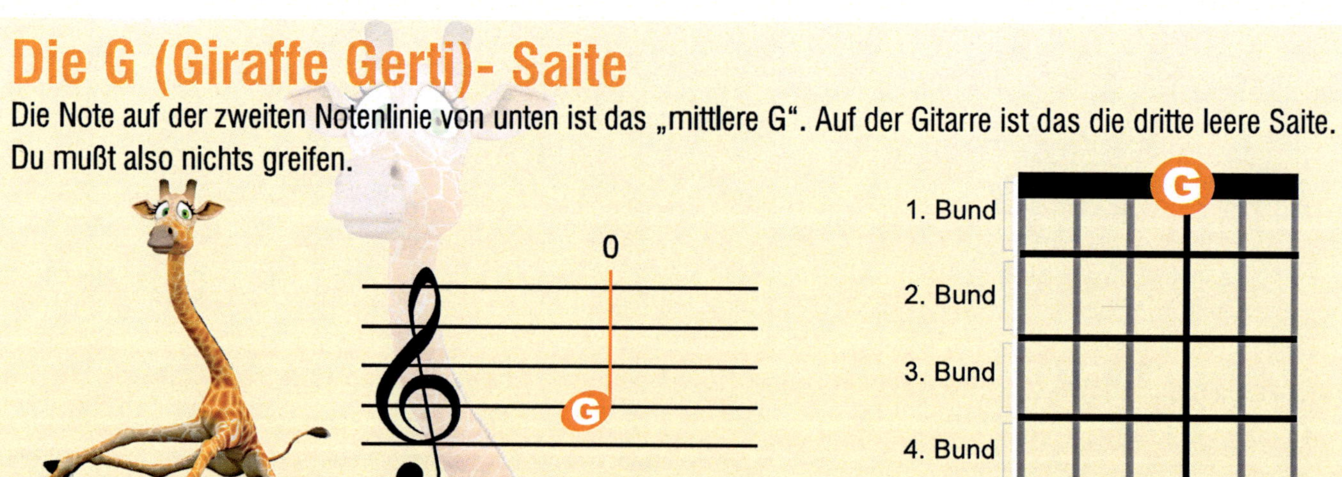

Die zweite Notenlinie wird vom G-Schlüssel umfasst. Er sagt dir, dass die Note auf der zweiten Linie G heißt.

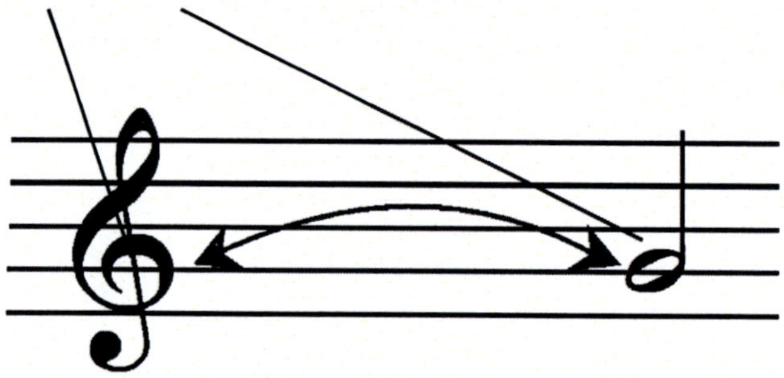

05

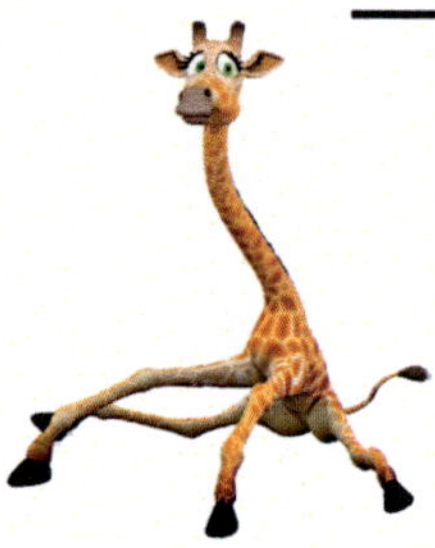

Vierhalgalied

Text & Musik: Armin Weisshaar

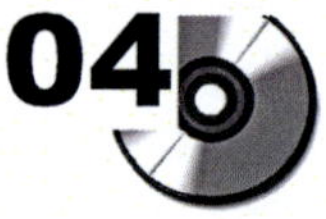

04

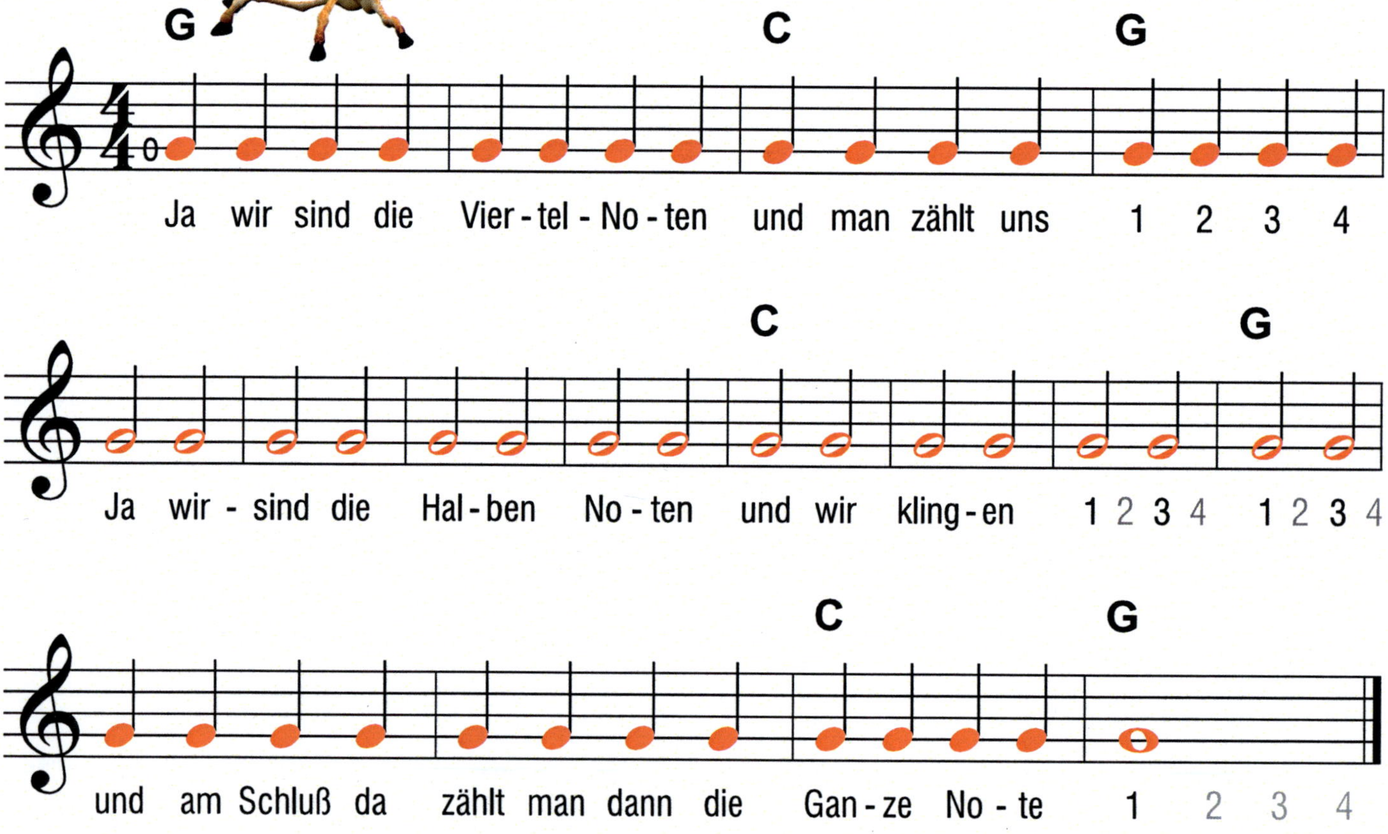

G C G

Ja wir sind die Vier-tel-No-ten und man zählt uns 1 2 3 4

C G

Ja wir - sind die Hal-ben No-ten und wir kling-en 1 2 3 4 1 2 3 4

C G

und am Schluß da zählt man dann die Gan-ze No-te 1 2 3 4

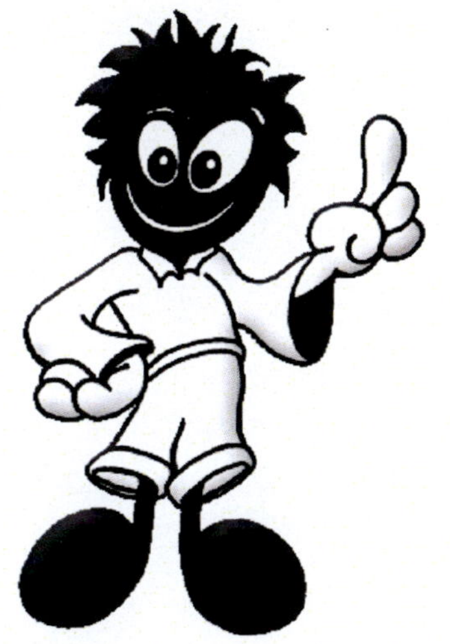

Achtung Hausaufgaben !!!

Flunk ist von Natur aus ein sehr ehrgeiziger Kobold. In jeder freien Minute nimmt er seine Gitarre und übt und übt, denn er möchte ja irgendwann ein bekannter Musiker werden. Aber bei den Hausaufgaben, die ihm Herr Pauli aufgegeben hat, kommt er mit den Viertel- und den Halben Noten total durcheinander. Kannst du unserem kleinen Kobold helfen? Du mußt wie in Beispiel 8 jeweils nach vier gleichlangen Schlägen einen Taktstrich malen. Und denk an den „Dopeltaktstrich“ am Ende der jeweilige Übung.

06

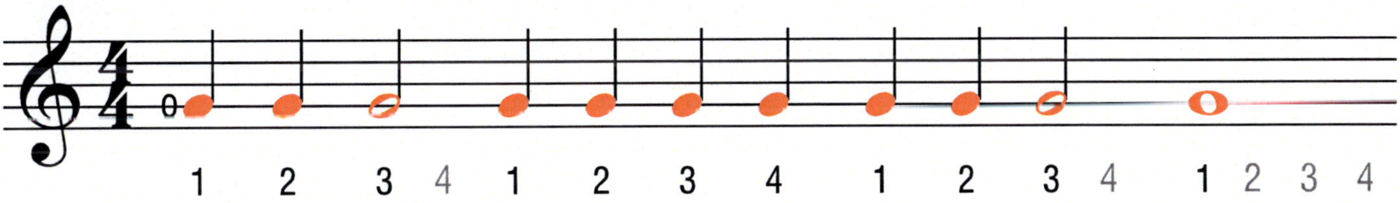

0

1 2 3 4 1 2 3 4 1 2 3 4 1 2 3 4

07

Stell dir vor, die Halbe Note ist ein Monster und frisst zwei von den Viertel Noten. Das heißt eine Halbe Note ist so lang wie zwei Viertel Noten.

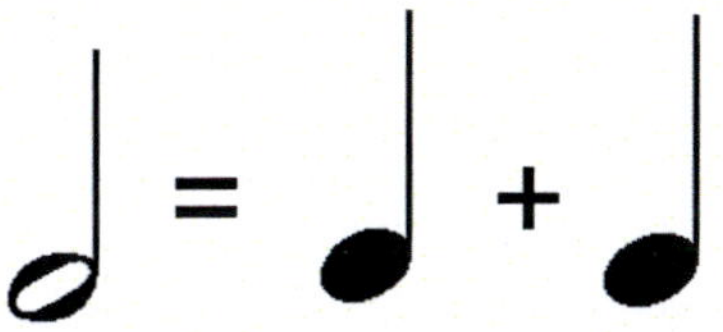

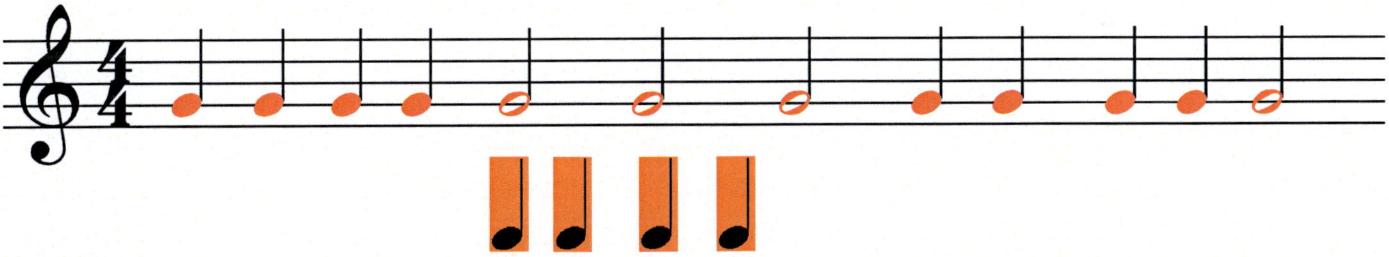

= +

08

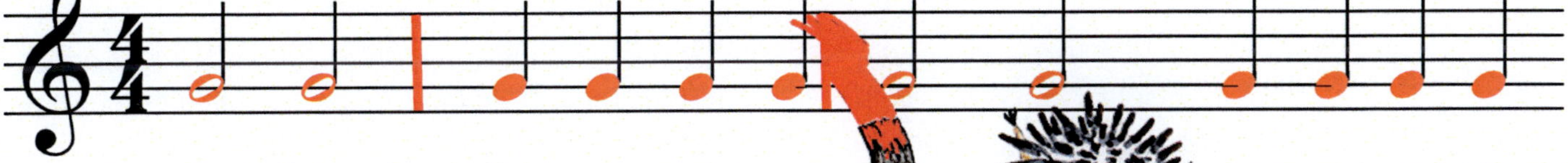

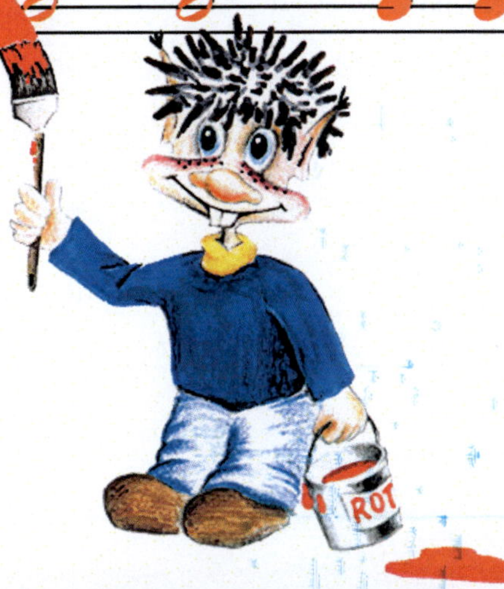

Hat Flunk auch wirklich richtig gezählt? Prüfe es noch einmal nach.

09

Bei den nächsten Übungen musst du wieder die Taktstriche und Doppeltaktstriche malen.
Also: Zähle immer auf vier 1 2 3 4. Dann kannst du einen Taktstrich zeichnen.

10

Popstar

Text & Musik: Armin Weisshaar

05

G C G

Pop-star sein, das wä - re fein, drum hau ich in die Sai - ten rein.

11

Sprich laut mit und denk an das Monster!!

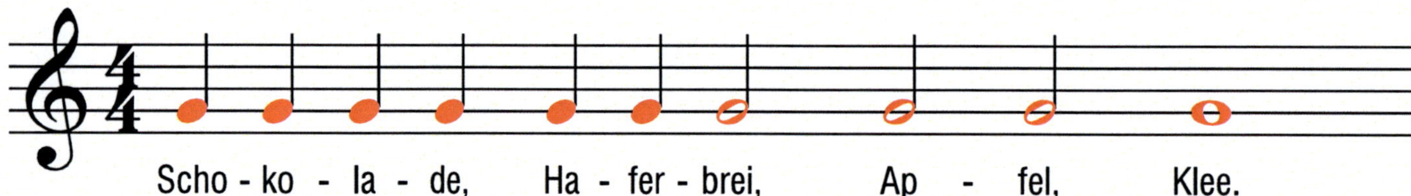

12

Jetzt ist Malen angesagt. Flunk hat die erste Note schon fertig.
Male die restlichen Noten noch an, denn du weißt ja, dass die Note „G", orange ist.

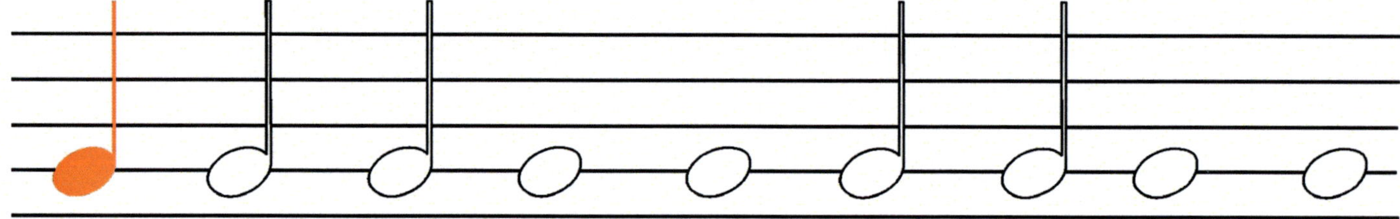

13

Bei dieser Übung lernst du wie man die Noten zeichnet. Male einfach einen runden Kreis (1) und ziehe anschließend einen Strich (den Hals der Note) nach oben (2).
Ist doch einfach oder"

1 2

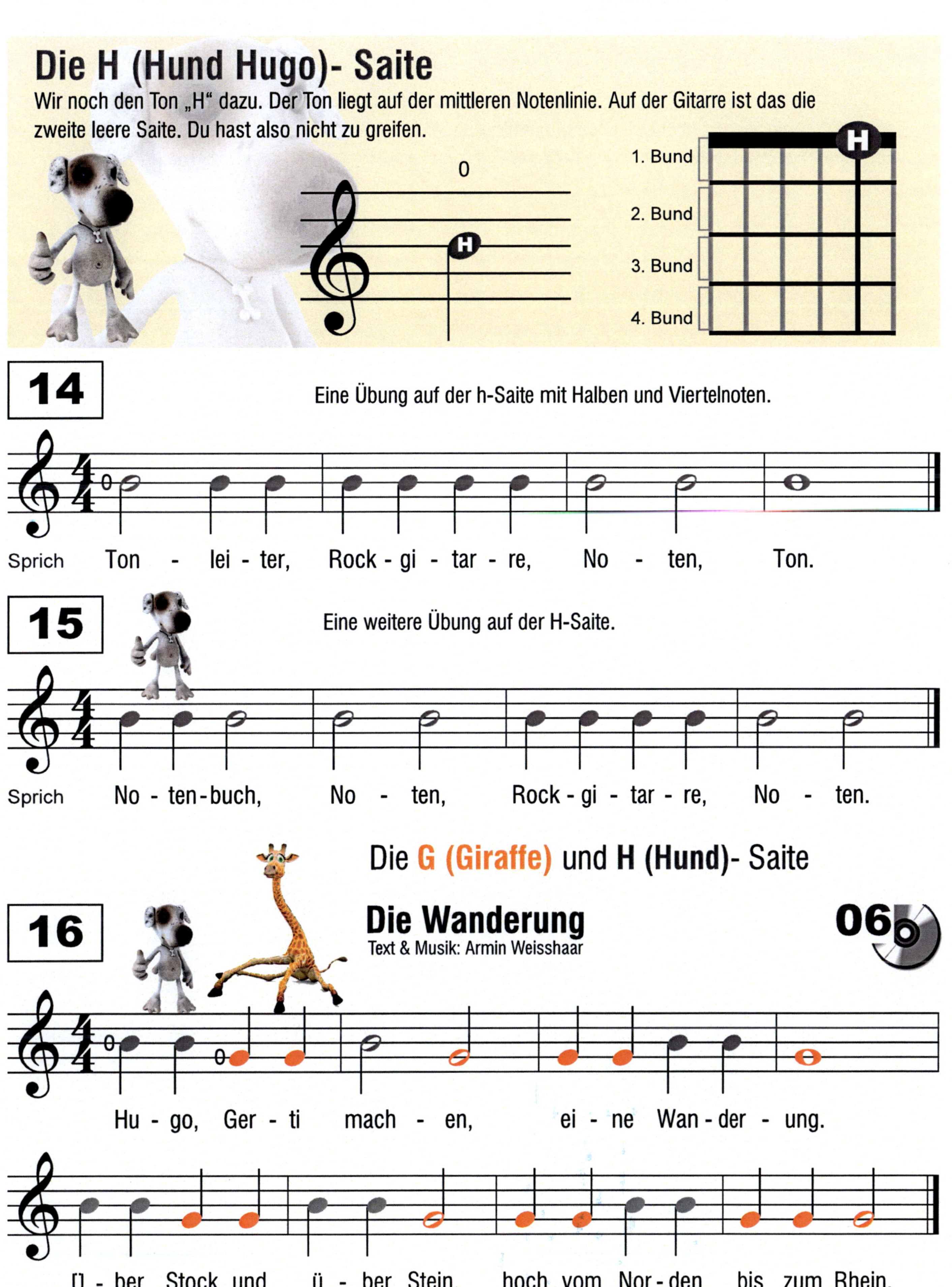
Die H (Hund Hugo)- Saite
Wir noch den Ton „H“ dazu. Der Ton liegt auf der mittleren Notenlinie. Auf der Gitarre ist das die zweite leere Saite. Du hast also nicht zu greifen.
0
H
1. Bund
2. Bund
3. Bund
4. Bund
14
Eine Übung auf der h-Saite mit Halben und Viertelnoten.
Sprich Ton - lei - ter, Rock - gi - tar - re, No - ten, Ton.
15
Eine weitere Übung auf der H-Saite.
Sprich No - ten - buch, No - ten, Rock - gi - tar - re, No - ten.
Die G (Giraffe) und H (Hund)- Saite
16
Die Wanderung
Text & Musik: Armin Weisshaar
06
Hu - go, Ger - ti mach - en, ei - ne Wan - der - ung.
Ü - ber Stock und ü - ber Stein, hoch vom Nor - den bis zum Rhein.

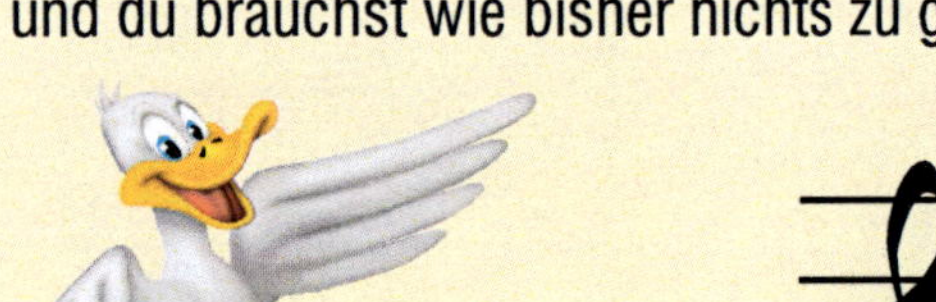

Die hohe E (Ente Eni)- Saite

Wir nehmen gleich noch einen Ton dazu. Es ist das hohe „E“, der im Violinschlüssel zwischen den beiden oberen Notenlinien liegt. Der Ton liegt auf der mittleren Notenlinie. Auf der Gitarre ist das die erste leere Saite und du brauchst wie bisher nichts zu greifen.

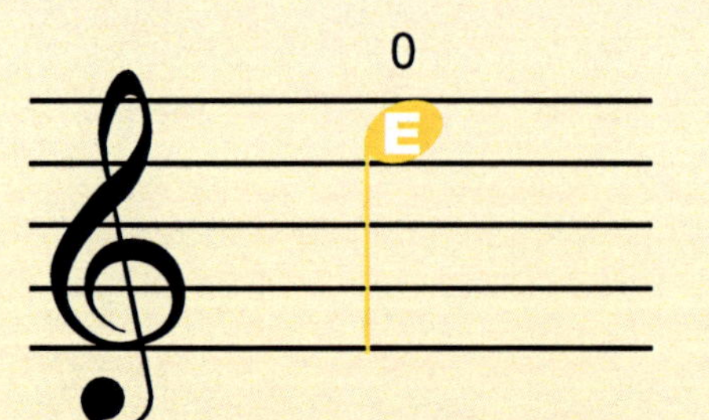

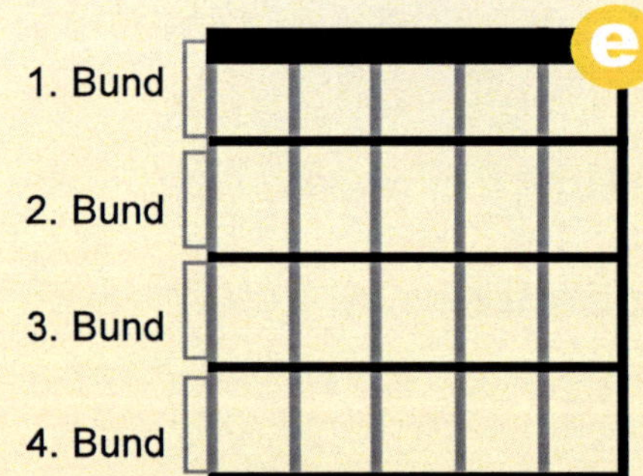

17

Bei den nächsten Übungen vertiefst du noch einmal die verschiedenen Notenwerte (Viertel, Halbe, Ganze Noten) und du lernst die hohe „E“- Saite zu spielen. Sprich die Texte laut mit.

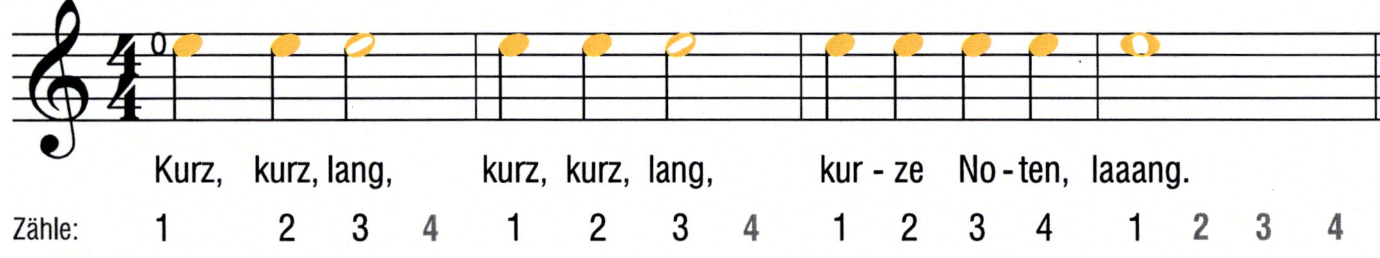

18

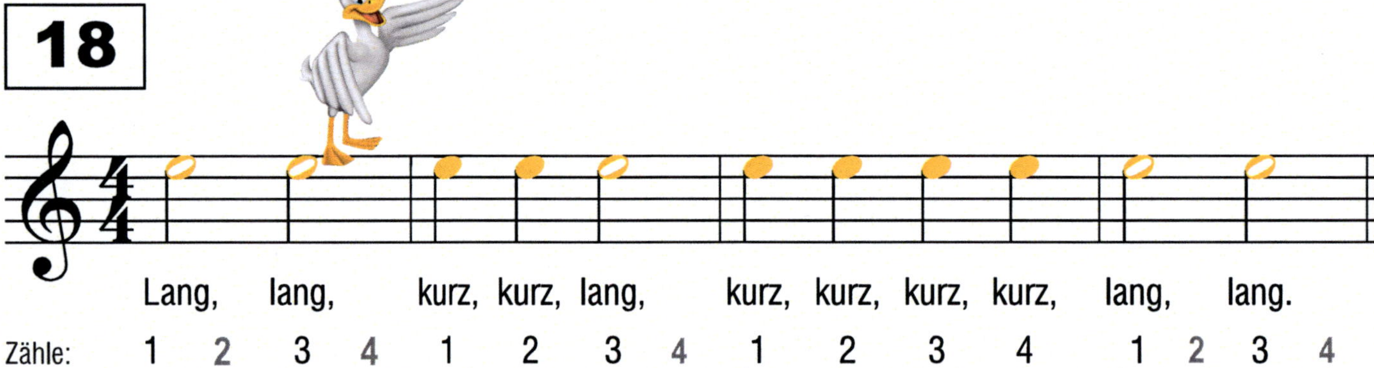

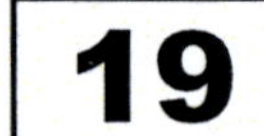

19

E wie Ente

Text & Musik: Armin Weisshaar

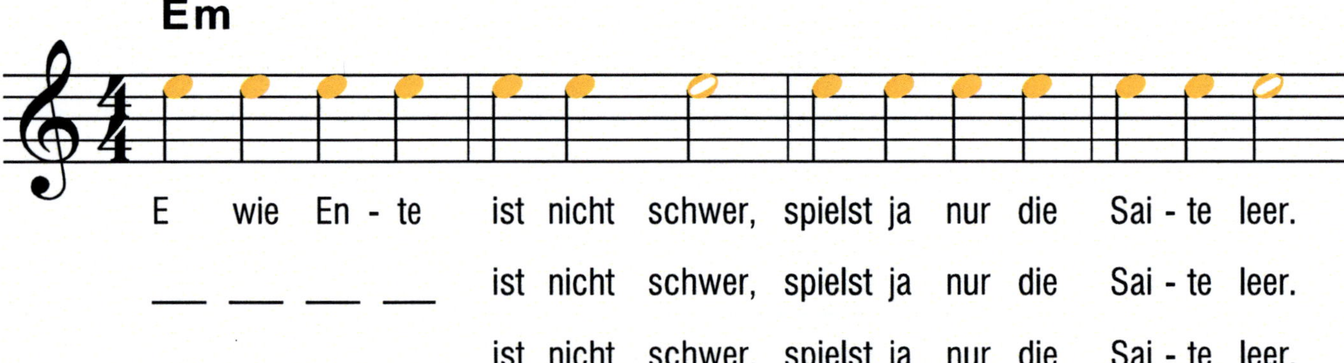

Die **H (Hund Herbert)** und **E (Ente Eni)**- Saite

Bei dem Lied „Rauf und runter“ spielst du die „h“- und die hohe „e“- Saite. Achte auf die Zählzeiten!

20

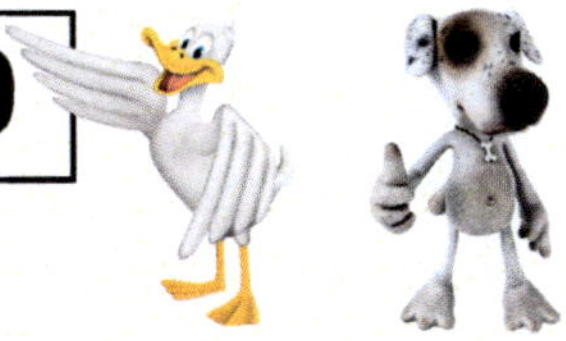

Rauf und Runter

Text & Musik: Armin Weisshaar

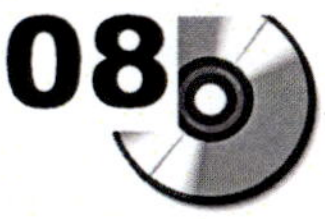

08

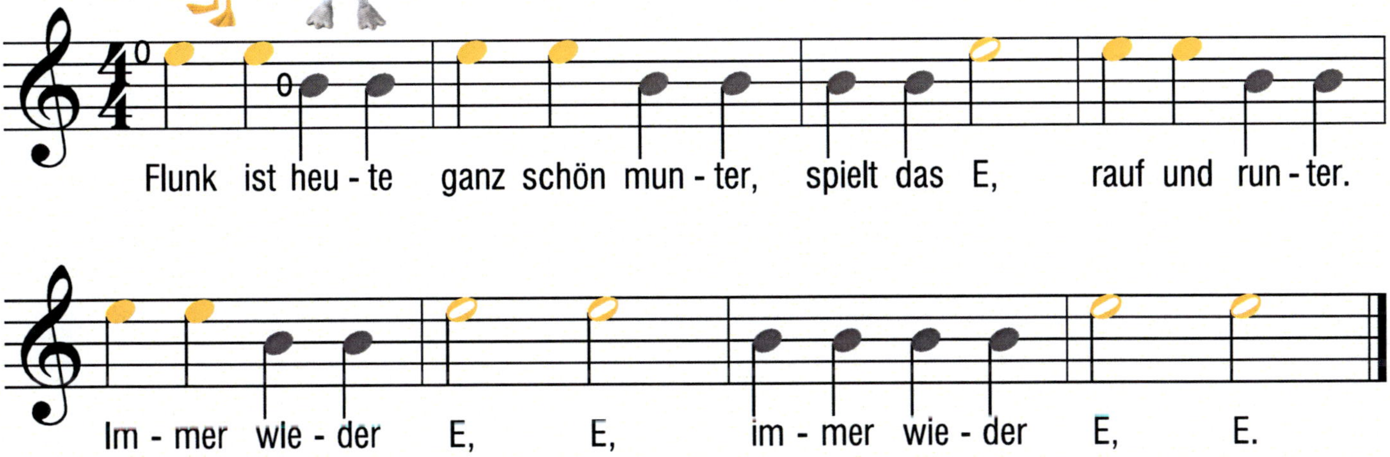

Flunk ist heu - te ganz schön mun - ter, spielt das E, rauf und run - ter.

Im - mer wie - der E, E, im - mer wie - der E, E.

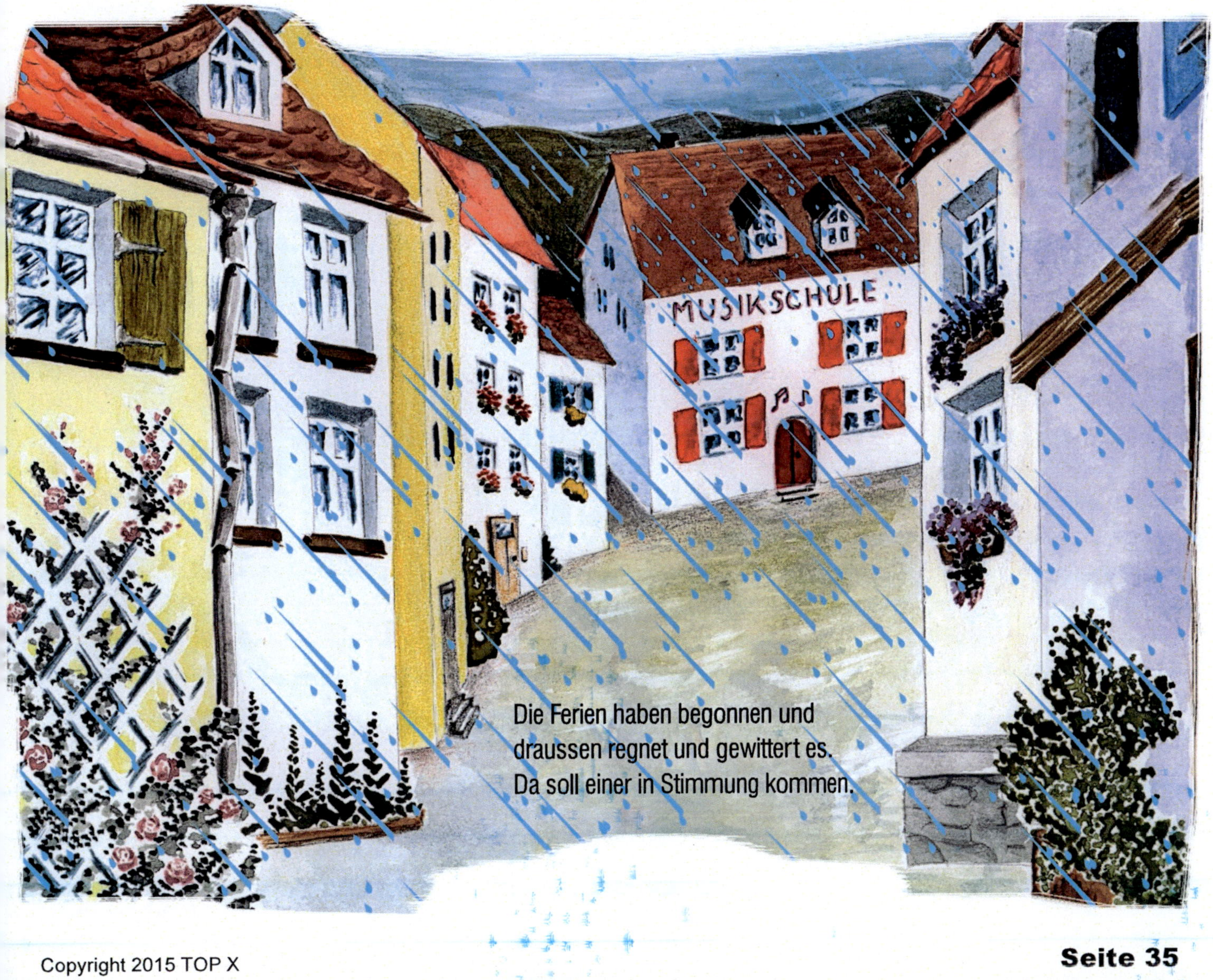

Die Ferien haben begonnen und
draussen regnet und gewittert es.
Da soll einer in Stimmung kommen.

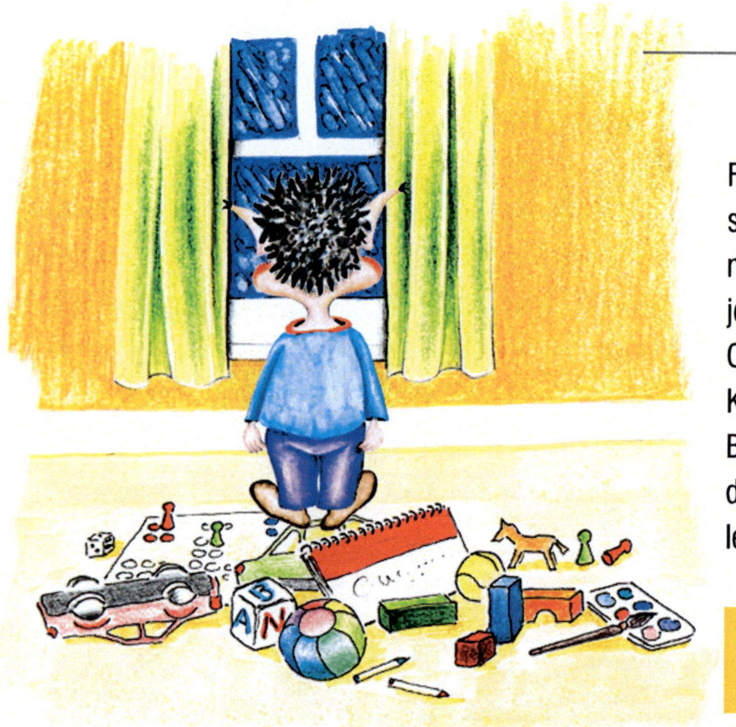

Flunk jedenfalls nicht. Traurig steht er am Fenster und schaut hinaus, aber weit und breit ist niemand zu sehen, nicht einmal der Hund von Bauer Pflügler, der sonst bei jedem Wetter durch die Gassen rennt und alle Katzen des Ortes jagd. Die Einzige, die durch die Straßen läuft, ist Frau Kornbiegel, die wahrscheinlich wieder einmal etwas beim Bäcker oder im Supermarkt vergessen hat. Während Flunk die Regentropfen an sein Fenster prasseln hört, singt er leise vor sich hin.

Bei dem Lied „Regentropfen“ spielst du auf allen drei bisher gelernten leeren Saiten, der E-,H- und G-Saite.

Die G (Giraffe Gerti)-, H (Hund Herbert) und E (Ente Elfi)- Saite

21

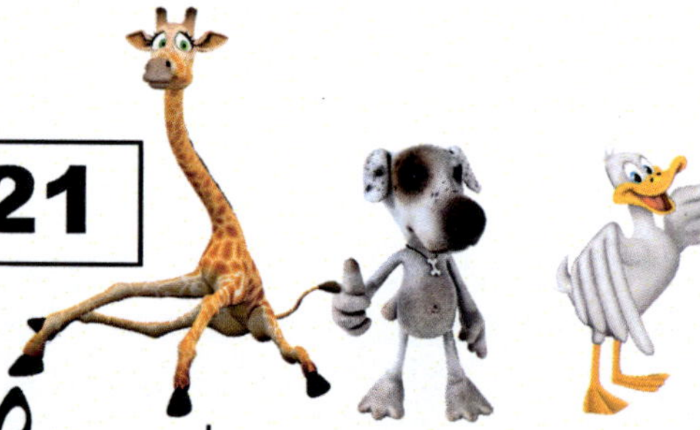

Regentropfen

Text & Musik: Armin Weisshaar

09

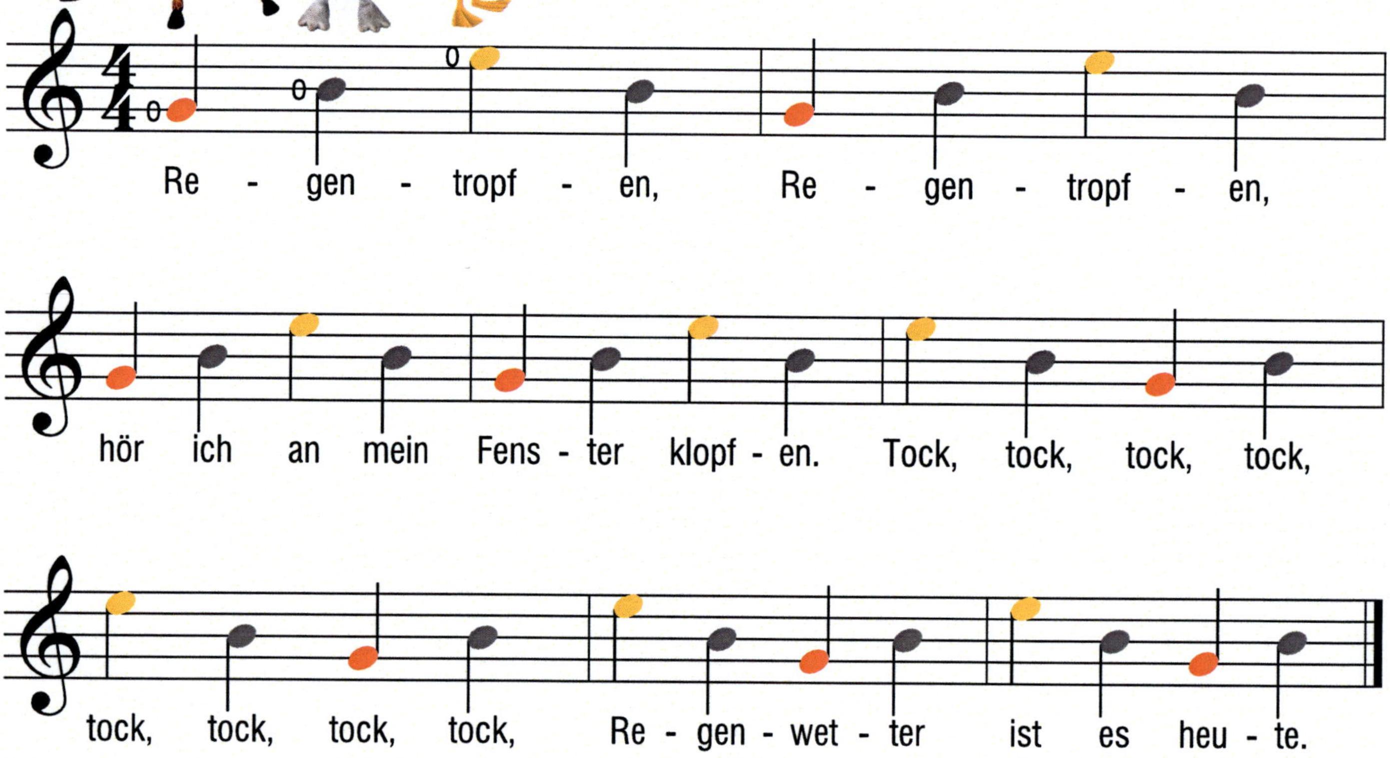

Re - gen - tropf - en, Re - gen - tropf - en,

hör ich an mein Fens - ter klopf - en. Tock, tock, tock, tock,

tock, tock, tock, tock, Re - gen - wet - ter ist es heu - te.

Plötzlich klingelt es. Es ist Janosch. „Komm, laß uns Play Station spielen“, sagt er. „Ich habe das neuste Spiel der Champions League bekommen!“ „Wow“, ruft Flunk, „das ist ja oberstark“. „Und ich zeige dir, wie man auf der Gitarre die Regentropfen nachmachen kann“.

Schnell rennen sie die Treppe hinauf und gehen in Flunks Zimmer. Dort sieht es aus, als hätte eine Bombe eingeschlagen, denn während des ganzen Tages hat Flunk alle möglichen Spielsachen aus seinem Schrank gekramt, aber auf nichts hatte er so richtig Lust. Nachdem die beiden sich eine spannende Fußballschlacht auf der Play Station geliefert hatten, holt Flunk seine Gitarre aus dem Koffer, legt eine CD ein und beginnt mit dem Lied Regentropfen. Dabei spielt er in der zweiten Strophe nicht die Noten, sondern klopft mit seinen Händen auf den Bauch der Gitarre. „Cool", ruft Janosch ganz begeistert, „das klingt ja wirklich, als ob Regentrofen ans Fenster prasseln!" Er holt sich gleich die alte Gitarre, die Flunk vor kurzem auf dem Flohmarkt gekauft hat, und spielt mit.

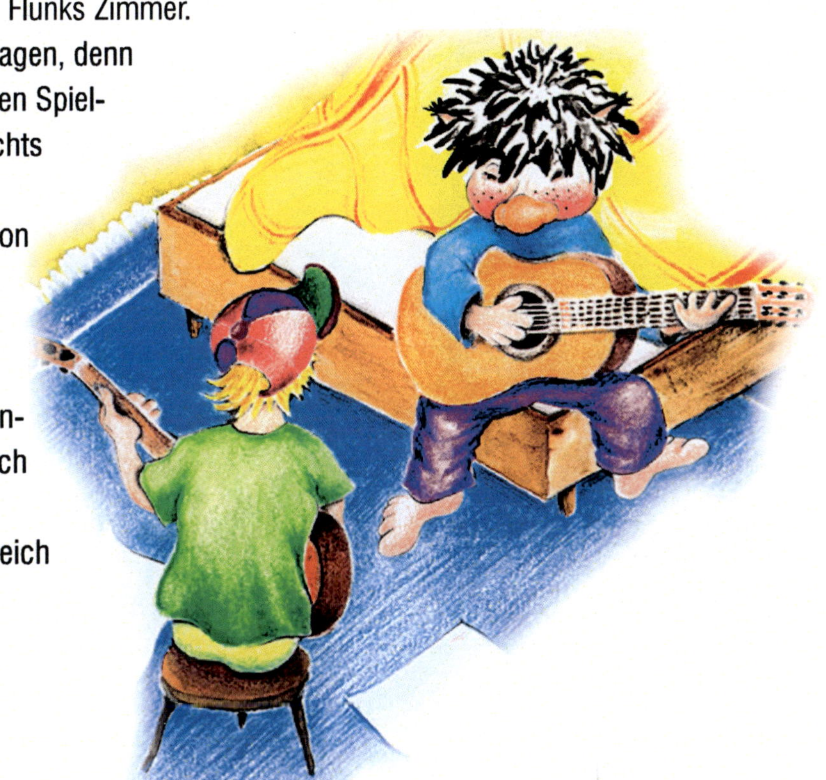

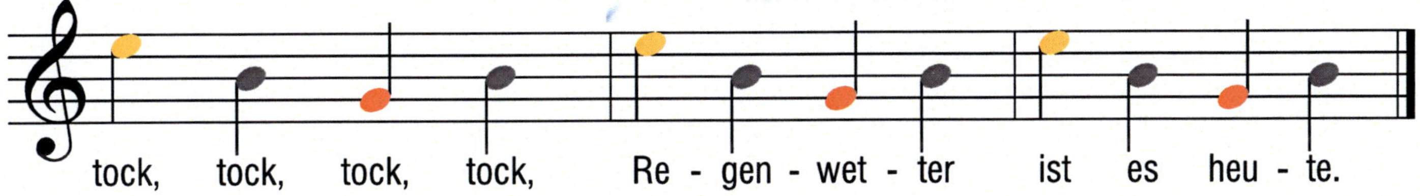

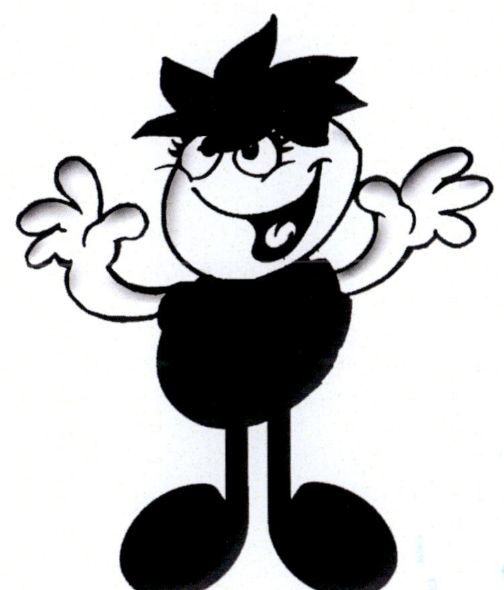

Die Regentropfen auf der Gitarre nachzumachen ist eigentlich ganz einfach. Schlage mit der rechten Hand wie in den untenstehenden Bildern dargestellt, auf den Bauch der Gitarre.

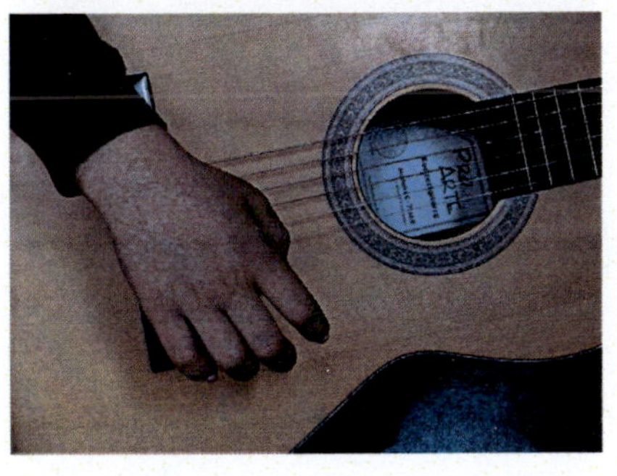

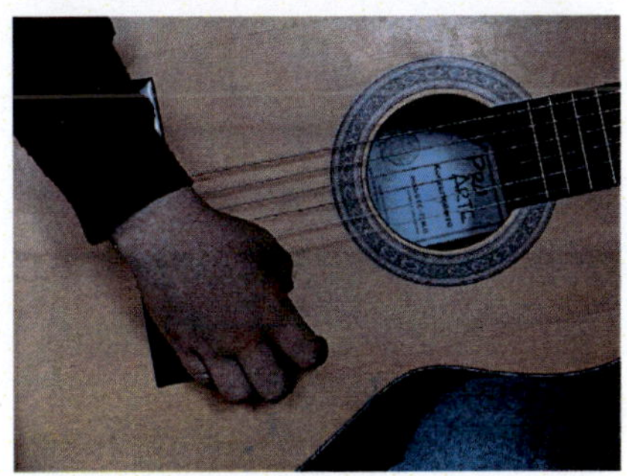

„Flunk", lacht er freudestrahlend, „das macht ja richtig Spaß!" „Ja, ja", schmunzelt Flunk, „da siehst du mal, was man auf einer Gitarre alles machen kann." Und insgeheim hofft er, daß Janosch sich doch noch entscheidet, demnächst mit ihm Gruppenunterricht zu nehmen.

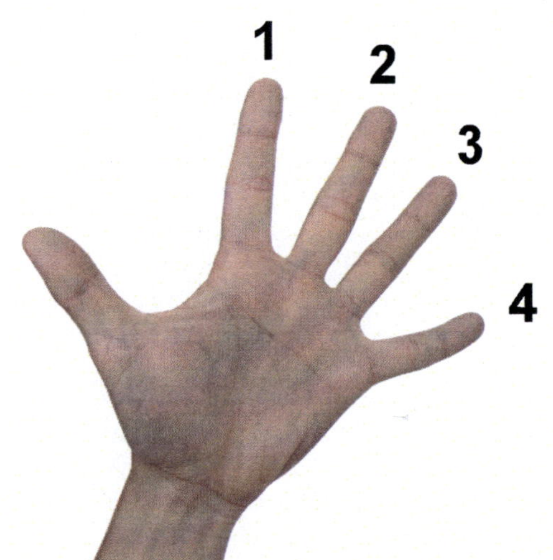

Die linke Hand

Du spielst jetzt nicht mehr nur leere Saiten, sondern greifst auch Töne mit der linken Hand. Dazu siehst du die linke Hand und die Bezeichnungen der einzelnen Finger.

1 = Zeigefinger	**2 = Mittelfinger**
3 = Ringfinger	**4 = kl. Finger**

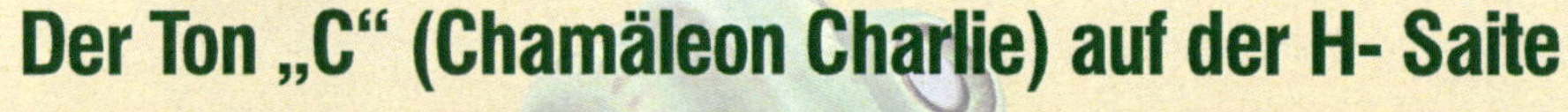

Der Ton „C“ (Chamäleon Charlie) auf der H- Saite

Im dritten Zwischenraum liegt das mittlere C. Auf der Gitarre greifst Du mit dem Zeigefinger (1) im ersten Bund der H- Saite.

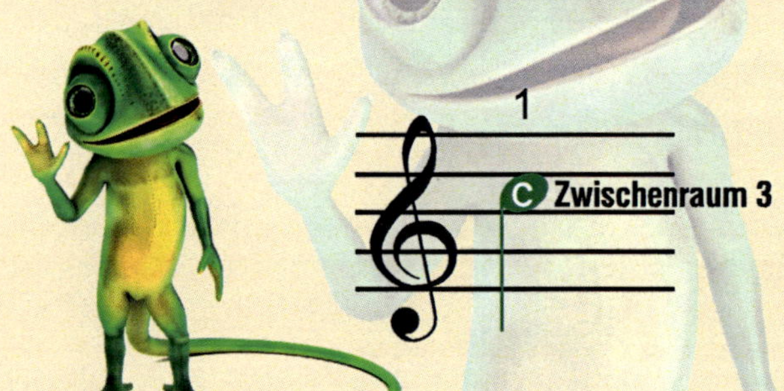

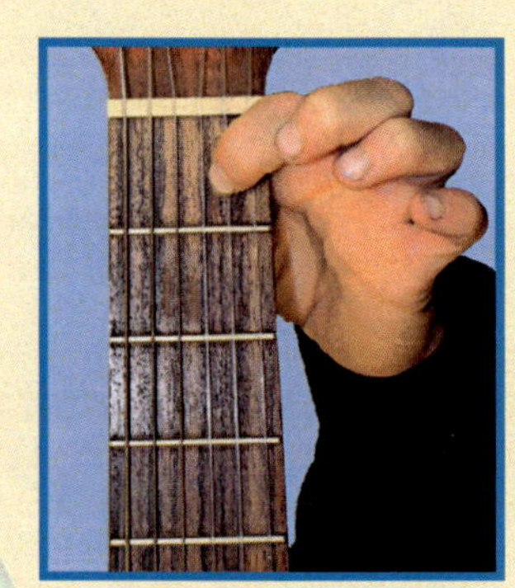

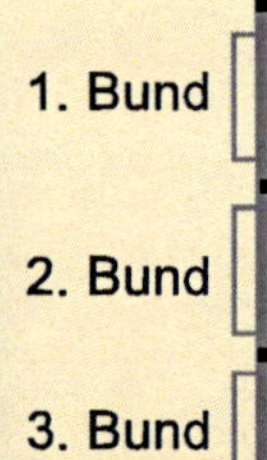

1. Bund
2. Bund
3. Bund
4. Bund

C

22

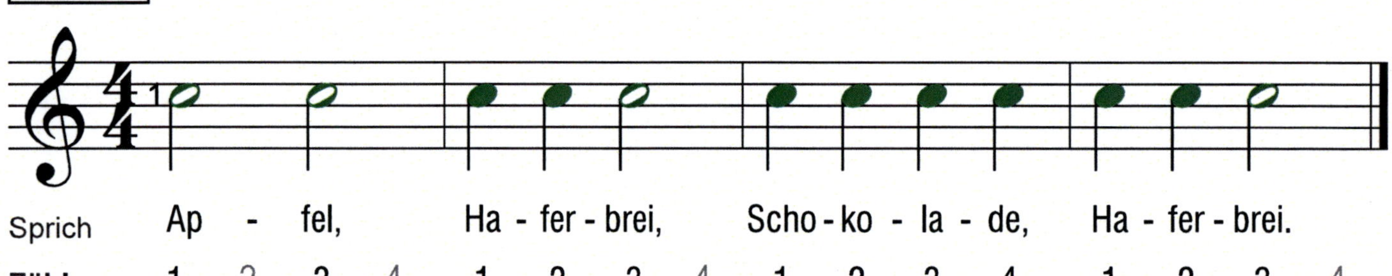

23

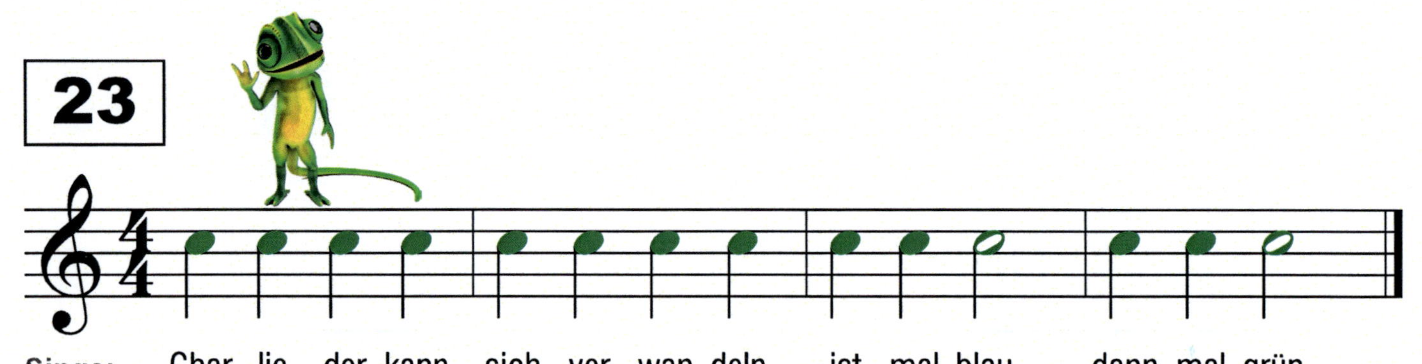

Flunk sitzt vor seinen Hausaufgaben und kommt nicht so richtig weiter. Er muß unter die Übungen die entsprechenden Noten schreiben, aber das ist gar nicht so einfach. Auch Sally, die bei ihm sitzt, kann nicht helfen. Die meisten Übungen hat er schon geschafft, aber es fehlt noch der Rest der Übung 24 und die komplette Übung 25. Könnt ihr Flunk dabei helfen?! Schreibt die Noten einfach in die darunterstehenden Kästchen.

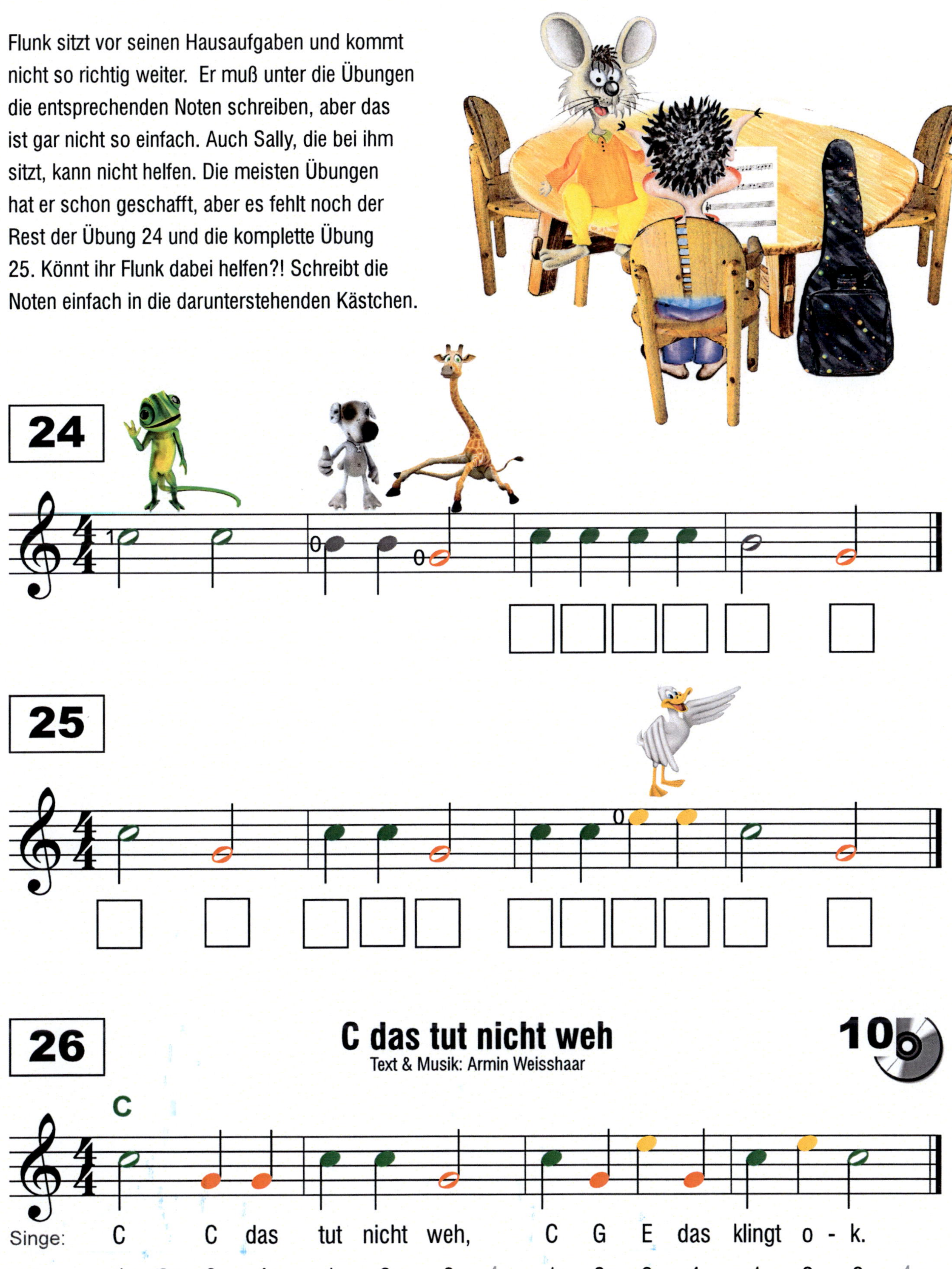

Flunk ist in der zweiten Klasse der Munzhausener Grund- und Hauptschule. Wie alle Kinder seines Alters hat er allerlei Unfug im Kopf und als er mal wieder seinem Freund Janosch einen Streich gespielt hat, hat ihn prompt seine Lehrerin Frau erwischt und mit ihm ein ernstes Wörtchen geredet. Tina und Marie, die neben ihm sitzen, schauen ganz entsetzt, denn so haben die beiden ihre Lehrerin noch nie erlebt. Was Flunk noch so alles in der Schule erlebt, erfahrst du in den nächsten Liedern.

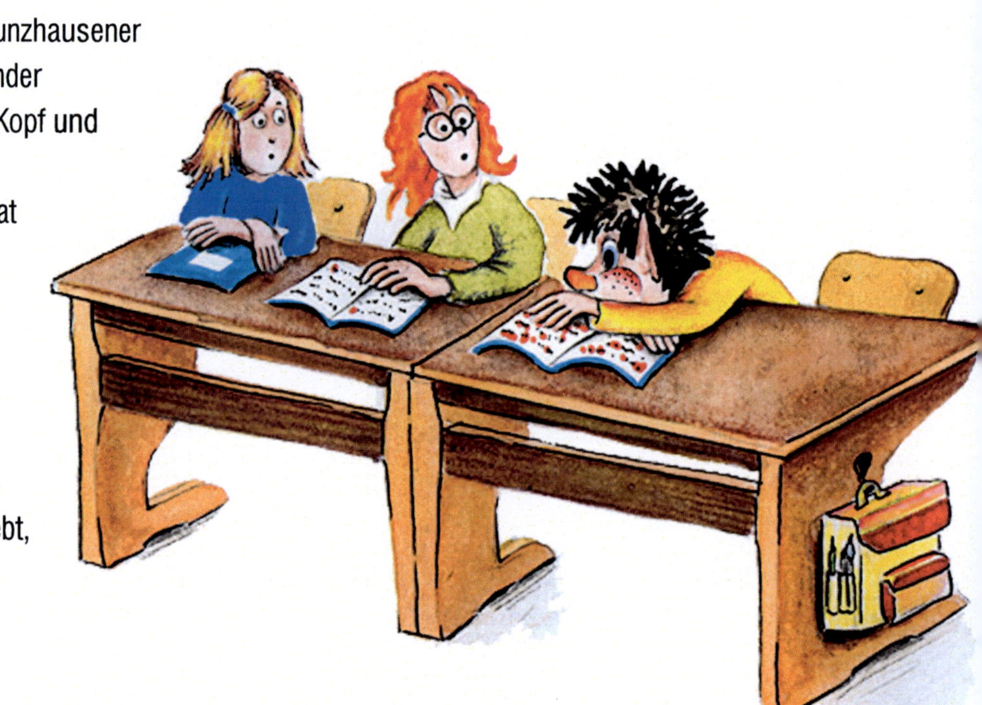

27 Ich bin sieben Jahre alt

Text & Musik: Armin Weisshaar

11

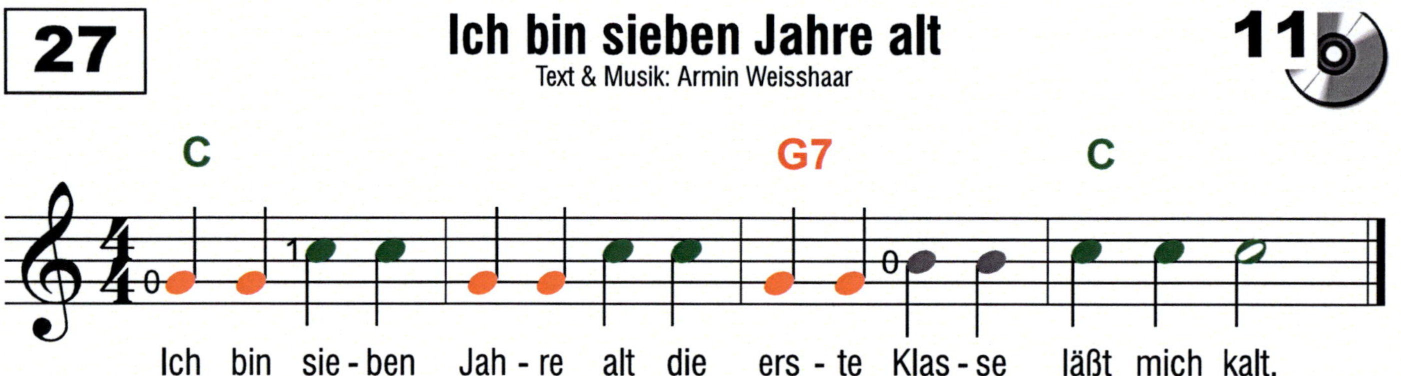

28 In der Schule

Text & Musik: Armin Weisshaar

12

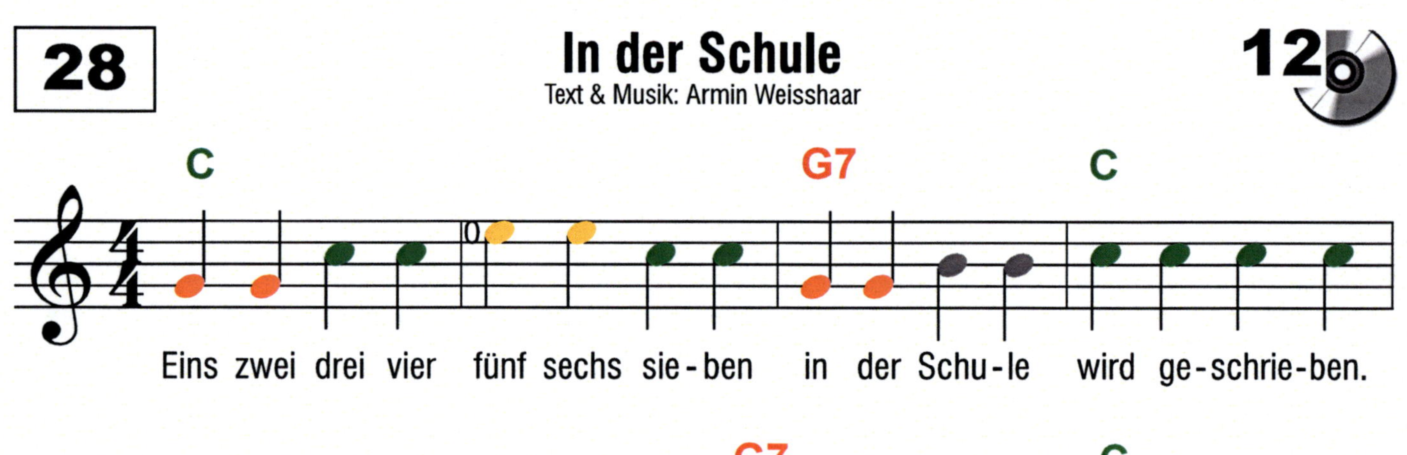

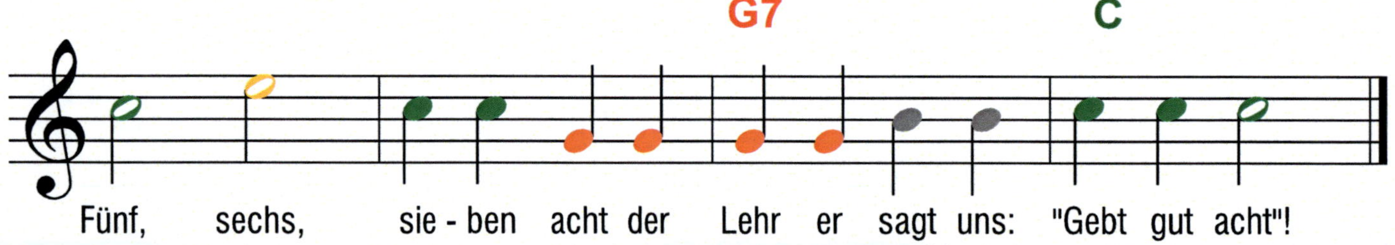

Der Ton „A“ (Affe Alladin) auf der G-Saite

Jetzt lernst du deinen zweiten gegriffenen Ton. Er ist das „mittlere A“ und liegt im 2. Zwischenraum des Notensystems. Auf der Gitarre greifst du mit dem Mittelfinger **2** im zweiten Bund der G-Saite.

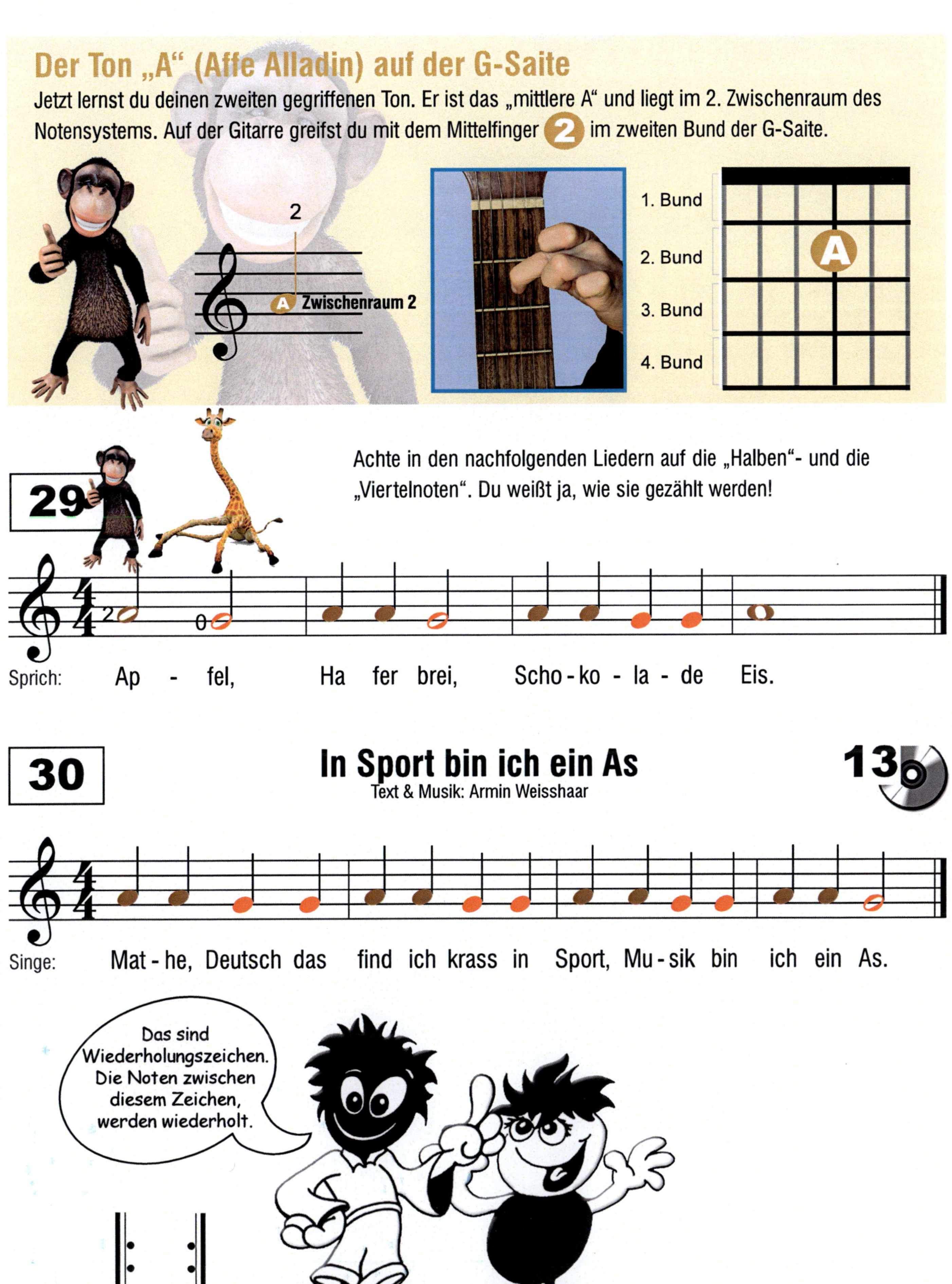

Achte in den nachfolgenden Liedern auf die „Halben“- und die „Viertelnoten“. Du weißt ja, wie sie gezählt werden!

In Sport bin ich ein As

Text & Musik: Armin Weisshaar

Tägliche Übungen Ton C und A

Die beiden nachfolgenden Übungen solltest du in nächster Zeit einüben und dann täglich ein paar Mal durchspielen. Bei Übung 1 spielst du jeweils abwechselnd den Zeige- und Mittelfinger.

31 Übung 1

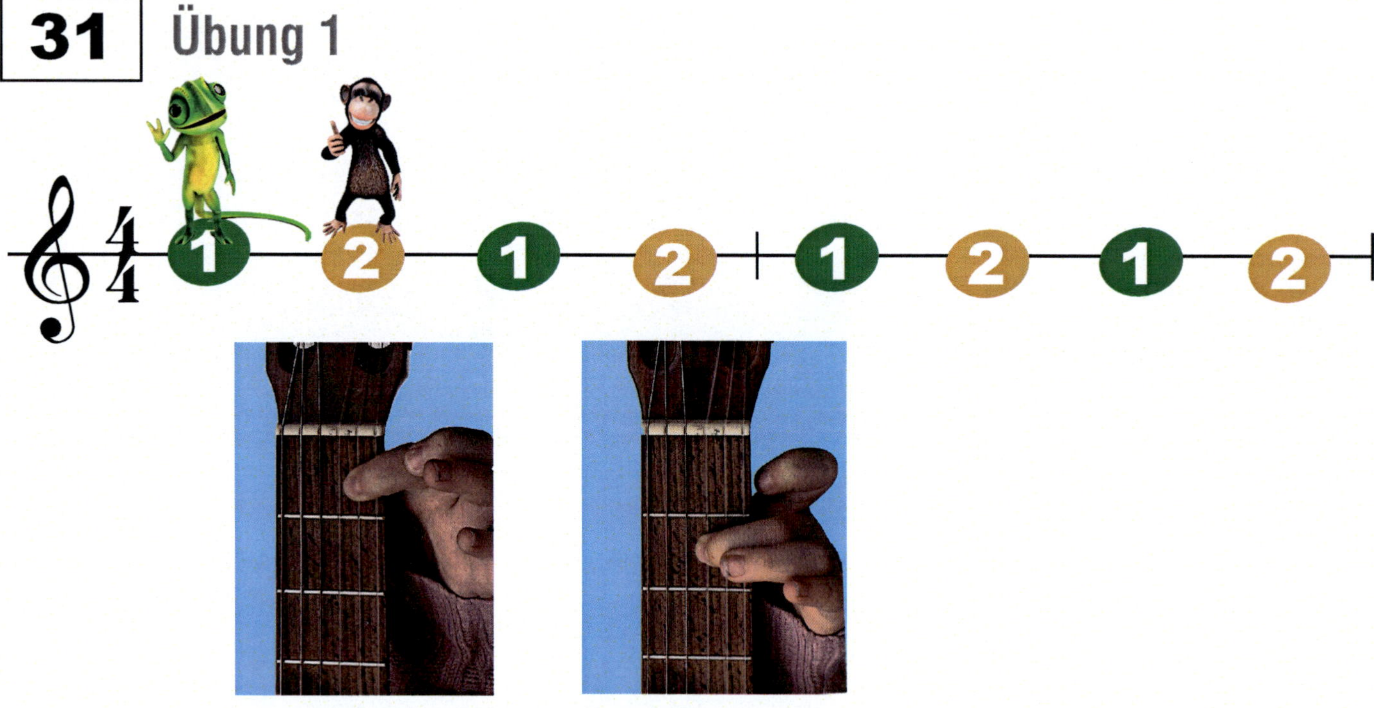

Bei Übung zwei musst du den Finger während der ganzen Übung auf dem Ton C (Chamäleon Charlie) liegen lassen. Spiel dann abwechselnd den Ton C und A wie auf den Bildern.

32 Übung 2

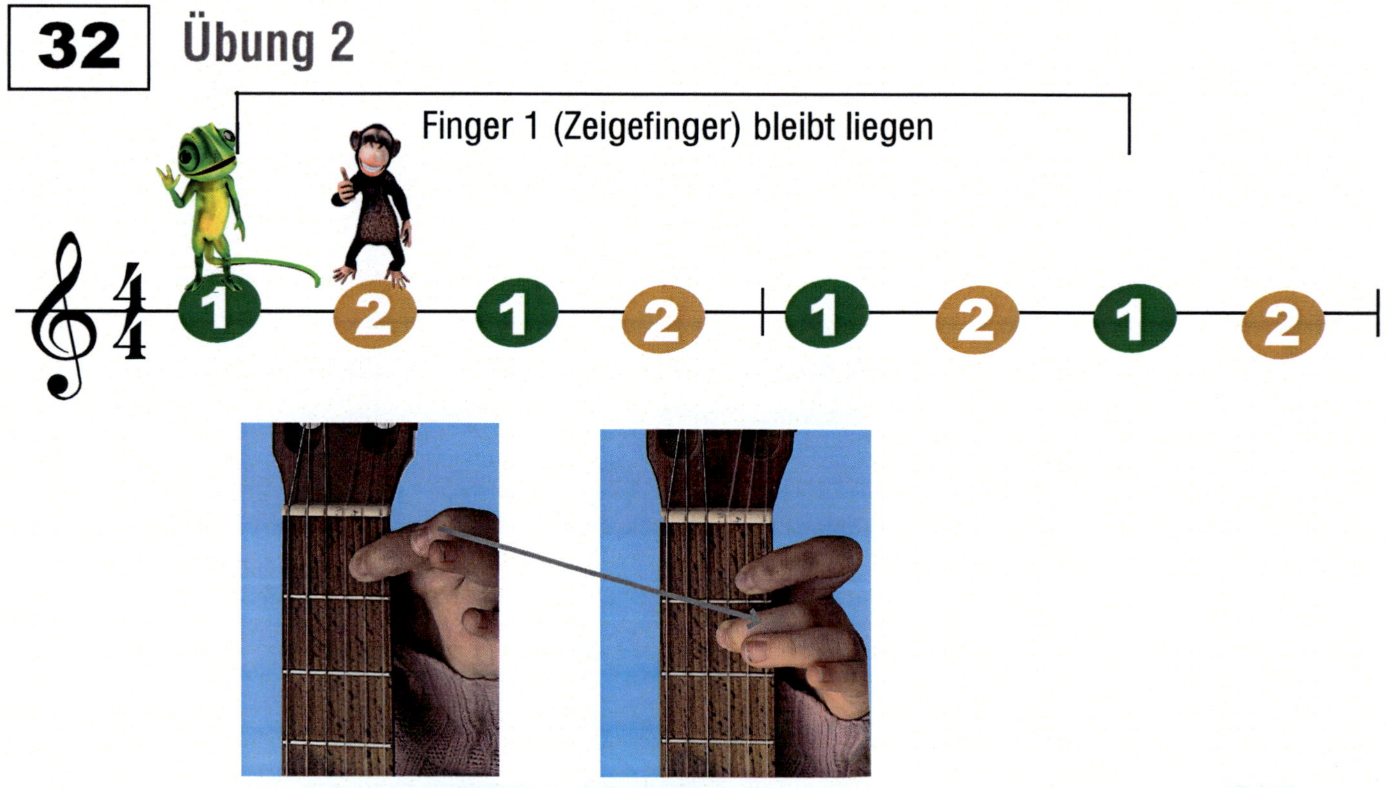

Flunk kommt mit den vielen Noten und jetzt auch noch den Wiederholungszeichen total durcheinander. Er probiert deshalb, sich die Noten nochmals mit den verschiedenen Tieren einzuprägen. Wenn du mal mit den Noten durcheinander kommst, probier es doch einfach selbst einmal aus oder versuch es mit deinem Lehrer.

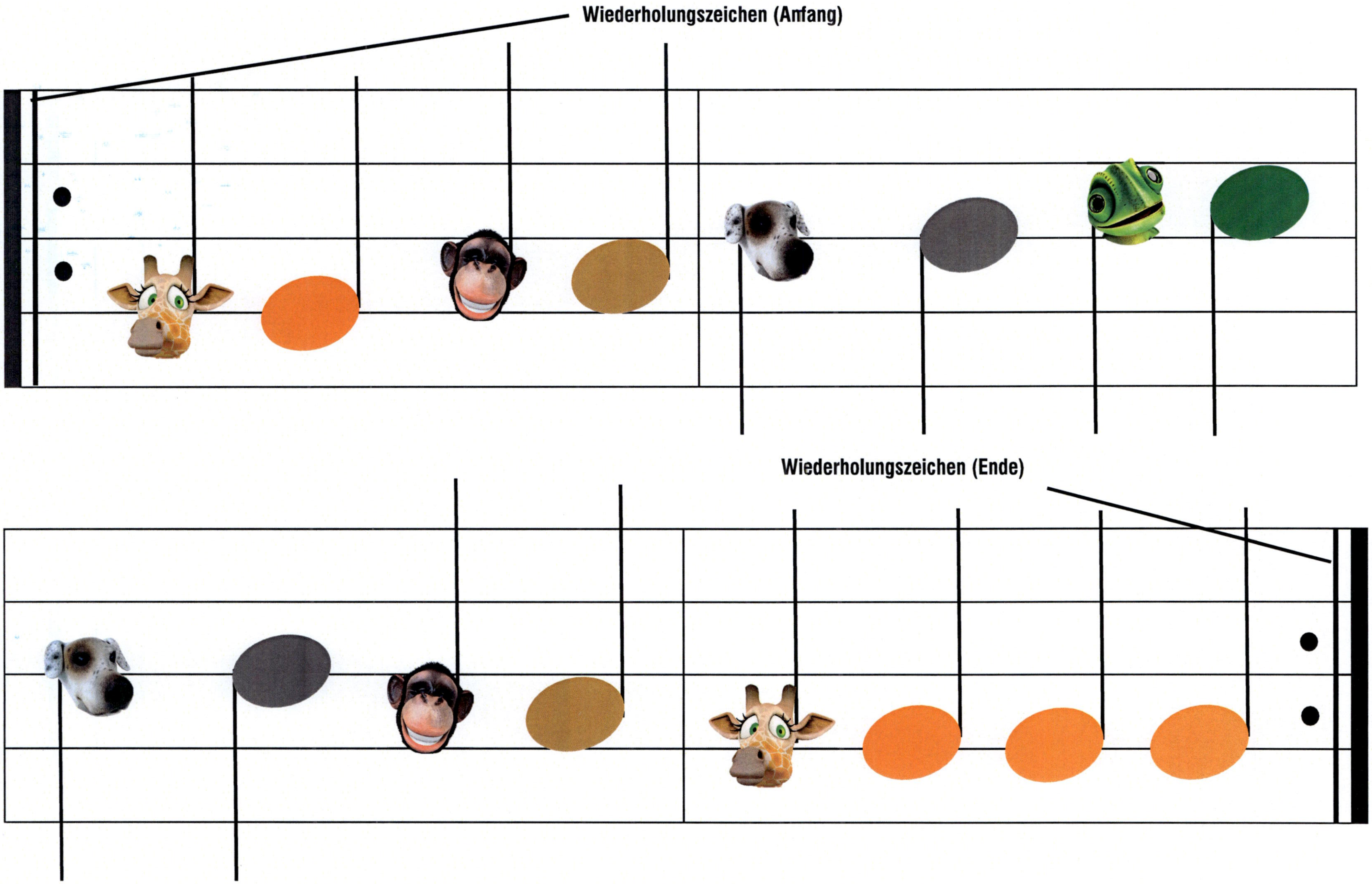

Wiederholungszeichen (Anfang)

Wiederholungszeichen (Ende)

Jetzt lernst du dein erstes richtiges Lied mit Strophe und Refrain.

Strophe = ist ein Teil eines Musikstückes, das sich textlich immer wieder ändert.
Refrain = ein Wiederholungsteil in einem Song oder Stück am Ende einer Strophe.
Der Refrain ändert sich textlich fast nie. Den Refrain nennt man auch den Hauptteil eines Liedes.
Die meisten Songs oder Musikstücke bestehen aus folgender Reihenfolge:

Strophe - Refrain - Strophe - Refrain

Für mehr Abwechslung nimmt man meistens noch einen Zwischenteil in ein Musikstück.

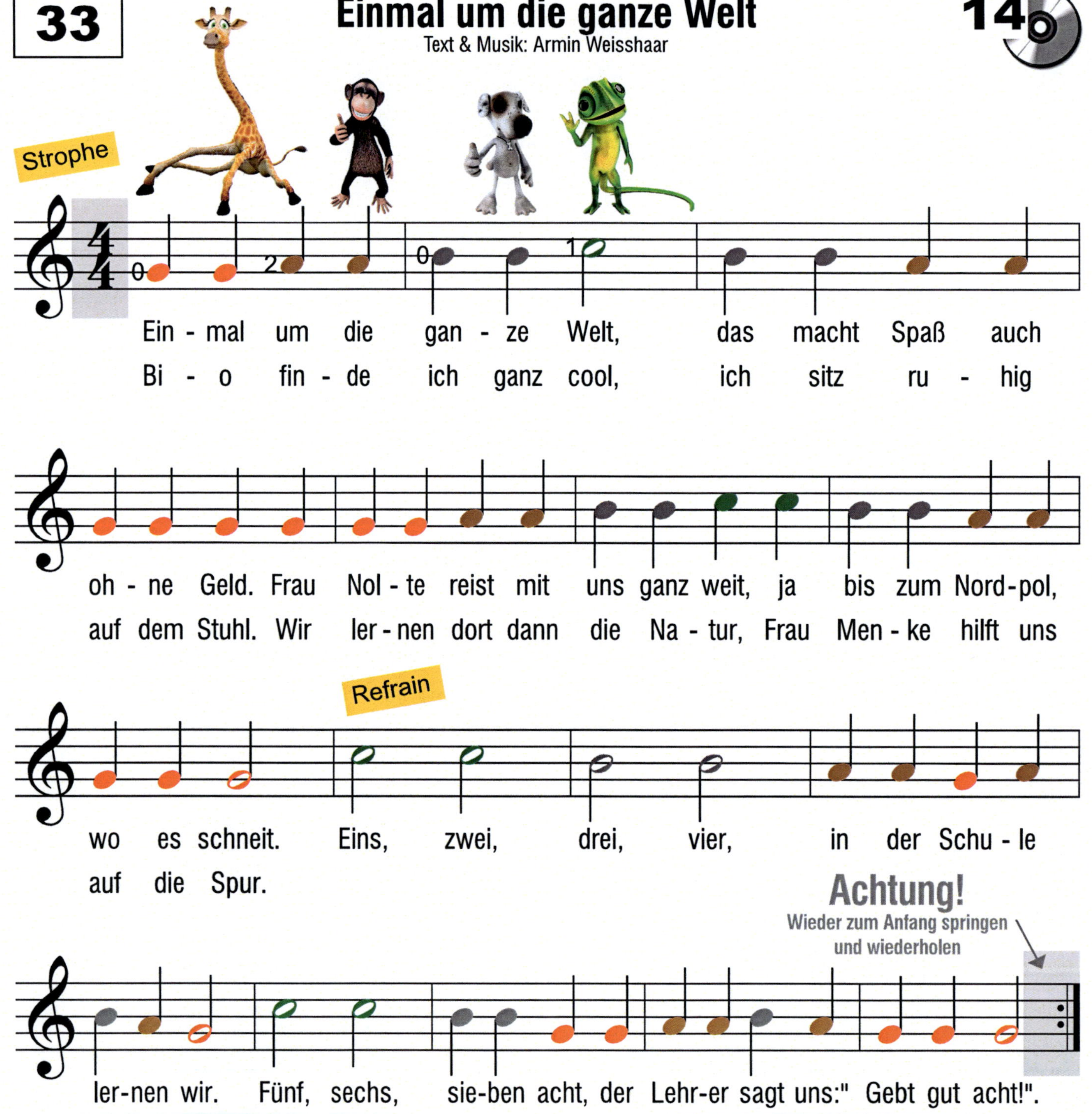

Die Finger sind unsere Werkzeuge

Wir können zwar mit allerlei Werkzeugen wie z.B einem Geigenbogen, Trommelstöcken oder mit den Zähnen unsere Gitarre spielen, aber das wichtigste Werkzeug ist und bleibt nun mal unsere Hand mit unseren Fingern. Deshalb ist es wichtig, dass du deine Greiflinge auch wirklich kennst. Lege deine linke Hand auf das Blatt Papier und spreize die Finger. Jetzt umrandest du deine Hand mit einem Bleistift. Schreibe noch die Fingerbezeichnungen dazu. Das gleiche machst du mit deiner rechten Hand.

Die linke Hand:

Hier zeigen dir zwei Kinder der Musikschule, wie es gemacht wird.

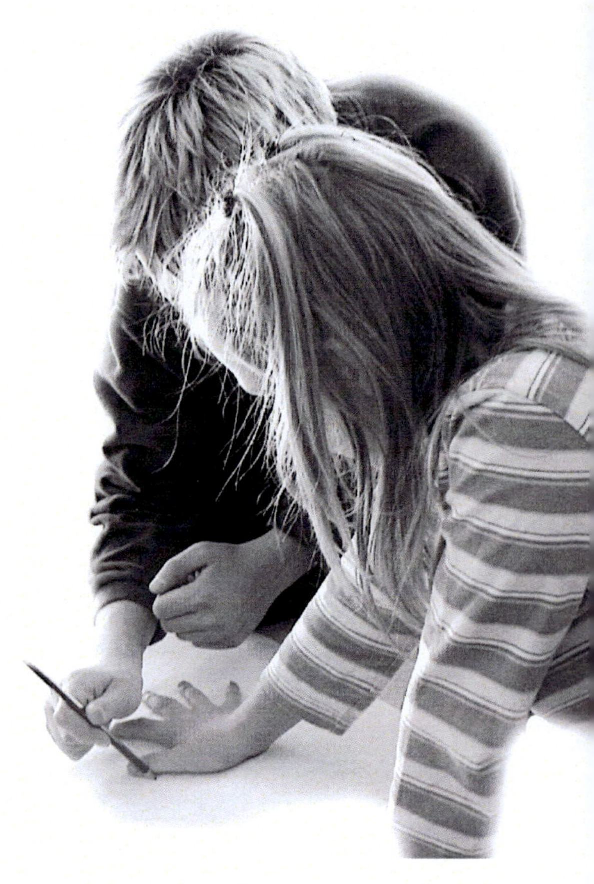

Die rechte Hand:

Die rechte Hand

Wir können nicht nur mit dem Daumen die Saiten anschlagen, sondern auch mit den anderen Fingern. Zuerst taufen wir einmal die Finger mit einem Buchstaben. Nur der kleine Finger geht leer aus, aber dafür braucht er auch nicht zu spielen.

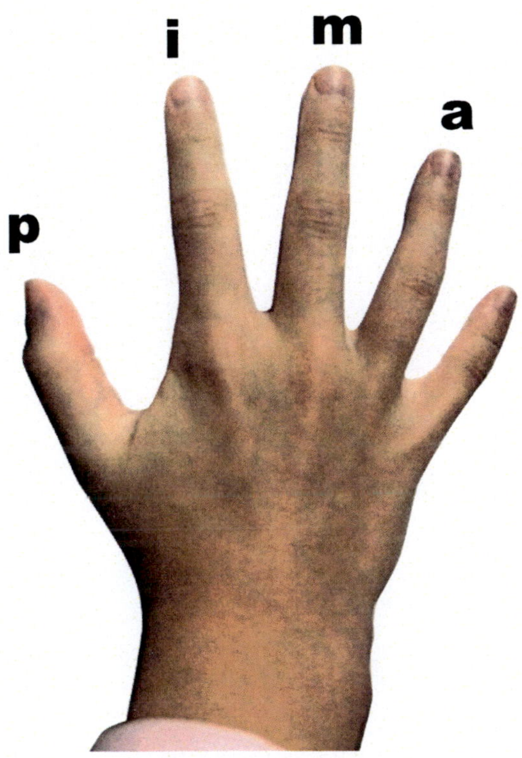

p = Daumen
i = Zeigefinger
m = Mittelfinger
a = Ringfinger

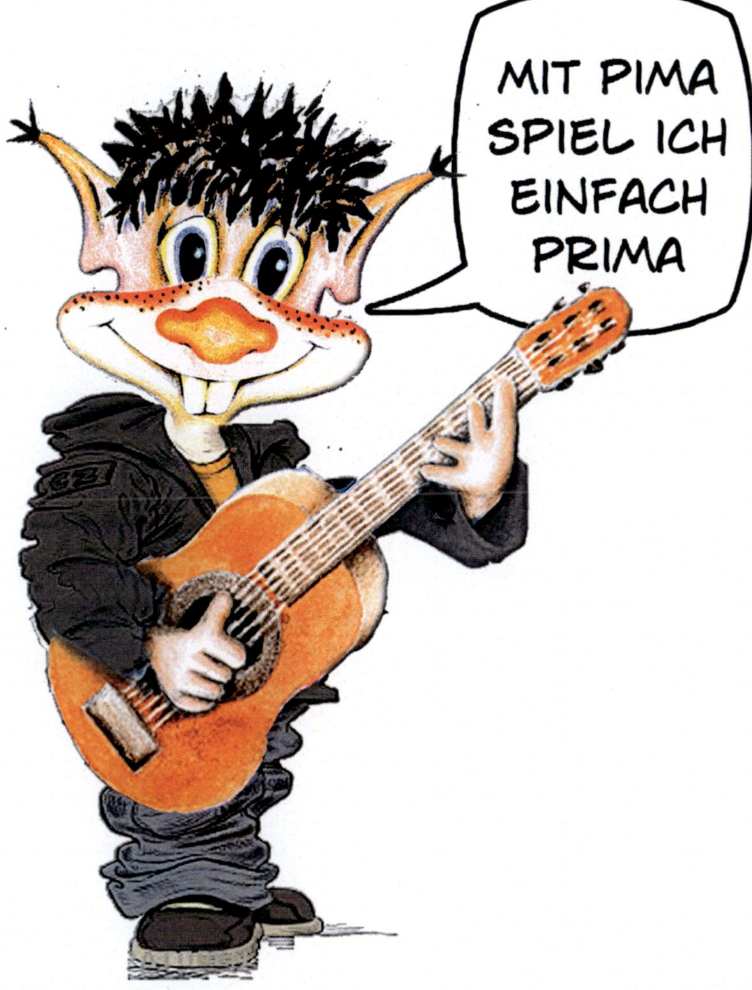

Der angelegte Wechselschlag mit den Fingern

Wenn wir mit den Fingern anschlagen, wechseln sich immer zwei Finger ab, z.B. i m i m (der Zeigefinger wechselt mit dem Mittelfinger). Nach dem Anschlag ruht sich der Finger auf der tieferen Saite kurz aus (anlegen). Nun schlägt der andere Finger die Saite an. Gleichzeitig geht der erste Finger wieder hoch, damit er sofort anschlagsbereit ist. Die Finger "laufen".

Die rechte Hand

Schlage mit dem Zeigefinger die Saite an (Bild 1) und laß ihn auf der nächst tieferen Saite ausruhen (Bild 2).

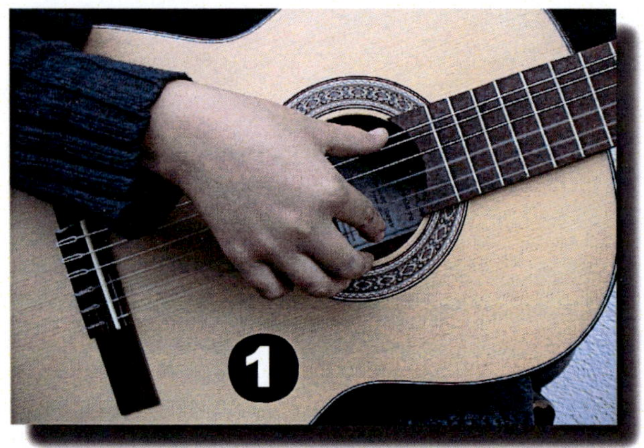

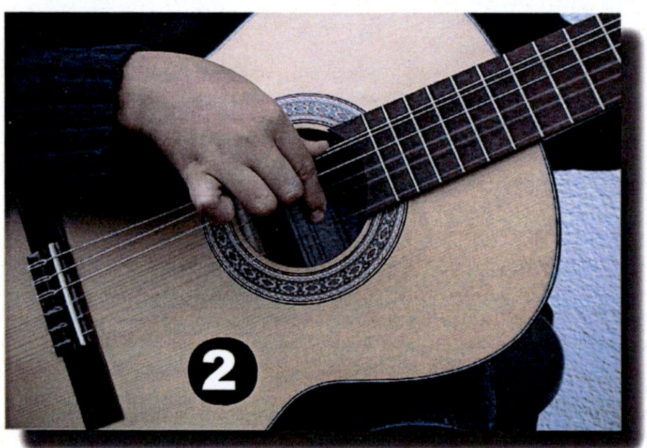

Nun schlägst Du mit dem Mittelfinger die Saite an (Bild 3). Gleichzeitig geht der Zeigefinger wieder hoch und ist anschlagsbereit (Bild 4).

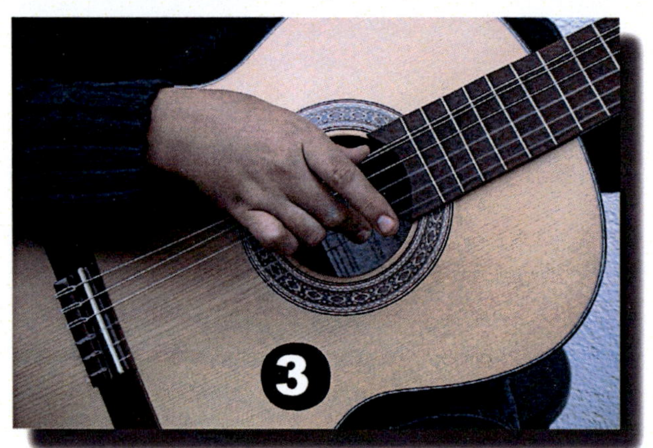

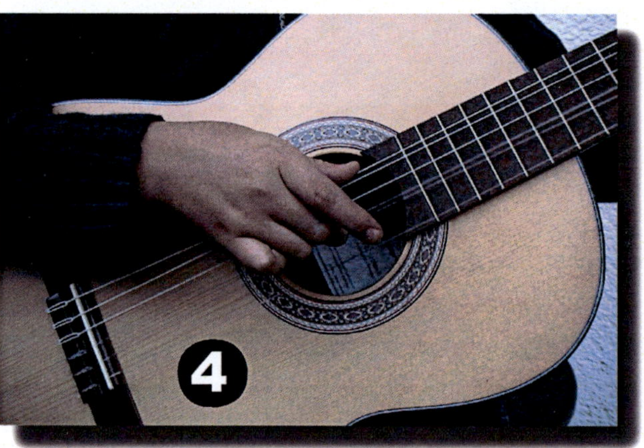

34 Wechselschlag auf der g- Saite

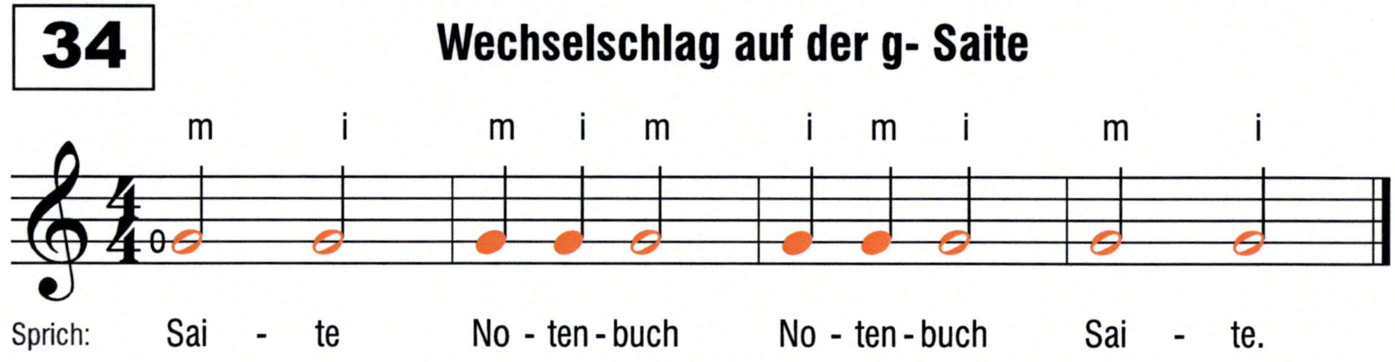

35 Wechselschlag auf der h- Saite

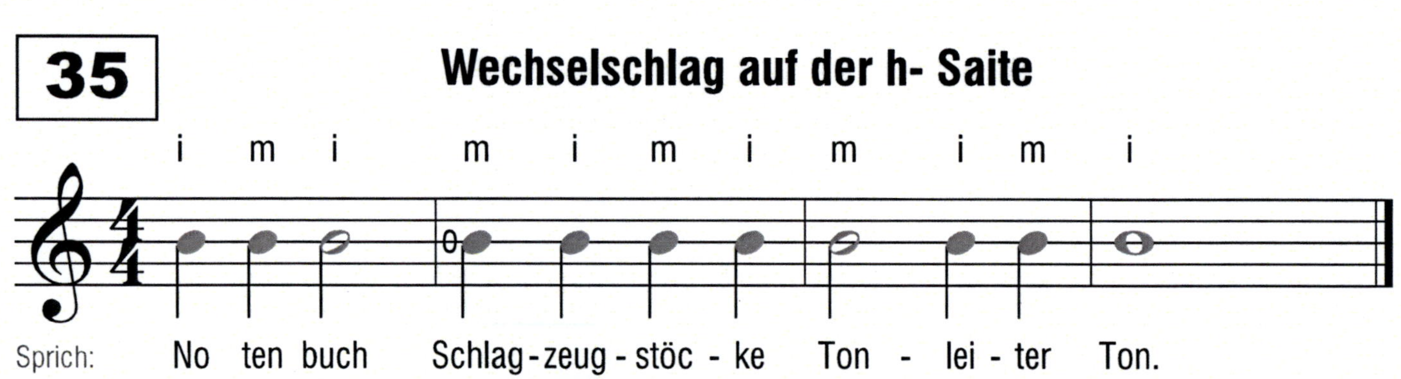

Wechselschlag auf der G- und H- Saite

Du mußt Flunk wieder einmal helfen, denn mit den vielen **m** und **i** kommt er total durcheinander.
Ergänze den Fingersatz der rechten Hand und schreibe ihn in alle freien Felder.

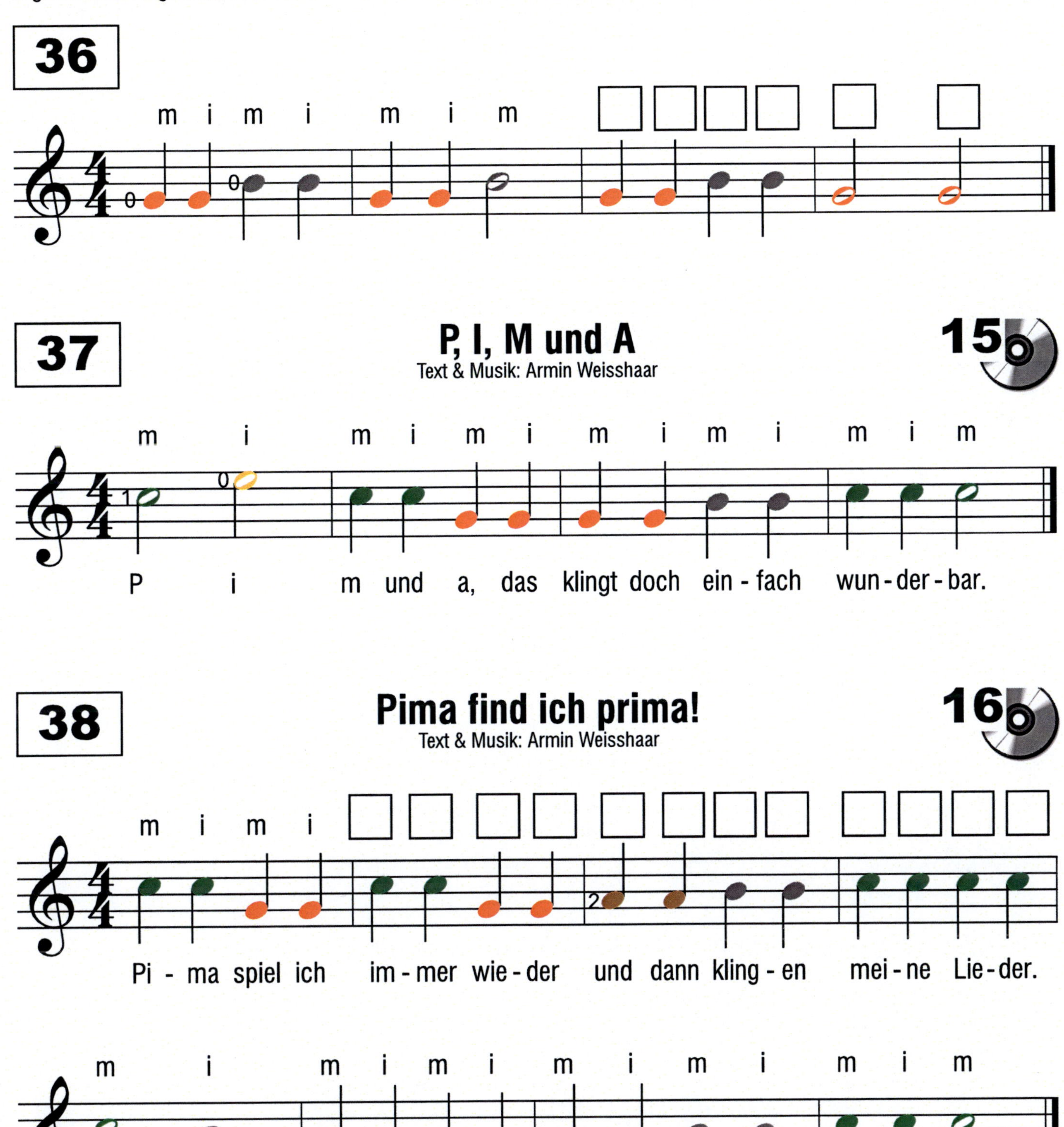

Ich hoffe, du übst den Wechselschlag genauso gut wie Flunk. Der sitzt nämlich jeden Tag in seinem Zimmer und übt.

Flunk lernt heute zwei neue Töne. Den Ton D auf der H-Saite und der leeren D-Saite. Aber vorher muß er noch eine Übung für die Finger der linken Hand machen, sagt sein Gitarrenlehrer und grinst. „Puh", stöhnt Flunk nach ein paar Minuten, „die Übung hat es aber in sich". Nach und nach klappt es aber immer besser. Jetzt probierst du die Übung einmal selbst. Denn du weißt ja: Übung macht den Meister.

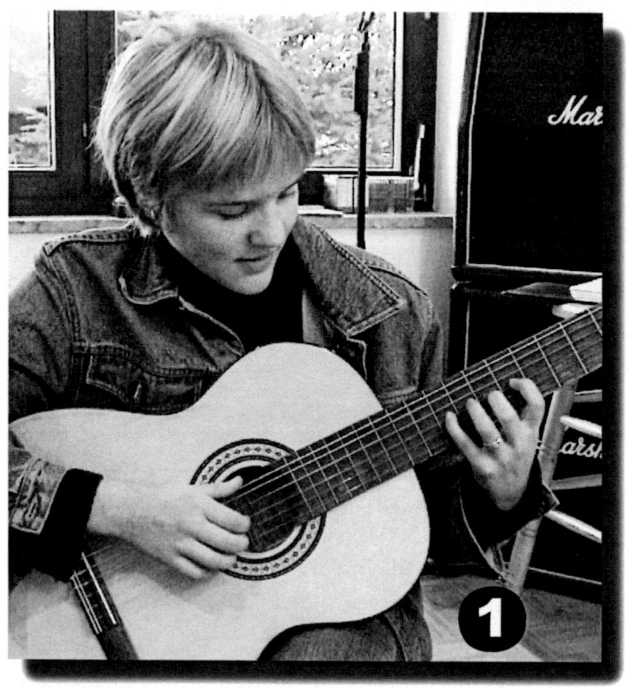

Übungen für die linke Hand

Wir setzen alle Finger auf die G-Saite. Jeder Finger hat seinen eigenen Bund. Im Bild Nr. 1 zeigt dir Miriam aus der Musikschule, wie es gemacht wird.

Am Anfang geht es leichter, wenn du die Übung im siebten Bund spielst, weil dort die einzelnen Bünde näher zusammen liegen als im ersten oder im zweiten Bund.

Schlage die gegriffene Saite an. Vielleicht klirrt der Ton, oder es macht nur "plopp?" Dann hast du die Finger nicht kräftig genug heruntergedrückt, oder die Finger sitzen nicht nah genug vor den Bunstäbchenstäbchen.

Tägliche Übungen

Mit den folgenden Übungen sollen deine Finger gekräftigt werden. Diese Übungen solltest du in nächster Zeit täglich ein paarmal durchspielen. Mache die Übungen zuerst auf der G-Saite, dann auf den anderen Gitarrensaiten. Auf den Bildern zeigt dir Miriam nochmal, wie die Übung gespielt wird.

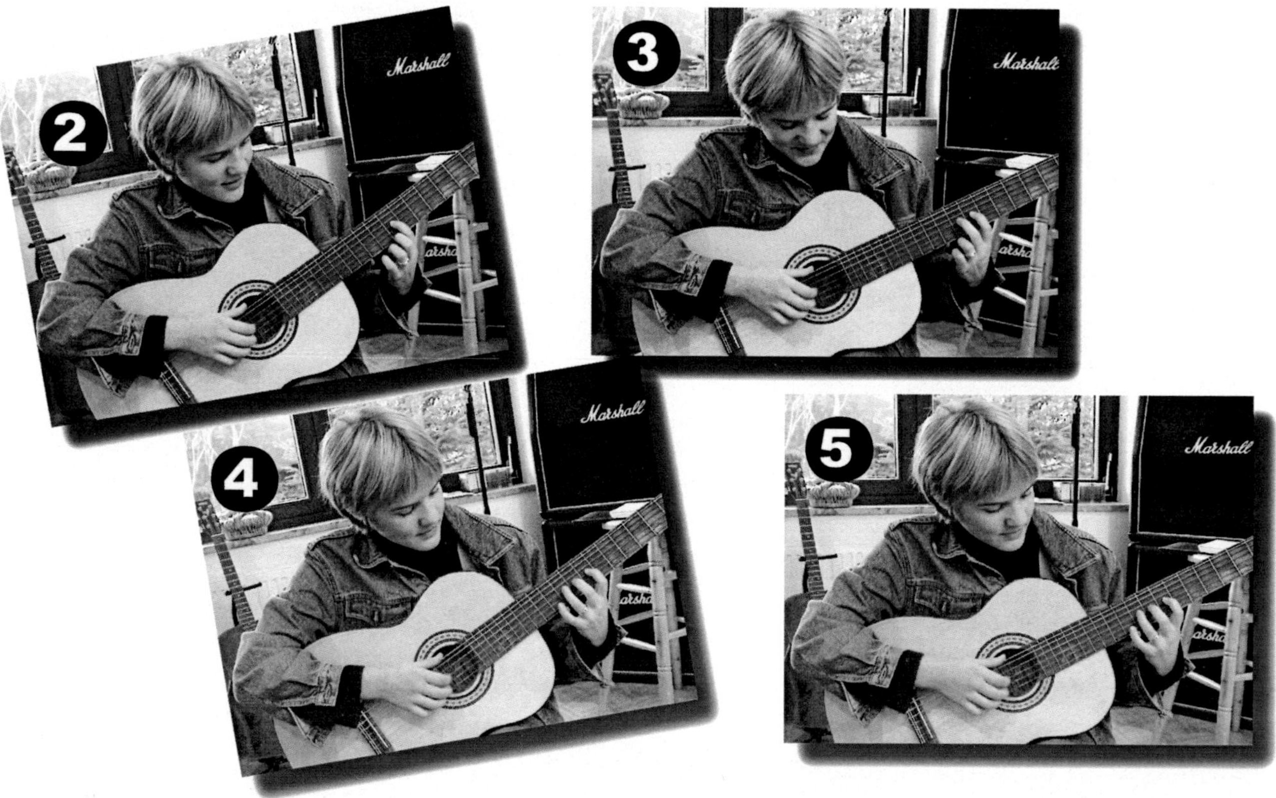

39

Versuche die Übung zuerst nur mit dem Zeigefinger und dem Mittelfinger.

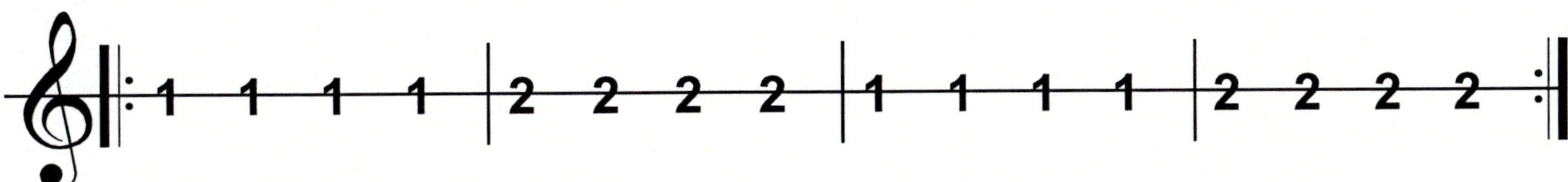

40

Jetzt nehmen wir noch den Ringfinger dazu.

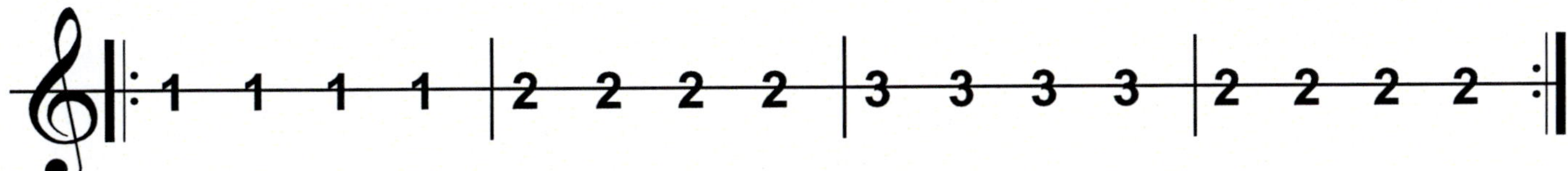

41

Und nun wird's langsam interessant. Wir spielen jetzt mit allen vier Fingern.

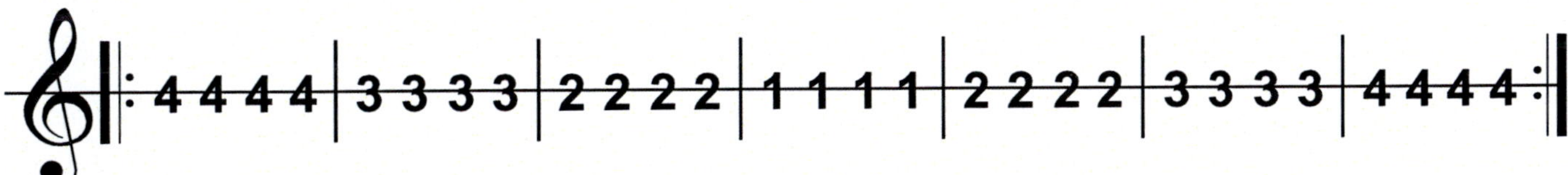

42

Der Taktstrich kann auch nach drei Schlägen gesetzt werden.
Das nennt man dann 3/4tel Takt. Aber dazu kommen wir später.

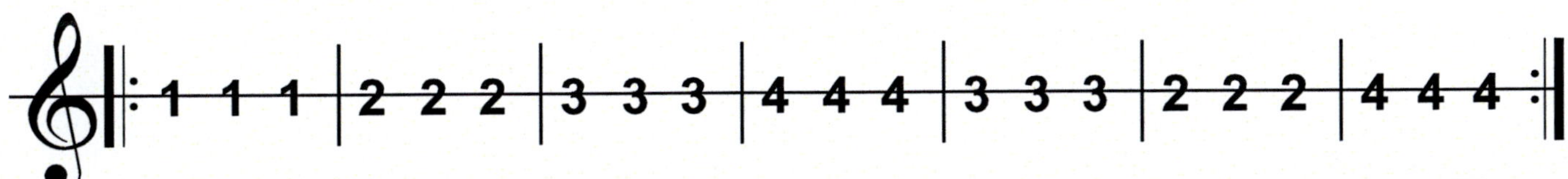

43

Jetzt wird's wirklich schwer. Du mußt jetzt innerhalb eines Taktes verschiedene Finger spielen.

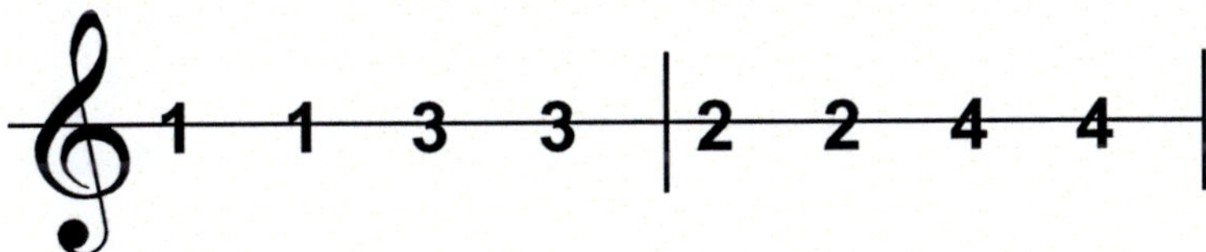

44

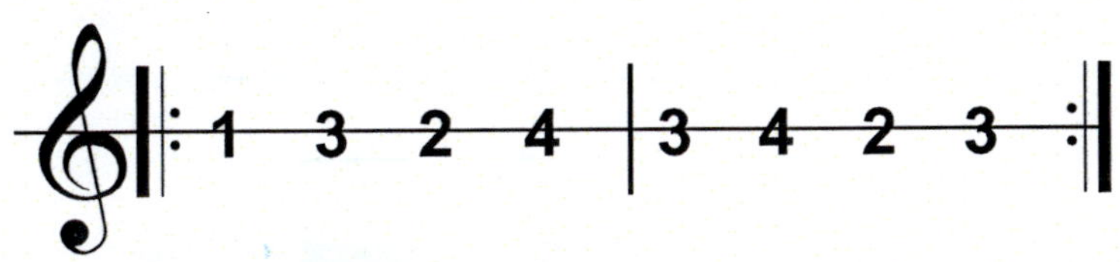

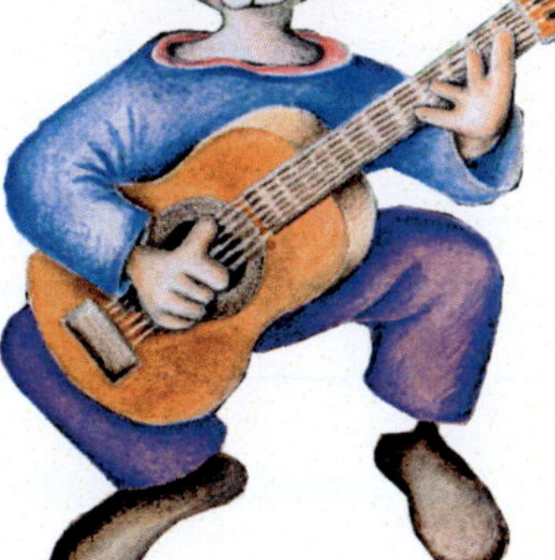

Die D (Dachs Daniel)- Saite

Die Note unterhalb der ersten Notenlinie ist das „mittlere D". Auf der Gitarre ist das die vierte leere Saite. Du brauchst also nicht zu greifen.

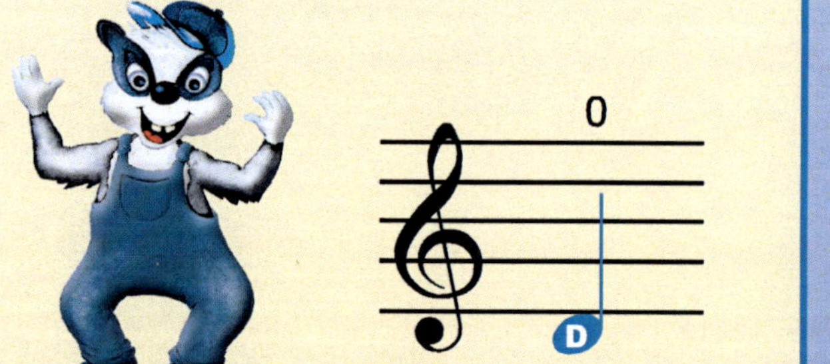

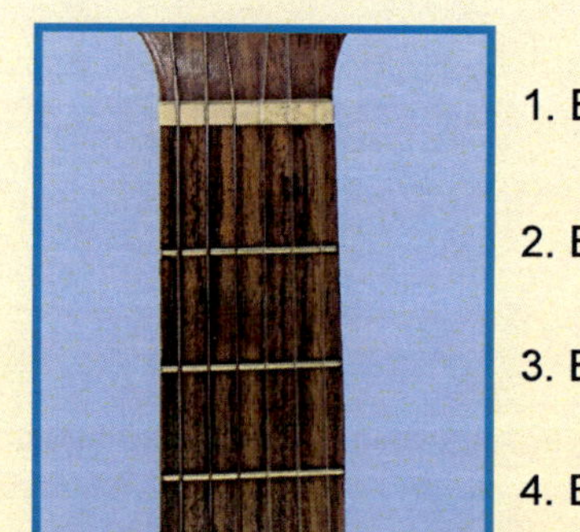

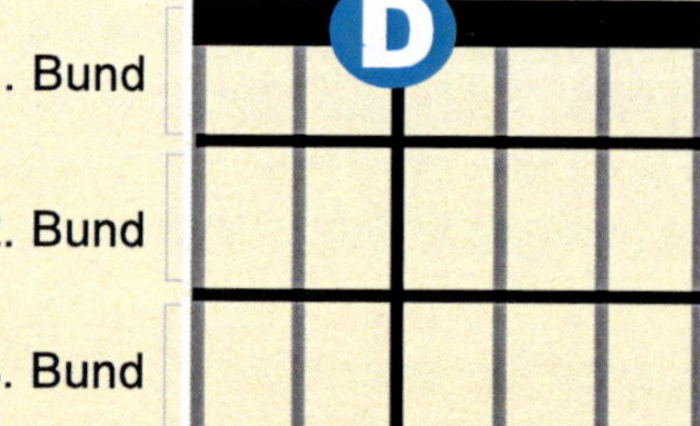

45

Leere Saite

Text & Musik: Armin Weisshaar

17

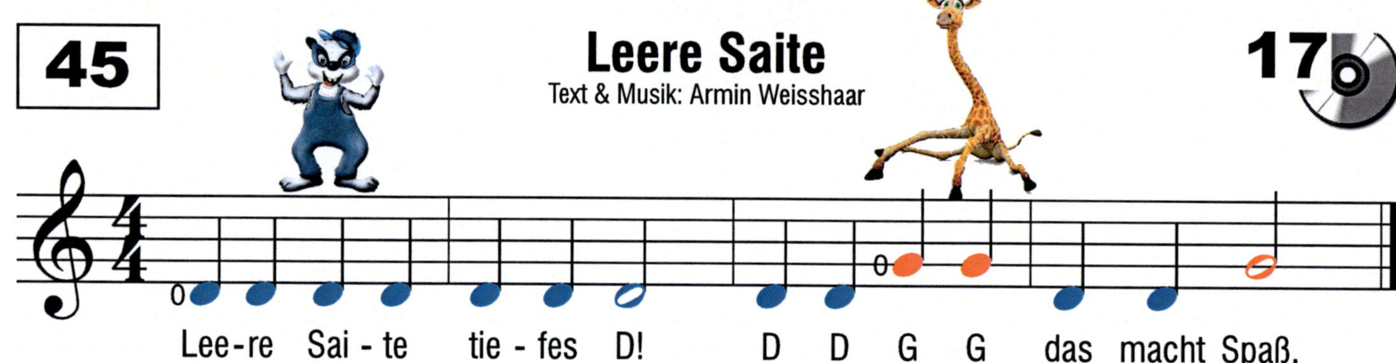

Du kannst die Übungen wieder mit Daumen (D) spielen.

Ton D (Dachs Daniel) auf der H- Saite

Jetzt lernst du deinen dritten gegriffenen Ton. Es ist das "hohe D" und liegt auf der vierten Hilfslinie des Notensystems. Auf der Gitarre greifst du mit dem Ringfinger **3** im dritten Bund der H-Saite

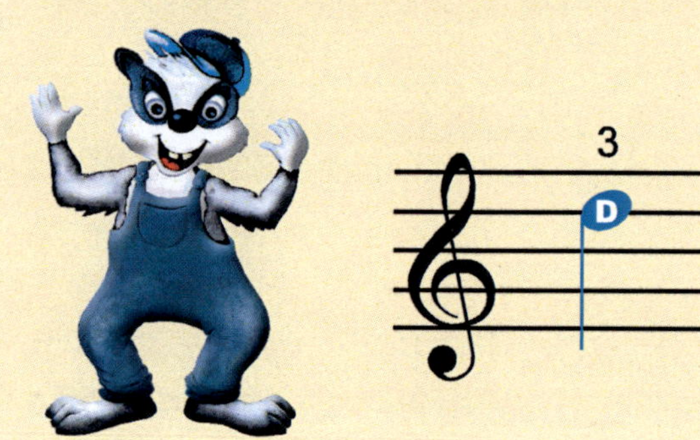

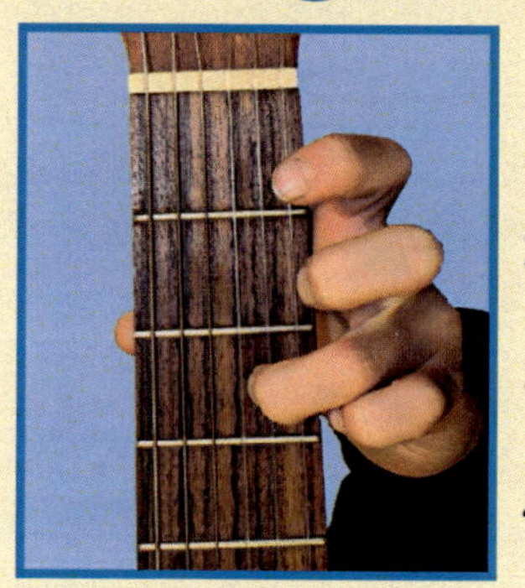

1. Bund
2. Bund
3. Bund
4. Bund

D

46

Dritter Bund

Text & Musik: Armin Weisshaar

18

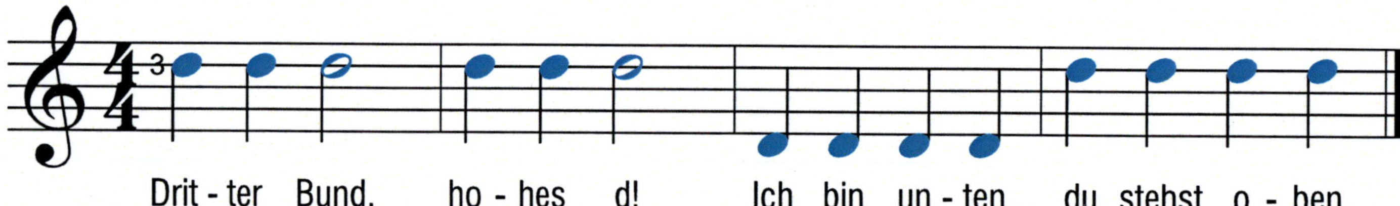

47 Ein neuer Ton

Text & Musik: Armin Weisshaar

19

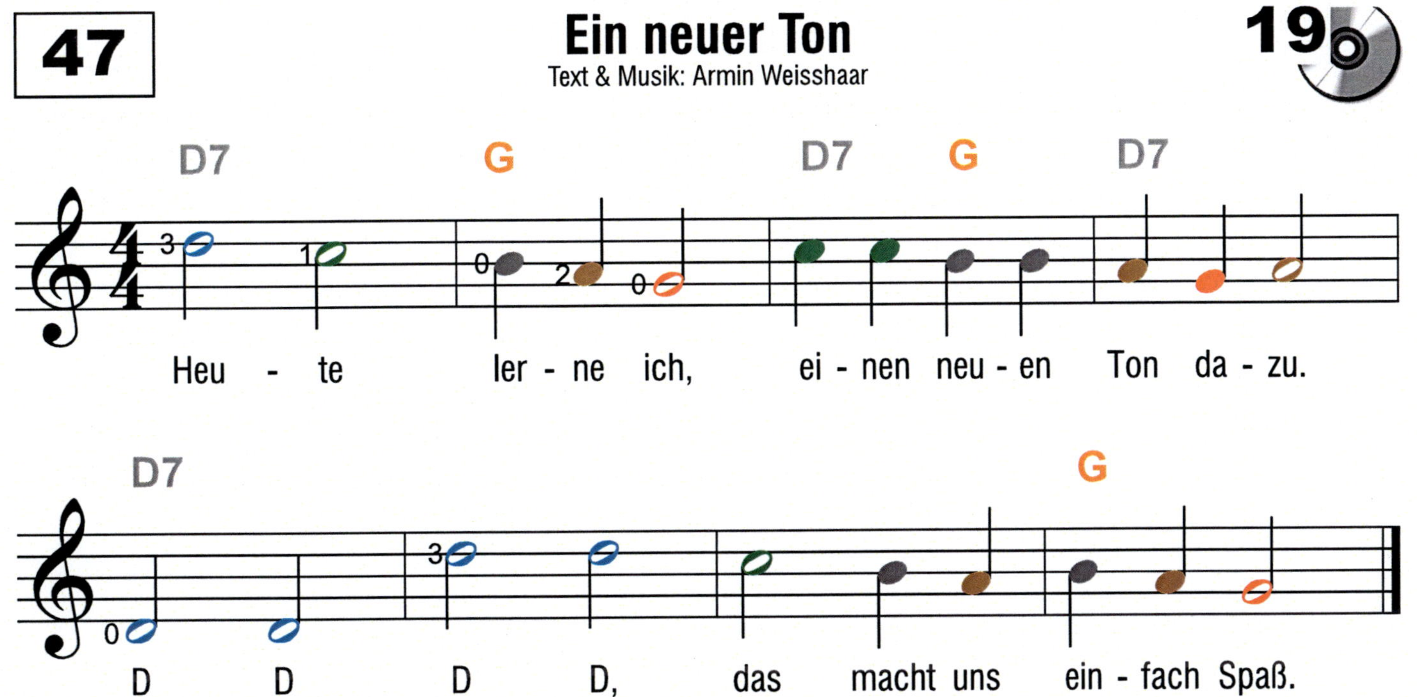

Hier siehst du anhand der Berge, Wiesen und des Baches, ob die Noten hoch, in der Mitte oder tief unten liegen. **Wenn du dir mal nicht sicher bist, kannst du dir ja selber Berge, Wiesen und den Bach zu den Noten malen.** Das macht auch noch mächtig Spass!

48 Wie einfach

Text & Musik: Armin Weisshaar

20

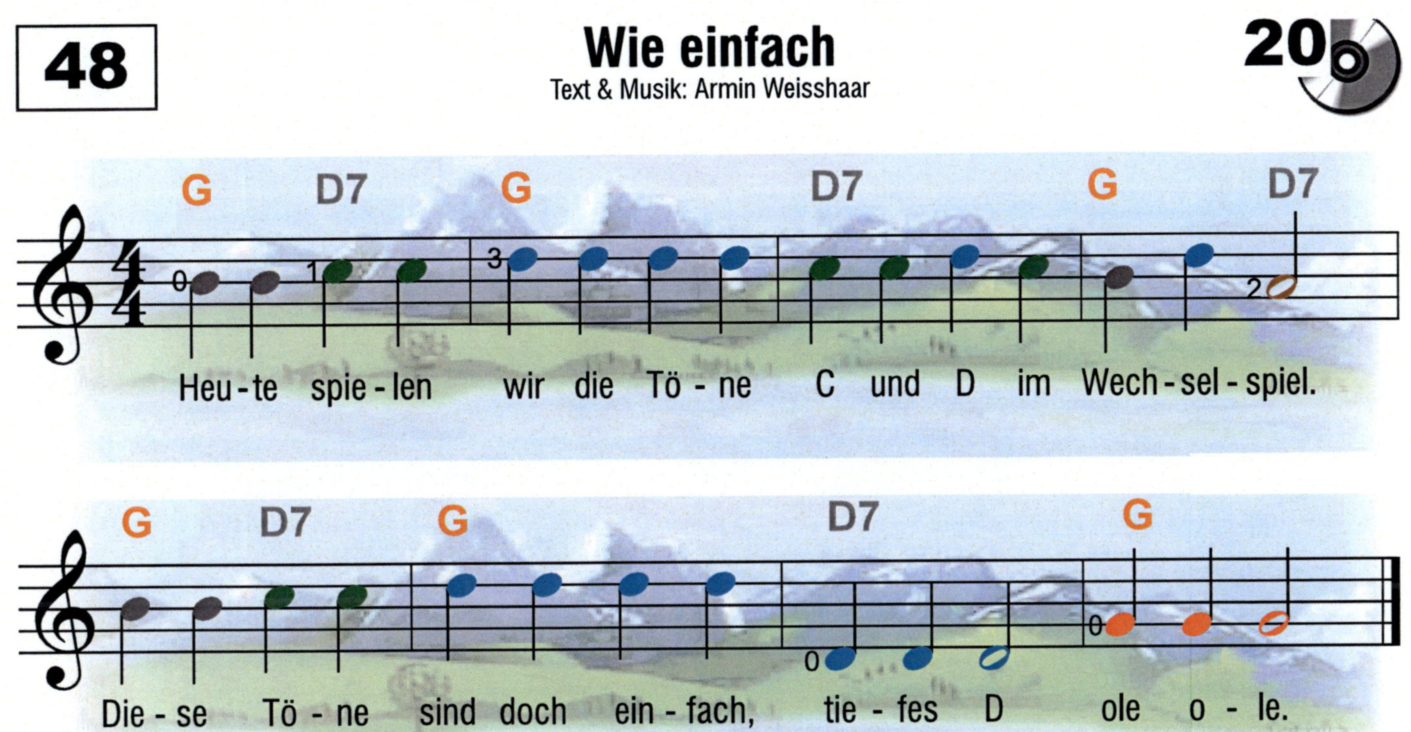

Na, hast du die Lieder hinbekommen. War doch leicht, oder? Dann bist du ja jetzt bestens vorbereitet auf dein nächstes Lied das mit einem **Intro, Strophe und Refrain** alles beinhaltet was das Musikerherz begehrt.

Das Waldfest

Im nahegelegenen Wald wohnen Freunde und Bekannte von Flunk, die den lieben langen Tag nichts als Unsinn im Kopf haben. Da gibt es den intelligenten Fuchs Henry, den immer hungrigen Igel Jens, den schüchternen Maulwurf Mike und den vorwitzigen ..... Aber nein, mehr möchte ich nicht verraten. Am heutigen Samstagabend findet ein großes Maifest statt. Alle Tiere des Waldes sind gekommen und feiern, essen und tanzen. Gräslin, Sally und Flunk, der seine Gitarre gleich mitgebracht hat, sind auch eingeladen. Nach einer Weile ruft Jens: „Leute, wo ist eigentlich Daniel?".„Hier ist er nicht," lacht Sally und schaut hinter einem Busch.
„Hi, hi, hier auch nicht" stammelt Mike der Maulwurf in der Hoffnung ihn in seinem Hügel zu finden.
Auch Henry der schlaue Fuchs kann ihn nicht finden. Wer ist eigentlichDaniel? wirst du dich fragen.
Hilf doch einfach den Tieren beim Suchen. Schreibe beim nächsten Lied die Noten in die weißen Kästchen, dann findest du heraus, wen die Tiere im Wald suchen.

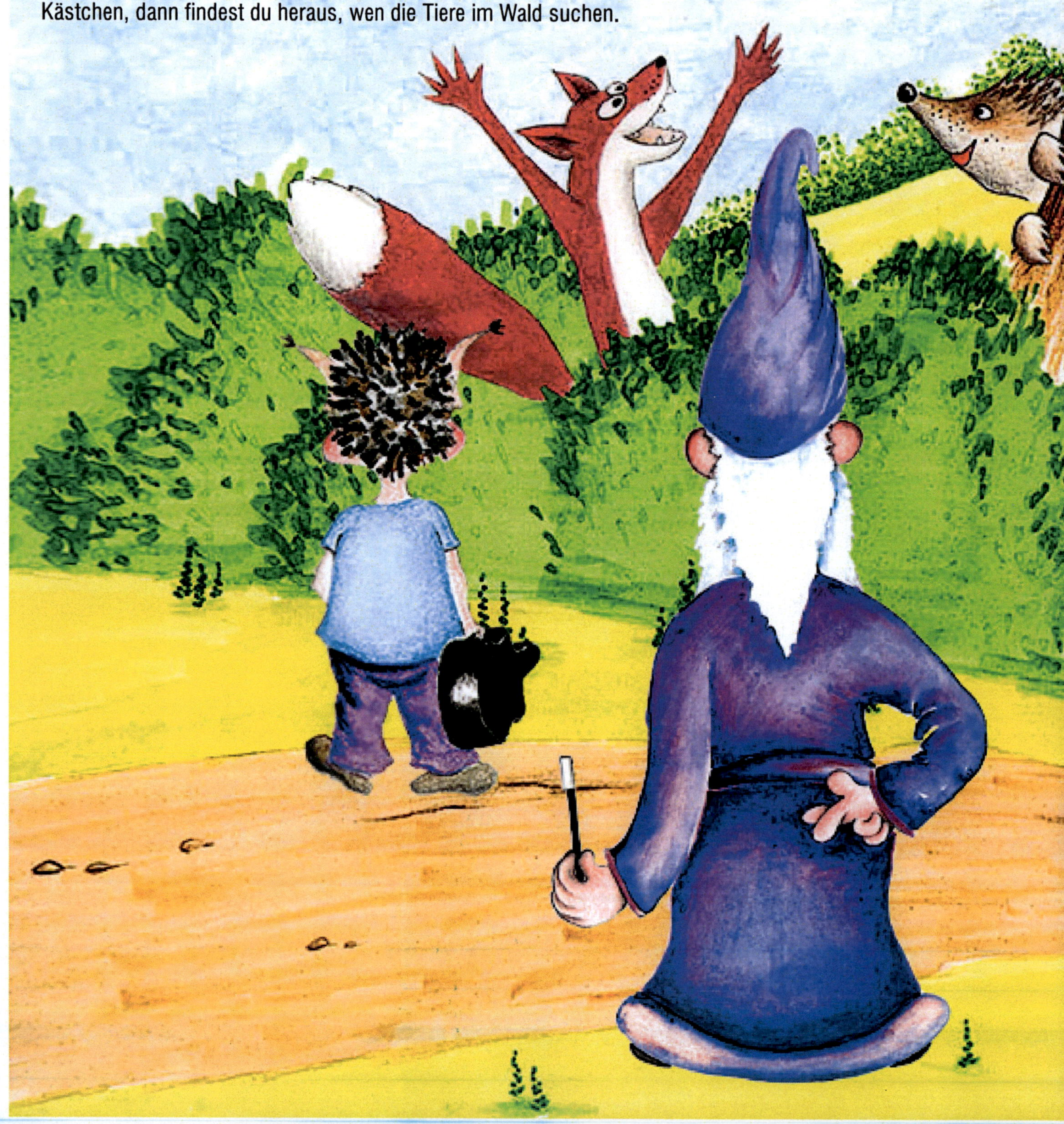

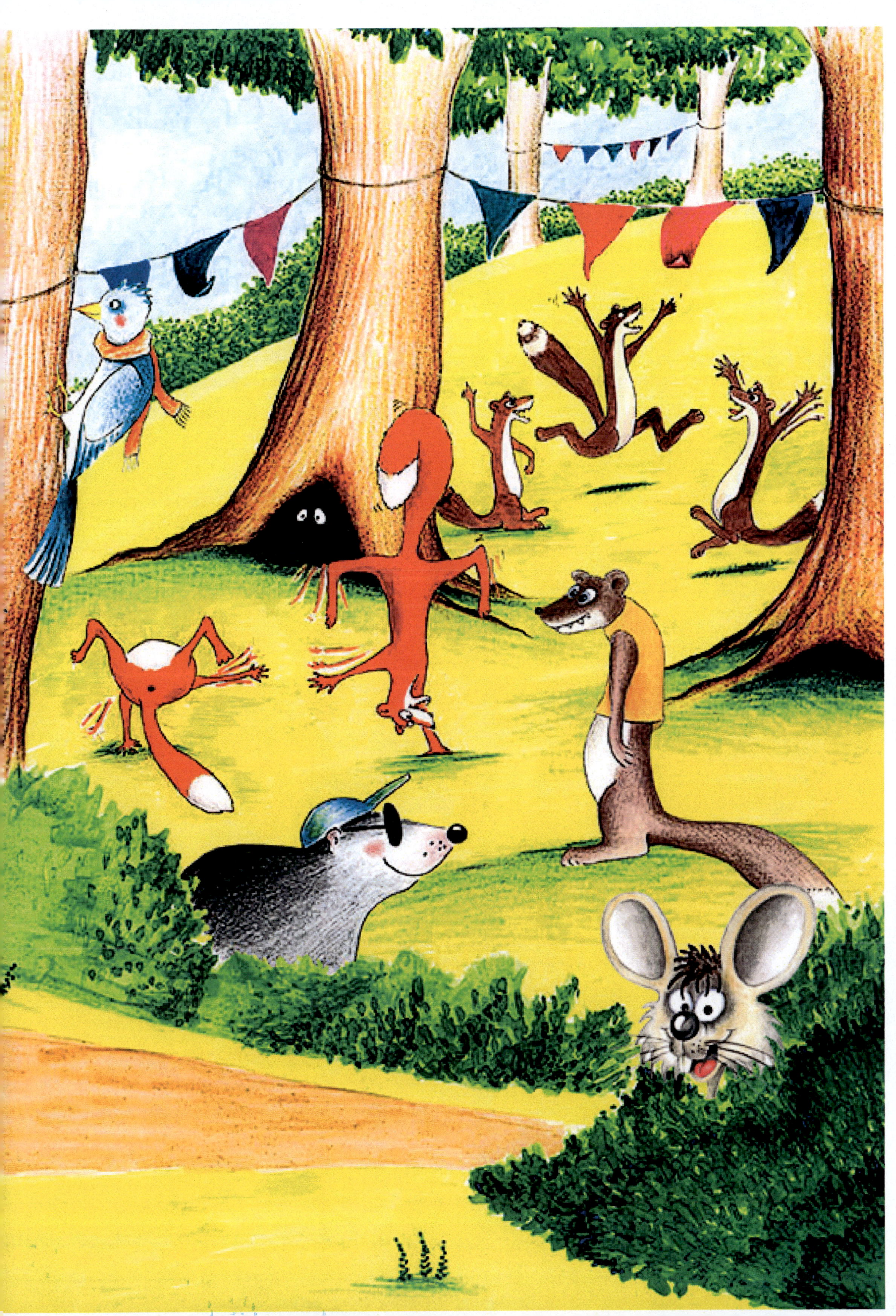

Das nächste Lied beginnt mit einem Intro, das du zu Beginn des Liedes und jeweils nach dem Refrain spielst. Schreibe in dier leeren Kästchen, die fehlenden Noten.

49

Ich bin ein ...

Text & Musik: Armin Weisshaar

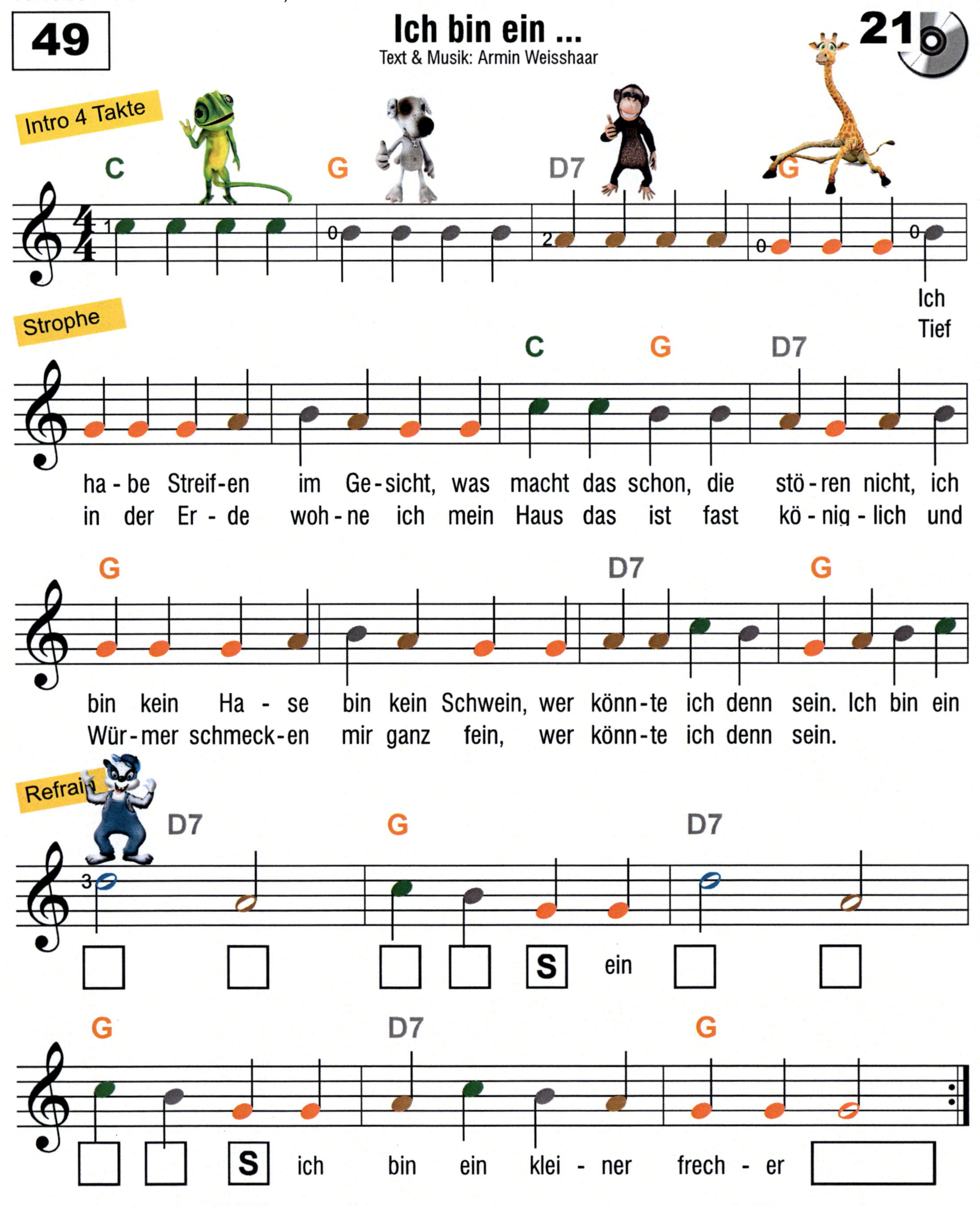

Na, wen suchen Charles, Mike und die anderen Tiere des Waldes? Daniel den____________________

Dachs Daniel

Hallo liebe Schüler, ihr kennt mich ja inzwischen. Ich bin Daniel der Dachs, bin acht Jahre alt und wohne mit meinen Freunden im nahegelegenen Wald von Munzhausen.
Es heißt zwar, ich wäre ein ziemlich frecher Dachs, aber das stimmt überhaupt nicht. Im Gegenteil, ich bin eher ein lustiger, geselliger Kerl, da könnt Ihr Flunk fragen. Flunk ist einer meiner besten Kumpels und wir verstehen uns einfach richtig gut. Ach ja, ich kann zwar nicht Gitarre spielen, aber dafür recht gut singen. Vielleicht können Flunk und ich ja auch mal gemeinsam eine Band gründen. Das wäre echt cool.

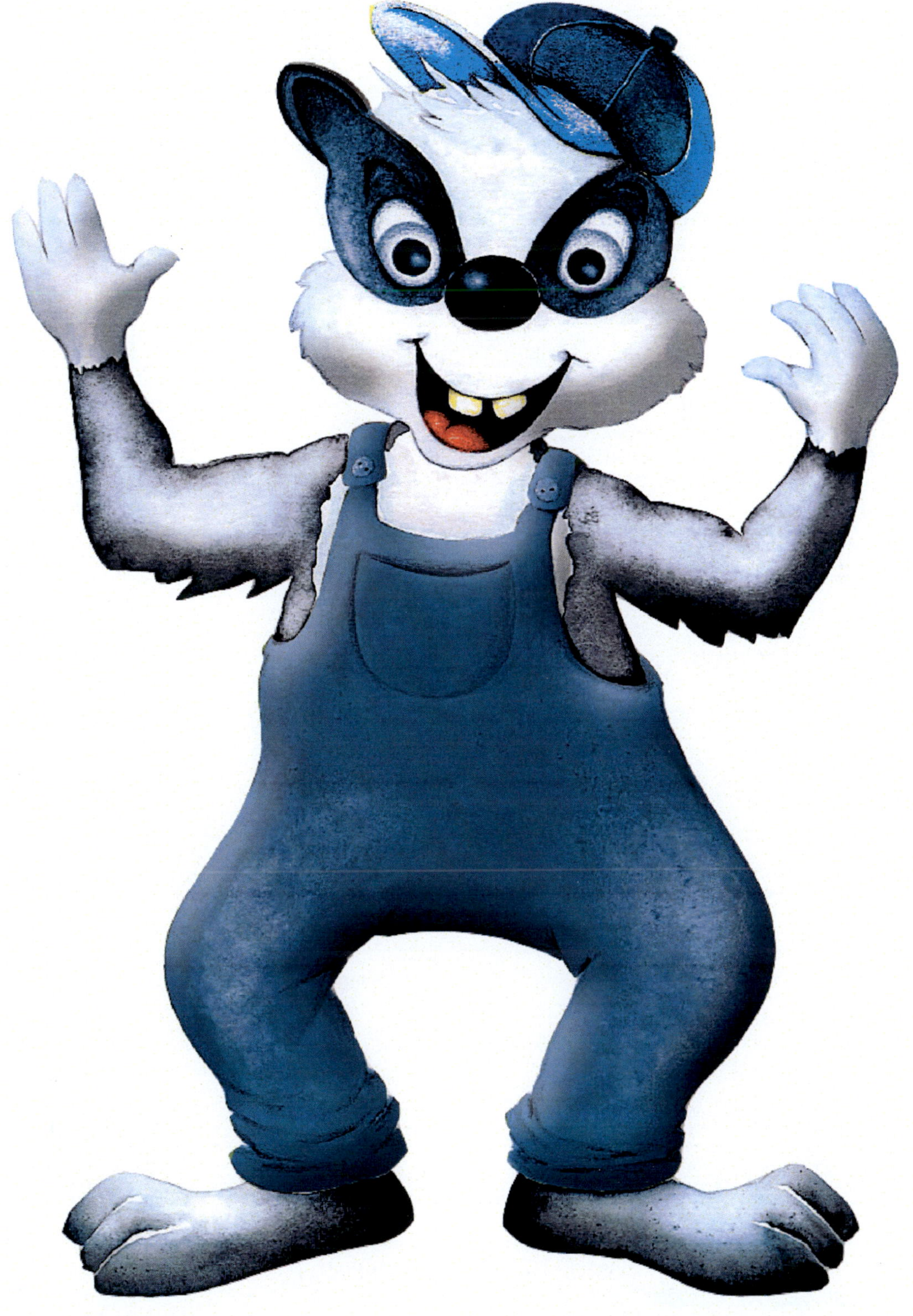

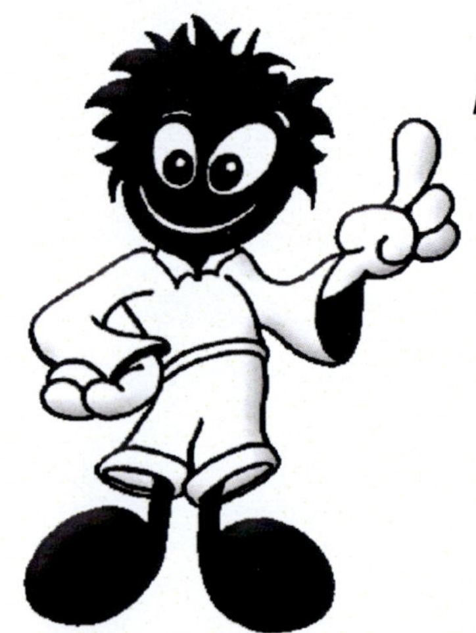

Achtung Hausaufgaben!

Fast hätte Flunk seine Hausaufgaben, die ihm Herr Pauli letzte Woche aufgegeben hatte, vergessen. Und dabei hat er ja morgen wieder Gitarrenunterricht! Schnell setzt er sich an seinen Tisch, nimmt die Gitarre und fängt mit den Hausaufgaben an. Kannst du ihm helfen, damit er schneller fertig wird?

Male Noten, die auf der Notenlinie liegen.

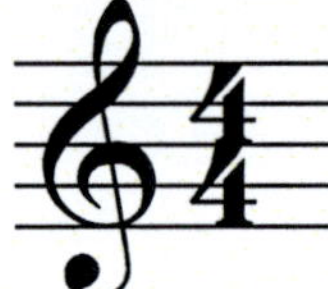

Male Noten, die im Zwischenraum liegen.

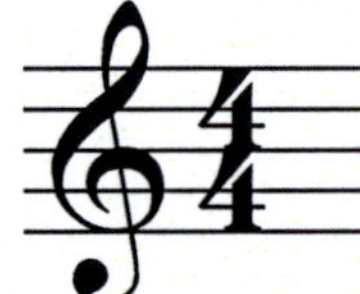

Liegen die Noten auf der Notenlinie oder im Zwischenraum?
Kreise alle Noten mit einem Farbstift ein, die auf der Notenlinie liegen.

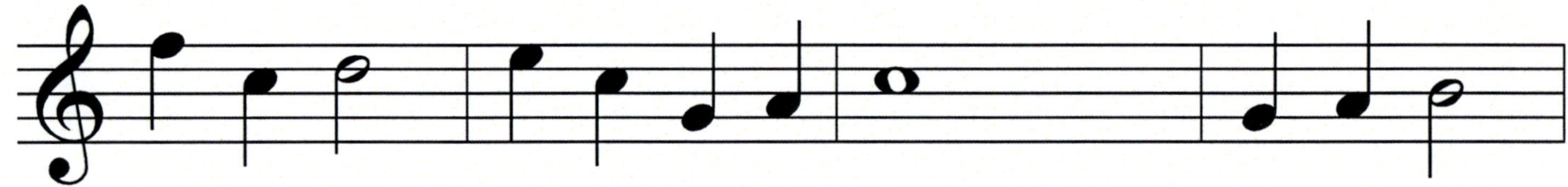

Kreise alle Viertel Noten ein.

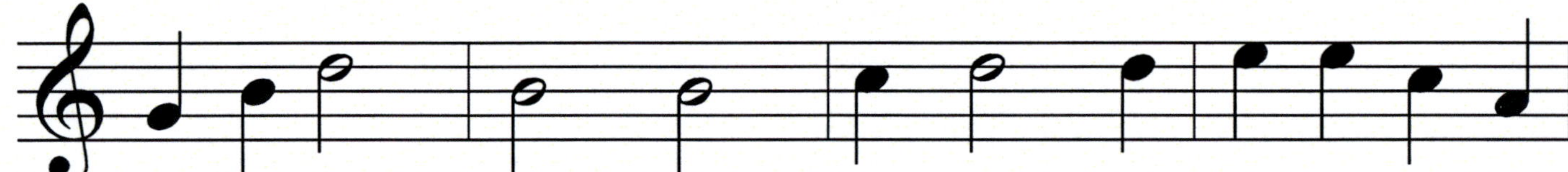

Kreise alle Halben Noten ein.

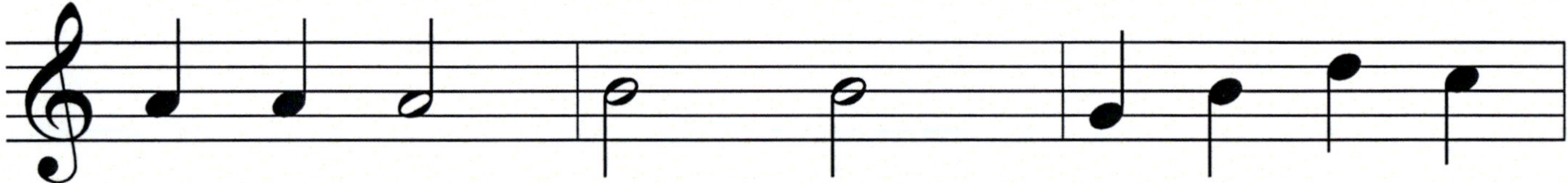

Hast du Flunk helfen können?

Noten und Hälse

Übung 1

Male Notenköpfe über der Linie

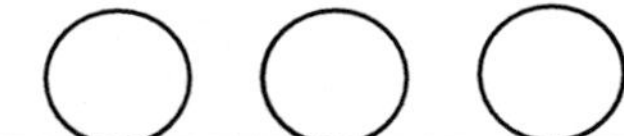

Übung 2

Male Notenköpfe, die unter der Linie liegen

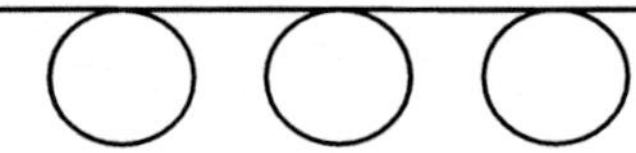

Übung 3

Male Notenköpfe, die auf der Linie liegen

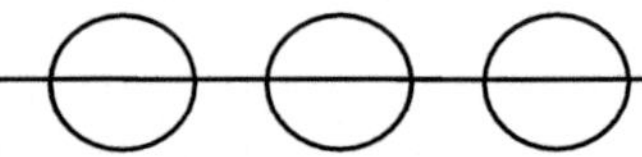

Übung 4

Male Notenköpfe, die zwischen zwei Linien liegen

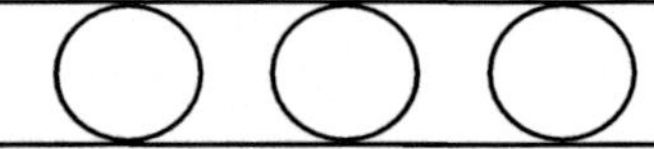

Übung 5

Schreibe Notenköpfe und Notenhälse mit Linien

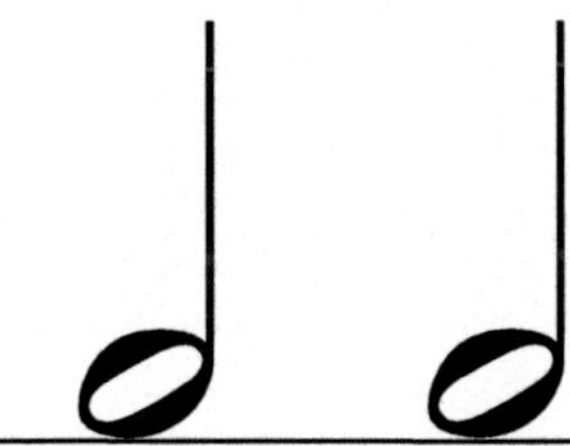

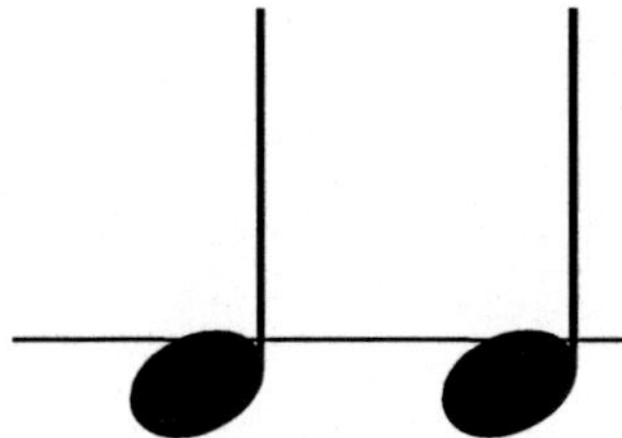

Der Ton „E“ (Ente Eni) auf der D- Saite

Jetzt lernst du deinen dritten gegriffenen Ton. Es ist das „mittlere E“. Auf der Gitarre greifst du mit dem Mittelfinger 2 im zweiten Bund der D-Saite.

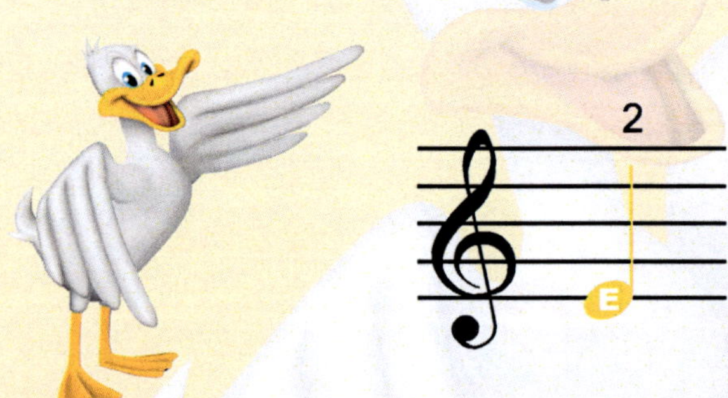

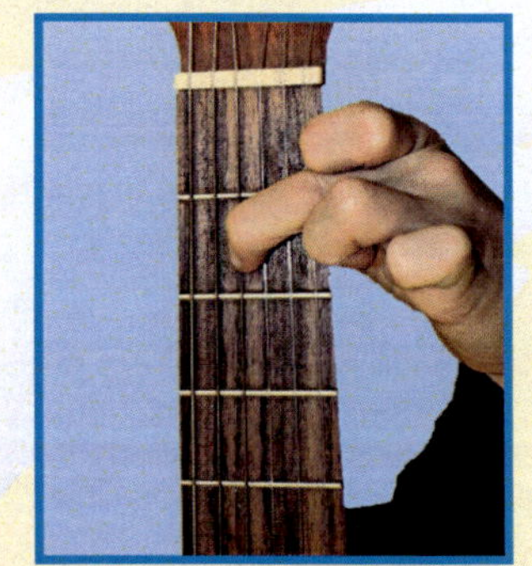

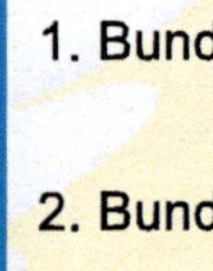

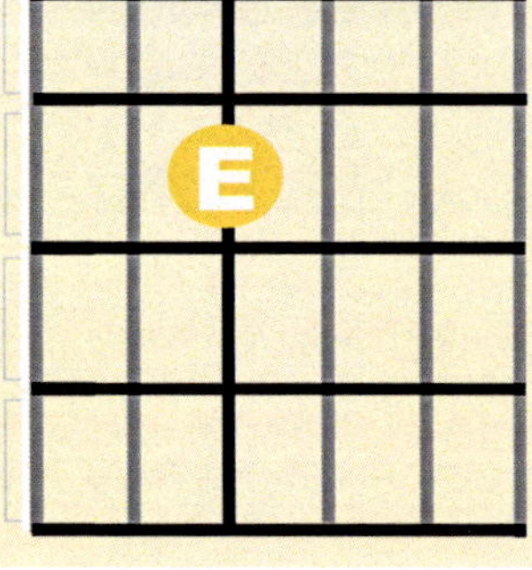

50

Zunächst eine Übung mit dem Ton „E“ auf der D- Saite!

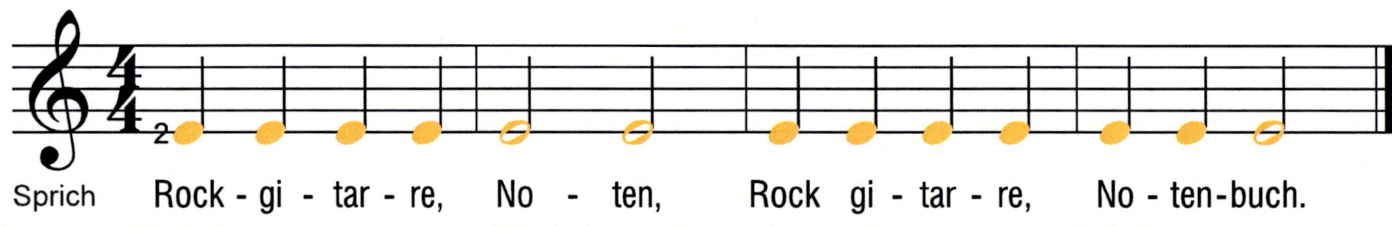

Der Ton „F“ (Fuchs Fridolin) auf der D- Saite

Jetzt lernst du deinen dritten gegriffenen Ton. Es ist das „mittlere F“. Auf der Gitarre greifst du mit dem Ringfinger 3 im dritten Bund der D-Saite.

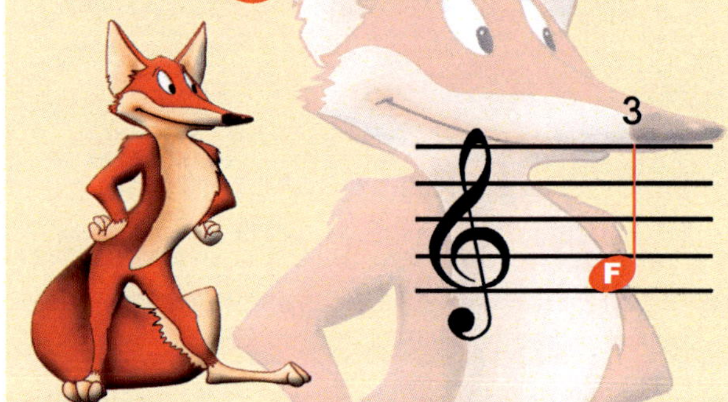

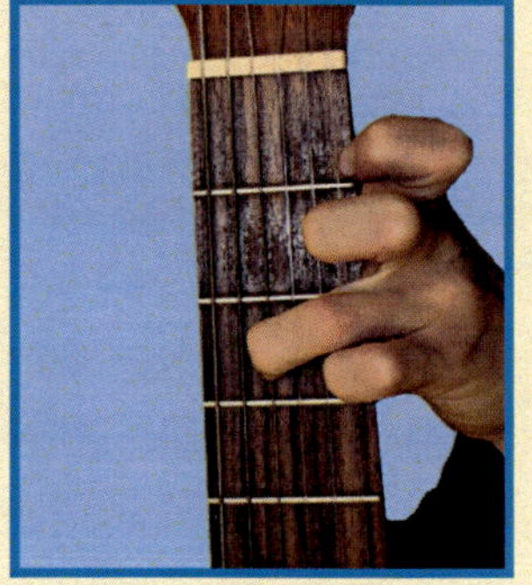

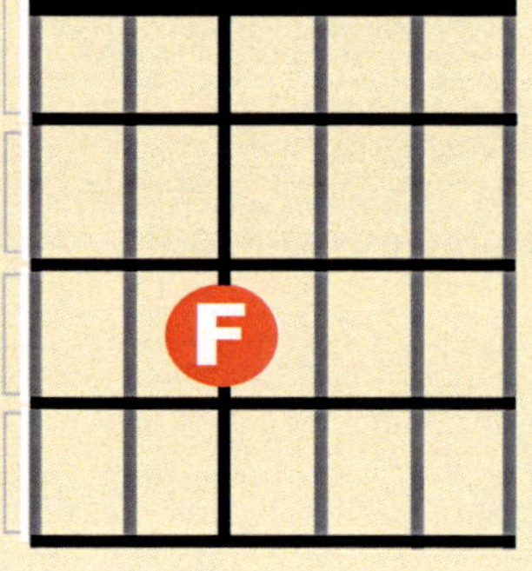

51

Hier eine Übung mit dem neuen Ton „F“ auf der D- Saite

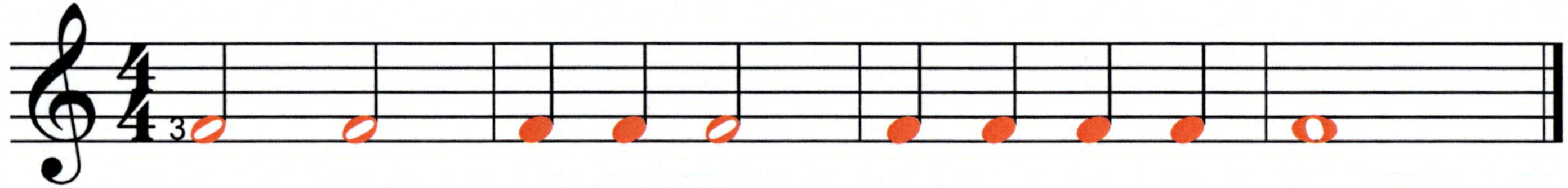

52

Meine Gitarre

Text & Musik: Armin Weisshaar

22

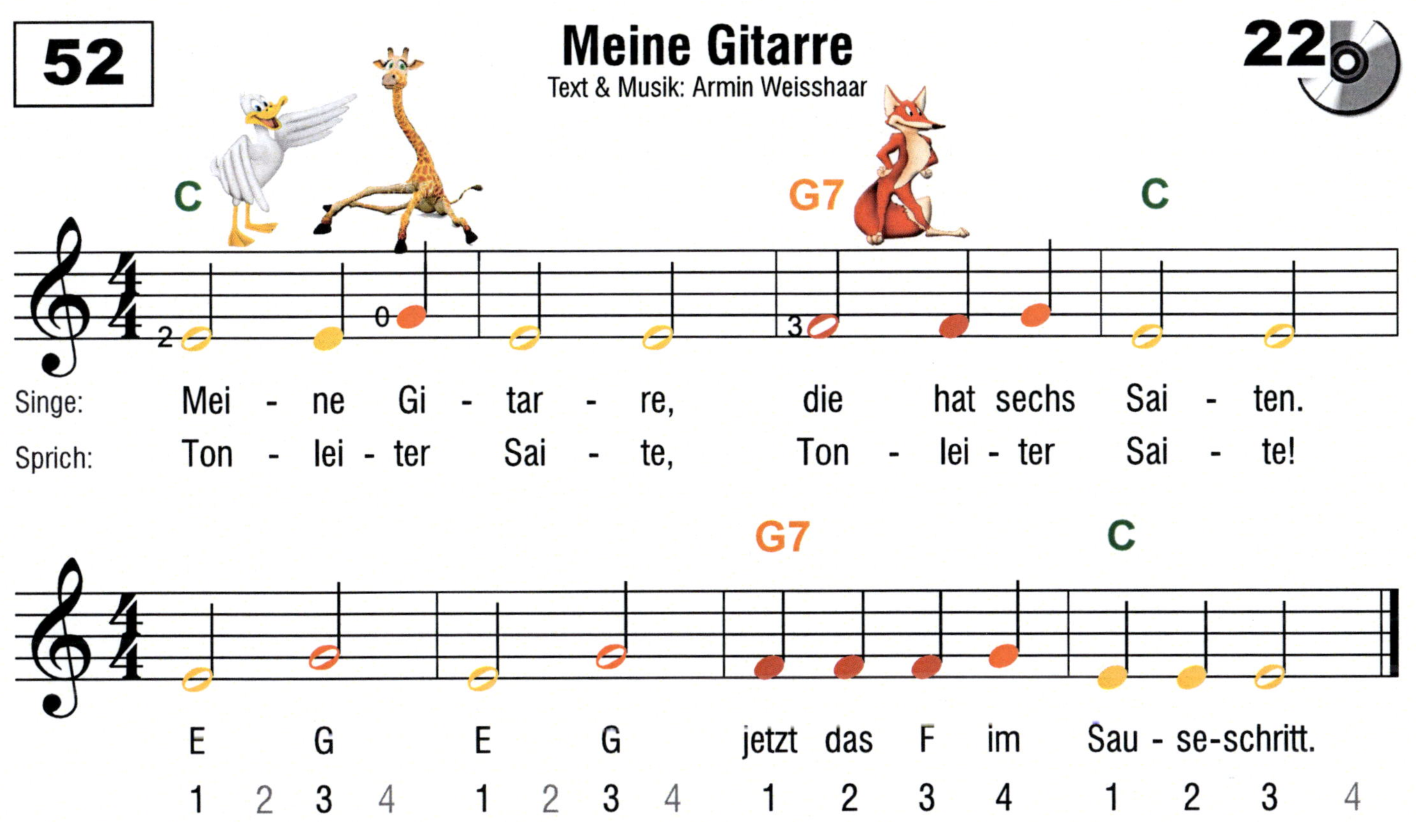

Achte auf einen sauberen Anschlag der rechten Hand und versuche die Noten mit dem Daumen nicht zu reißen!! Achte darauf, daß die Achtel- und Viertelnoten in der Dauer der Werte (Zählzeiten beachten) sauber gespielt werden.

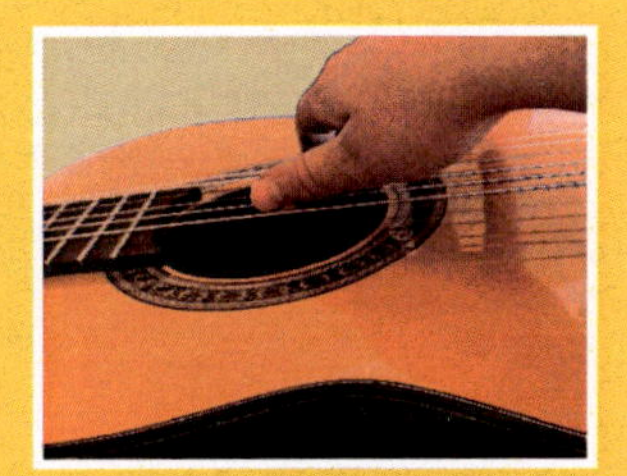

53

E und Eff

Text & Musik: Armin Weisshaar

23

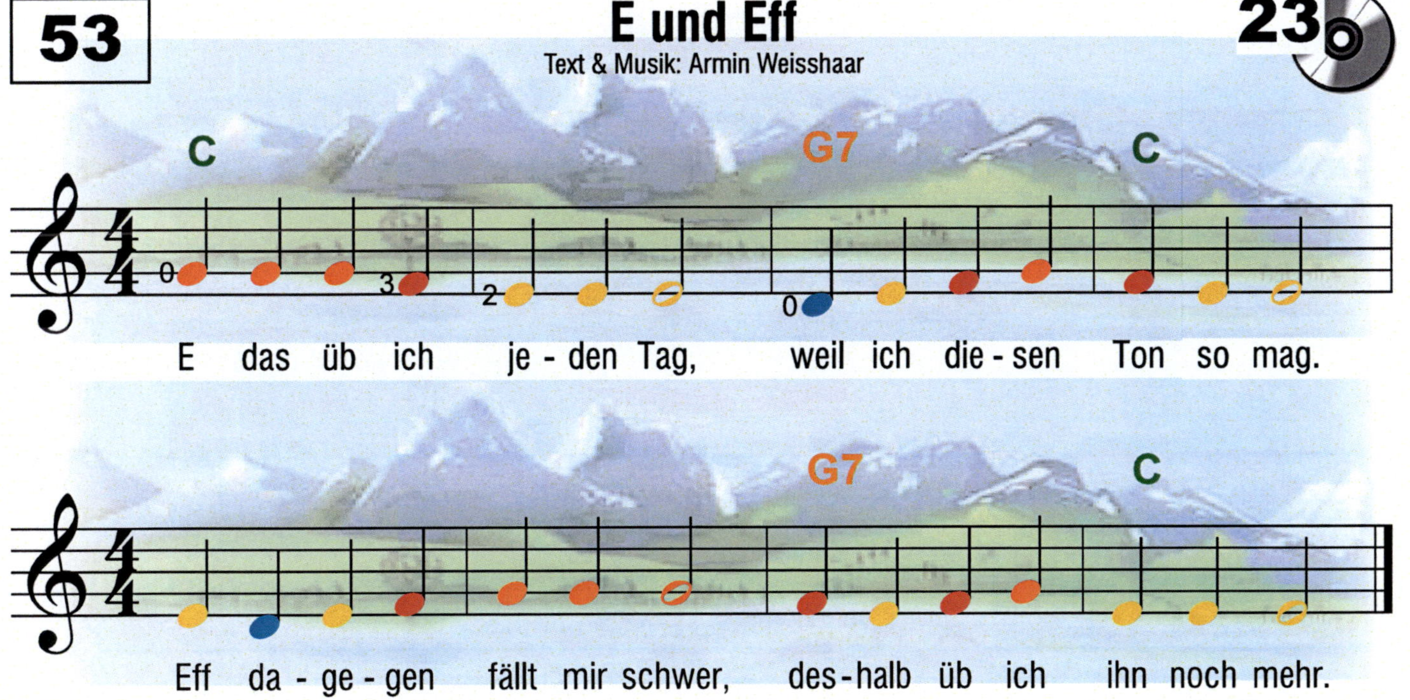

Der Ton „C“ (Chamäleon Charlie) auf der A-Saite

Jetzt lernst du deinen sechsten gegriffenen Ton. Es ist das “tiefe C“ und liegt auf der ersten Hilfslinie unterhalb des Notensystems. Auf der Gitarre greifst du mit dem Ringfinger 3 im dritten Bund der A-Saite.

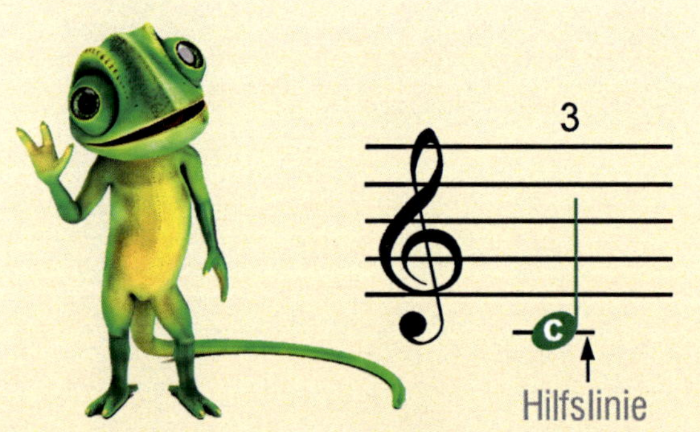

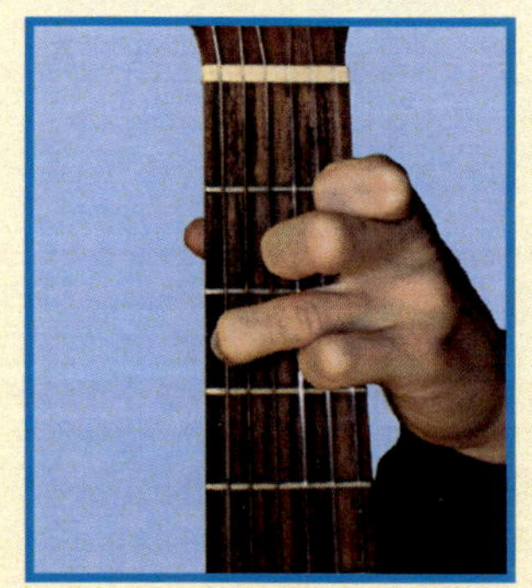

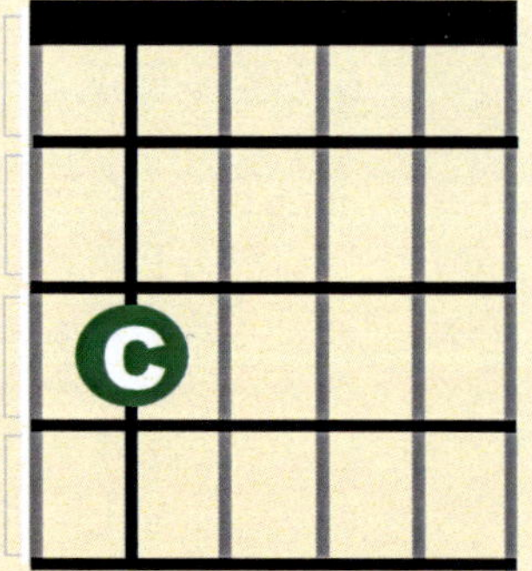

54

MERKE! (Noten können auch unterhalb oder über dem Notensystem stehen).

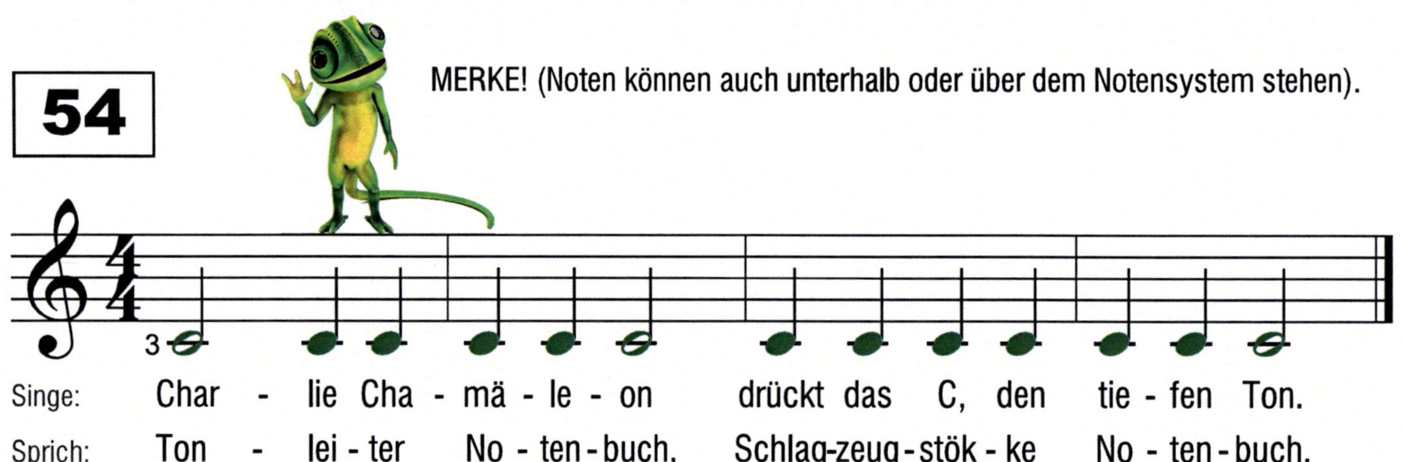

55

Die Finger laufen

Text & Musik: Armin Weisshaar

24

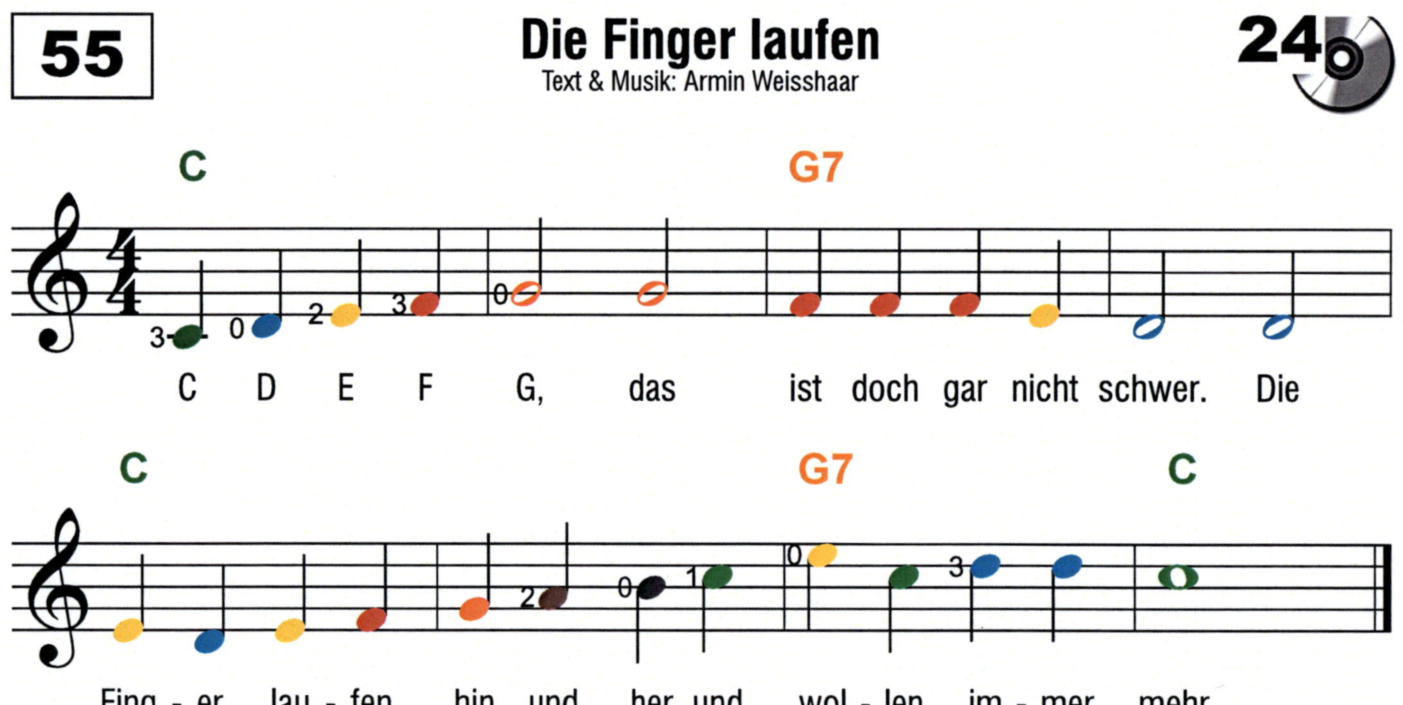

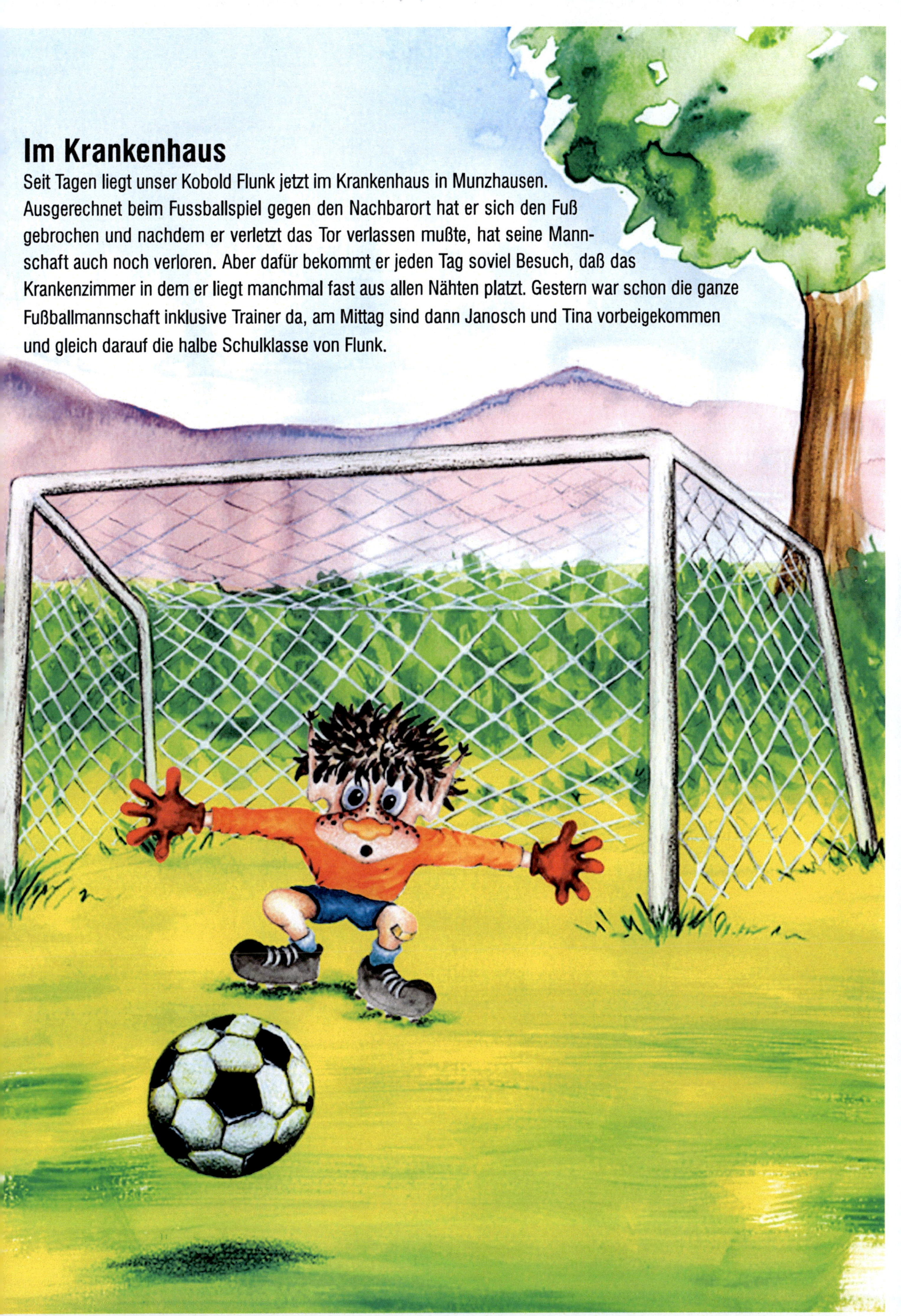

Im Krankenhaus

Seit Tagen liegt unser Kobold Flunk jetzt im Krankenhaus in Munzhausen. Ausgerechnet beim Fussballspiel gegen den Nachbarort hat er sich den Fuß gebrochen und nachdem er verletzt das Tor verlassen mußte, hat seine Mannschaft auch noch verloren. Aber dafür bekommt er jeden Tag soviel Besuch, daß das Krankenzimmer in dem er liegt manchmal fast aus allen Nähten platzt. Gestern war schon die ganze Fußballmannschaft inklusive Trainer da, am Mittag sind dann Janosch und Tina vorbeigekommen und gleich darauf die halbe Schulklasse von Flunk.

Da könnt ihr Euch ja vorstellen, was da los war und wie eng es in dem Zimmer war.
Und vor allem diese vielen Geschenke, die Flunk jeden Tag bekommt.
Sein Tisch neben dem Bett ist schon so hoch gestapelt mit Plüschtieren und Spielsachen, daß er jetzt schon anfangen muß die ganzen Sachen im Schrank zu verstauen.
Das Einzige, das ihn traurig stimmt ist Bernardo, der neben ihm im Zimmer liegt.
Denn der kleine Bernardo ist ein Waisenkind und hat daher keine Eltern und keine Geschwister mehr. Niemand hat ihn bisher besucht außer seiner Erzieherin und die kann er überhaupt nicht ausstehen. Die schimpft immer soviel mit uns, hat er Flunk einmal gesagt.
Für den heutigen Tag haben sich Sally, Gräslin und Koko zum Besuch angesagt.
Als Bernardo mal eben für kleine Jungs muß, erzählt ihnen Flunk, daß er immer so traurig wäre, weil ihn keiner besucht und er auch keine so tollen Geschenke bekommt.

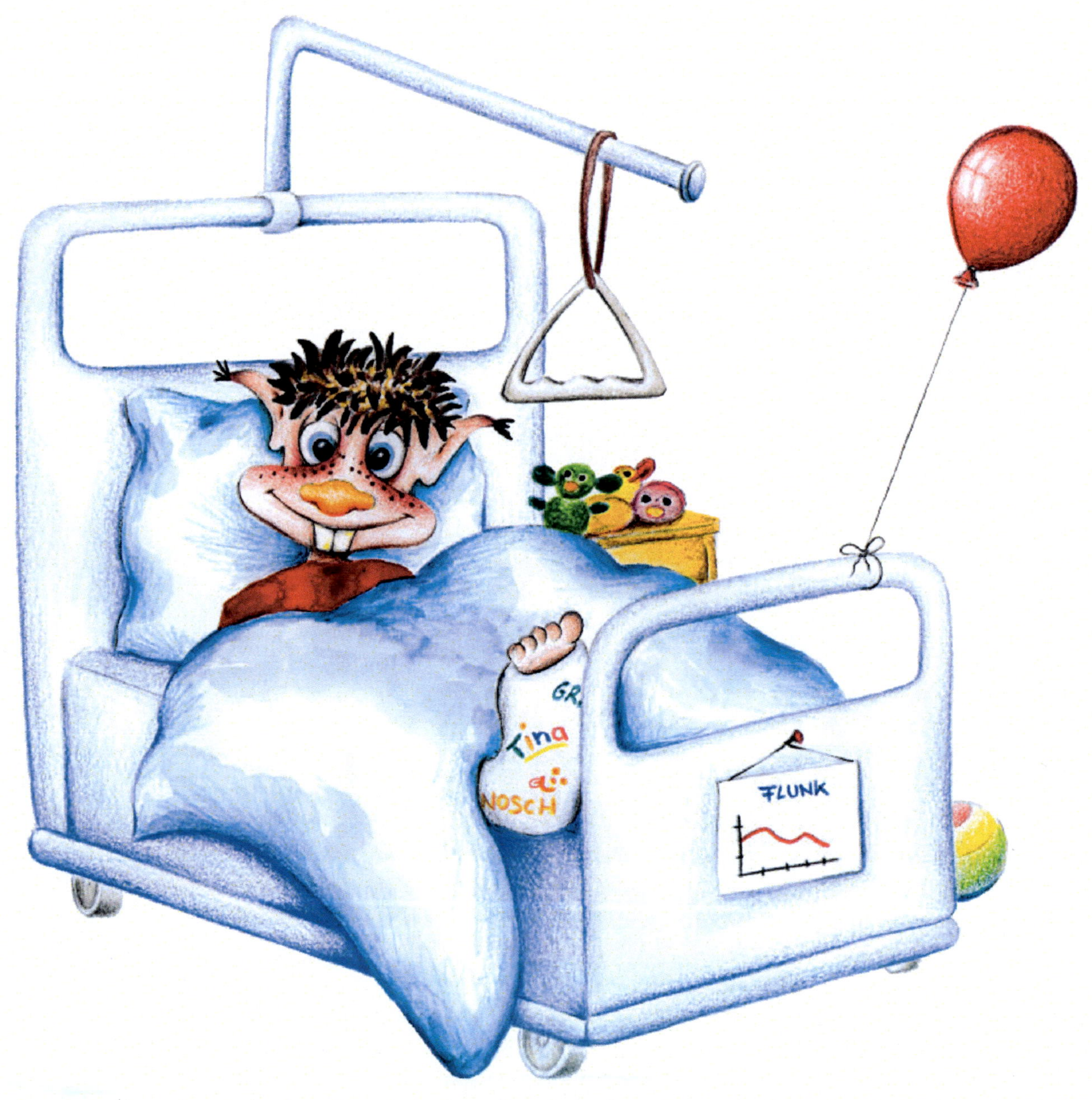

„Laß uns das mal machen“, sagt Sally am Abend als sie Flunk wieder verläßt und sich mit Gräslin auf den Nachhauseweg macht. Am anderen Tag als Bernardo und Flunk auf ihr Mittagessen warten, öffnet sich plötzlich leise die Tür.

Bernardo bekommt ganz große Augen. Da spicken doch zwei lustige Clowns durch den Türspalt. „Halli, hallo“, rufen die beiden und kommen näher. Doch Bernardo interressiert sich zunächst einmal für den großen Plüschaffen, der es auf seiner Bettdecke bequem gemacht hat. Die Clowns stellen sich vor. „Ich bin Hugo und das ist Lars“!

Sie haben Sammy, einen Raben mit großem gelben Schnabel, einen ganzen “Zauberkoffer“ voller witzigen Sachen und sogar ein Akkordeon mitgebracht. Damit wollen sie den Kindern im Krankenhaus die Langeweile vertreiben, die sich mittlerweile alle im Zimmer von Bernardo versammelt haben. So schnell spricht sich das eben im Krankenhaus herum. Kinder, die bereits länger im Krankenhaus sind, kennen die beiden Clowns schon und warten sehnsüchtig auf sie. „Huuuugooo“, ruft Benni aus dem Nachbarzimmer. Hugo und Lars spielen für die Kinder ein Lied. Bernardo ist ganz begeistert von den beiden und schon lange hat man ihn nicht mehr so lachen gehört wie am heutigen Tage. Am Abend, als die Clowns schon längst gegangen sind, schwärmt Bernardo noch. „Flunk, das war für mich der schönste Tag in meinem Leben“.

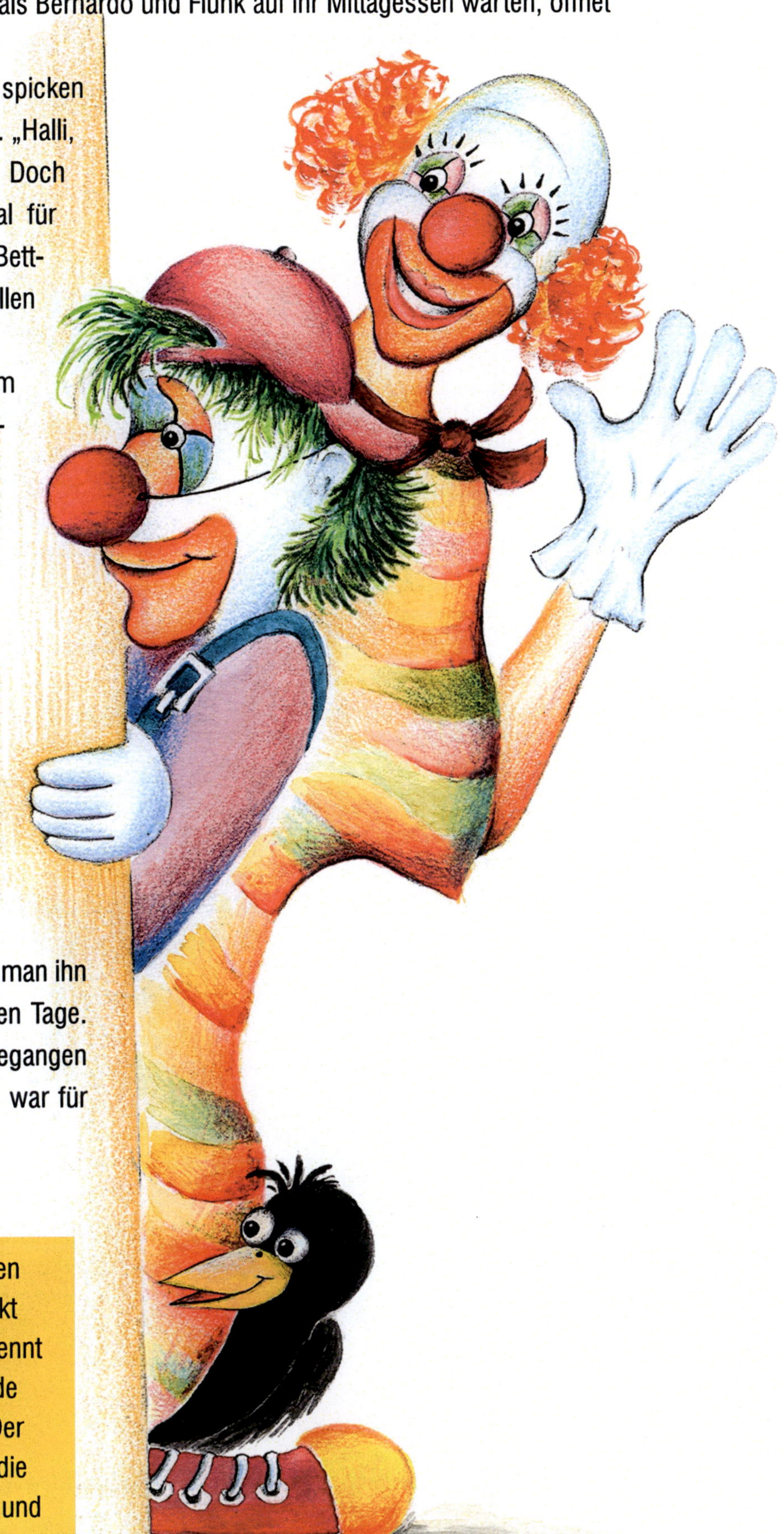

Das Lied „Hugo und Lars“ auf der nächsten Seite beginnt mit einem unvollständigen Takt mit nur einer Viertelnote. Unter Musikern nennt man das **„Auftakt“**. Du beginnst also auf ide Zählzeit „4“ des ersten Taktes zu spielen. Der letzte Takt ist ebenfalls verkürzt. Er enthält die fehlenden Notenwerte des Auftakts. Erster und letzter Takt werden also zusammengezählt.

MERKE: Ein Auftakt ist ein unvollständiger Takt am Anfang eines Liedes!! Das Lied „Hugo und Lars“ beginnt mit einer Viertelnote. Du beginnst auf die Zählzeit „4“.

56

Hugo und Lars

Text & Musik: Armin Weisshaar

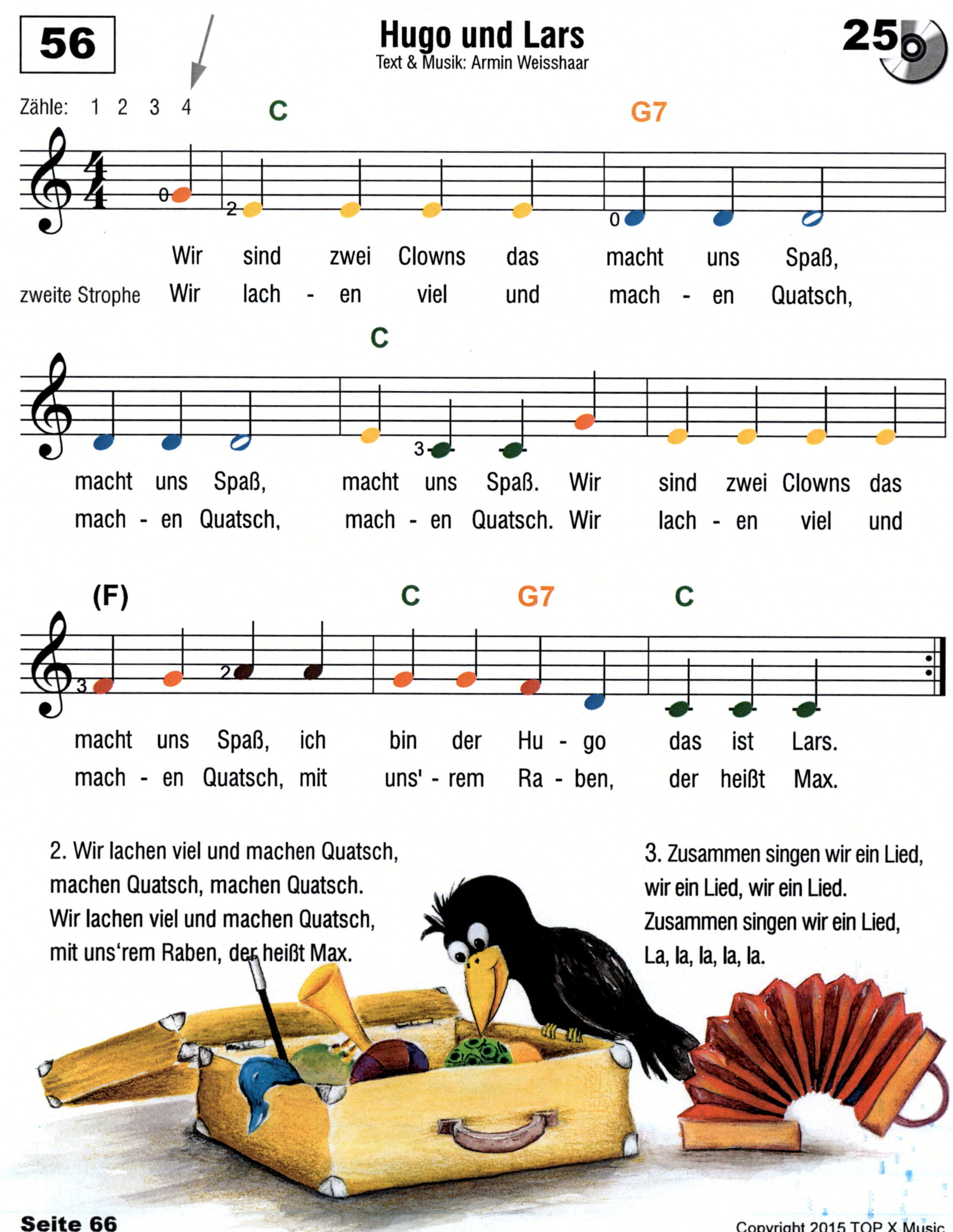

2. Wir lachen viel und machen Quatsch,
machen Quatsch, machen Quatsch.
Wir lachen viel und machen Quatsch,
mit uns'rem Raben, der heißt Max.

3. Zusammen singen wir ein Lied,
wir ein Lied, wir ein Lied.
Zusammen singen wir ein Lied,
La, la, la, la, la.

Flunk hat seine Gitarre auf dem Weg zur Musikschule vergessen.
Kannst du ihm den richtigen Weg zur Gitarre zeigen?

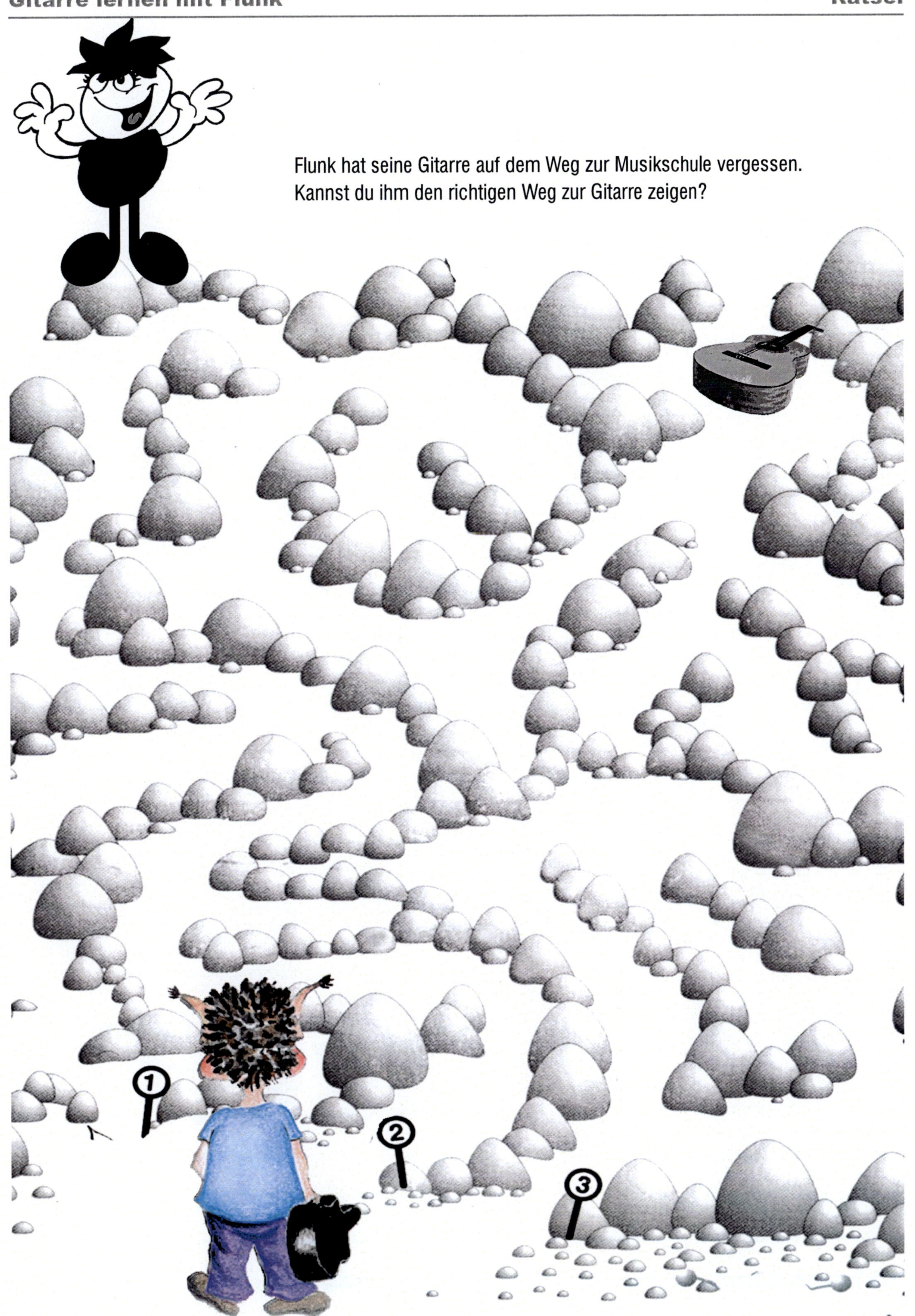

Flunk hat Post bekommen. Es ist der neue Musikkatalog des Musikgeschäftes. Ganz aufgeregt schaut er sich die Gitarren und die verschiedenen Angebote an. Am liebsten würde er sich gleich alle Instrumente bestellen, aber soviel Taschengeld bekommt er leider nicht. Suche die verschiedenen Instrumente im Buchstabenkasten und trage sie in die Felder unter den Bildern ein. Lies von links nach rechts und von oben nach unten.

N	O	T	E	N	L	I	N	I	E	N	M
O	C	R	L	I	G	K	K	S	S	S	U
T	R	O	M	M	E	L	A	A	C	T	N
B	V	M	H	E	N	A	S	X	H	E	D
A	O	P	T	C	H	R	S	O	L	R	H
S	G	E	I	G	E	I	E	P	A	E	A
S	Z	T	E	E	J	B	T	H	G	O	R
B	A	E	S	R	A	E	T	O	Z	A	M
H	A	R	F	E	S	T	E	N	E	N	O
N	O	T	E	N	B	U	C	H	U	L	N
G	I	T	A	R	R	E	C	J	G	A	I
K	E	Y	B	O	A	R	D	C	U	G	K
A	K	K	O	R	D	E	O	N	L	E	A

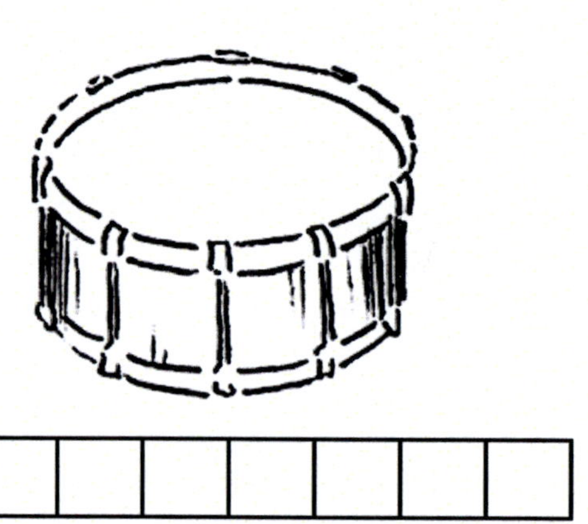

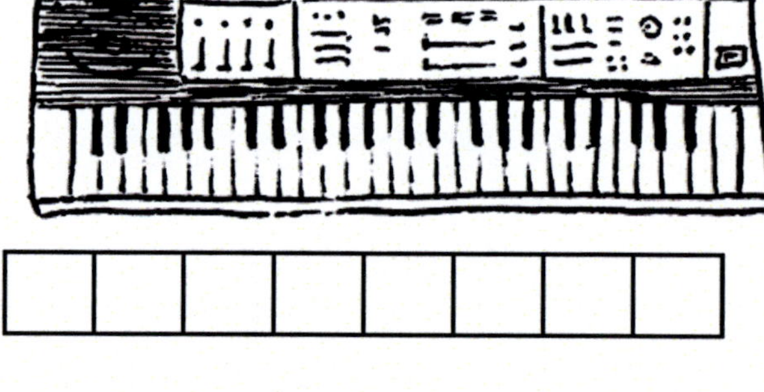

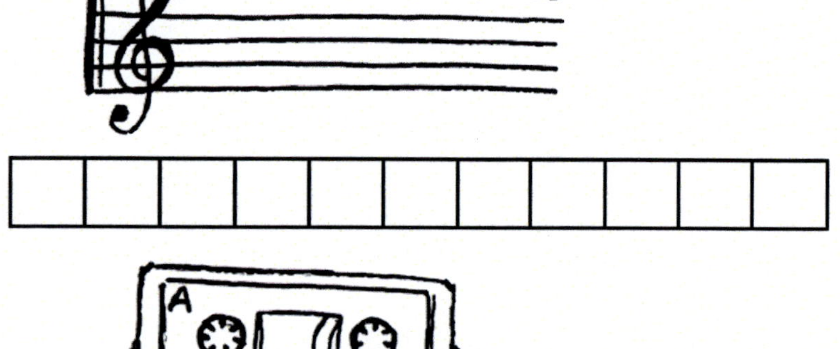

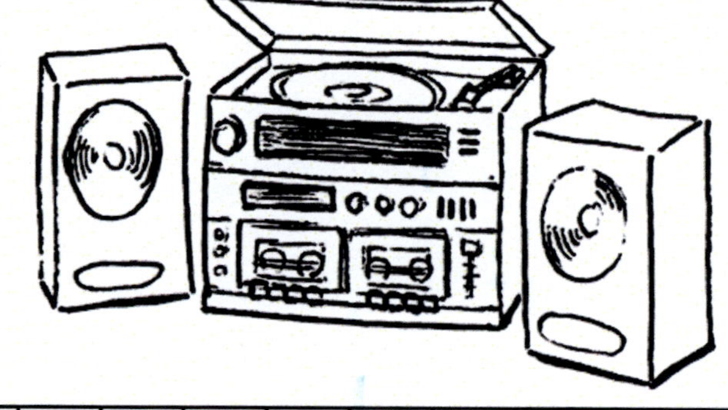

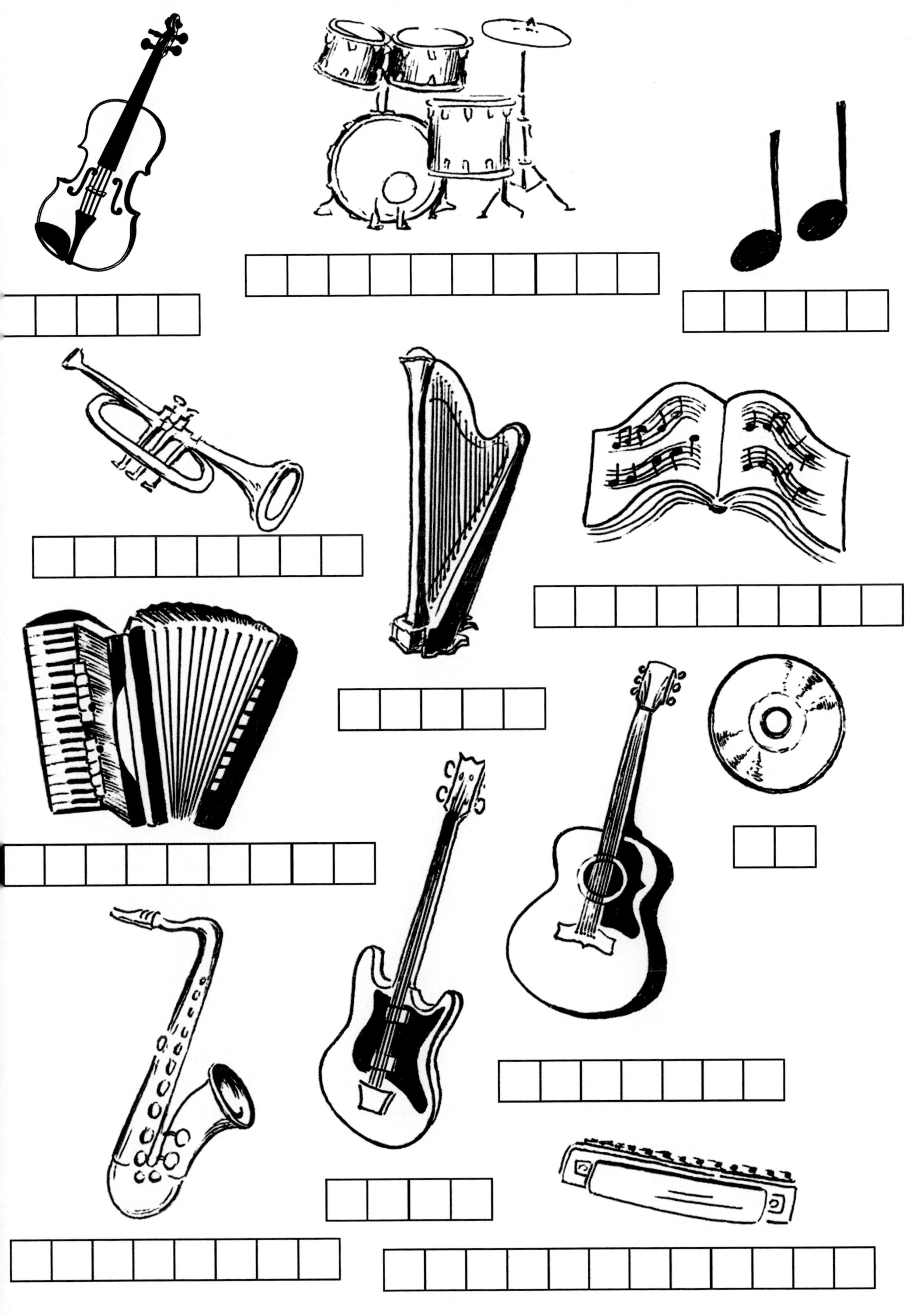

Übersicht der bisher gelernten Töne

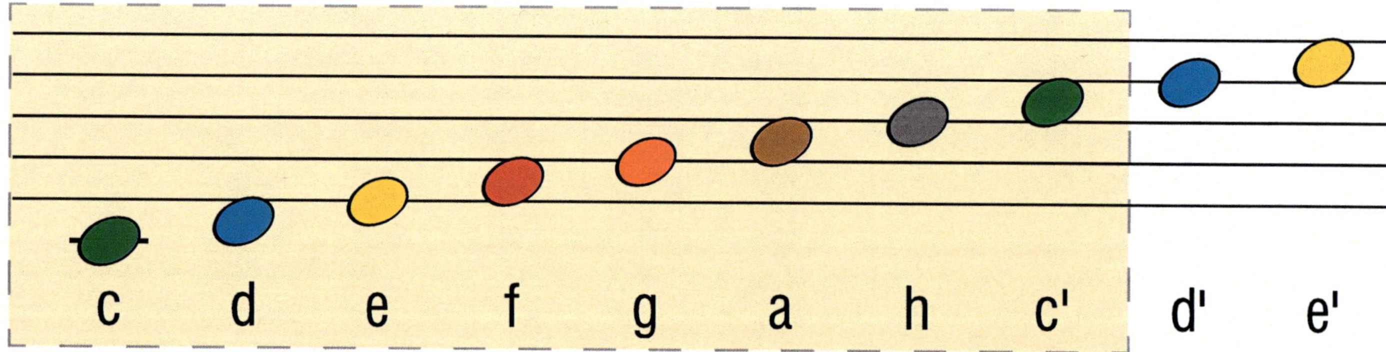

Hier siehst du eine Übersicht der bisher gelerntenTöne. Wir haben jetzt alle Stammtöne der C-Dur Tonleiter (alle Töne innerhalb des gelben Feldes) gelernt. Alle weiteren Töne werden mit einem Strich gekennzeichnet, wie ab dem hohen „C“ zu sehen ist.

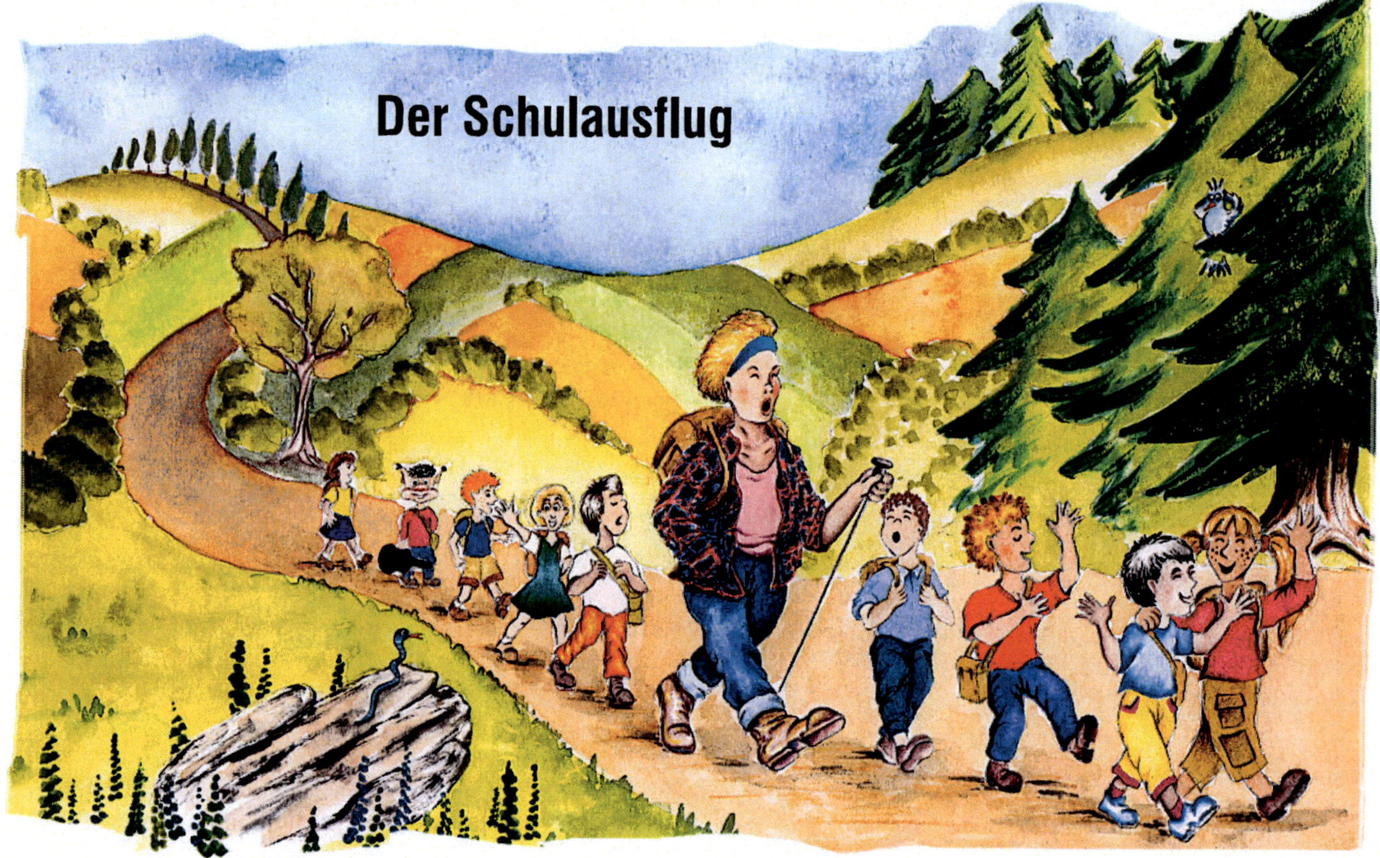

Der Schulausflug

Es sind nur noch wenige Tage bis zu den Sommerferien und die Klasse 2b macht einen Schulausflug. Endlich einmal keinen Unterricht und dann geht es auch noch auf die bekannte Drachenburg, da ist die Freude natürlich doppelt groß. Flunk hat wieder einmal verschlafen und schafft es gerade noch, den Bus zu erreichen. Die ganze Klasse sitzt schon auf ihren Plätzen und wartet. Schnell wirft er seine Rucksack und seine Gitarre auf den freien Sitz neben Janosch und der Fahrer startet den Bus. An der Burg angekommen, steht den Kindern noch ein weiter Weg bevor. Singend wandern sie mit ihrer Lehrerin Frau Menke durch den Wald. Sie deutet nach einer Weile auf eine Wiese am Waldrand. „Dort machen wir Picknick, Kinder!“ Ein Picknick ist das Schönste bei einem Schulausflug.

Mach mal Pause

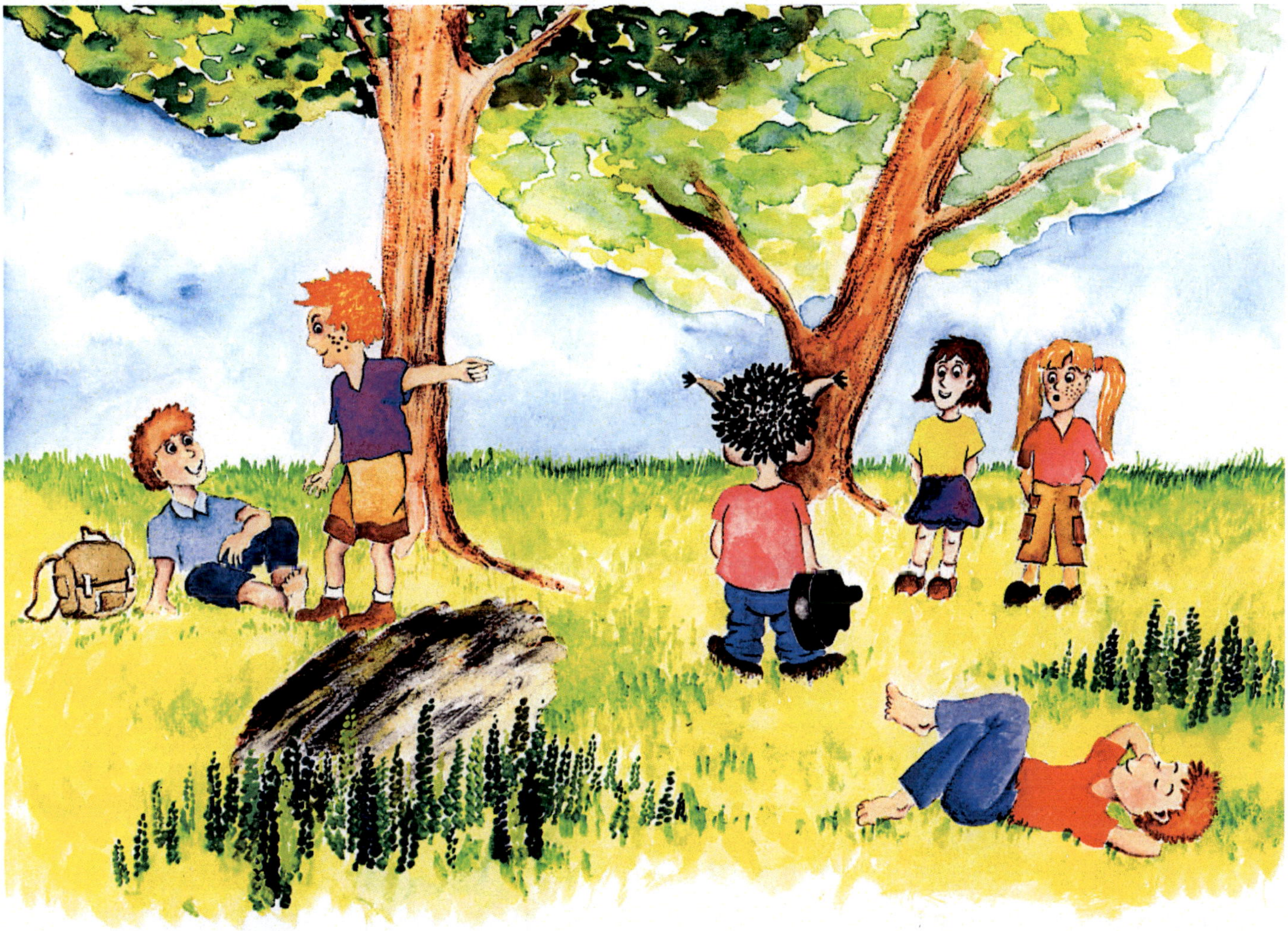

Zur Musik gehören nicht nur Töne, die man spielt oder singt, auch die Pausen, in denen kein Ton erklingt sind wichtig. Stell dir einmal vor, du hättest in der Schule keine Pause oder dein Papa müsste den ganzen Tag, ohne eine Pause, ununterbrochen arbeiten. Das würde man ja nicht aushalten, oder?? Auch Flunk und seine Klassenkameraden machen auf Ihrem Ausflug eine Pause. Denn den ganzen Tag wandern macht müde. Jede Note hat auch eine "Zwillingsschwester"und das ist eine genauso lange Pause.

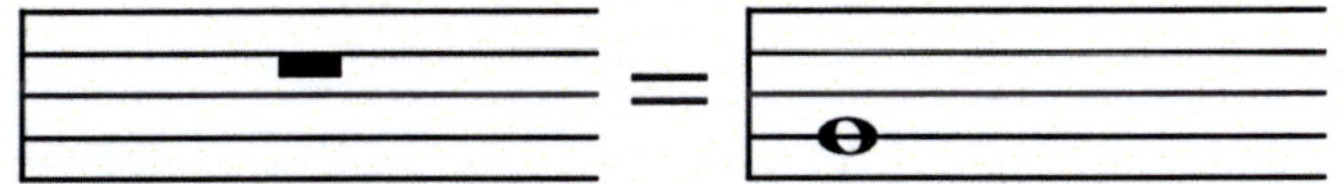

Die Ganze Pause ist gleich lang wie die Ganze Note und liegt unter der Linie.

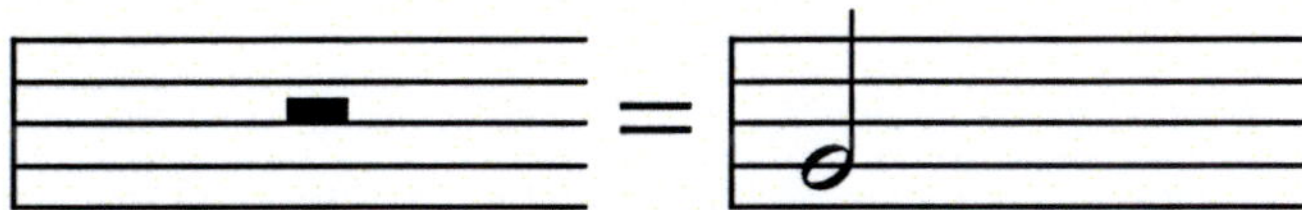

Die Halbe Pause ist gleich lang wie die Halbe Note. Sie liegt auf der Linie und ist gar nicht so leicht von der Ganzen Pause zu unterscheiden.

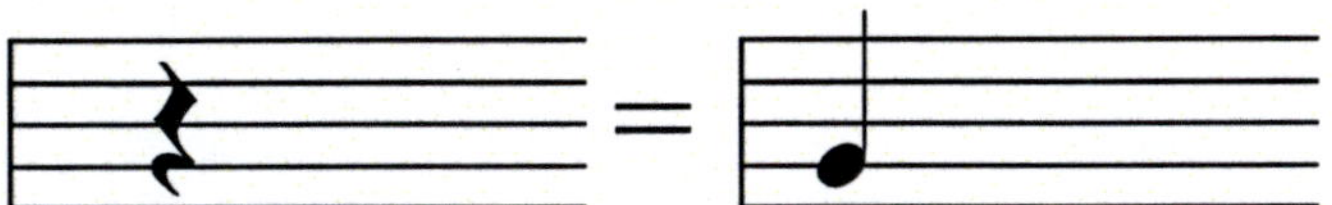

Die Viertelpause ist gleich lang wie die Viertelnote.

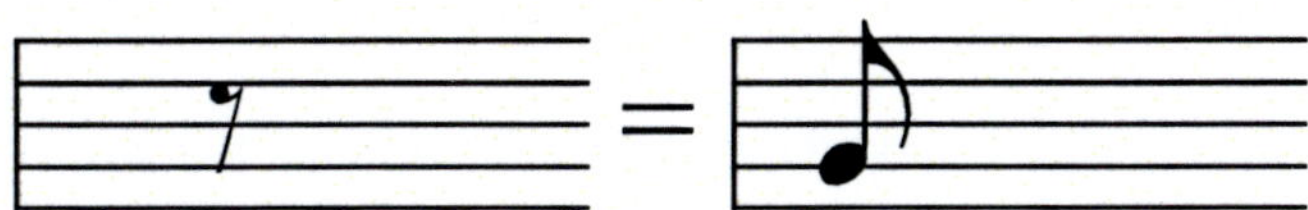

Die Achtelpause ist gleich lang wie die Achtelnote.

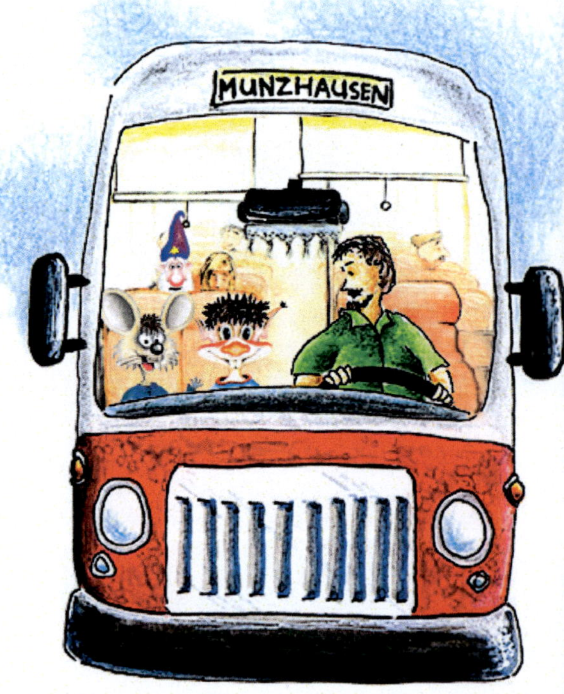

Beim nächsten Lied wird die Melodie immer wieder durch Pausen unterbrochen. Stell dir vor, du sitzt im Auto und willst mit deinen Eltern einkaufen gehen. Aber immer wieder kommt eine rote Ampel und ihr müsst anhalten. Es ist Samstag und Gräslin, Sally und Flunk wollen auf den Markt um einzukaufen. Ganz aufgeregt stehen sie an der Haltestelle in Munzhausen und warten auf den Bus, denn für Sally und Flunk ist das Busfahren immer noch etwas Besonderes. Und dann dürfen die beiden auch noch ganz vorne beim Busfahrer sitzen! „Voll cool", sagt Sally zu Flunk. Aber am heutigen Samstag ist alles wie verhext. Es sind viele Autos auf den Straßen und alles läuft ziemlich zähflüssig. Außerdem muss der Busfahrer laufend wegen Ampeln, die immer wieder rot leuchten, anhalten.

57

Das Ampellied

Text & Musik: Armin Weisshaar

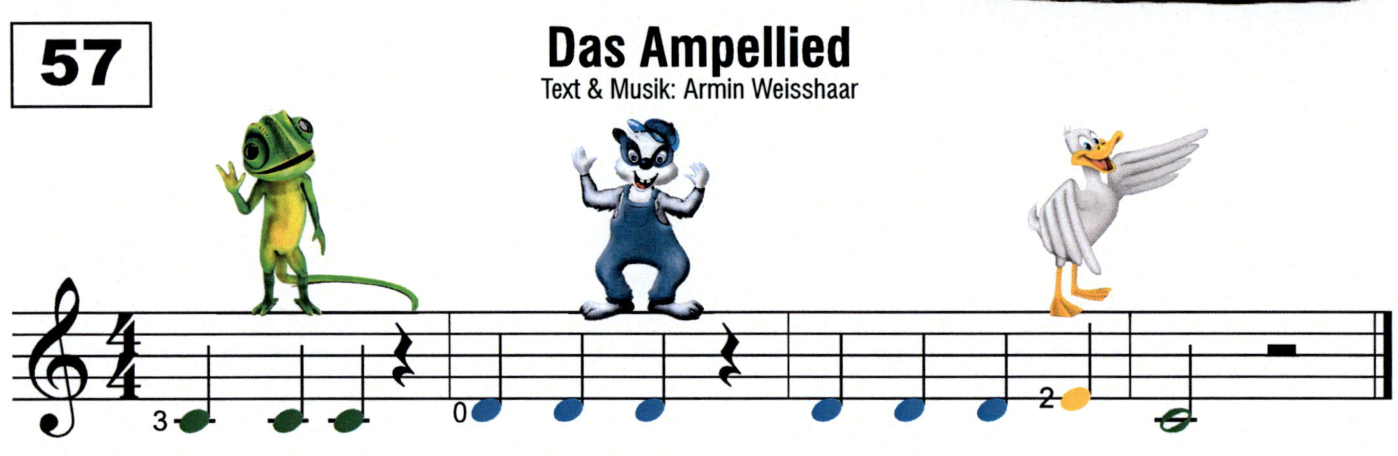

Jede Note kann durch ihre „Zwillings-Pause" ersetzt werden. Probiere das im nächsten Lied einmal aus. Streiche an zwei Stellen eine Note und ersetze sie durch die passende Pause.

58

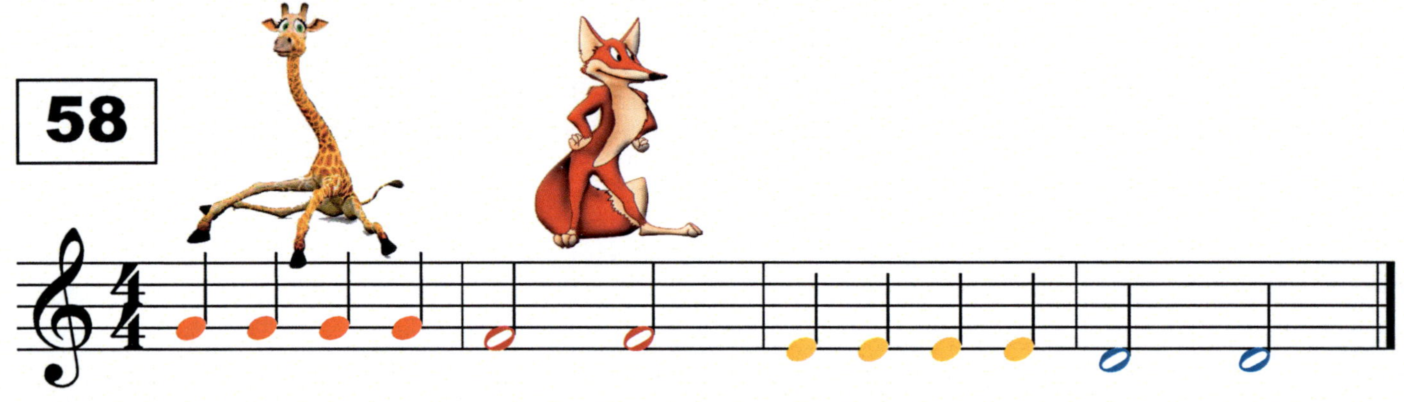

Klammern

Beim nächsten Lied findest Du zwei Klammern: **1.** **2.**

Beim ersten Mal spielst Du den Takt unter der Klammer 1: **1.**

Bei der Wiederholung überspringst Du die Klammer 1 und spielst gleich den Takt unter der Klammer 2. **2.**

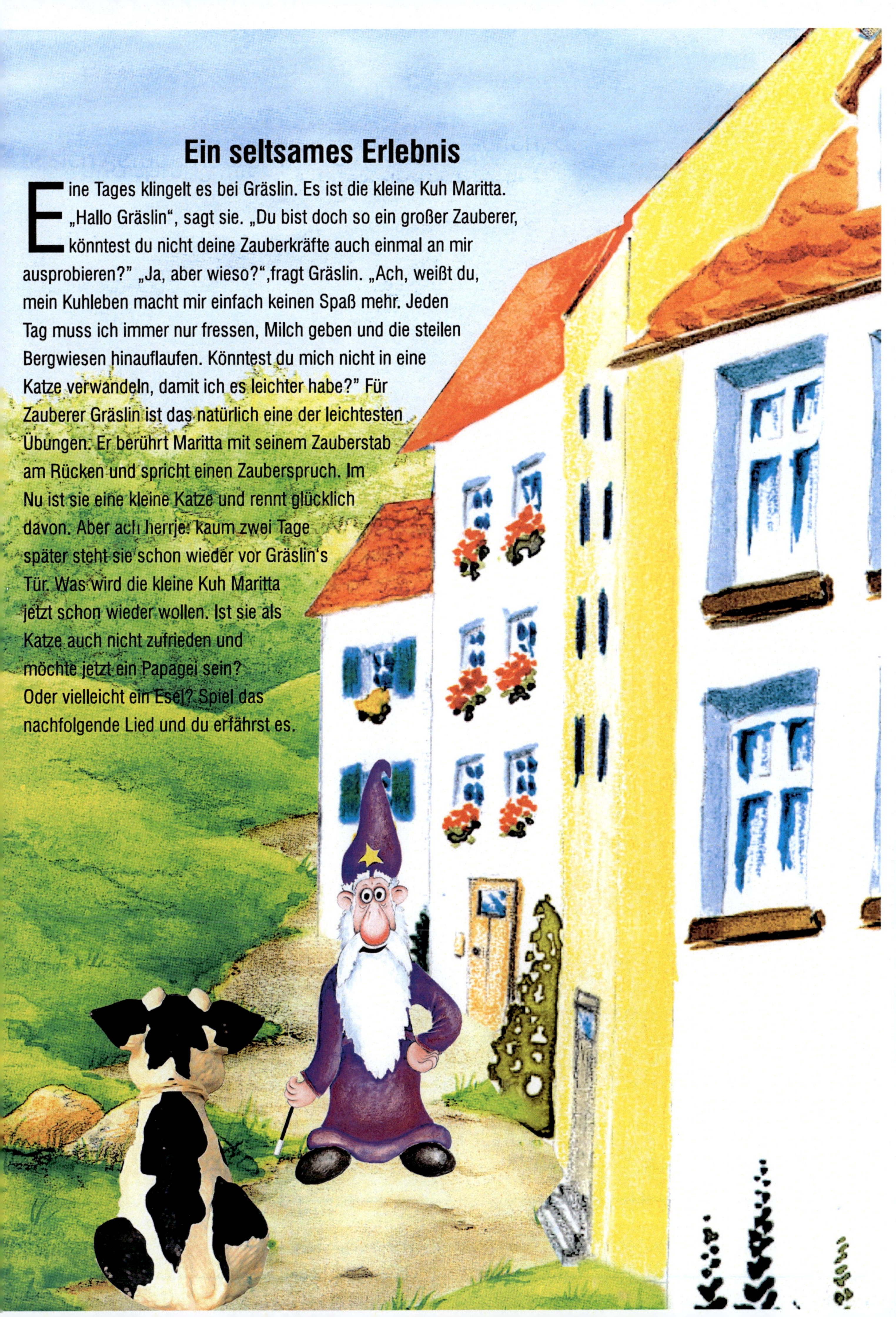

Ein seltsames Erlebnis

Eine Tages klingelt es bei Gräslin. Es ist die kleine Kuh Maritta. „Hallo Gräslin“, sagt sie. „Du bist doch so ein großer Zauberer, könntest du nicht deine Zauberkräfte auch einmal an mir ausprobieren?" „Ja, aber wieso?“,fragt Gräslin. „Ach, weißt du, mein Kuhleben macht mir einfach keinen Spaß mehr. Jeden Tag muss ich immer nur fressen, Milch geben und die steilen Bergwiesen hinauflaufen. Könntest du mich nicht in eine Katze verwandeln, damit ich es leichter habe?" Für Zauberer Gräslin ist das natürlich eine der leichtesten Übungen. Er berührt Maritta mit seinem Zauberstab am Rücken und spricht einen Zauberspruch. Im Nu ist sie eine kleine Katze und rennt glücklich davon. Aber ach herrje: kaum zwei Tage später steht sie schon wieder vor Gräslin's Tür. Was wird die kleine Kuh Maritta jetzt schon wieder wollen. Ist sie als Katze auch nicht zufrieden und möchte jetzt ein Papagei sein? Oder vielleicht ein Esel? Spiel das nachfolgende Lied und du erfährst es.

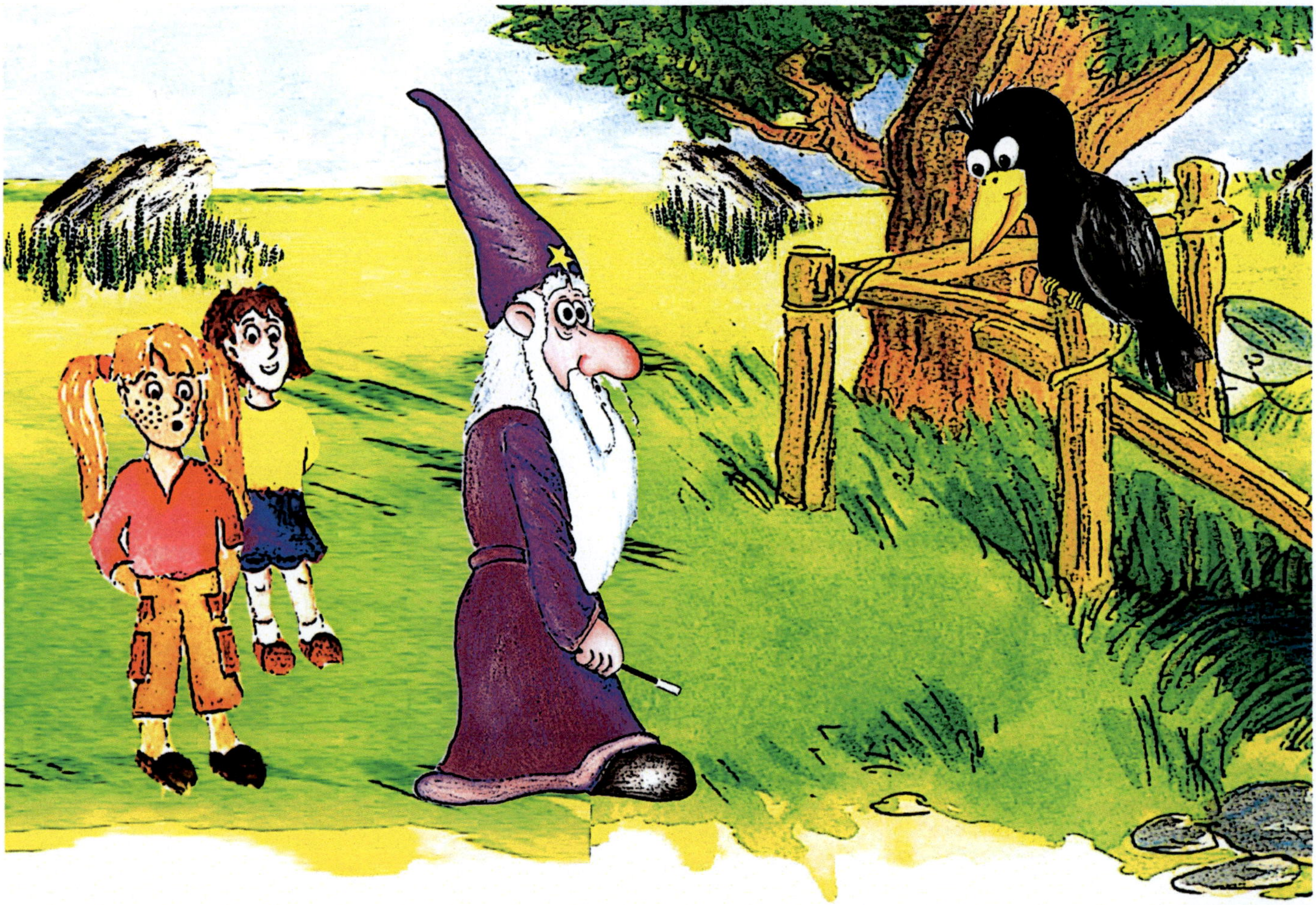

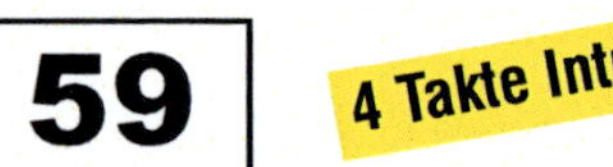

Die kleine Kuh Maritta

Text & Musik: Armin Weisshaar

26

Zähle: 1 2 3 4

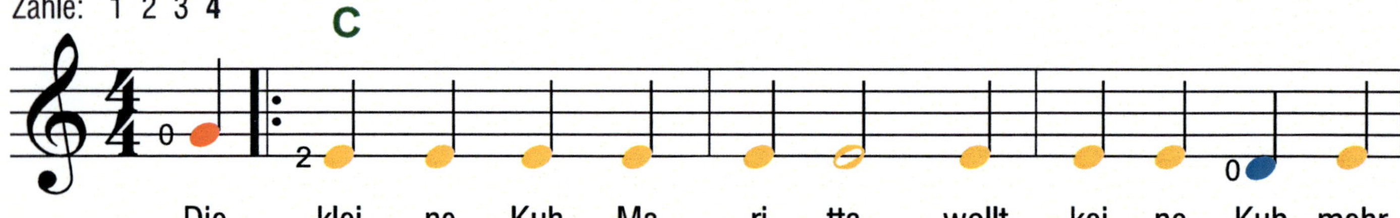

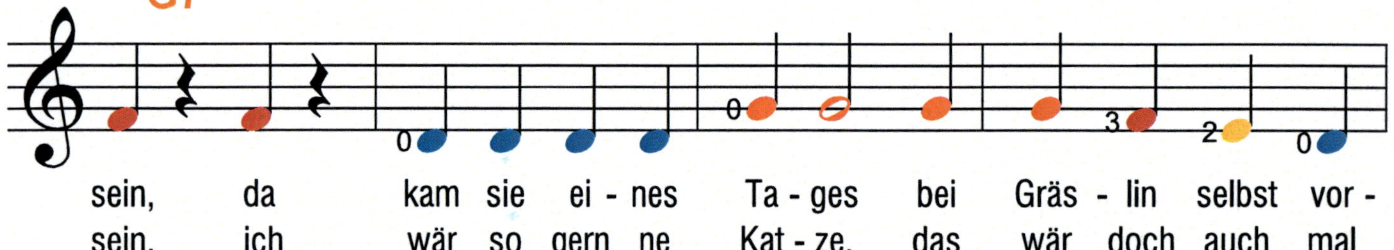

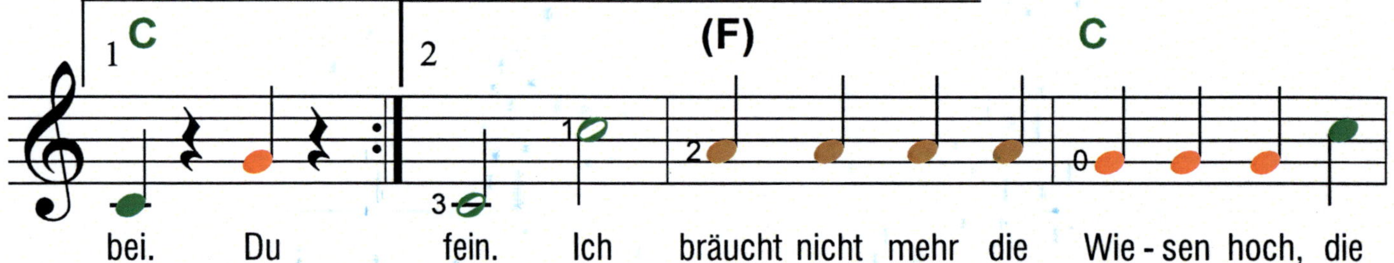

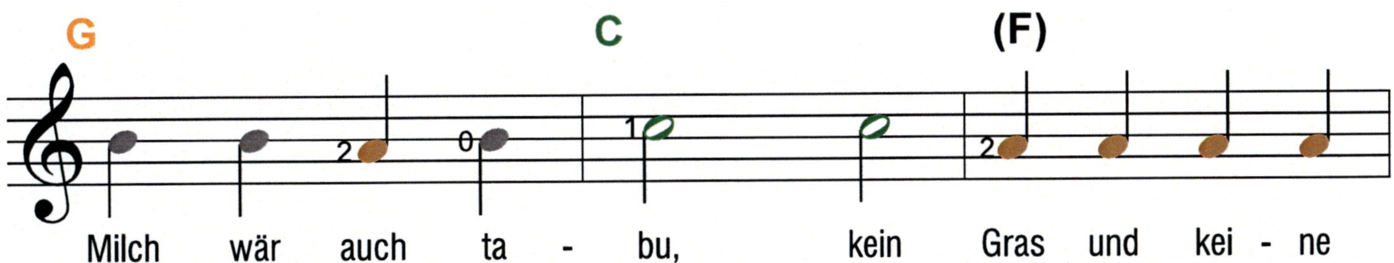

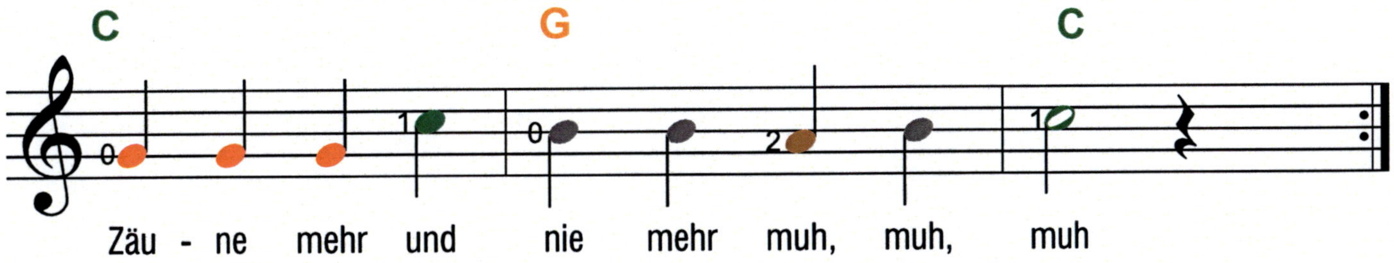

2. Doch kaum zwei Tage später stand sie schon wieder da
„Jetzt muß ich wieder zaubern“ das war Gräslin sonnenklar
Du mußt mir wieder helfen ne Katze find ich doof
ich wär so gern ein großer Hund und bell dann auf dem Hof
Dann bräucht ich nicht mehr jagen jeden Tag die Mäuse grau
und meinem Frauchen sagen: Miau, miau, miau“

3. Doch wieder ein Tag später, stand sie schon wieder da
und Gräslin kam gelaufen mit einem Zauberstab
„Du mußt mir wieder helfen, als Hund werd ich nicht froh
ich wär so gern ein Esel und lieg dann faul im Stroh
Dann bräucht ich nicht mehr jagen die freche Katze Mau
keine Ketten, keine Knochen und nie mehr Wau, wau, wau“.

4. Doch kaum war dies geschehen stand sie schon wieder da
und Gräslin kam gelaufen „Das ist doch echt nicht wahr!“
„Du mußt mir wieder helfen, als Esel flipp ich aus“.
Ich wär so gern ein Rabe und flieg dann um das Haus.
Dann bräucht ich nicht mehr tragen, Säcke hier und Säcke da
und morgens nicht mehr sagen: „Ia, ia, ia.“

5. Doch kaum zwei Tage später begann dasselbe Spiel
und Gräslin kam gelaufen „Jetzt krieg ich hier zuviel!
„Du mußt mir nochmal helfen, das allerletzte Mal
als Eule ist es wirklich die allergrößte Qual
Maritta möcht ich wieder sein, die kleine schwarze Kuh
geb jeden Tag zwei Liter Milch und mach dann Muh, muh, muh.

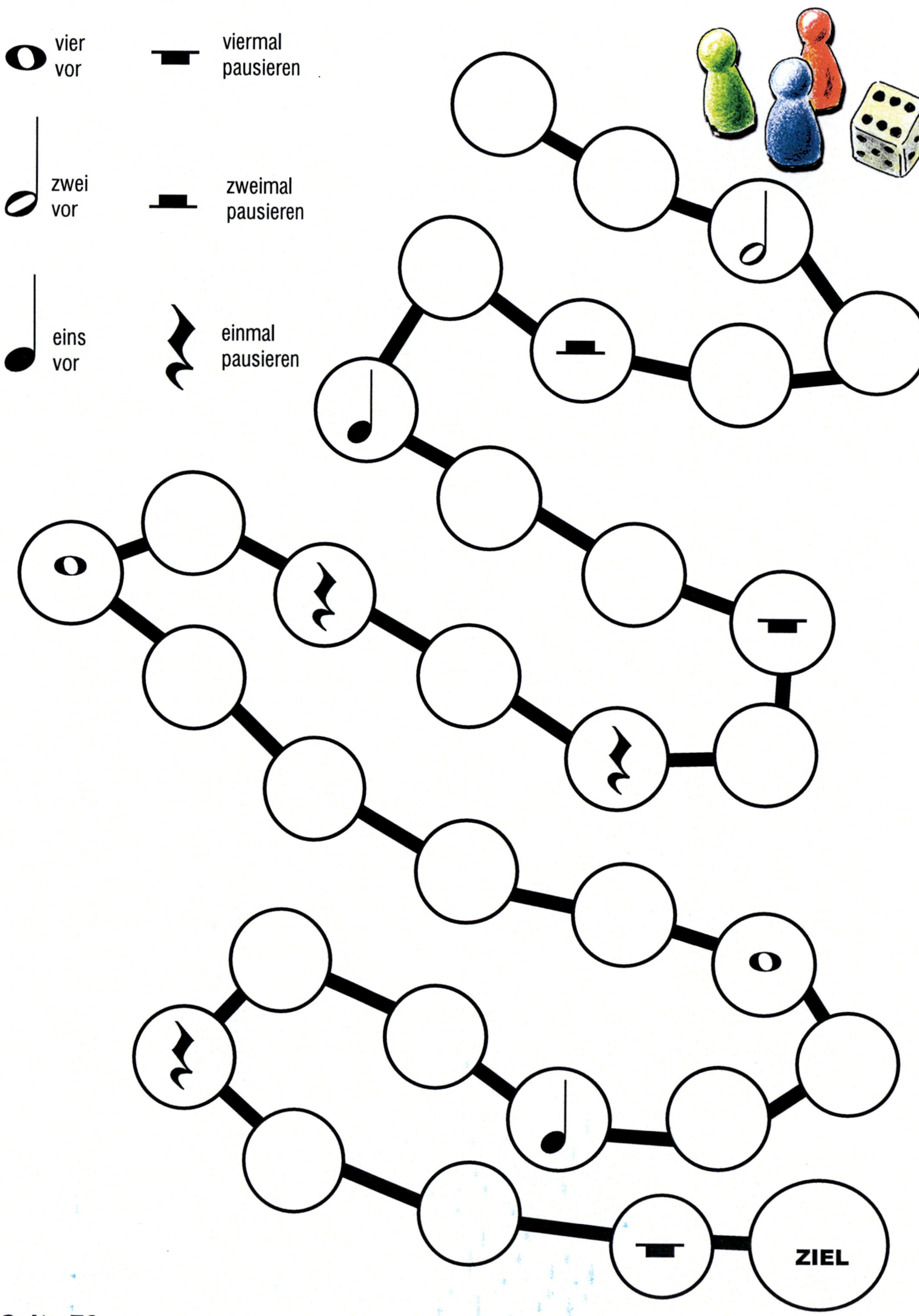
vier
vor
viermal
pausieren
zwei
vor
zweimal
pausieren
eins
vor
einmal
pausieren
ZIEL

Der Violinschlüssel

Flunk soll als Hausaufgaben, den Violinschlüssel üben.

Aber das ist gar nicht so einfach, wie er sich das vorgestellt hat. Hilf ihm doch beim Malen.

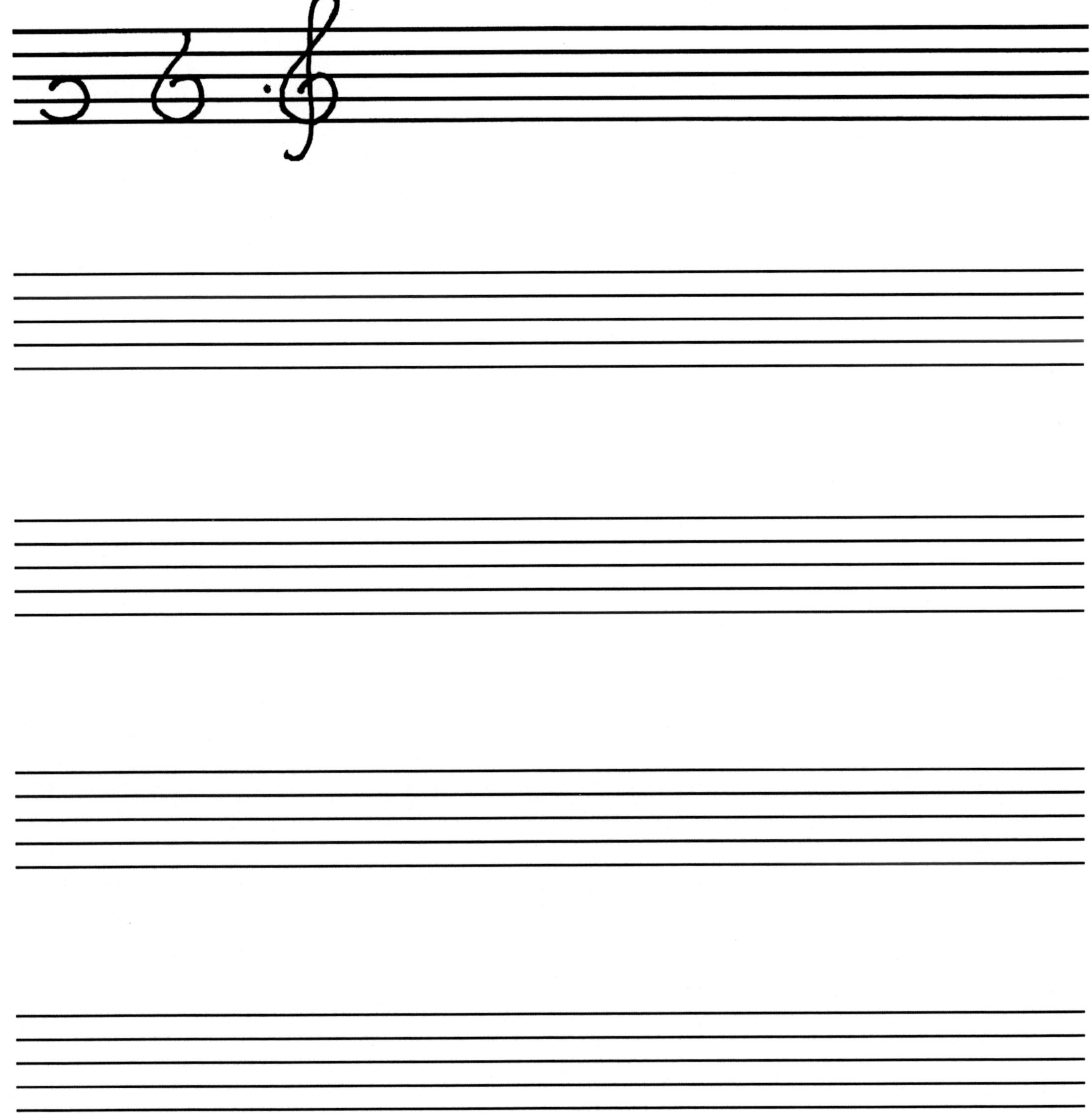

Der Ton „F“ (Fuchs Fridolin) auf der hohen E- Saite

Jetzt lernst du deinen fünften gegriffenen Ton. Es ist das „hohe F“. Auf der Gitarre greifst du mit dem Zeigefinger ❶ im ersten Bund der hohen E-Saite.

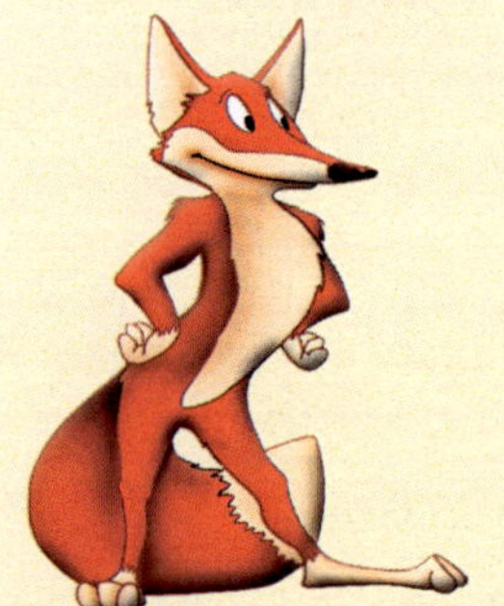

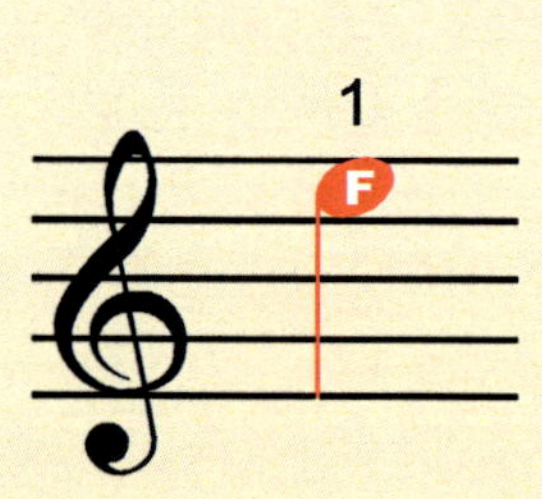

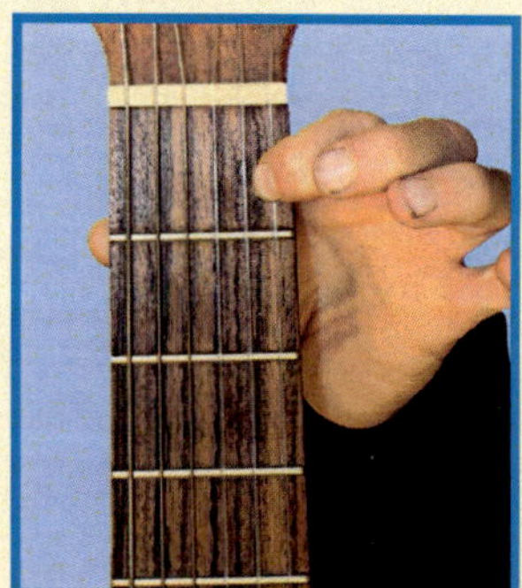

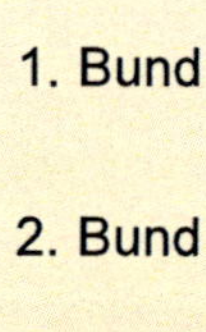

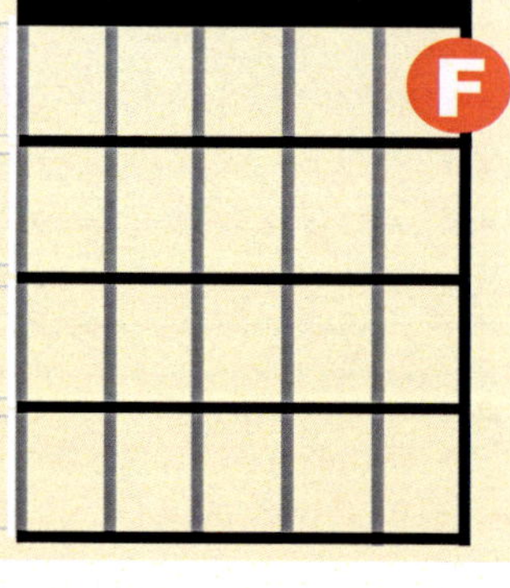

3. Bund
4. Bund

60

Zunächst eine Übung mit dem Ton „F“ auf der hohen E-Saite!

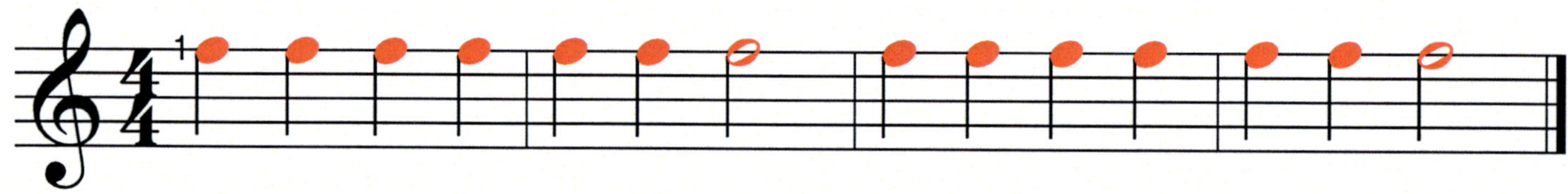

Sprich: Rock - gi - tar - re, No - ten - buch. Rock - gi - tar - re, No - ten - buch.

Zähle: 1 2 3 4 1 2 3 4 1 2 3 4 1 2 3 4

Der Ton „G“ (Giraffe Gerti) auf der hohen E- Saite

Jetzt lernst du deinen sechsten gegriffenen Ton. Es ist das „hohe G“. Auf der Gitarre greifst du mit dem Ringfinger ❸ im dritten Bund der hohen E-Saite.

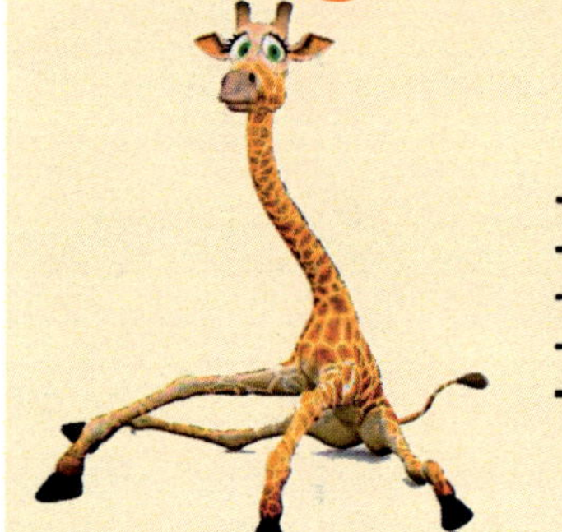

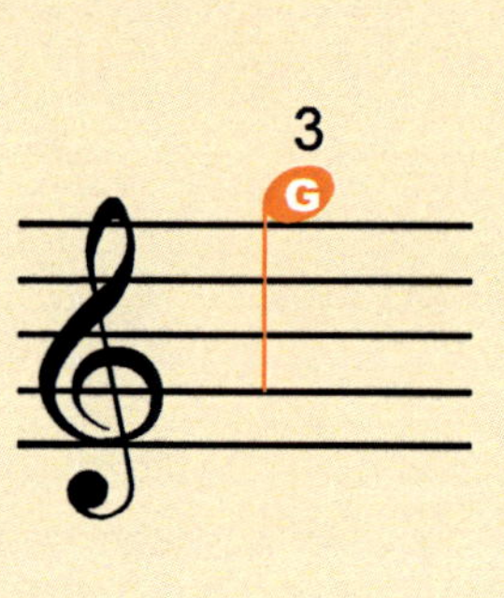

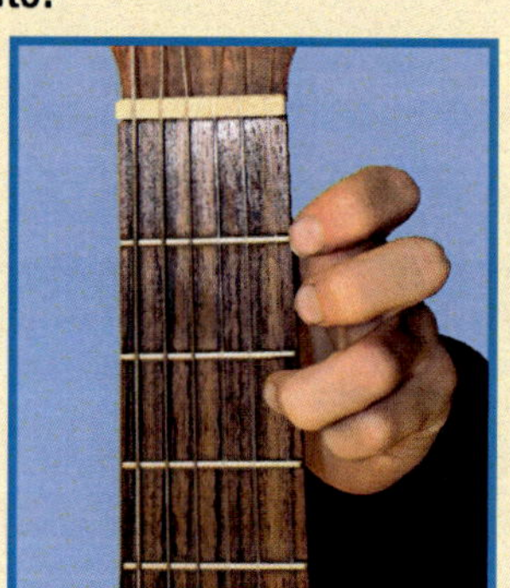

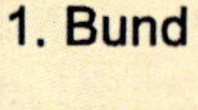

2. Bund
3. Bund
4. Bund

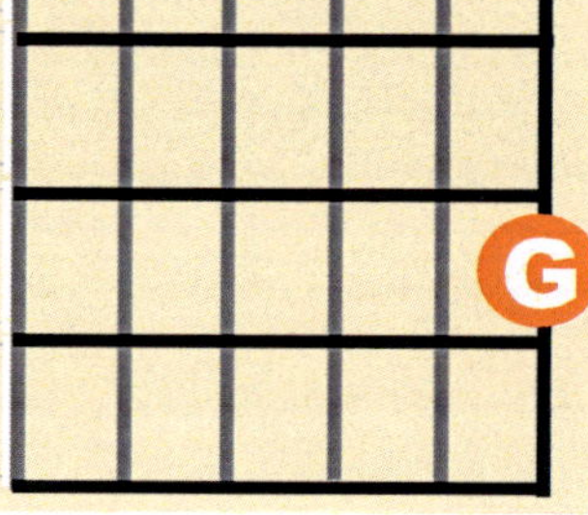

61

Hier eine Übung mit den Ton „G“ auf der hohen E-Saite!

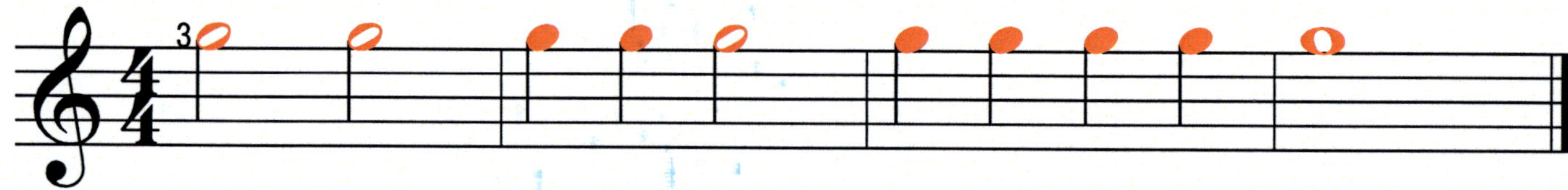

Sprich: No - ten, No - ten - buch. Rock - gi - tar - re, Ton.

Zähle: 1 2 3 4 1 2 3 4 1 2 3 4 1 2 3 4

Übungen

Achte auf dieses Zeichen ....

Während der Ton „G“ (3. Finger) gespielt wird, bleibt der erste Finger weiter auf dem Ton „F“ liegen.

Du kannst die Übungen und das Lied „Endlich Sommer“ mit Daumen oder mit **m, i, m, i** spielen.

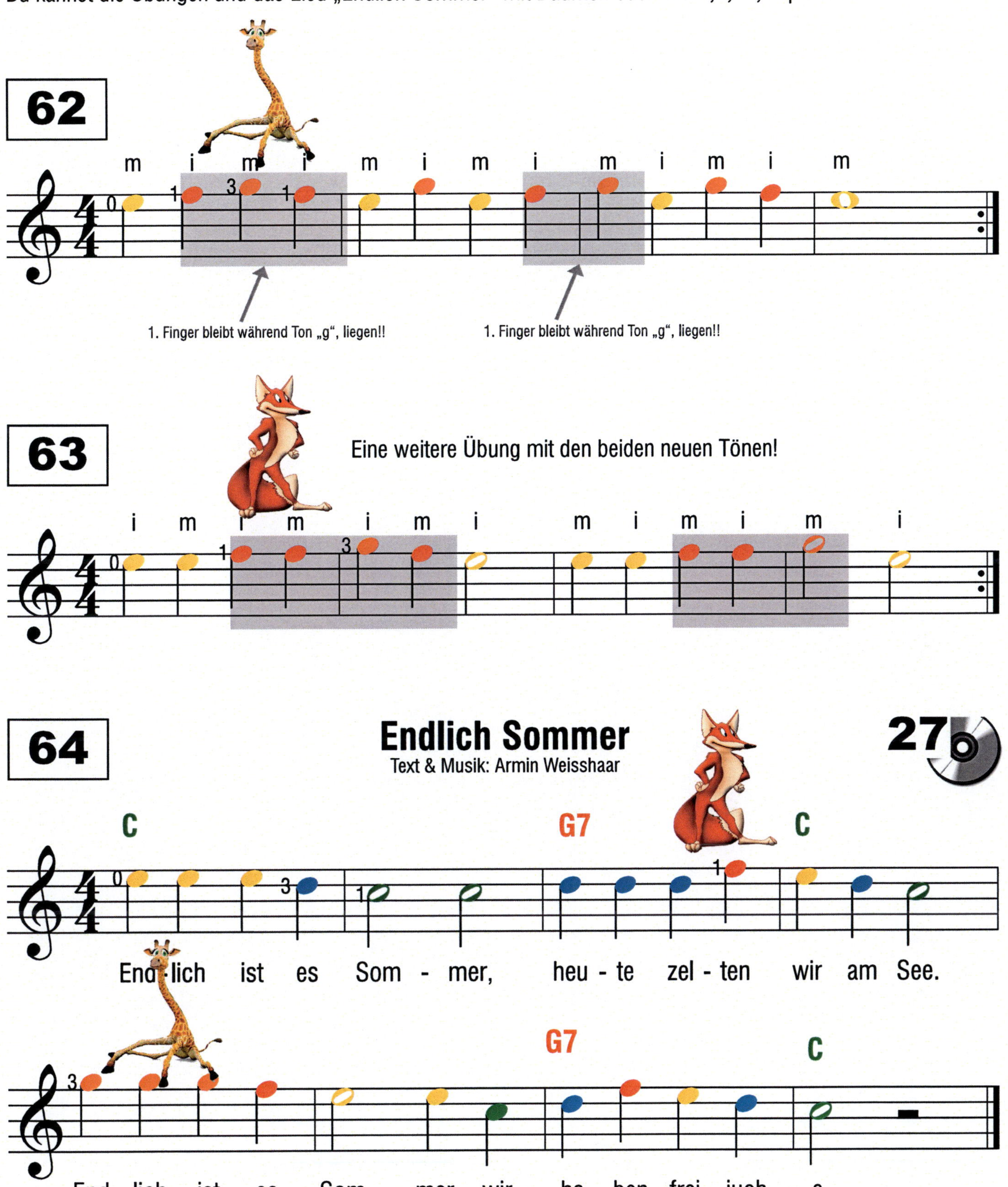

Achtelnoten

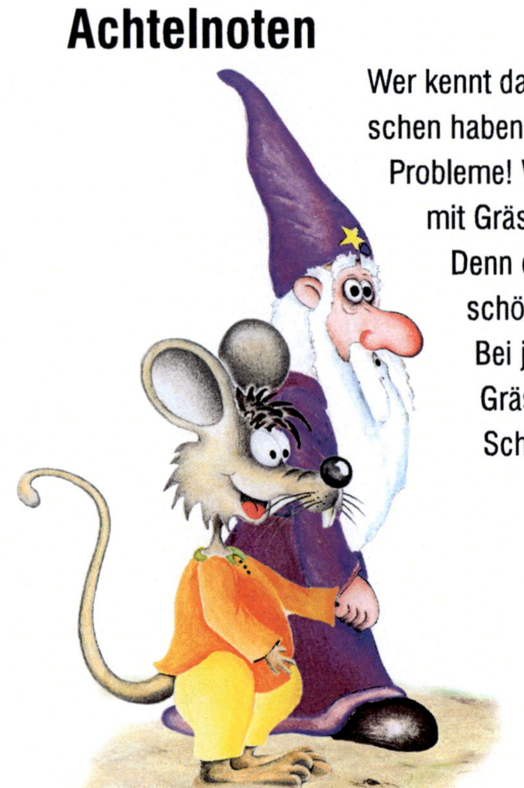

Wer kennt das nicht. Kleine Menschen haben manchmal riesige Probleme! Wie Sally, wenn sie mit Gräslin spazieren geht. Denn dann muss sie ganz schön tippeln. Bei jedem Schritt von Gräslin muss sie zwei Schritte machen.

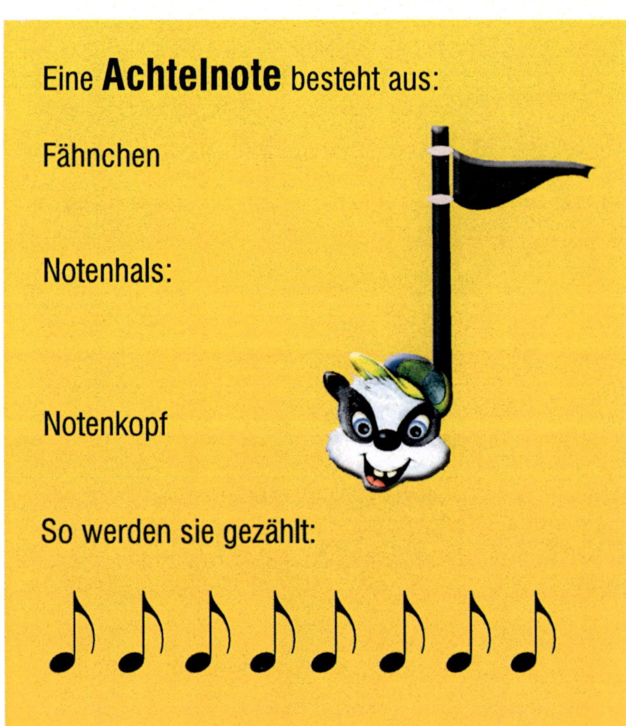

Folgen zwei Achtelnoten hintereinander, kann man die Notenfähnchen zu einem Notenbalken verbinden.

Übungen mit Achtelnoten

Zuerst spielen wir eine Übung mit Achtelnoten mit der leeren H-Saite.

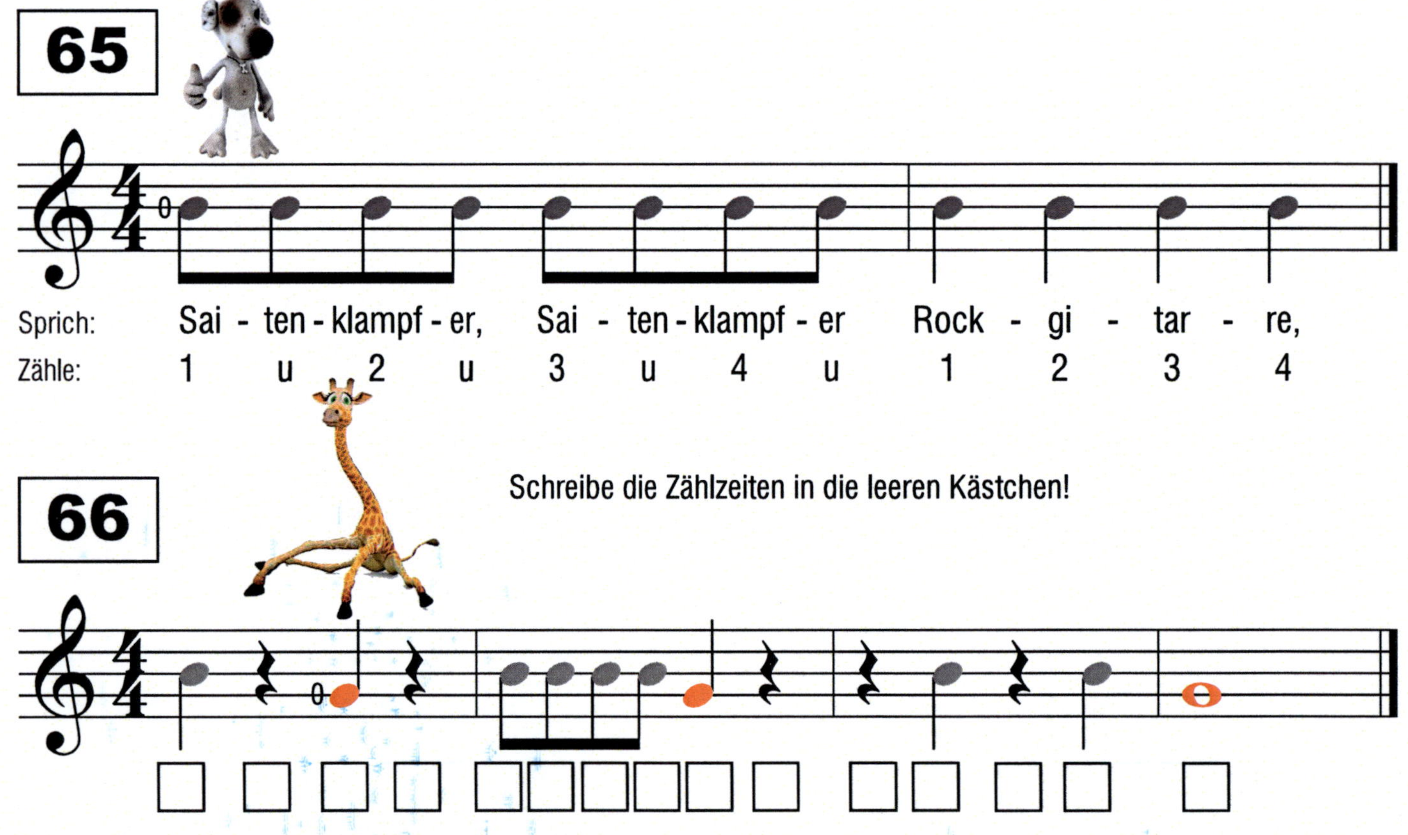

Janosch und Flunk laufen mit Bello spazieren. „Bello ist der Hund, den Janosch von seinem Opa bekommen hat. Denn der ist mittlerweile schon fast siebzig Jahre alt und kann aus gesundheitlichen Gründen mit Bello nicht mehr so viel spazieren gehen. Und du weißt ja, ein Hund braucht viel Auslauf und muss schließlich ja auch mal auf die Toilette gehen. Die Freude bei Janosch war natürlich riesengroß und in jeder freien Minute spielt er mit Bello.

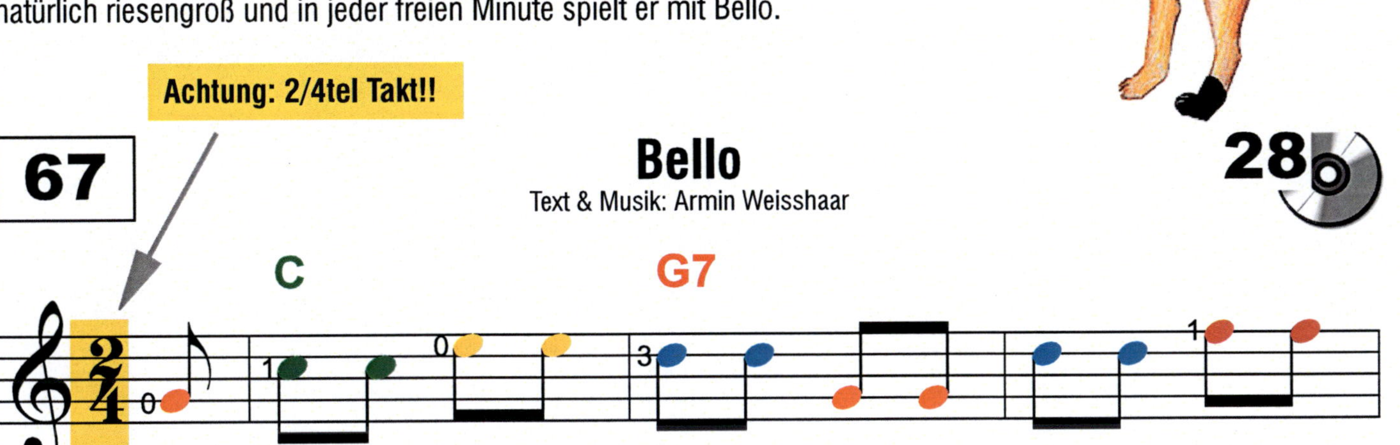

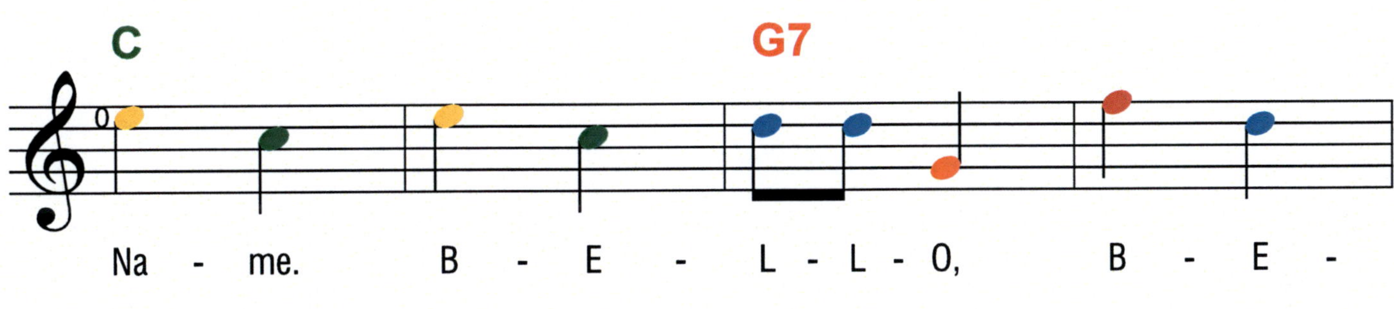

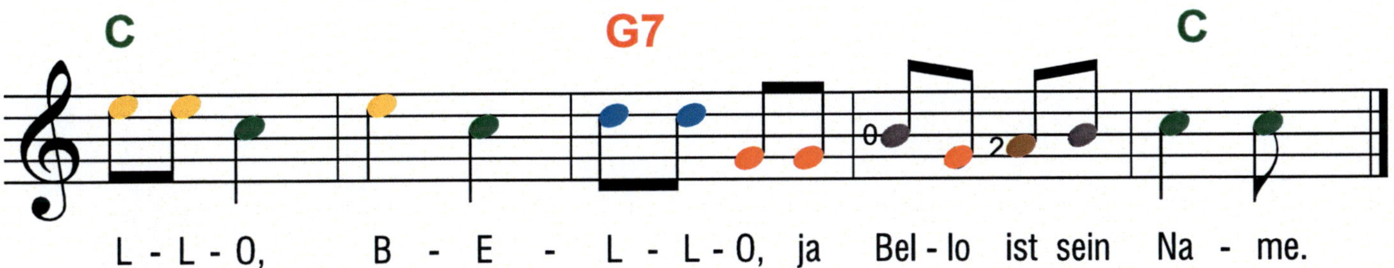

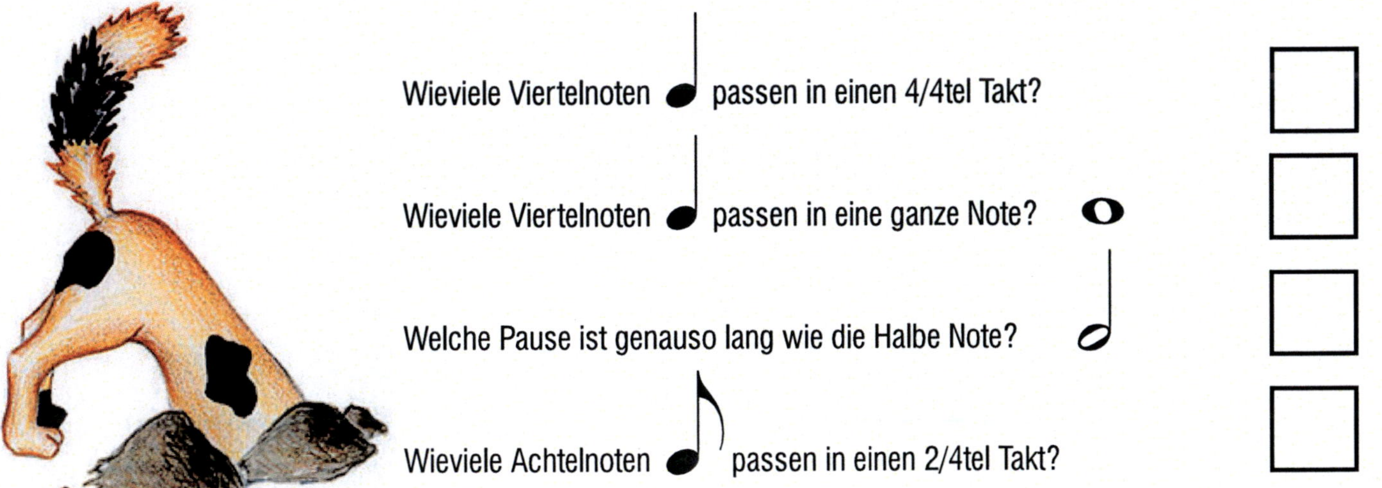

Wieviele Viertelnoten ♩ passen in einen 4/4tel Takt? ☐

Wieviele Viertelnoten ♩ passen in eine ganze Note? 𝅝 ☐

Welche Pause ist genauso lang wie die Halbe Note? 𝅗𝅥 ☐

Wieviele Achtelnoten ♪ passen in einen 2/4tel Takt? ☐

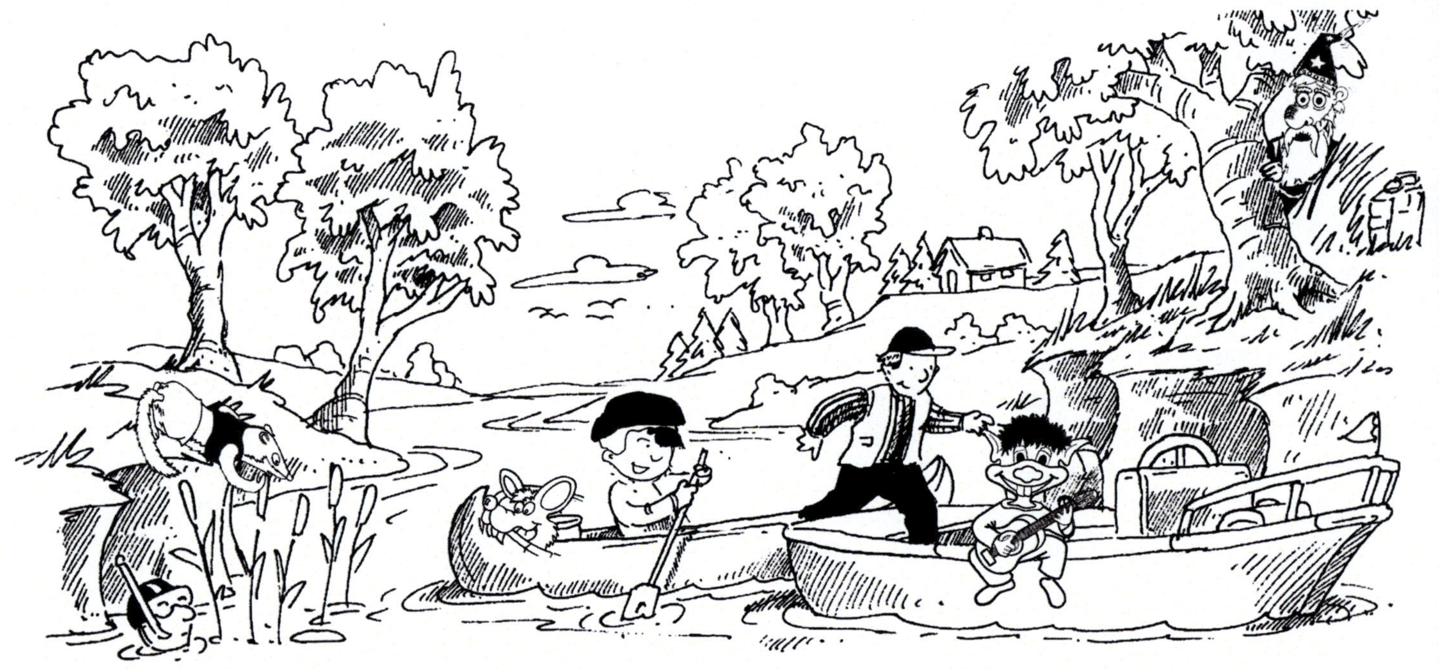

Das nächste Lied ist wieder im 2/4tel Takt!!

Achte auf die Achtelpausen!!

68

Der Sommer der ist da

29

Text: Volkslied I Musik: Ludwig Erk (1807 - 1883)

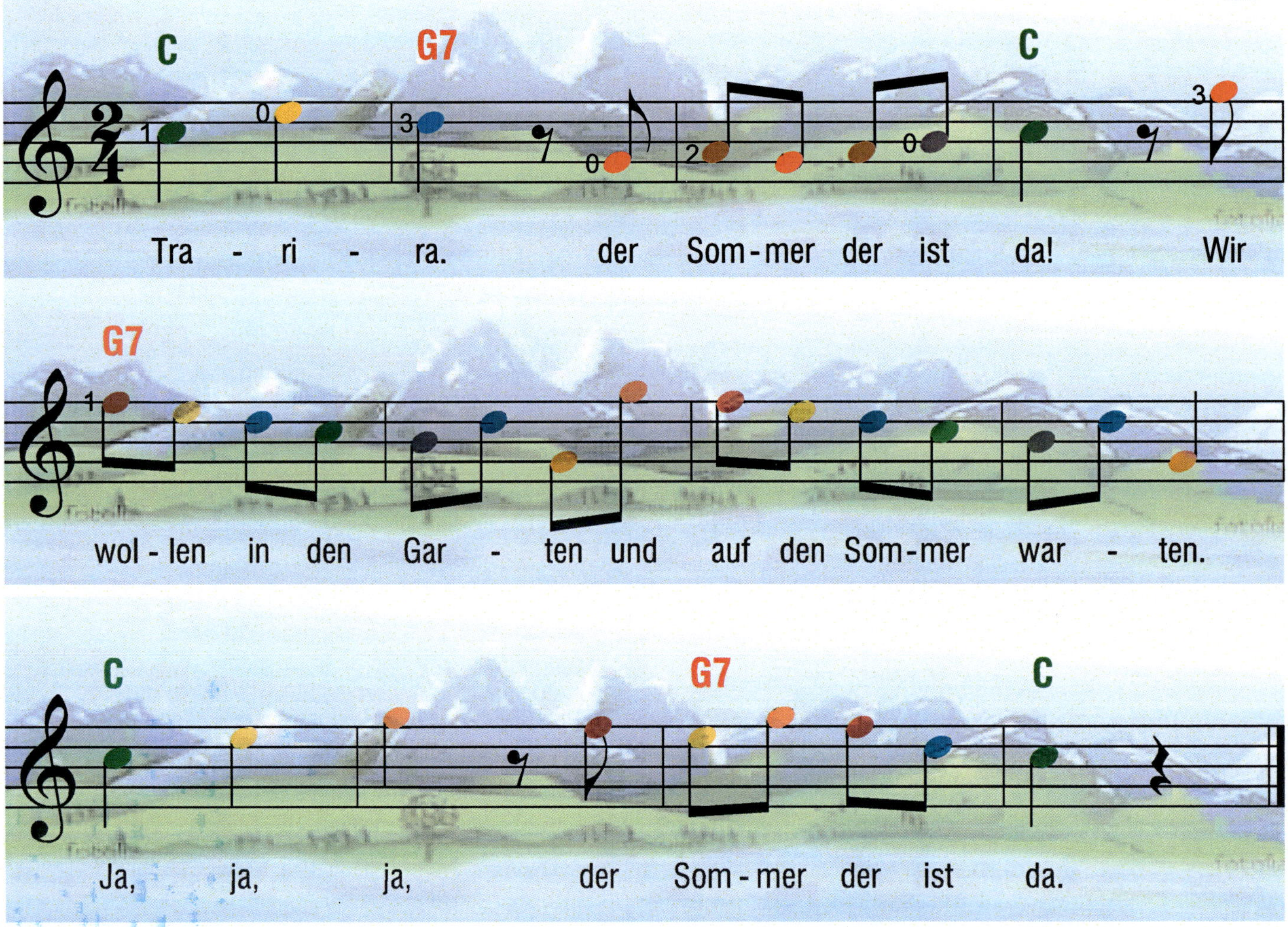

C G7 C

Tra - ri - ra. der Som-mer der ist da! Wir

G7

wol-len in den Gar - ten und auf den Som-mer war - ten.

C G7 C

Ja, ja, ja, der Som-mer der ist da.

Hier siehst du wieder anhand der Berge und Flüsse, ob die Noten hoch oder tief gespielt werden!

Einfaches Melodiespiel

Nanu, wieso sind jetzt auf einmal zwei Notensysteme untereinander? Das ist ganz einfach! Als Janosch vor ein paar Tagen bei Flunk war, haben die beiden zusammen Gitarre gespielt. Aber jeder die gleiche Melodie, das war den beiden zu langweilig. Und so haben sie einfach eine zweite Melodie komponiert. Dabei spielt Janosch die Begleitung und Flunk die Melodie. Einfach krass“ fanden die beiden das und haben ihr eigenes kleines Lied deshalb auch so getauft.

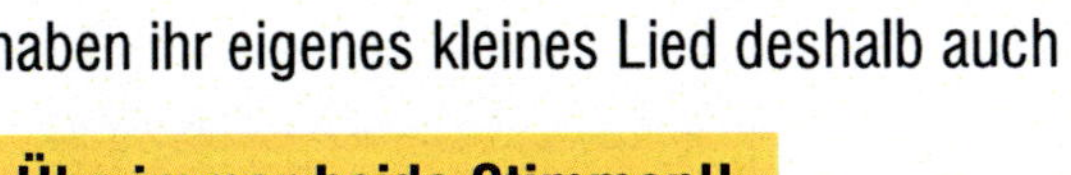

69

Einfach krass!!

Text & Musik: Armin Weisshaar

30

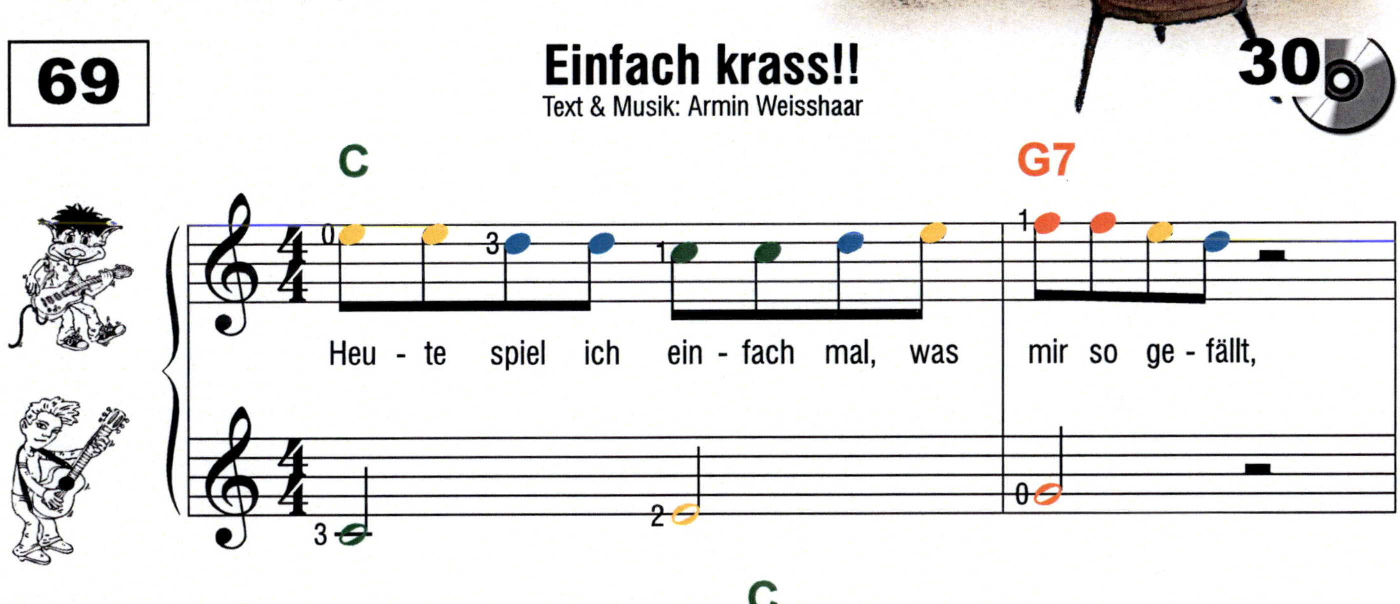

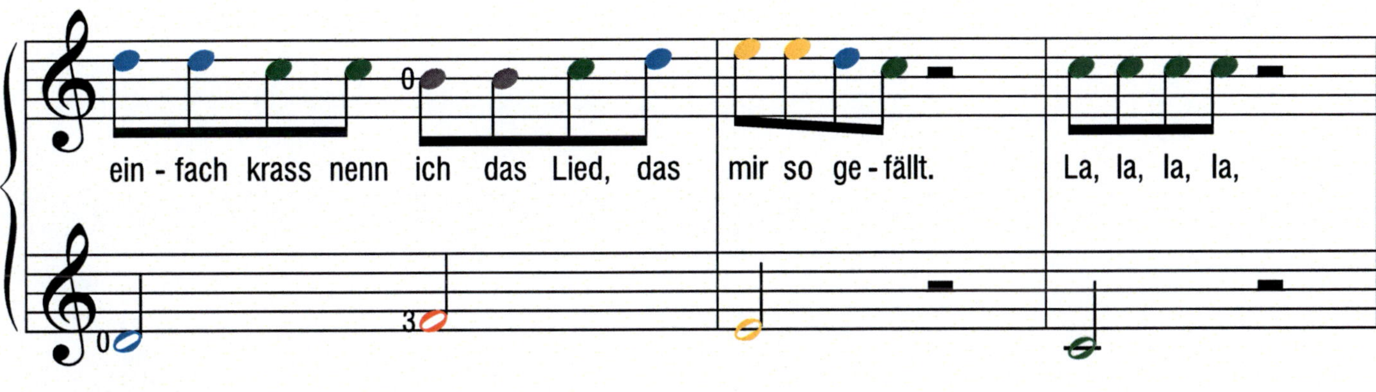

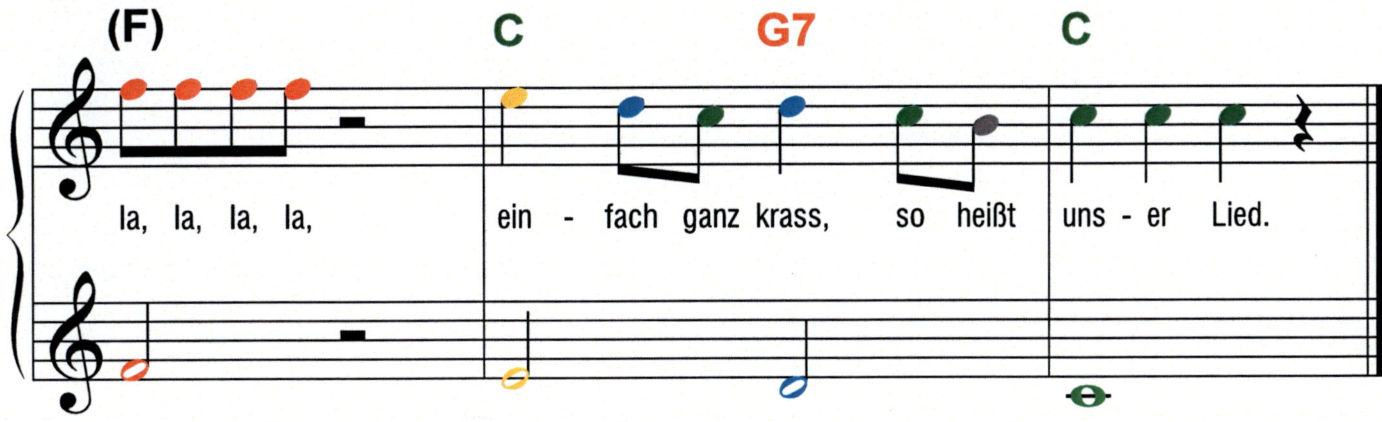

Hitzefrei

30 Grad! Puh, da kommt man ganz schön ins Schwitzen. Und dann auch noch Schule. Unvorstellbar! Aber die Lehrer der Munzhausener Schule haben ein Einsehen und geben den Schülern Hitzefrei, denn schließlich sind es ja nur noch zwei Tage bis zu den Ferien. Die Freude ist natürlich riesig und alle rennen Heim, packen ihre Badesachen ein und gehen ins Schwimmbad.

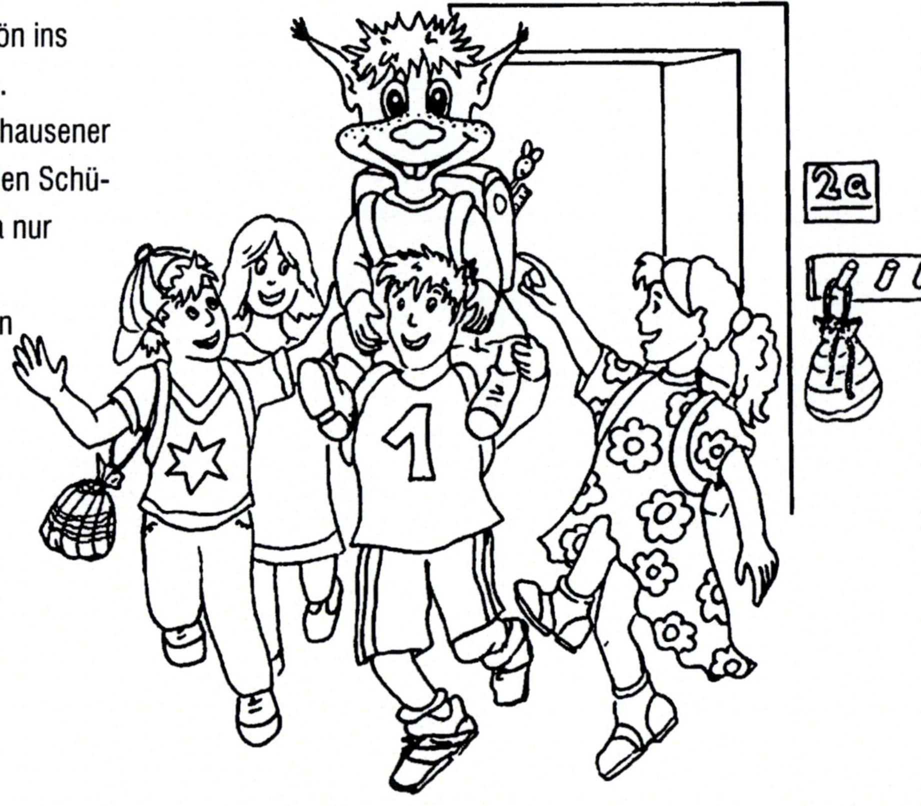

Das sind Systemklammern. Sie verbinden zwei oder mehrere Notensysteme miteinander.

70

Viel zu heiß

Text & Musik: Armin Weisshaar

31

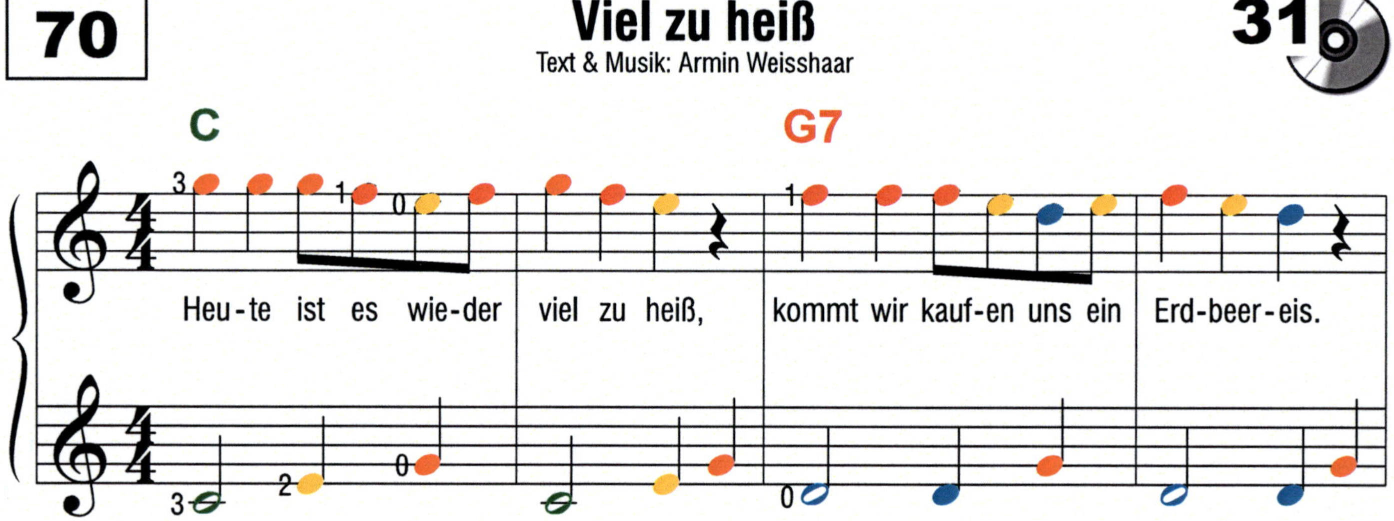

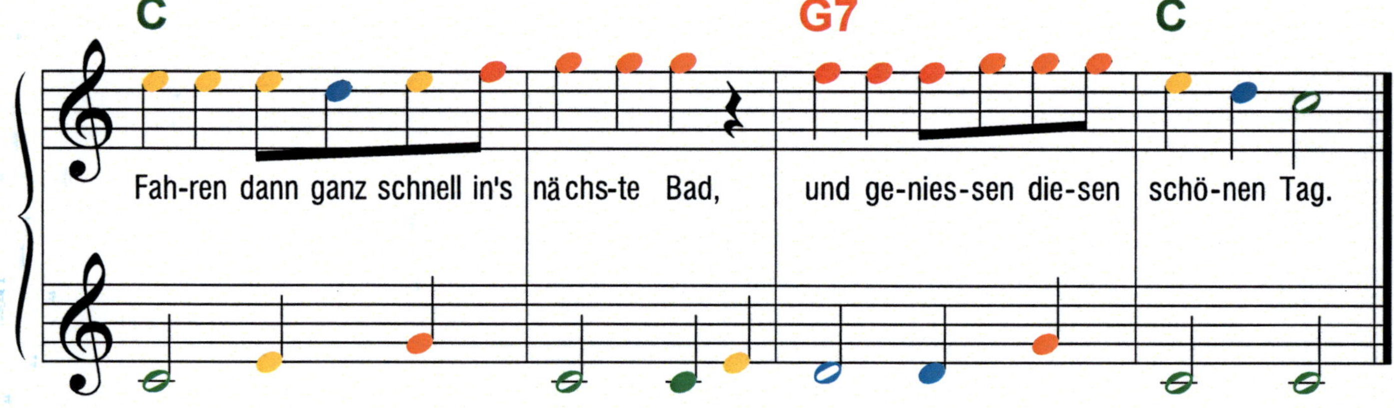

Worträtsel mit Notennamen

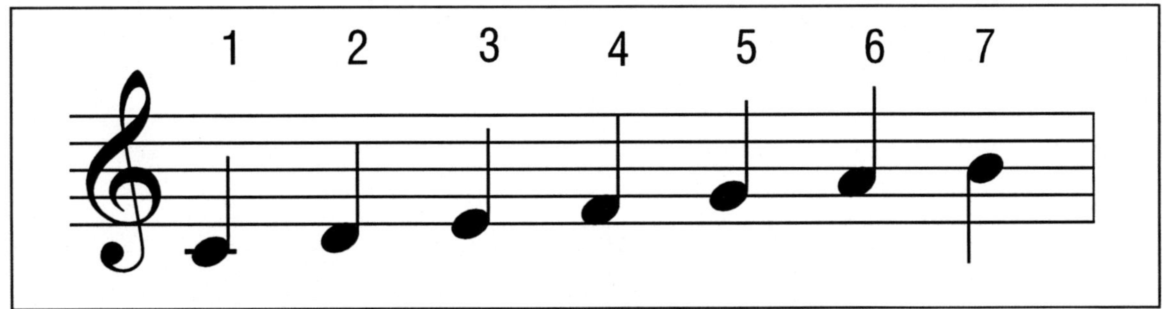

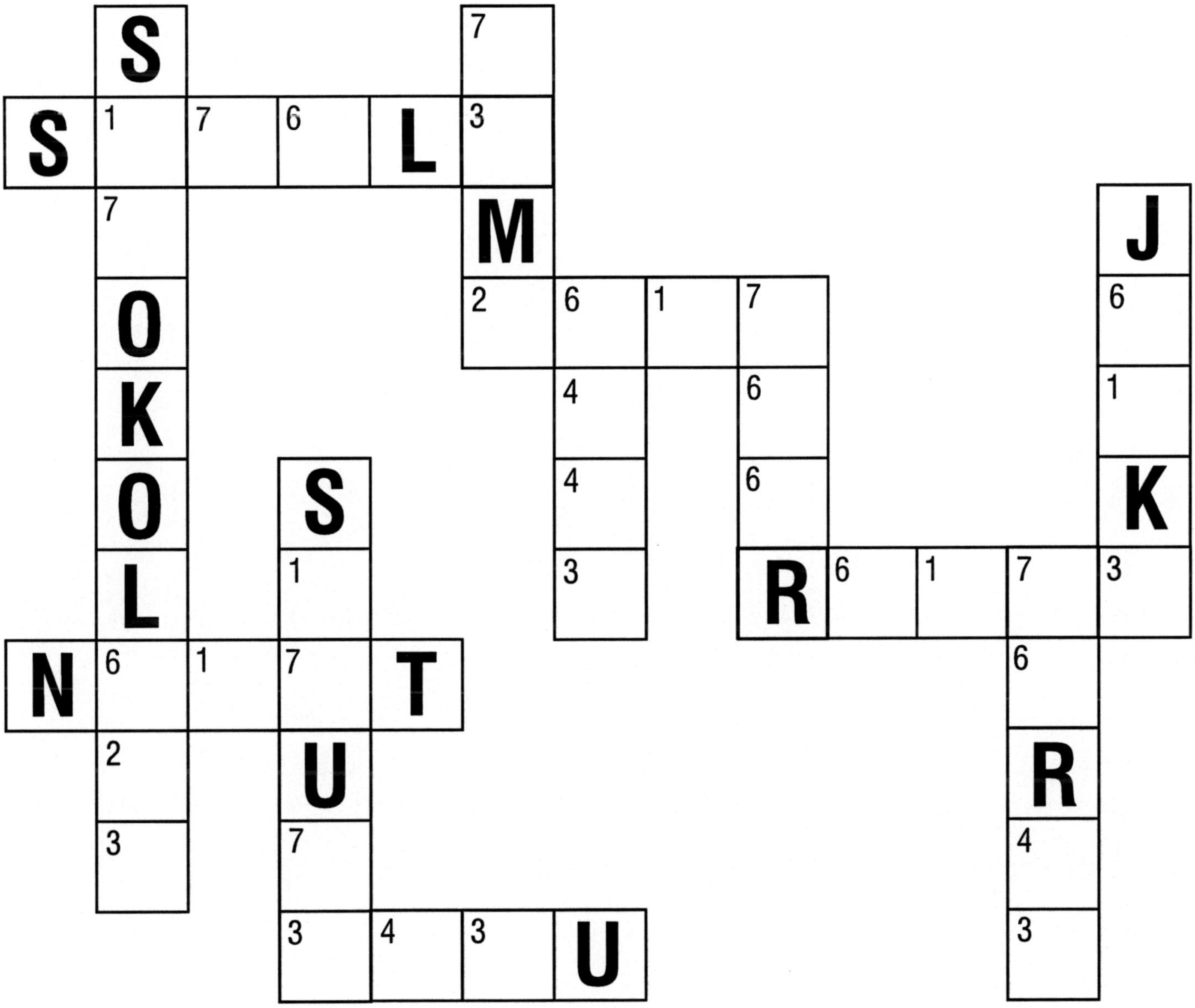

	S				7							
S	1	7	6	L	3							
	7				M							J
	O				2	6	1	7				6
	K					4		6				1
	O		S			4		6				K
	L		1			3		R	6	1	7	3
N	6	1	7	T							6	
	2		U								R	
	3		7								4	
			3	4	3	U					3	

Tiefere Regionen

Als nächstes begeben wir uns in tiefere Regionen. Das heißt, wir lernen die tiefen Töne auf der Gitarre. Auf dem Bild seht Ihr Flunk, der hoch oben auf dem Berg mit einer Note sitzt und Gitarre spielt.
Sally steht unten im Tal und hält das tiefe C in der Hand. So ist es auch mit den Tönen: Es gibt hohe Töne, die wir zum Teil ja auch schon gelernt haben, und tiefe Töne, die wir jetzt kennenlernen.

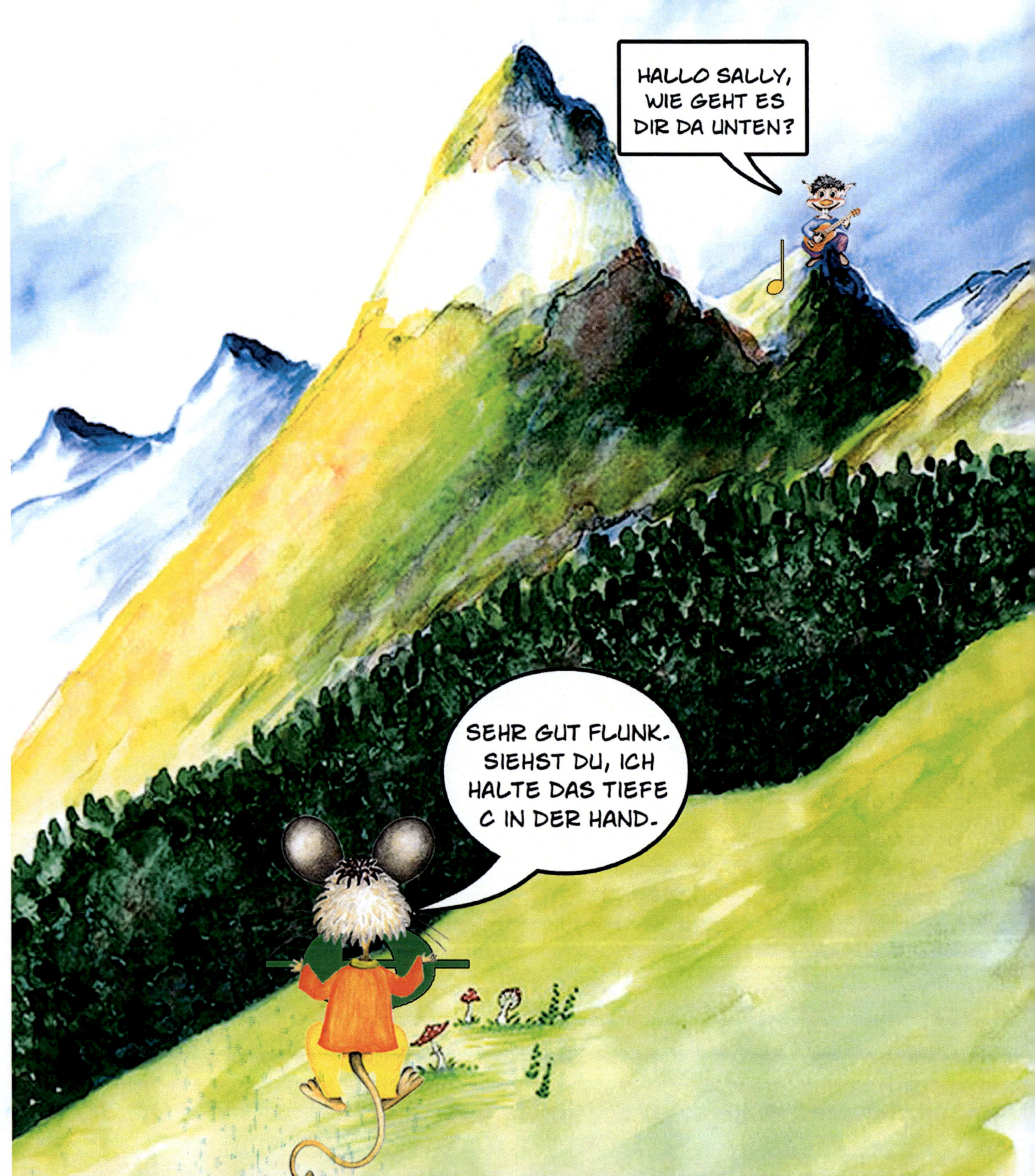

Die tiefe A (Affe Alladin)- Saite

Das „tiefe A“ liegt unter dem Notensystem auf der zweiten Hilfslinie. Auf der Gitarre ist das die fünfte leere Saite. Du hast also nicht zu greifen.

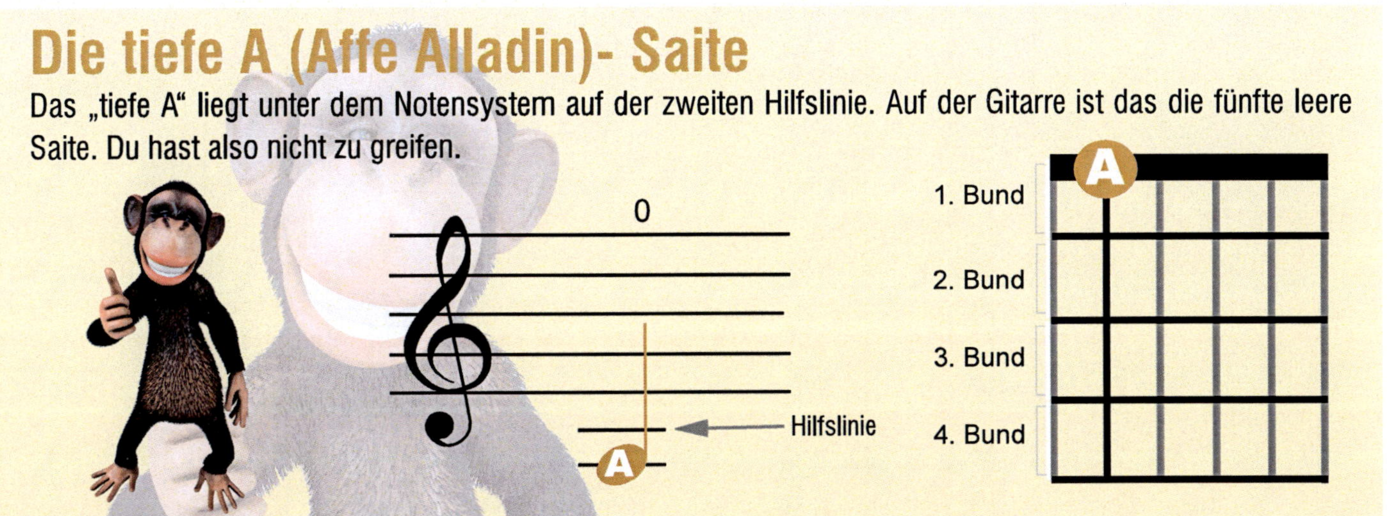

71 Als erstes eine Übung mit der leeren A- Saite. Sprich laut mit!!

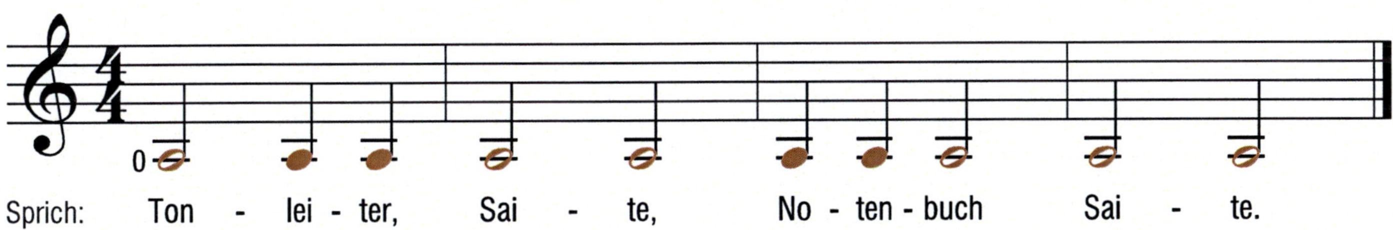

Der Ton „H“ (Hund Hugo) auf der tiefen A- Saite

Jetzt lernst du deinen siebten gegriffenen Ton. Es ist das „tiefe H“. Auf der Gitarre greifst du mit dem Mittelfinger **3** im zweiten Bund der tiefen A-Saite.

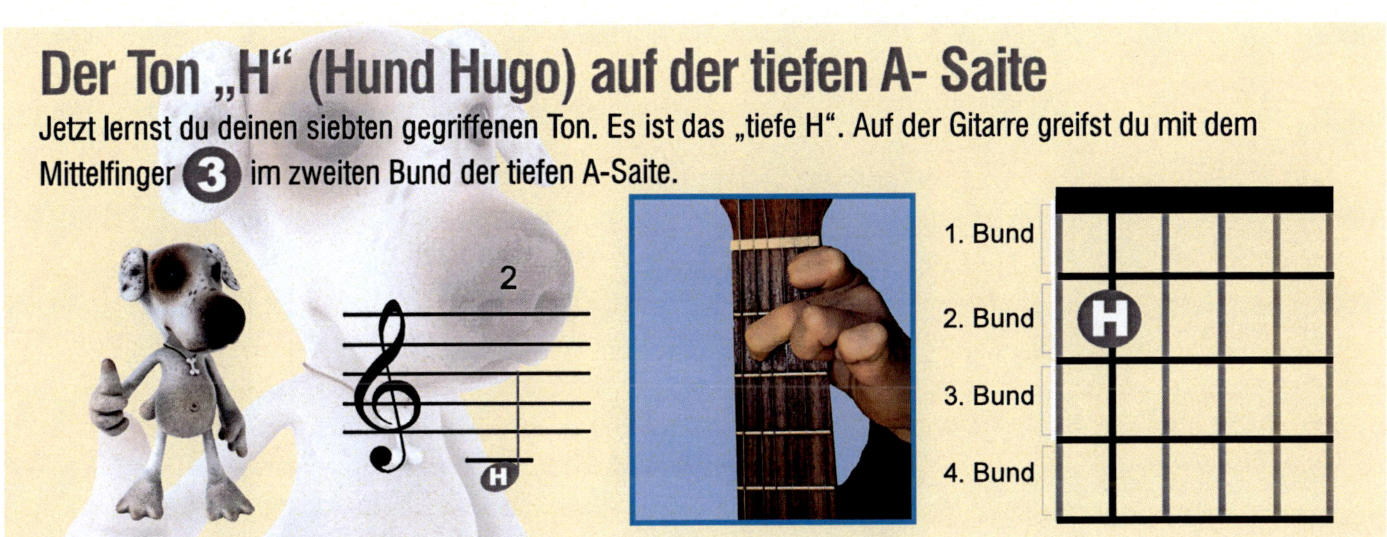

72 Eine weitere Übung mit dem Ton „H“ auf der A- Saite.

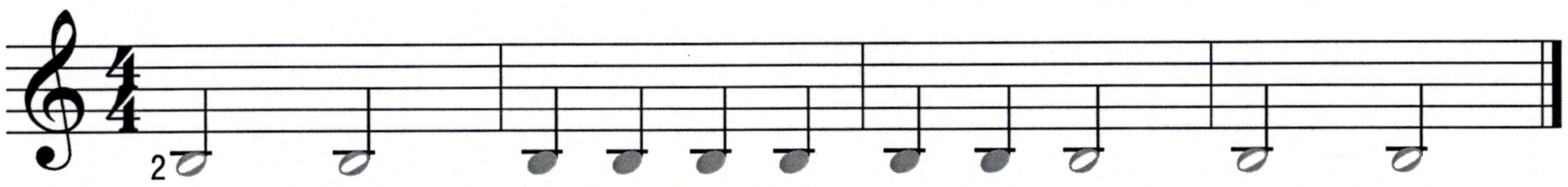

Male die einzelnen Noten wie unten farbig an.
A = braun, H = grau, C = grün, und D = blau

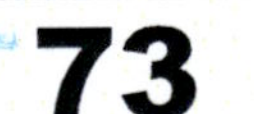

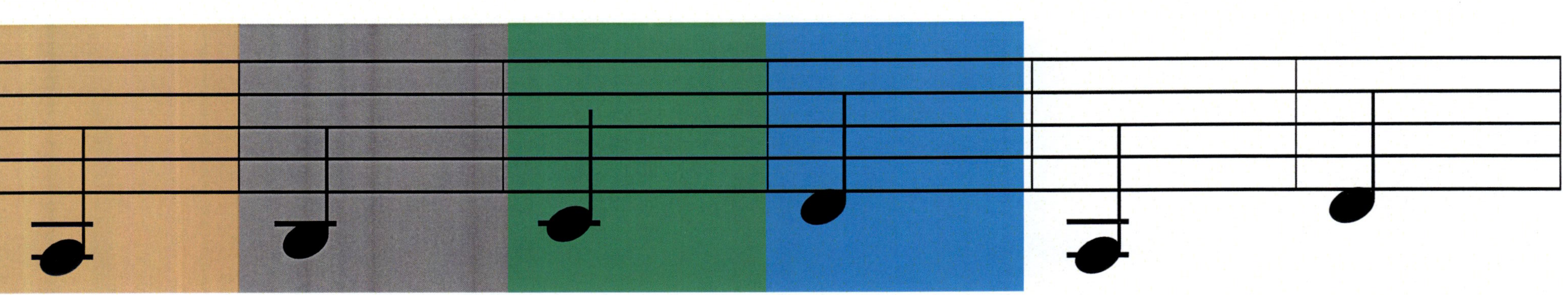

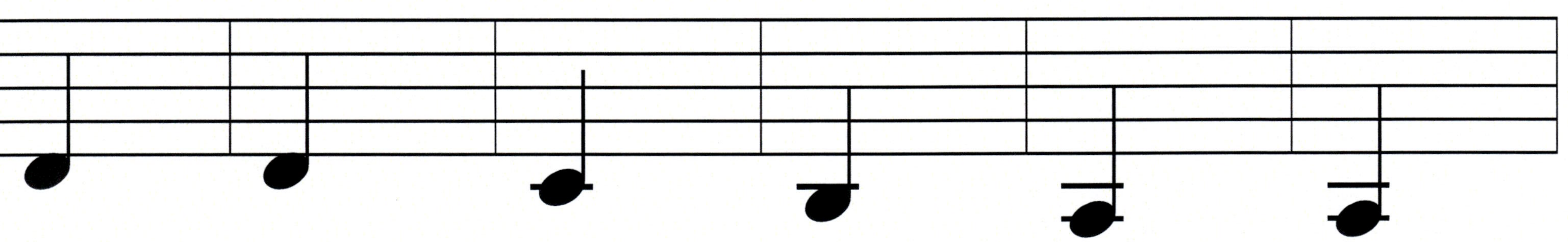

Übung mit den Tönen A, - H und C

Achte bei dieser Übung auf die beiden Zeichen ⌴ und ↘

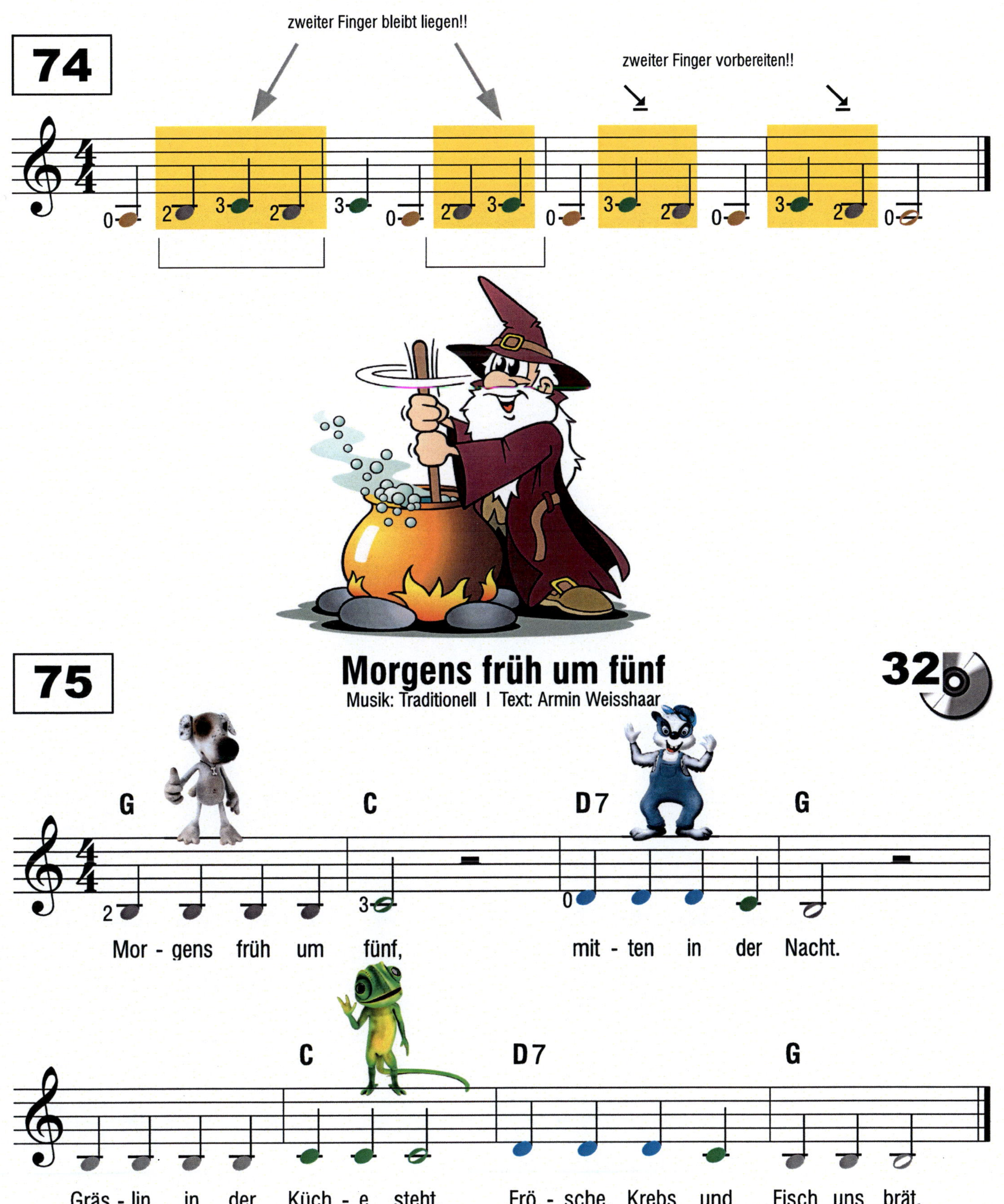

Puh, da kam Flunk in der letzten Gitarrenstunde aber ganz schön ins Schwitzen. Drei neue Töne und das auch noch kurz vor den Sommerferien. Und jetzt auch noch die tiefe „E- Saite". Die kannst du dir gut merken, denn das ist der tiefste Ton den du auf deiner Gitarre spielen kannst.

Die tiefe E (Ente Elfi)- Saite

Das „tiefe E" liegt unter der dritten Hilfslinie untehalb des Fünfliniensystems. Auf der Gitarre ist das die sechste leere Saite. Du hast also nicht zu greifen.

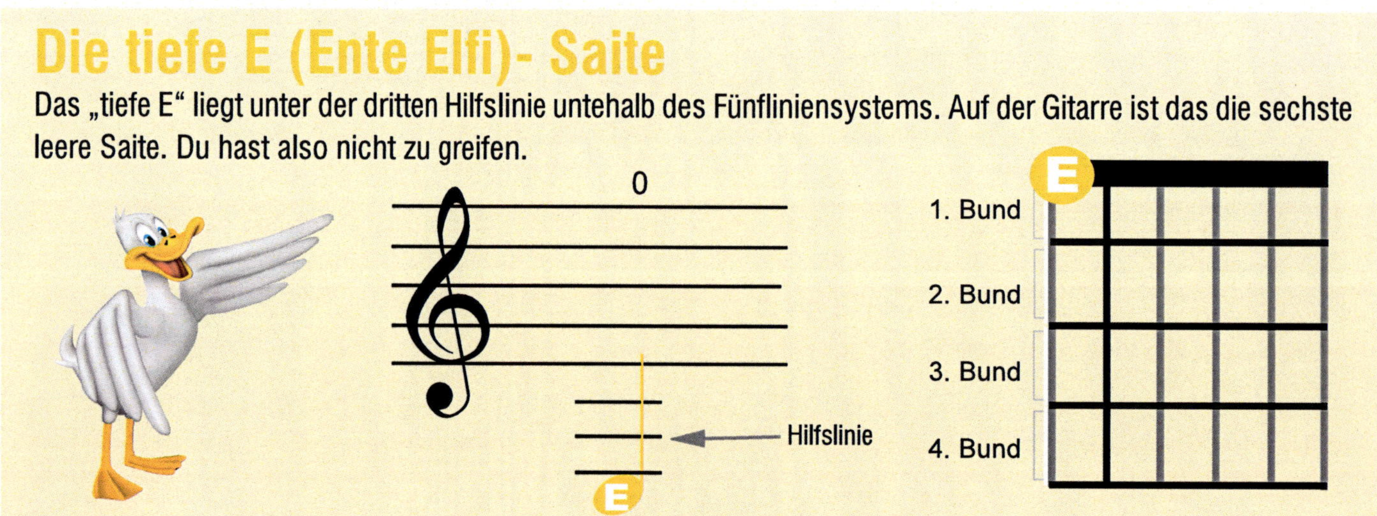

76 Achte auf die Zählzeiten und sprich laut mit!

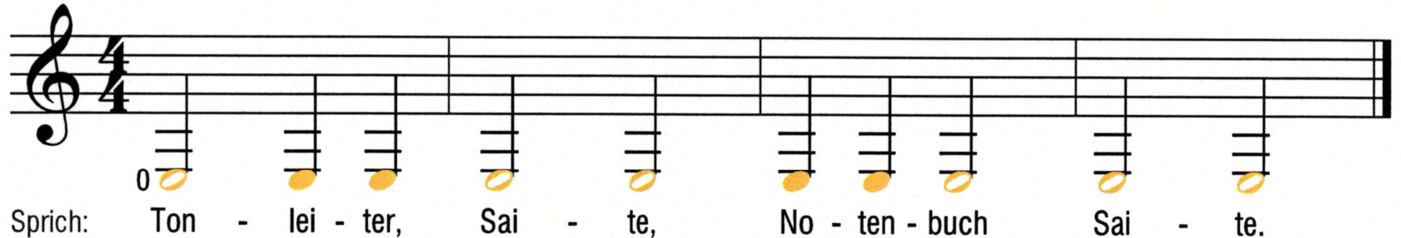

77

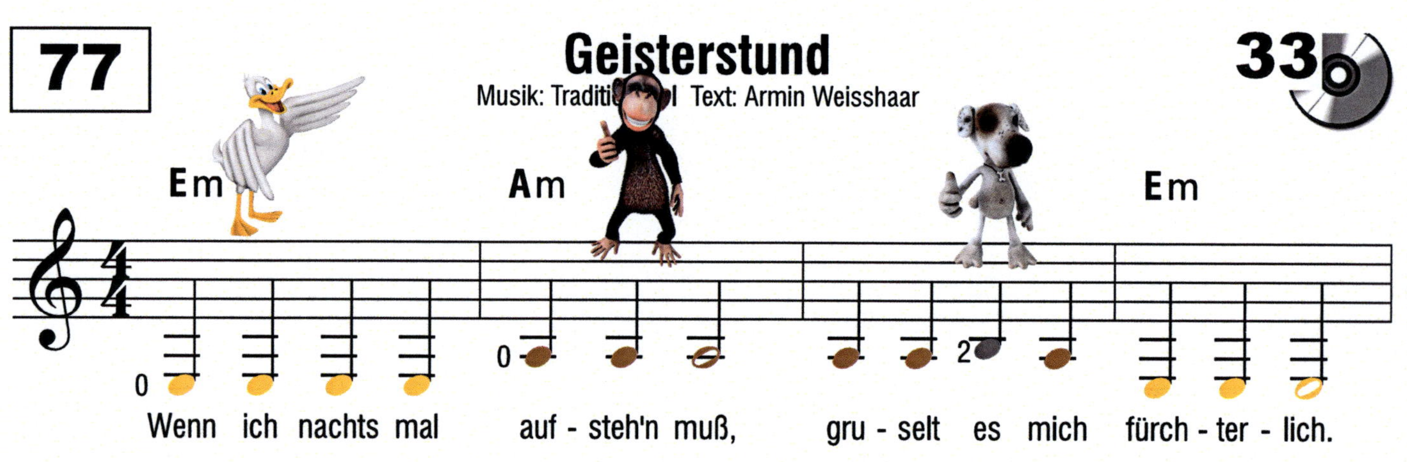

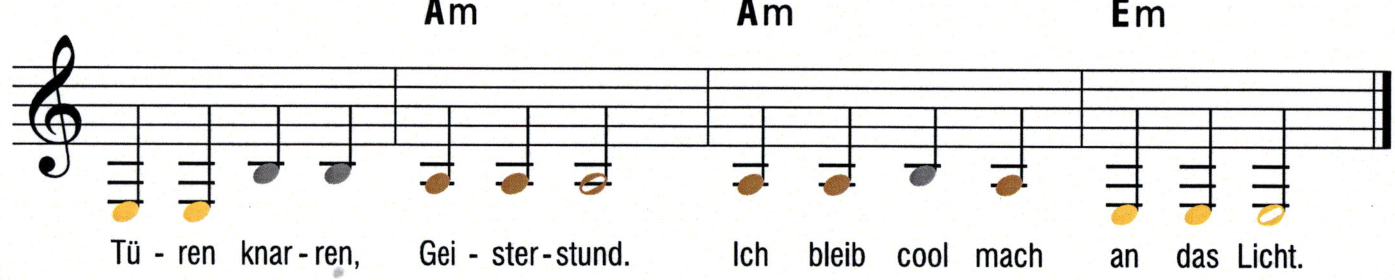

Du kannst mich gerne anmalen!

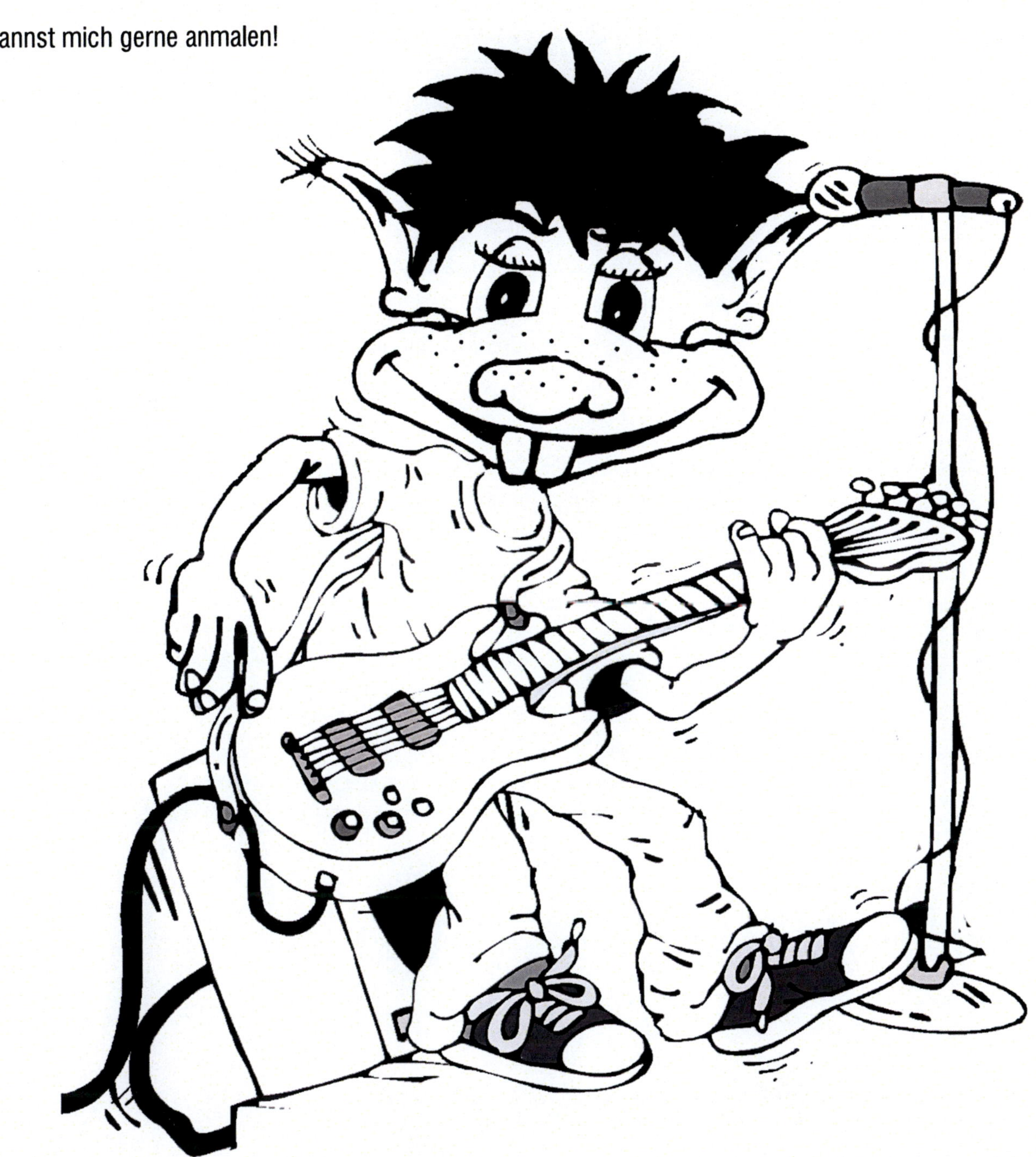

78 Male die Noten A, H, C und das tiefe E in die Notenlinien

Die Schatzinsel

Gräslin, Flunk und Sally erleben sonnige Tage auf Kreta. Das ist eine Insel irgendwo in Griechenland. Für die gesamten Einwohner der Insel gibt es aber in den letzten Tagen nur ein Thema. Wer ist das gefürchtete Monster, das in der Burg auf dem höchsten Berg von Kreta haust? Aber wer die drei kennt, der weiß, dass sie solche Fälle immer lösen.

Das Monster entpuppte sich als Krokodil mit dem Namen Koko, das sich bei einer Besichtigung verlaufen und die Stufen zum Kerker der Burg hinuntergestürzt war.

Er wurde bis zum heutigen Tage nie gefunden und immer wenn Menschen zur Besichtigung in der Burg waren, empfanden sie Kokos Rufen als fürchterliches Geräusch. Durch das schummrige Licht in der Burg und die dadurch entstandenen Schatten wurde Koko für die Besucher natürlich überdimensional groß und alle dachten, es wäre ein riesiges Monster. Koko kann es gar nicht glauben, dass er jetzt nach der langen Zeit endlich die Burg verlassen und mit Flunk, Gräslin und Sally in deren Haus in Munzhausen einziehen darf.

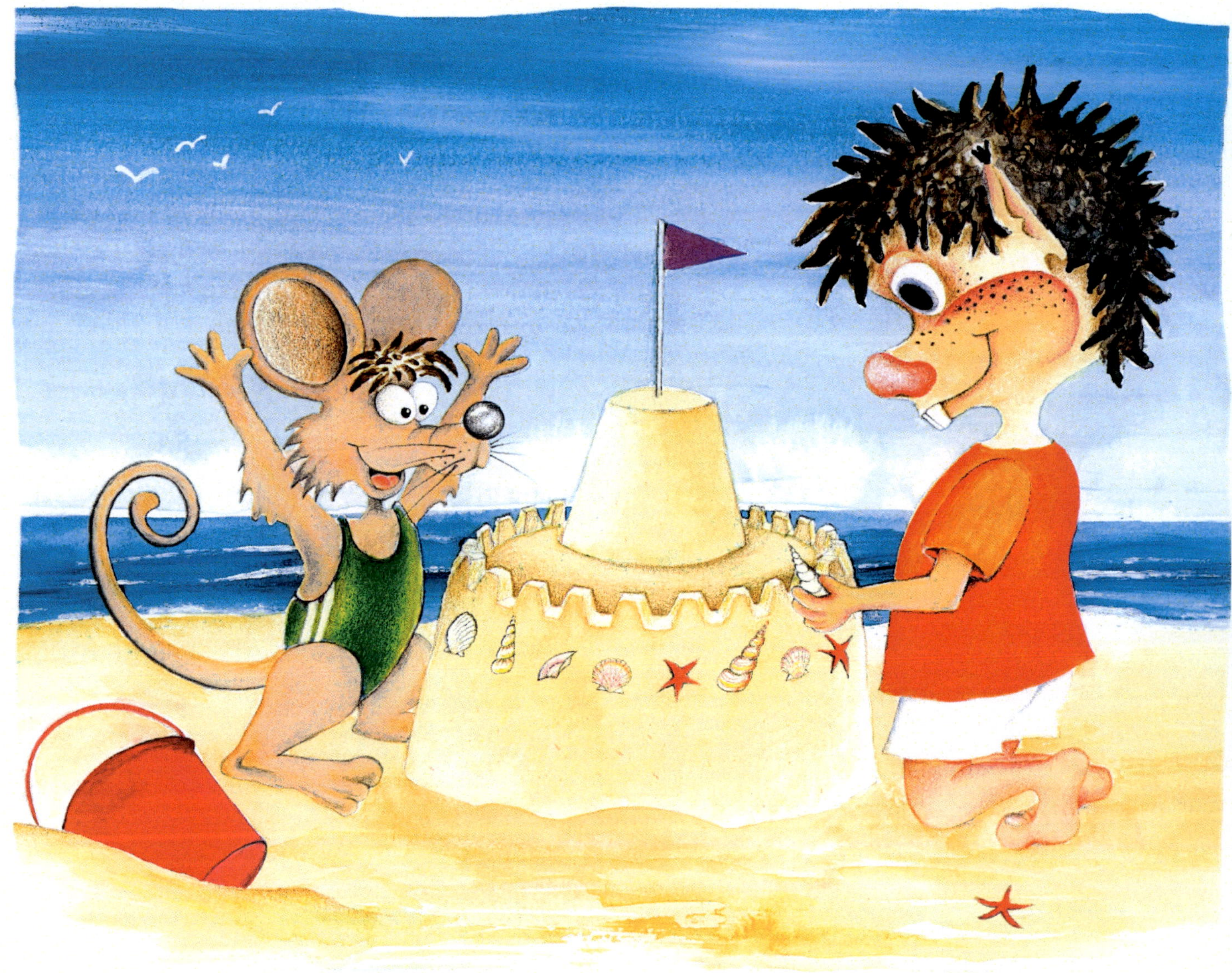

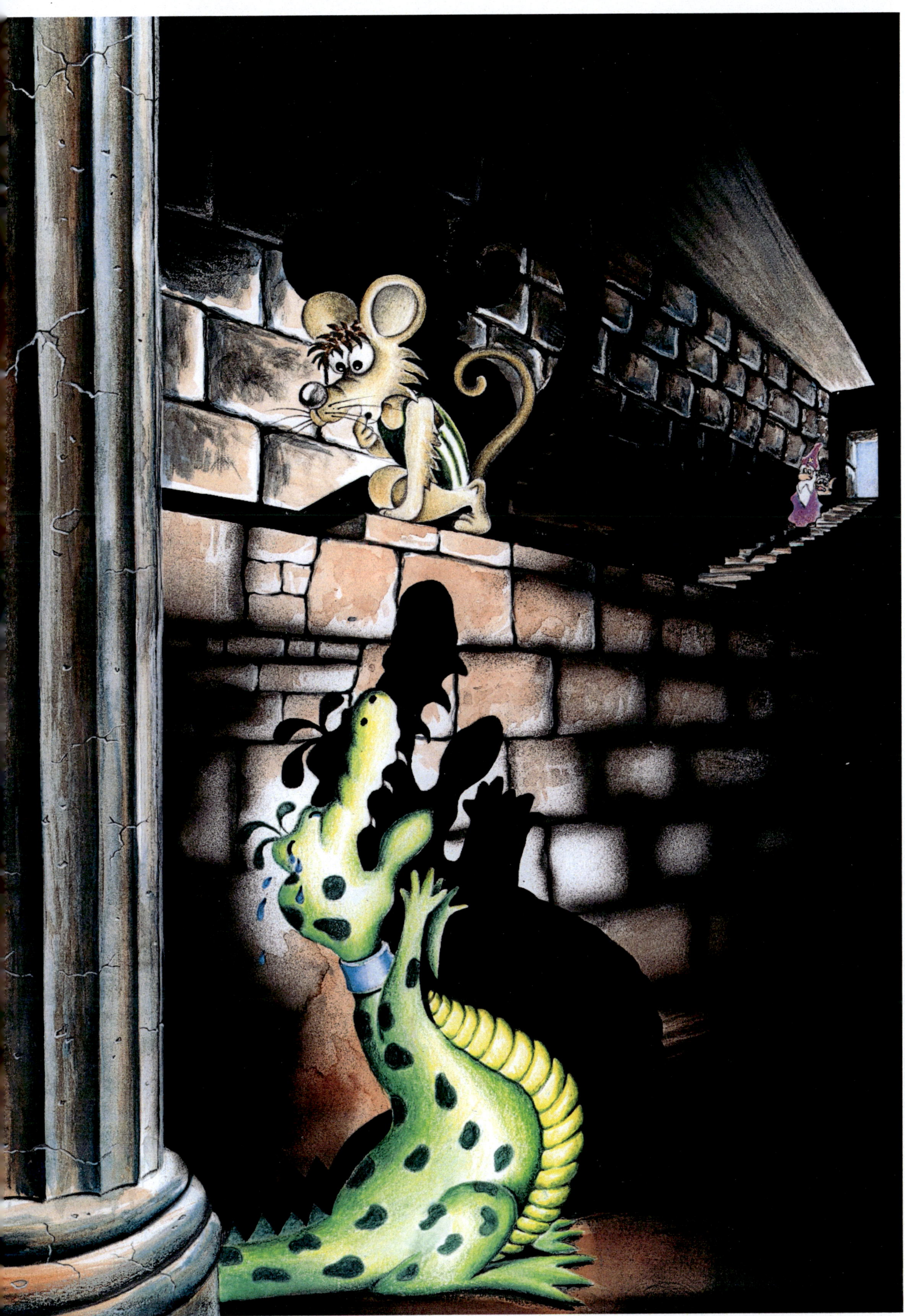

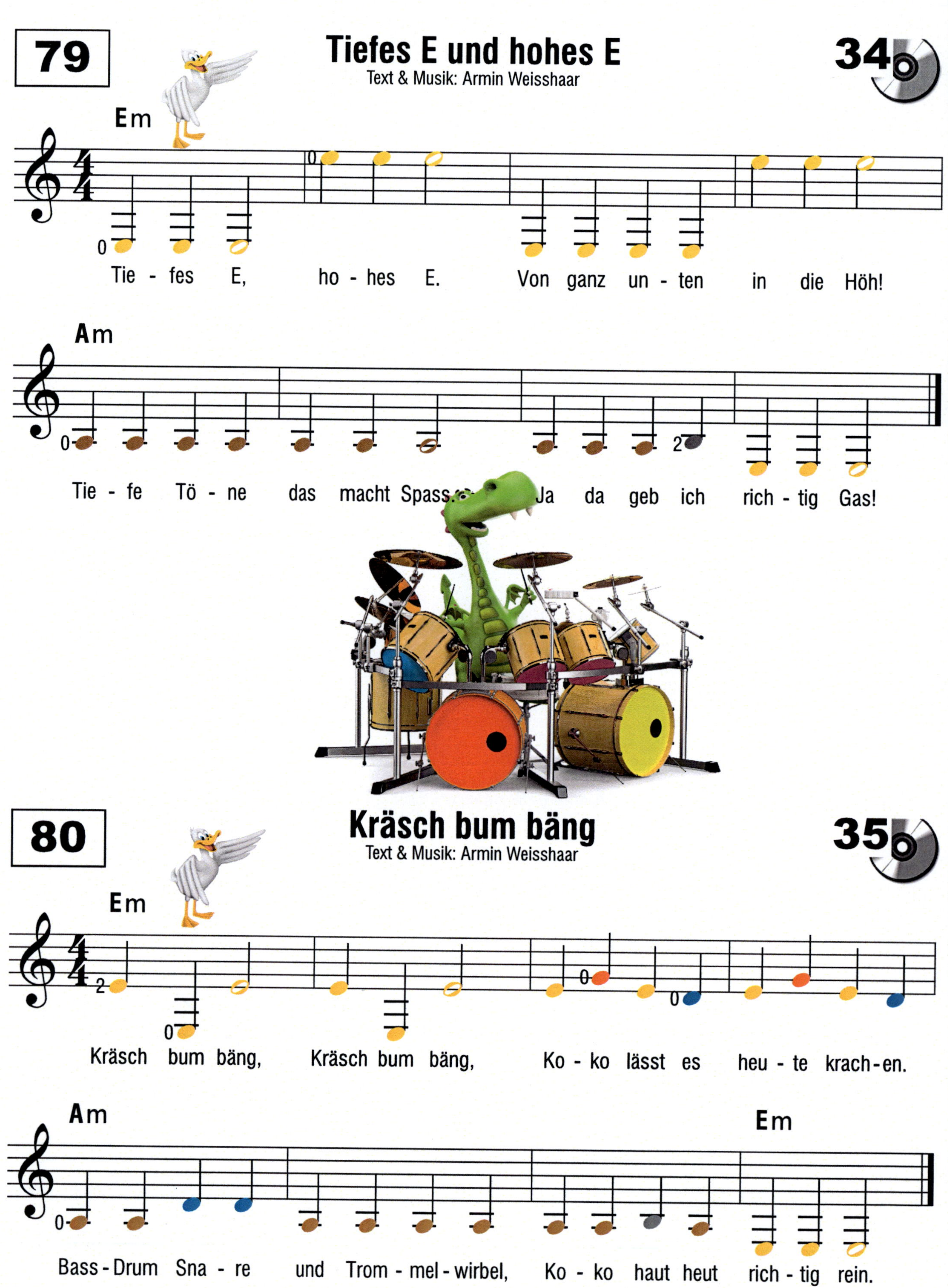
79
Tiefes E und hohes E
Text & Musik: Armin Weisshaar
34
Em
Tie - fes E, ho - hes E. Von ganz un - ten in die Höh!
Am
Tie - fe Tö - ne das macht Spass. Ja da geb ich rich - tig Gas!
80
Kräsch bum bäng
Text & Musik: Armin Weisshaar
35
Em
Kräsch bum bäng, Kräsch bum bäng, Ko - ko lässt es heu - te krach-en.
Am
Em
Bass-Drum Sna - re und Trom - mel - wirbel, Ko - ko haut heut rich - tig rein.

Der Ton „F“ (Fuchs Fridolin) auf der tiefen E- Saite

Jetzt lernst du deinen achten gegriffenen Ton. Es ist das „tiefe F“. Auf der Gitarre greifst du mit dem Zeigefinger 1 im ersten Bund der tiefen E-Saite.

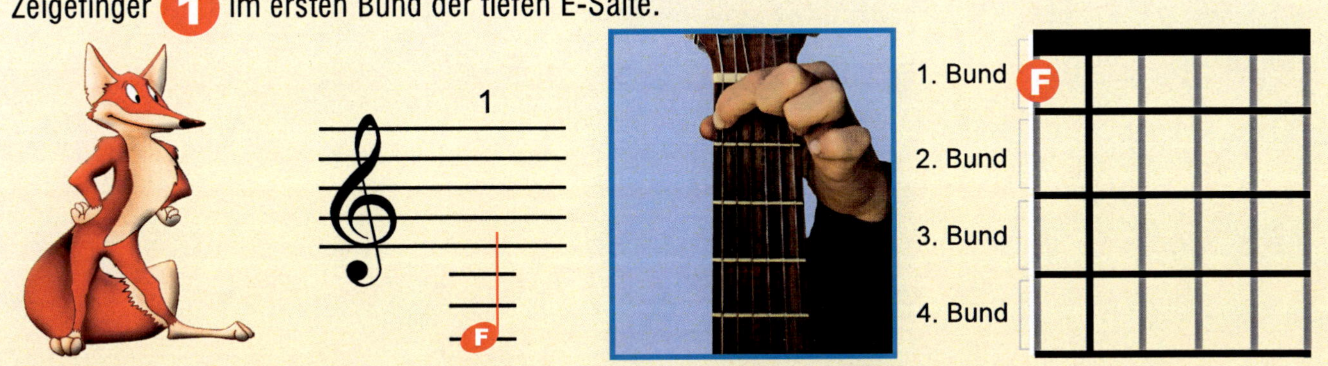

81 Als erstes eine Übung mit dem tiefen „F“ auf der leeren E- Saite. Sprich wieder laut mit!!

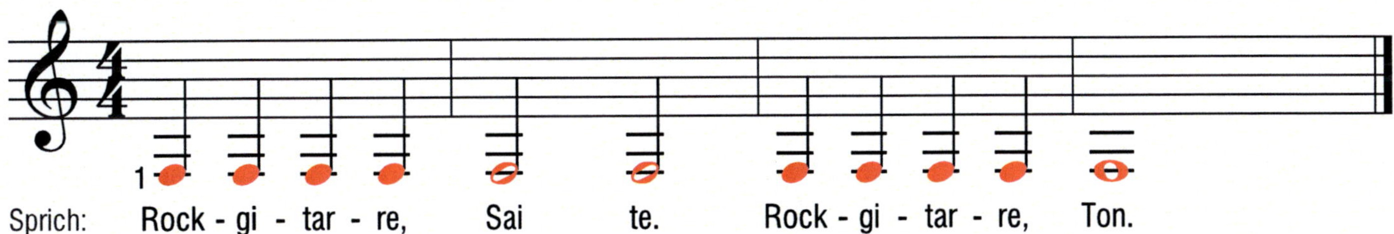

Der Ton „G“ (Giraffe Gerti) auf der tiefen E- Saite

Jetzt lernst du deinen neunten gegriffenen Ton. Es ist das „tiefe G“. Auf der Gitarre greifst du mit dem Ringfinger 3 im dritten Bund der tiefen E-Saite.

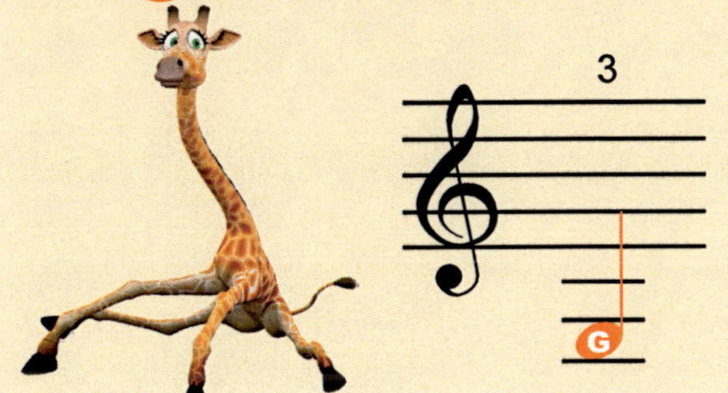

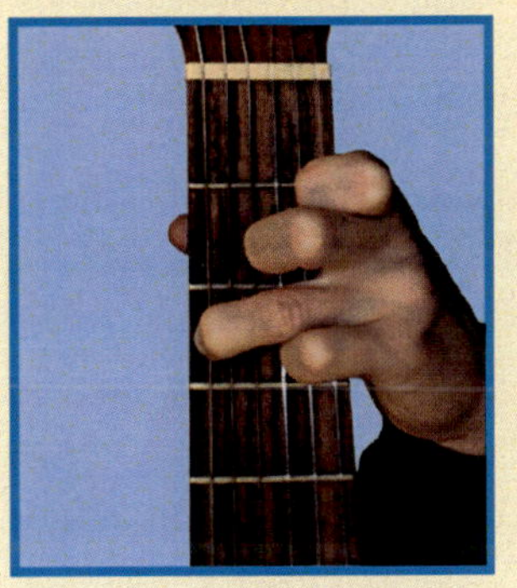
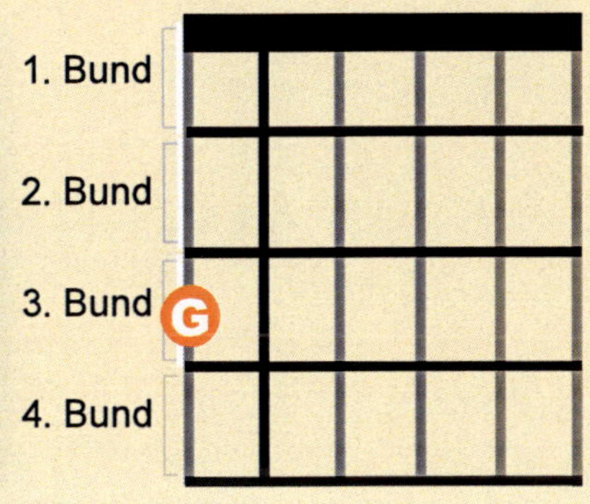

82 Jetzt eine Übung mit dem Ton „G“ auf der leeren E- Saite.

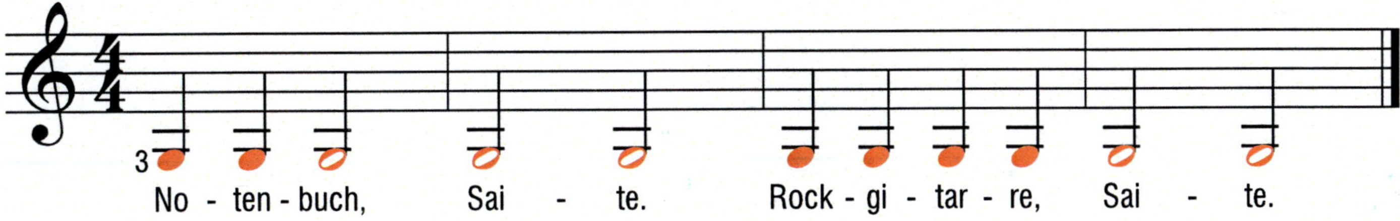

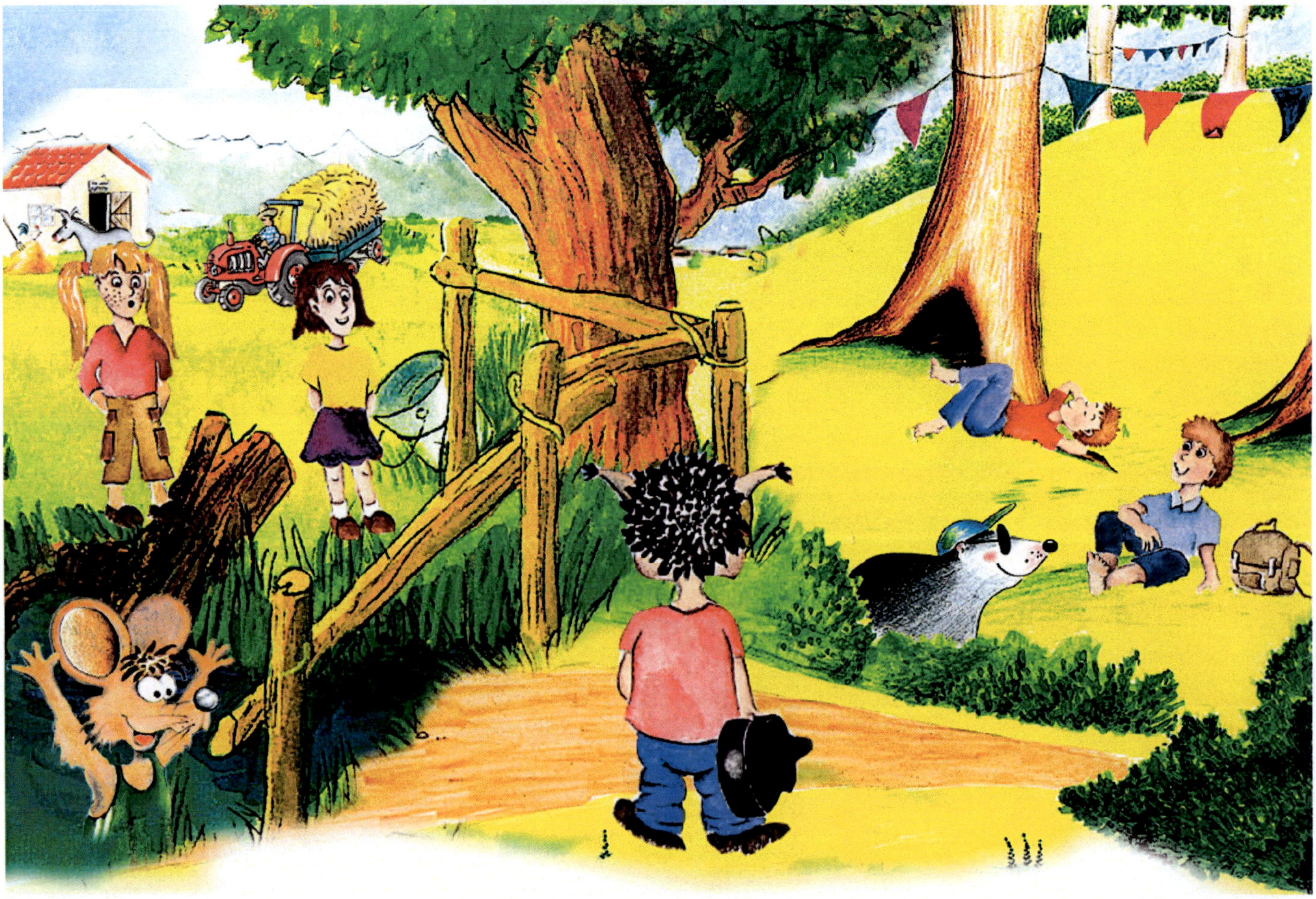

83

Wie der Sommer riecht

Text & Musik: Armin Weisshaar

36

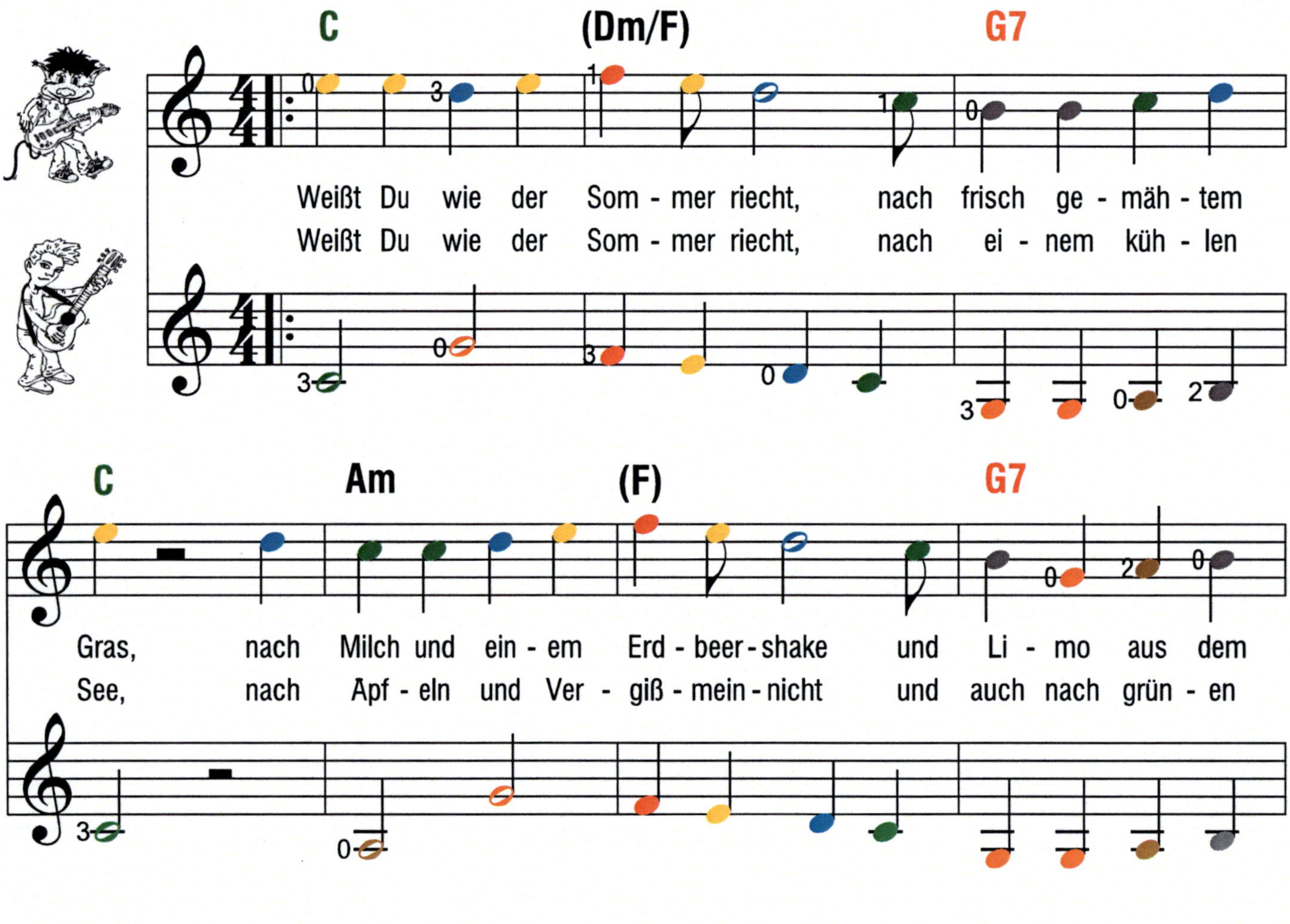

C (Dm/F) G7

Weißt Du wie der Som - mer riecht, nach frisch ge - mäh - tem
Weißt Du wie der Som - mer riecht, nach ei - nem küh - len

C Am (F) G7

Gras, nach Milch und ein - em Erd - beer - shake und Li - mo aus dem
See, nach Äpf - eln und Ver - giß - mein - nicht und auch nach grün - en

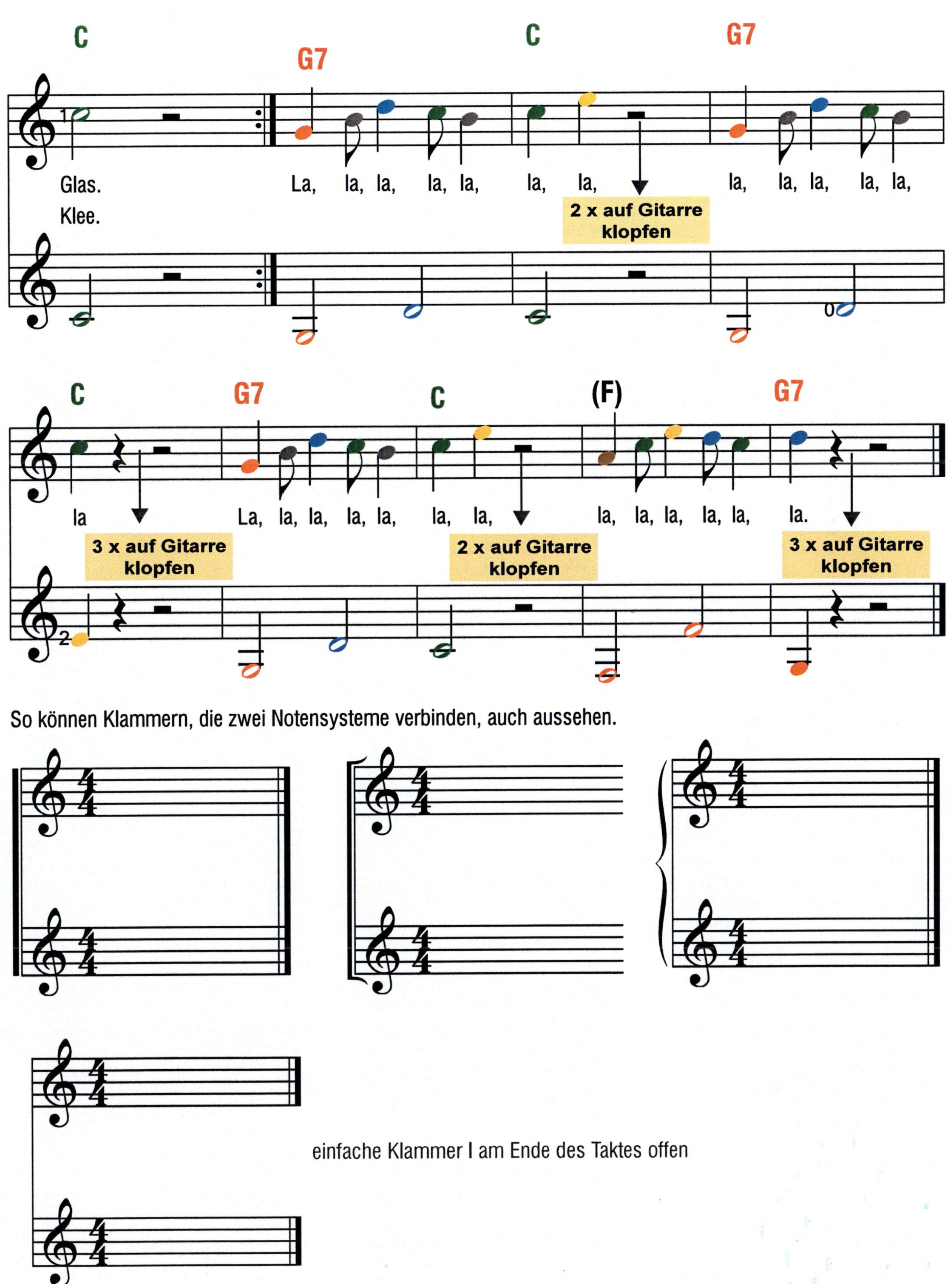

So können Klammern, die zwei Notensysteme verbinden, auch aussehen.

einfache Klammer I am Ende des Taktes offen

Punktierte Viertelnoten

Eine punktierte Viertel Note ist eine Note mit Punkt.

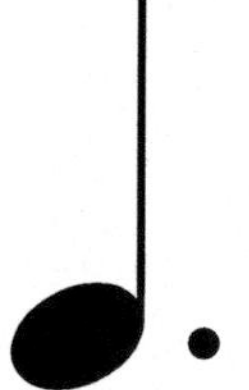

Wie lang ist eine punktierte Viertelnote?
Der Punkt hinter der Note verlängert diese um die Hälfte ihres Wertes. Eine punktierte Viertelnote hat also die Dauer von einer Viertel- und einer Achtelnote

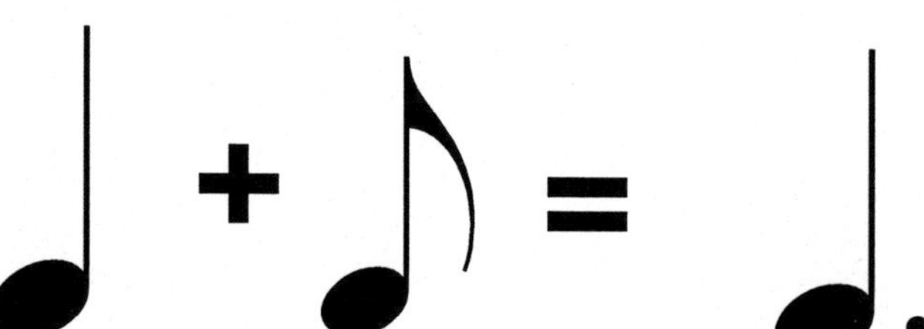

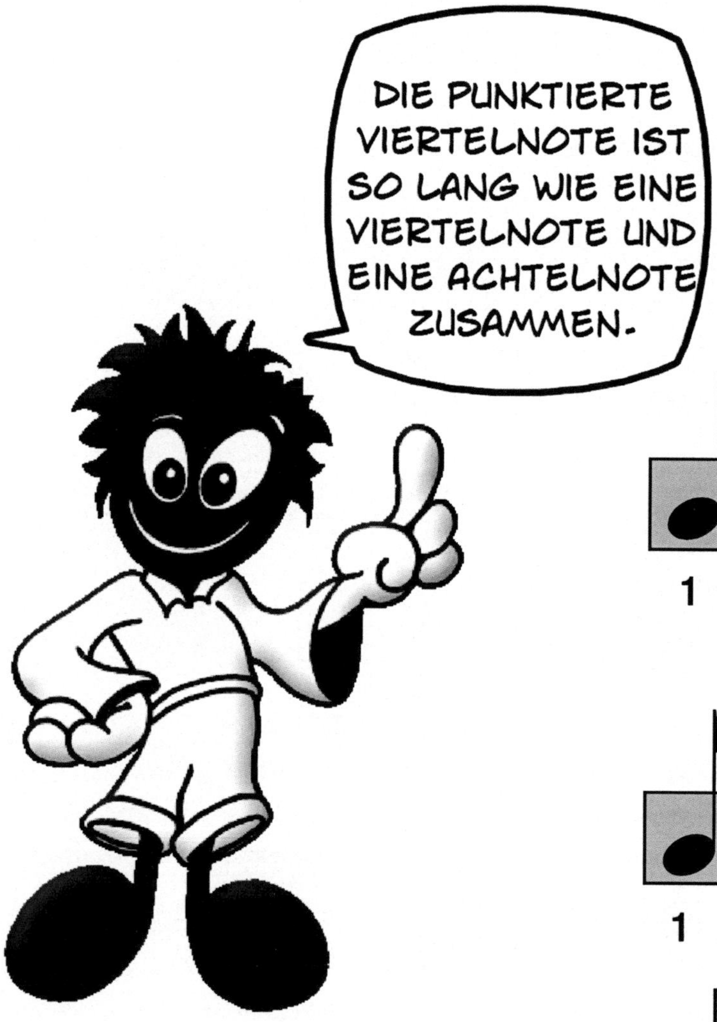

DIE PUNKTIERTE VIERTELNOTE IST SO LANG WIE EINE VIERTELNOTE UND EINE ACHTELNOTE ZUSAMMEN.

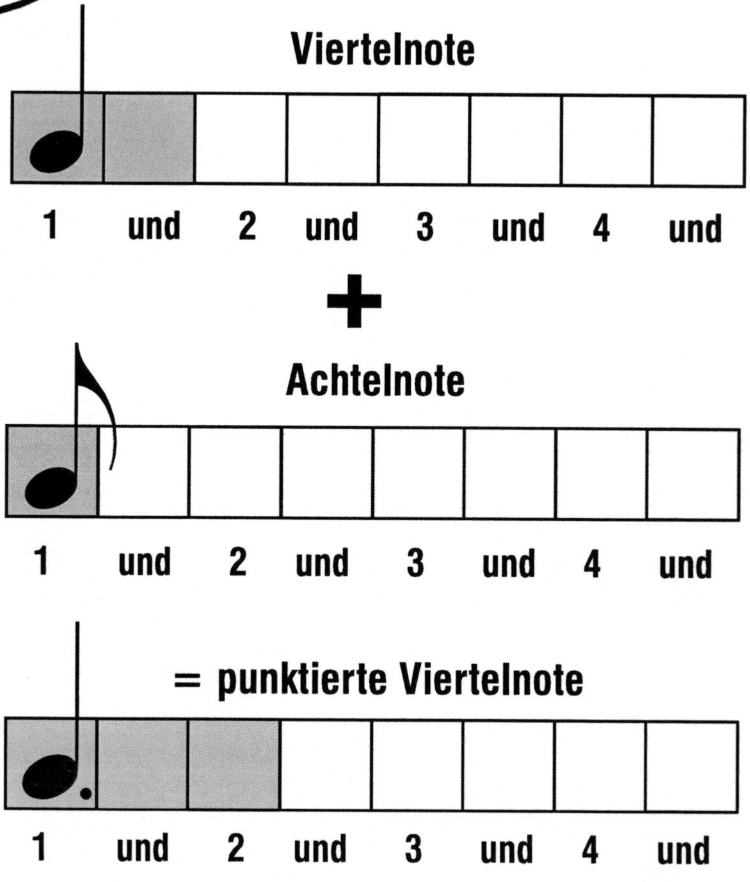

Viertelnote

1 und 2 und 3 und 4 und

+

Achtelnote

1 und 2 und 3 und 4 und

= punktierte Viertelnote

1 und 2 und 3 und 4 und

Übungen

Flunk hat noch Probleme mit der punktierten Viertelnote und wie man die Note zählt, deshalb üben wir das nochmal, bevor wir das nächste Lied angehen.

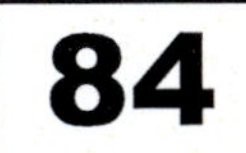

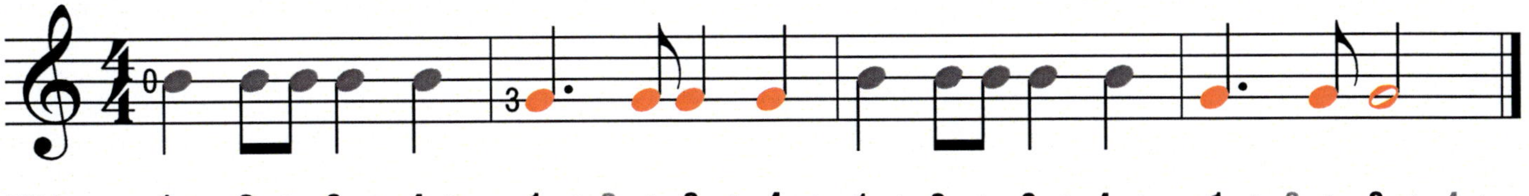

Zähle: 1 + 2 + 3 + 4 + 1 + 2 + 3 + 4 + 1 + 2 + 3 + 4 + 1 + 2 + 3 + 4 +

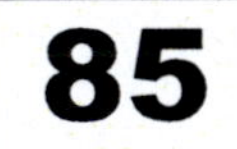

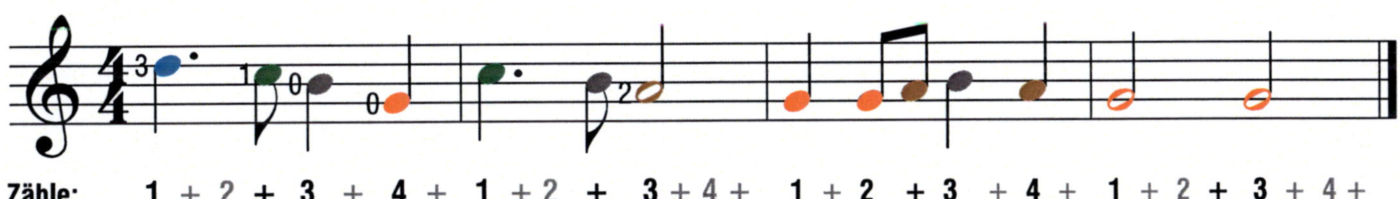

Zähle: 1 + 2 + 3 + 4 + 1 + 2 + 3 + 4 + 1 + 2 + 3 + 4 + 1 + 2 + 3 + 4 +

86

Dum dum dideldum

Text & Musik: Armin Weisshaar

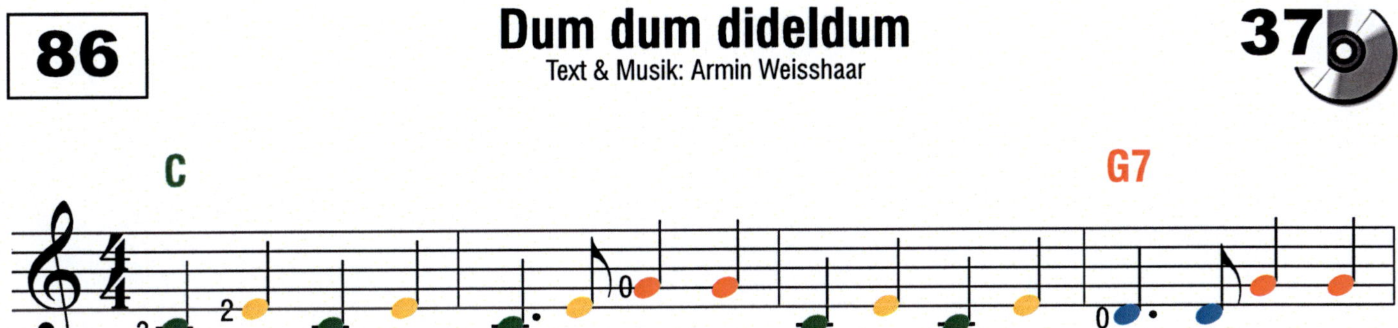

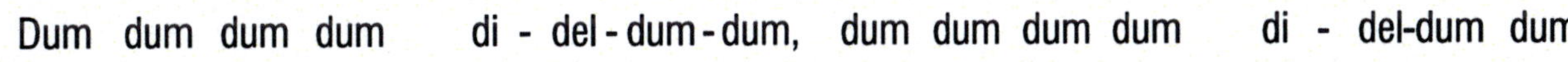

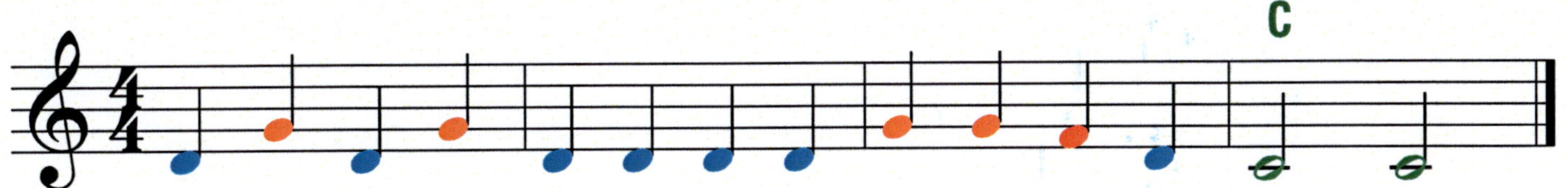

Komm wir spie - len jetzt Mus - ik du spielst die Bass - gi - tar - re.

Übungen

Da Flunk noch so seine Probleme mit der punktierten Viertelnote hat, üben wir das nochmal bevor wir das nächste Lied angehen.

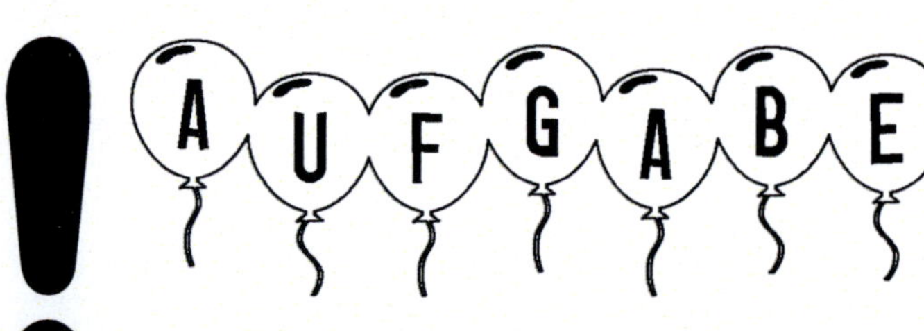

1. Wie lange ist die punktierte Viertelnote? Setze sie aus zwei anderen Noten zusammen.

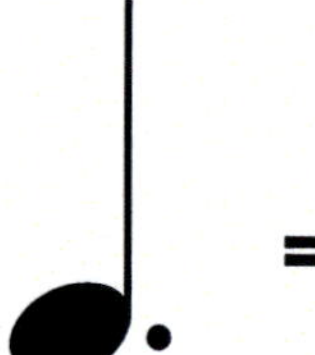

=

2. Was bedeutet eine punktierte Note? Kreuze die richtige Antwort an.

☐ die Note wird um die Hälfte ihres Wertes gekürzt.

B ☐ die Note wird um die Hälfte ihres Wertes verlängert.

☐ Sie ist gleich lang wie eine Viertel Note.

87

Kreise alle punktierten Viertelnoten ein!!

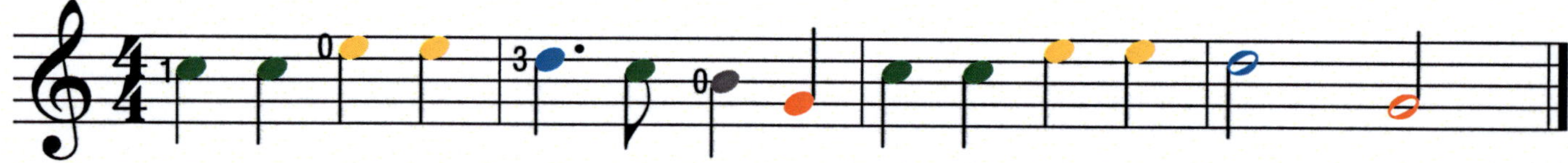

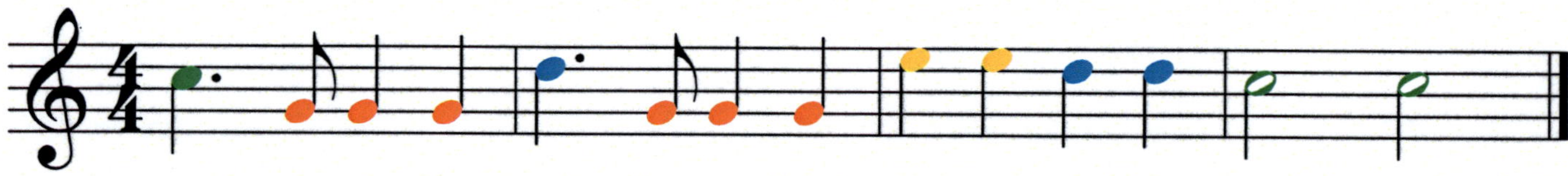

Da du jetzt schon jede Menge Noten gelernt hast, spielen wir ab sofort ohne farbige Noten. Aber keine Panik !!!!

In den ersten Übungen und Liedern stehen die Notennamen noch in den Notenköpfen.

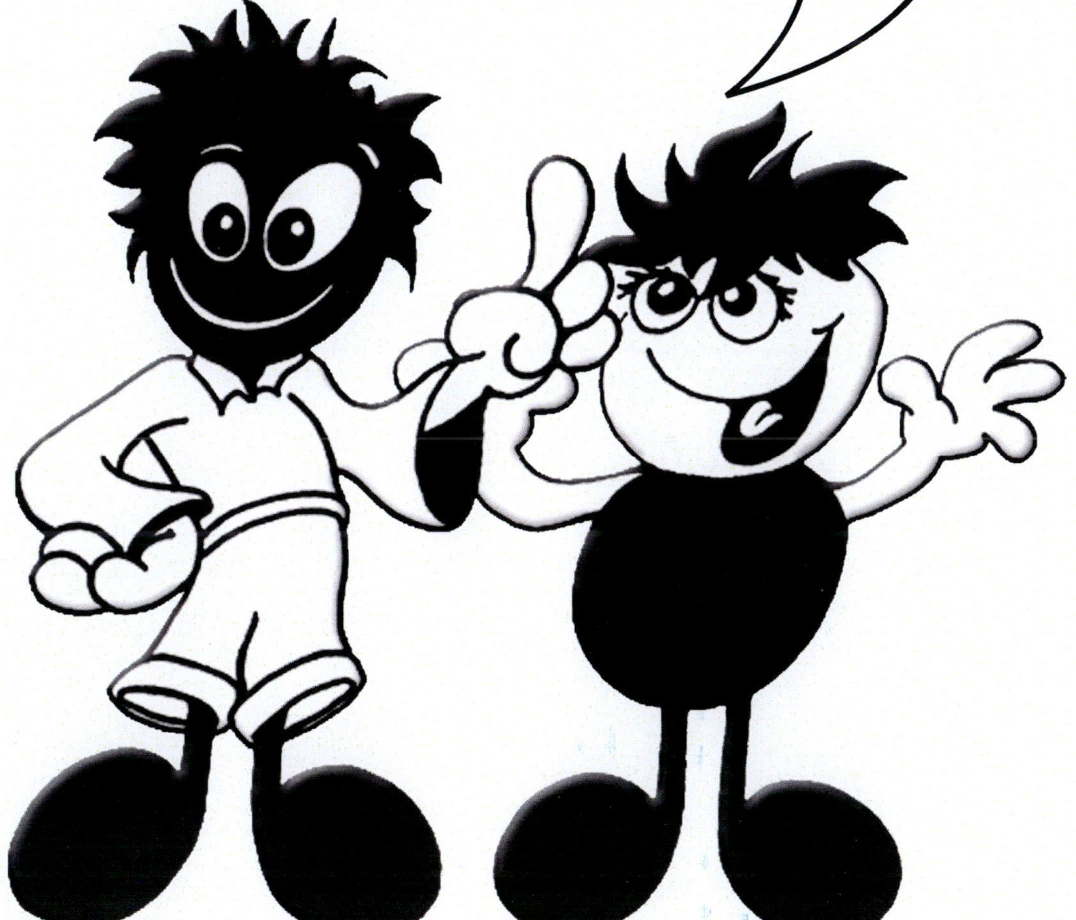

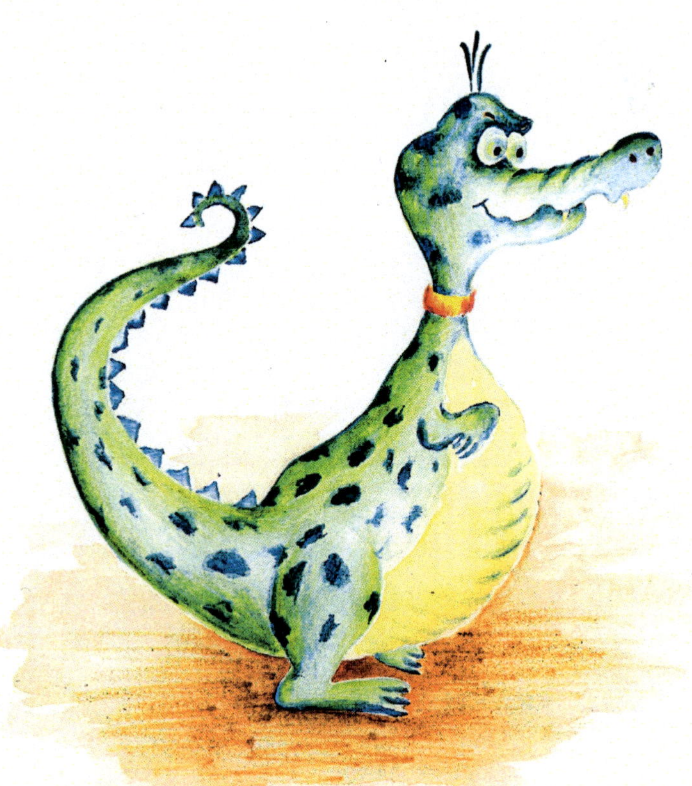

Merke dir!!!

Du spielst jetzt mit schwarzen Noten. Die Töne der Noten siehst du in den Köpfen.

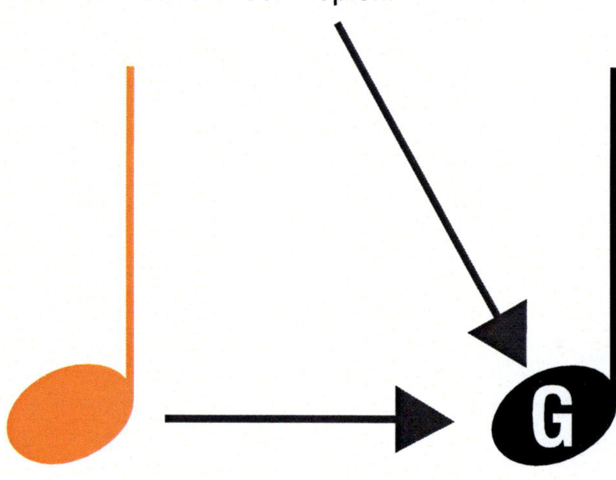

88

Mein Name find ich toll

Text & Musik: Armin Weisshaar

38

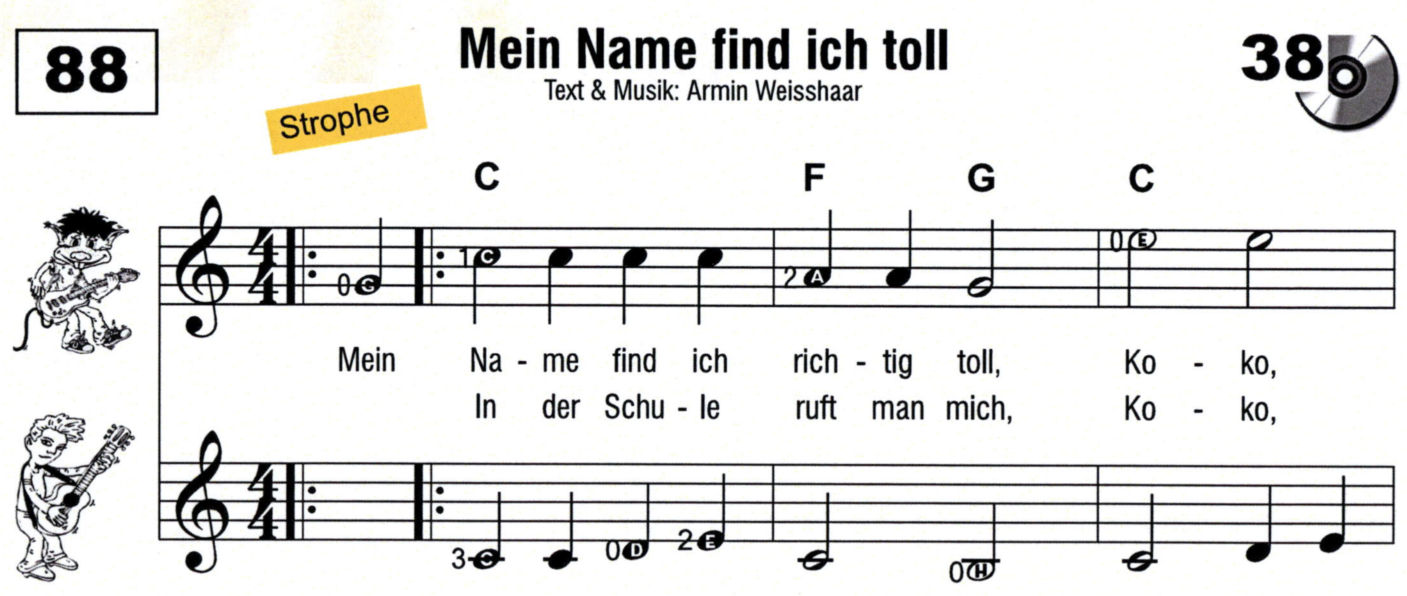

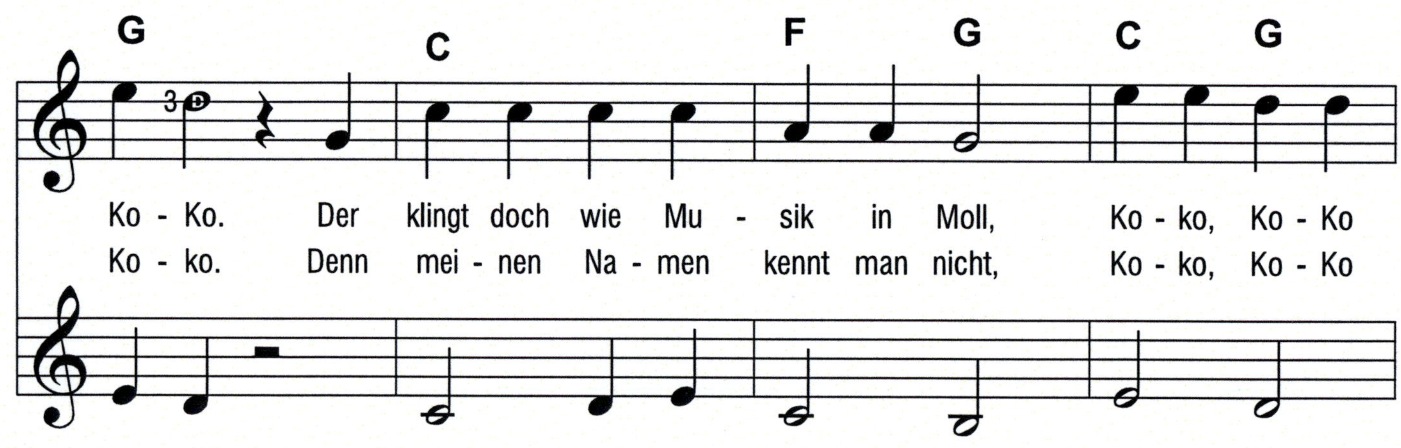

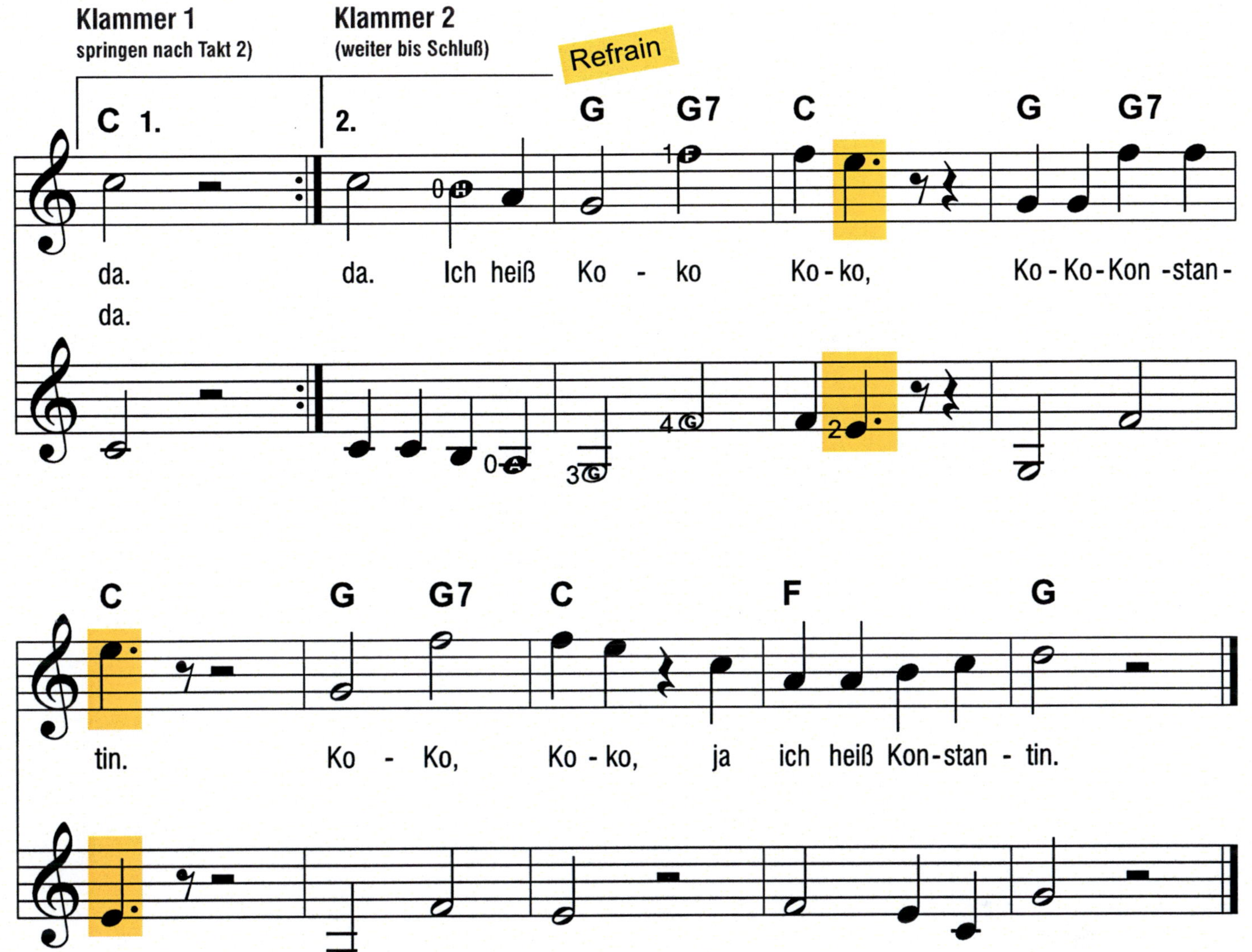

2.Als Florian bist du der Depp, Ko, Ko, Koko.
Doch Flori, das klingt richtig fett, Ko-ko, Ko-ko, da.
Mari, Seifi, Micha, Flo, Ko, Ko, Koko.
Wir nennen Dorothe nur Do, Ko-ko, Ko-ko, da.

Ich bin Ko, Ko, Ko-ko, Ko-ko, Konstantin,
Ko, Ko-ko, Ko-ko, ja ich heiß Konstantin.

3. Herbert klingt doch viel zu lang, Ko, Ko, Koko.
Doch Herbie das macht richtig Fun, Ko-ko, Ko-ko, da.
Ruth heißt Ruth und Knut heißt Knut, Ko, Ko, Koko.
Die Beiden haben's richtig gut, Ko-ko, Ko-ko, da.

Ich bin Ko, Ko, Ko-ko, Ko-ko, Konstantin,
Ko, Ko-ko, Ko-ko, ja ich heiß Konstantin.

Punktierte Halbe Noten

Eine punktierte Halbe Note ist eine Note mit Punkt.

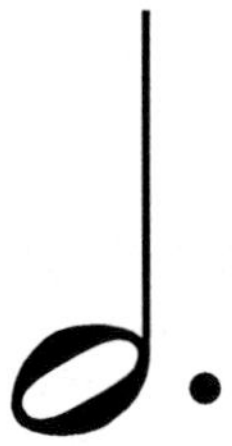

Wie lang ist eine punktierte Viertel Note?

Der Punkt hinter der Note verlängert diese um die Hälfte ihres Wertes. Eine punktierte Halbe Note hat also die Dauer von einer Halben und einer Viertel Note.

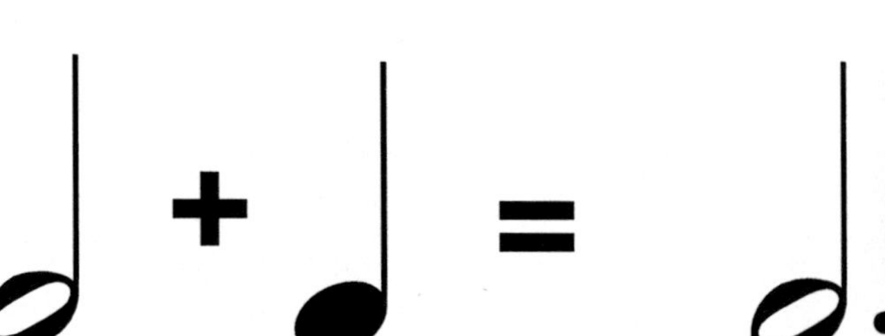

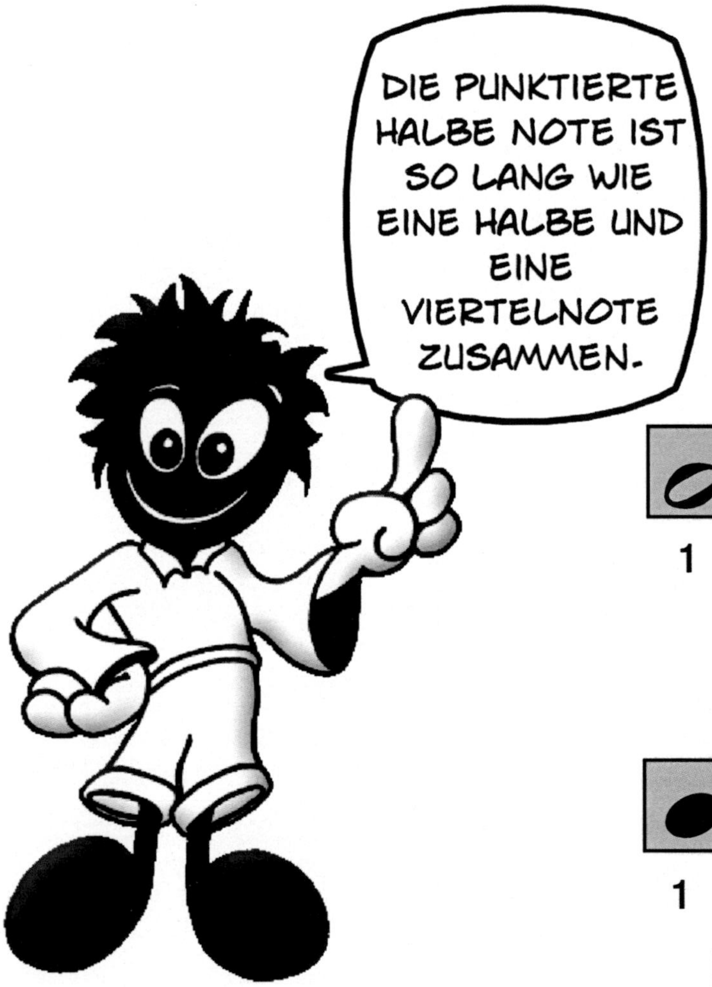

DIE PUNKTIERTE HALBE NOTE IST SO LANG WIE EINE HALBE UND EINE VIERTELNOTE ZUSAMMEN.

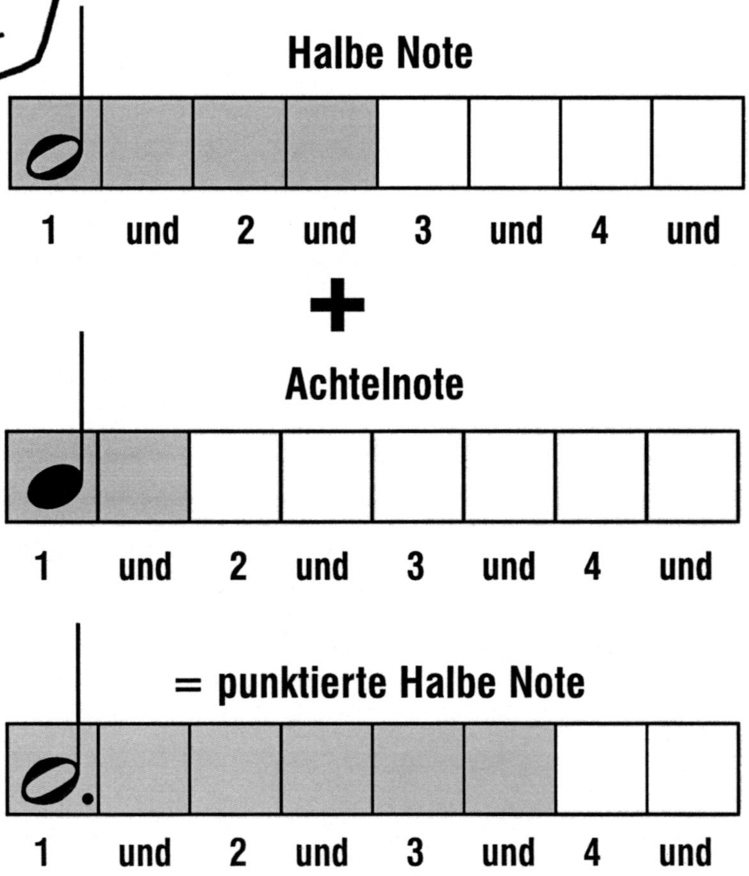

Halbe Note

1 und 2 und 3 und 4 und

+

Achtelnote

1 und 2 und 3 und 4 und

= punktierte Halbe Note

1 und 2 und 3 und 4 und

Noten einpacken im 3/4tel Takt

Flunk und Sally packen Pakete im 3/4tel Takt.
Bevor sie anfangen überlegen sie noch, wie viele Zählzeiten in einen 3/4tel Takt passen.
Kannst du ihnen helfen?

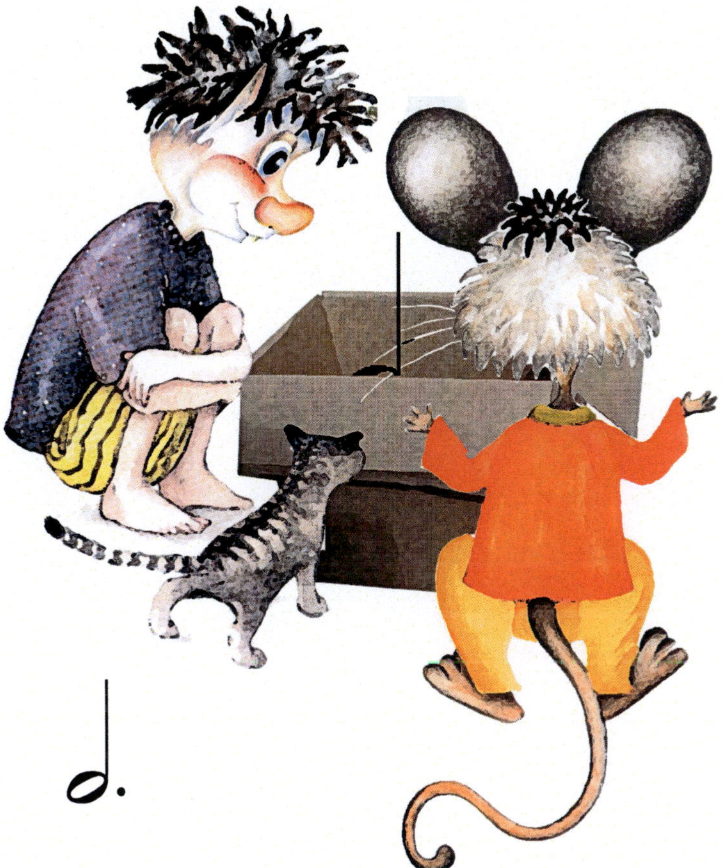

Frage:

Wie viele Zählzeiten passen in einen 3/4tel Takt?

____

Frage:

Im 3/4tel Takt taucht wiieder die Note mit dem Punkt auf.

Wie viele Zählzeiten hat diese Note?

____

Sie wird aus diesem Grund auch Dreiviertelnote genannt

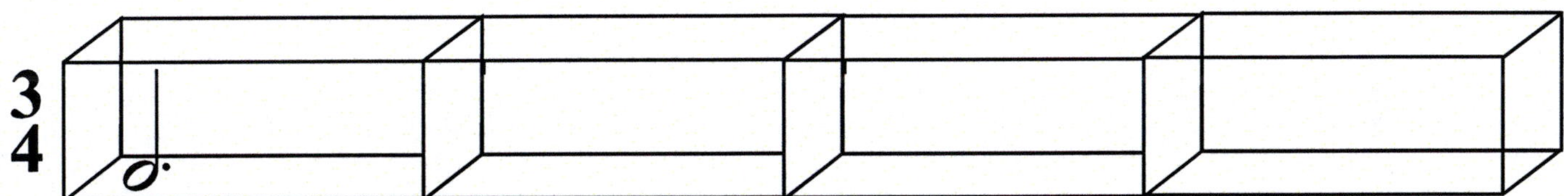

Wenn du jetzt alle Kartons nebeneinander stellst,, dann hast du vier verschiedene Pakete, die du versenden kannst. Unsere musikalischen Pakete werden jedoch nicht mit der Post verschickt, sondern sie werden dem Empfänger (Mitschüler oder Lehrer) vorgespielt. Der hört die „Nachricht“ und muss erraten, welches Paket gerade versendet (gespielt) wurde. Es ist egal, mit welchem Ton du die Melodie spielst.

1. Nachricht	**2. Nachricht**	**3. Nachricht**	**4. Nachricht**

Am Anfang eines Stückes im 3/4tel Takt sieht das dann so aus

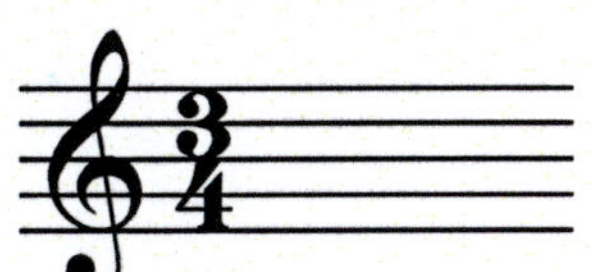

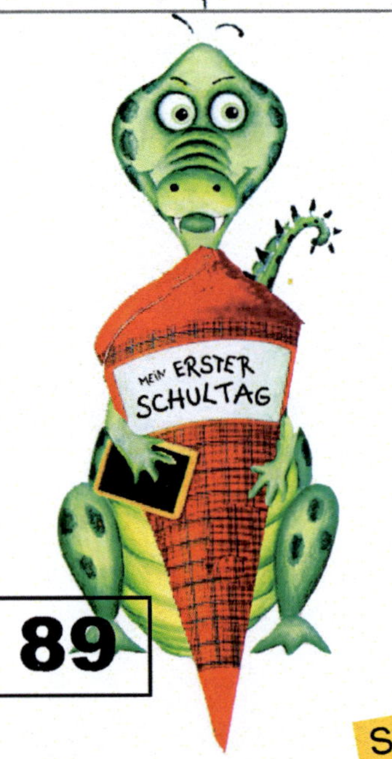

Der erste Schultag

Sechs Wochen Sommerurlaub sind vorbei. Für Koko fängt jetzt ein wichtiger Abschnitt in seinem Leben an, denn er wird eingeschult. Schließlich muß auch ein Krokodil lesen und schreiben lernen. Schon seit Tagen ist er total aufgeregt. Wie wird die Lehrerin sein? Wird er auch gleich neue Freunde finden? Und was wird er alles lernen? Aber Flunk und Sally sprechen ihm Mut zu, und als Koko dann am Tag der Einschulung zusammen mit den anderen Schülern vom Musikverein Munzhausen in die Schule begleitet wird, da ist die ganze Angst ist wie im Nu verflogen.

89

Es ist soweit

Text & Musik: Armin Weisshaar

39

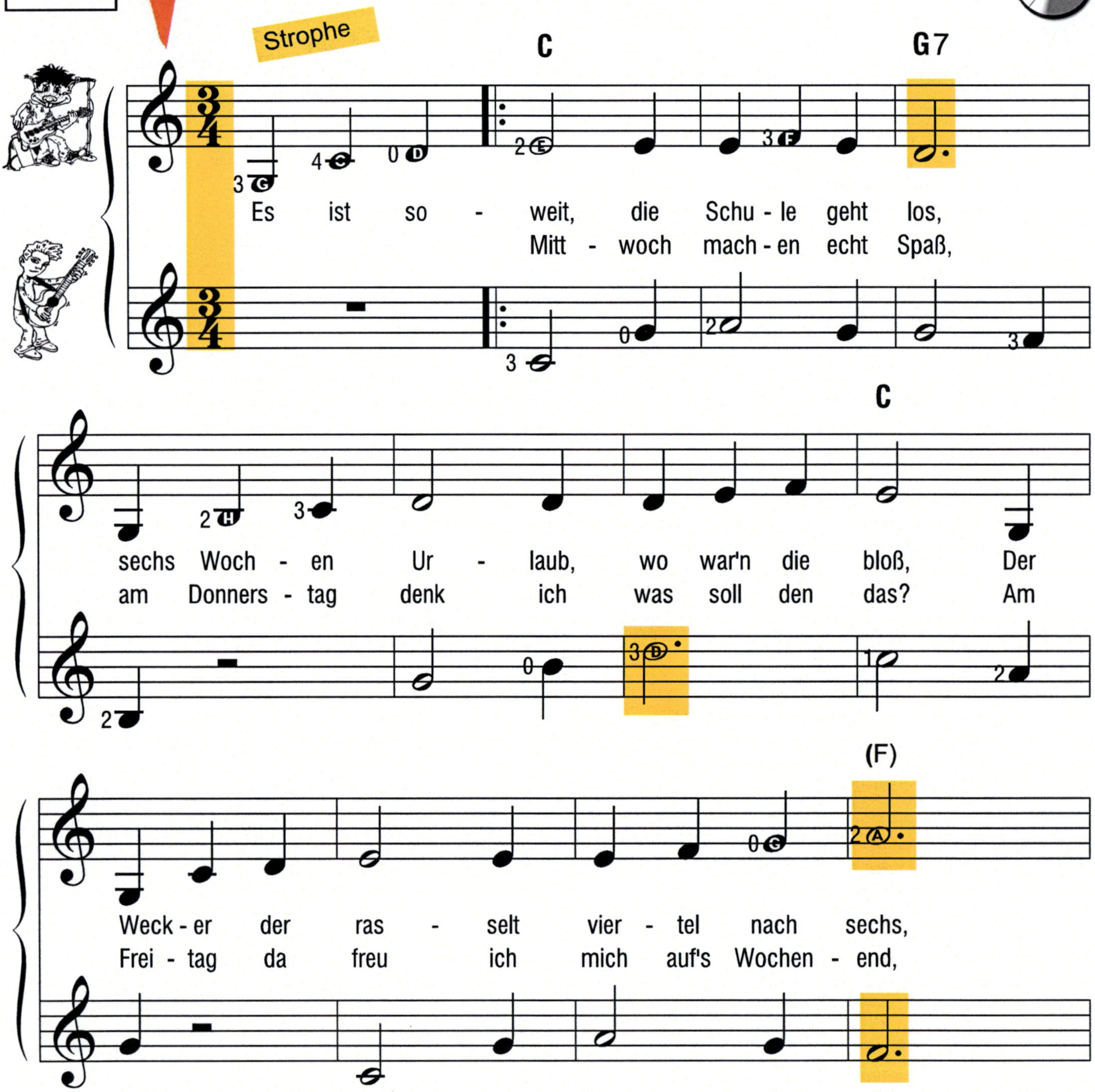

Strophe

C G7

Es ist so - weit, die Schu - le geht los,
Mitt - woch mach - en echt Spaß,

C

sechs Woch - en Ur - laub, wo war'n die bloß, Der
am Donners - tag denk ich was soll den das? Am

(F)

Weck - er der ras - selt vier - tel nach sechs,
Frei - tag da freu ich mich auf's Wochen - end,

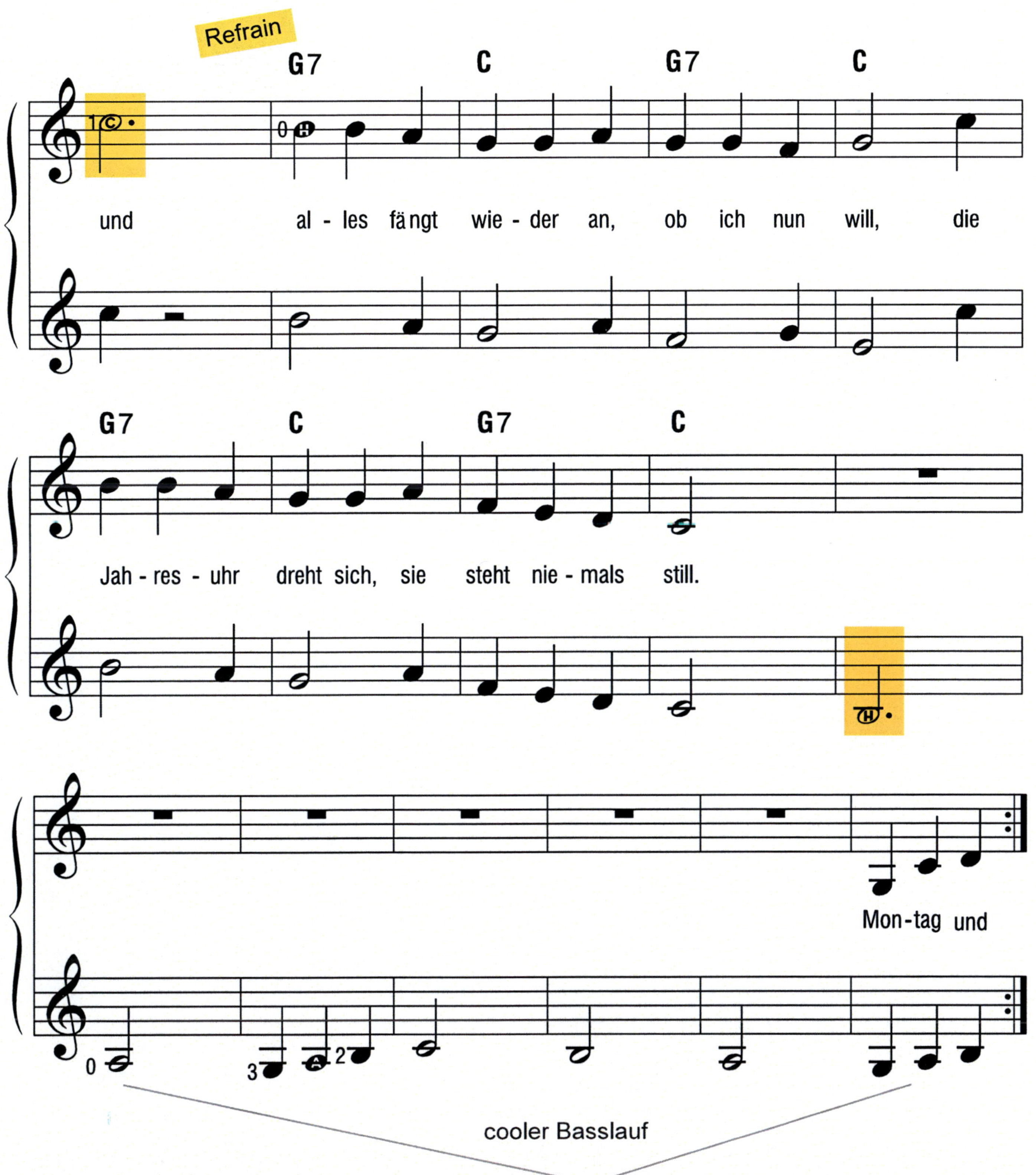

Ist dir in dem Lied etwas aufgefallen? Schau einmal die gelb unterlegte Taktangabe des Liedes an. Dieses Mal steht das Lied nicht wie gewohnt im 4/4, sondern im **3/4 tel Takt**. In einen Takt passen also nur **drei Viertelnoten**. Sicher hast du auch bemerkt, dass das tiefe **C** mit dem **vierten Finger** gegriffen wird. An dieser Stelle müsste sonst der dritte Finger vom tiefen G auf die A-Saite springen. Um die Töne besser zu binden (LEGATO-SPIEL), wechseln wir vom dritten zum vierten Finger.

Würfelspiel

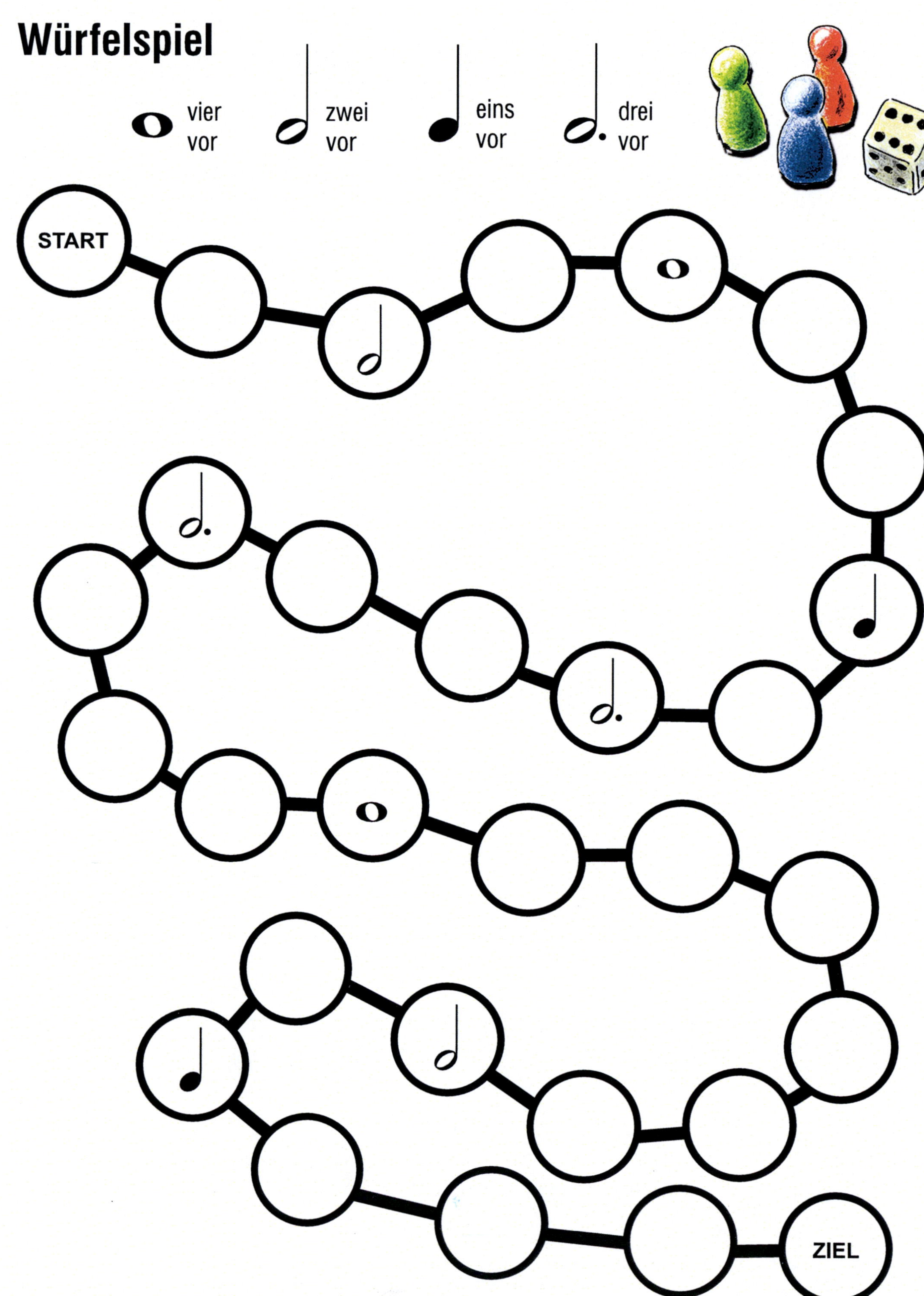

Übersicht der bisher gelernten Töne

Wir haben jetzt fast zwei Oktaven kennengelernt und widmen uns jetzt dem letzten Kapitel. Dort lernt Ihr einfache Akkorde, Versetzungszeichen und Zupfmuster mit der rechten Hand. Jetzt kannst du es richtig krachen lassen.

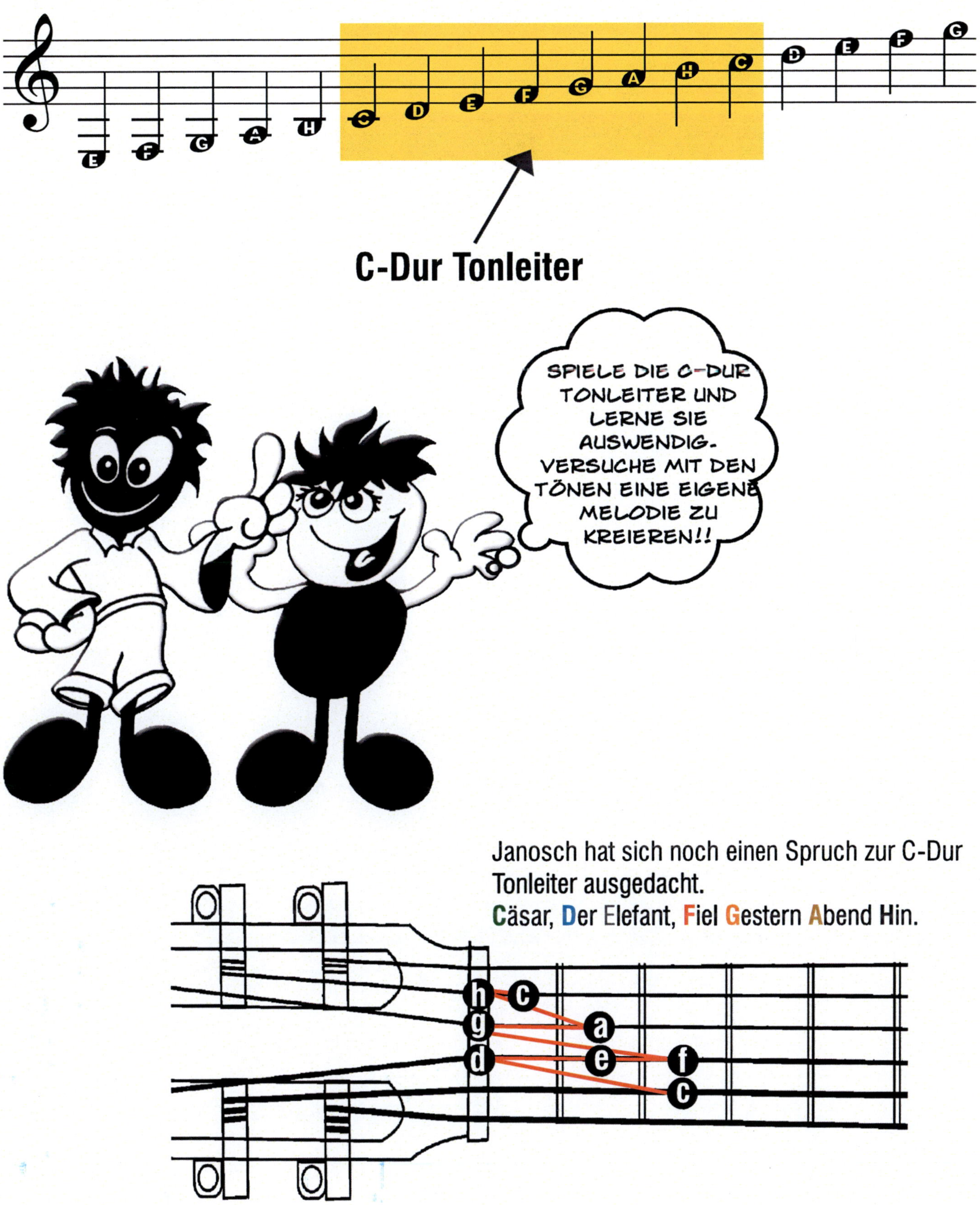

Janosch hat sich noch einen Spruch zur C-Dur Tonleiter ausgedacht.
Cäsar, **D**er **E**lefant, **F**iel **G**estern **A**bend **H**in.

Tonleiter: Richtig oder falsch

Flunk muss als Hausaufgaben, Tonleitern aufschreiben.

Bei mehrmaligem Aufschreiben haben sich aber jede Menge Fehler eingeschlichen. Findest du sie?

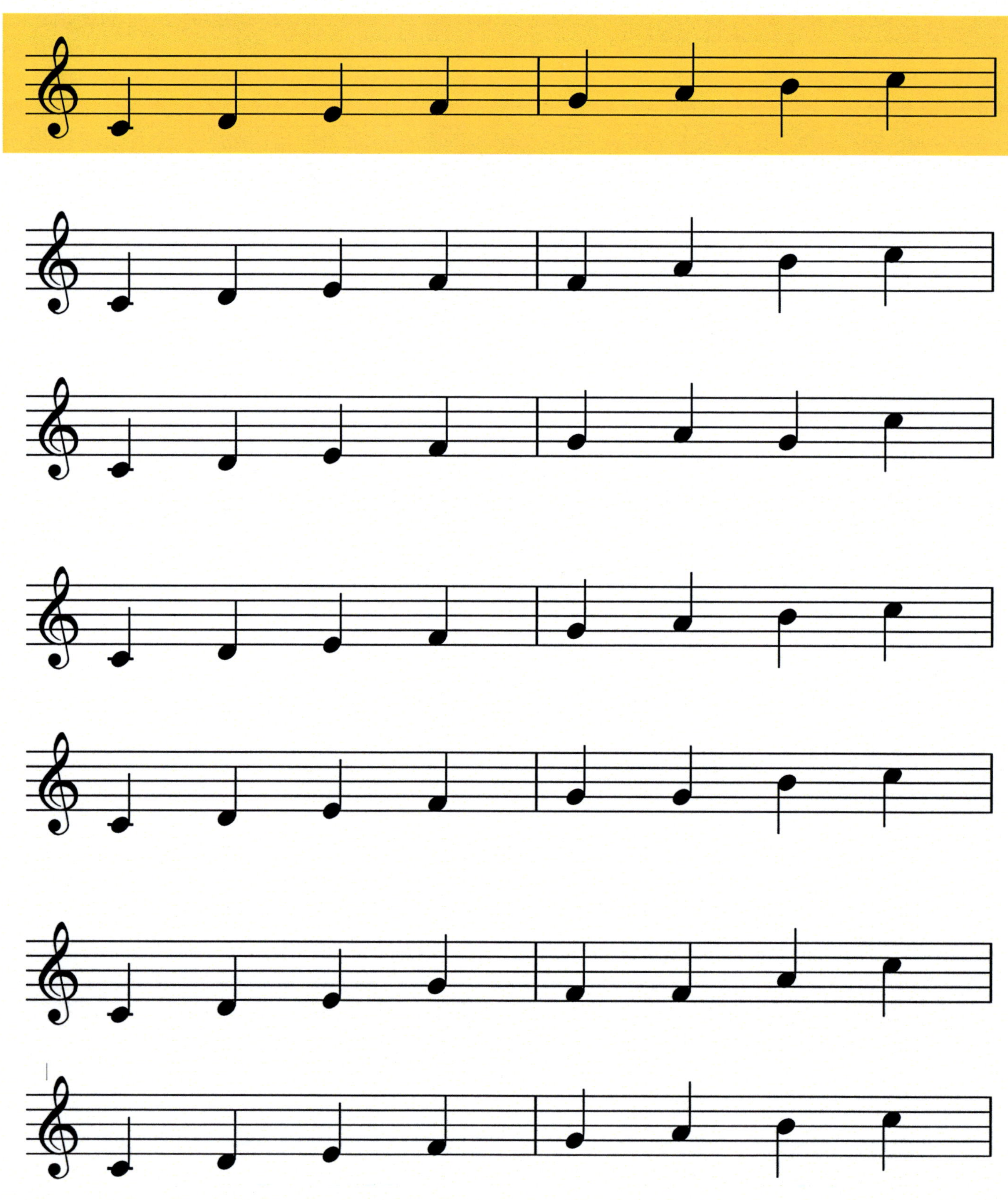

Versetzungszeichen

Das Kreuz (♯)

Steht ein Kreuz (♯)vor einer Note, muß sie um einen halben Ton erhöht werden. Auf der Gitarre wird die Saite im nächsthöheren Bund gegeriffen.

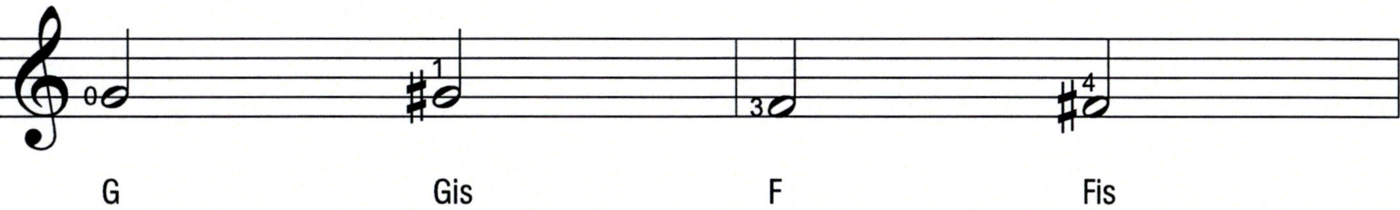

An die Notennamen wird ein „is“ angehängt, also: **cis - dis - eis - fis - gis**
Das Versetzungszeichen gilt einen Takt lang.

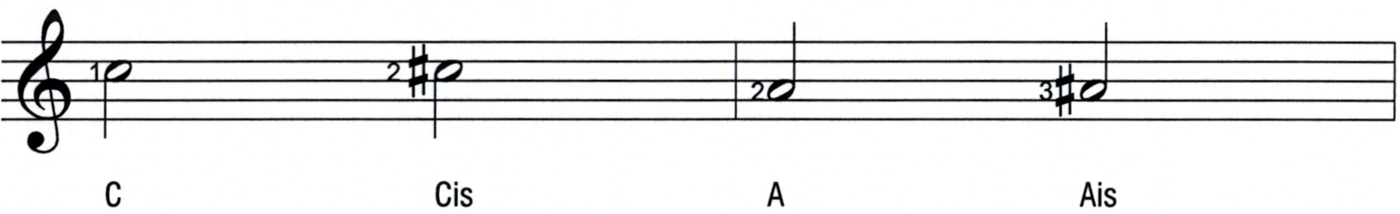

Übung

Schreibe unter die folgenden Noten ihren Namen, den Greiffinger und die Saite.

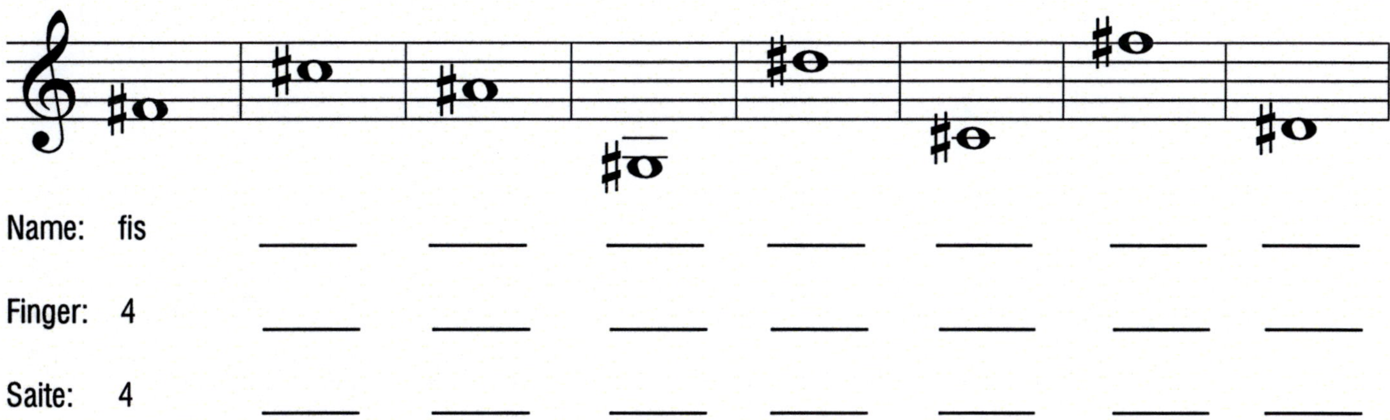

Wir lernen zuerst nur den Ton „**Fis**“ und die dazugehörige Tonart.

Das mittlere fis (Fisch Filipp)

Jetzt lernst du deinen siebten gegriffenen Ton. Es ist das „mittlere Fis". Auf der Gitarre greifst du mit dem kleinen Finger 4 im vierten Bund der D-Saite.

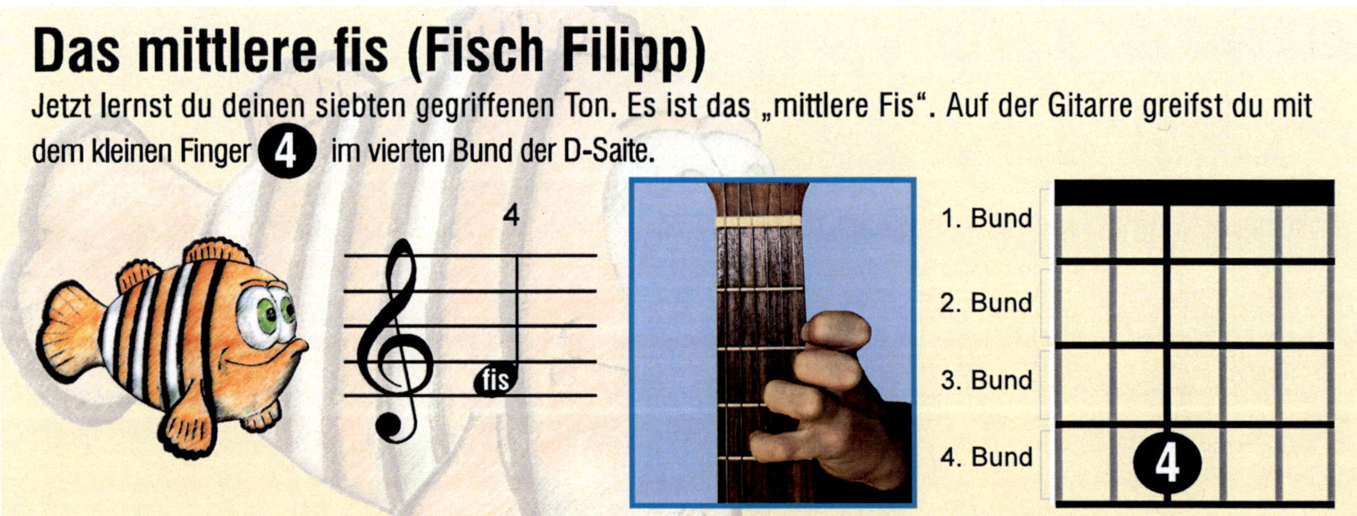

Als erstes spielen wir eine nur mit dem mittleren „Fis". Du kannst dich jetzt auf den Ton einspielen.

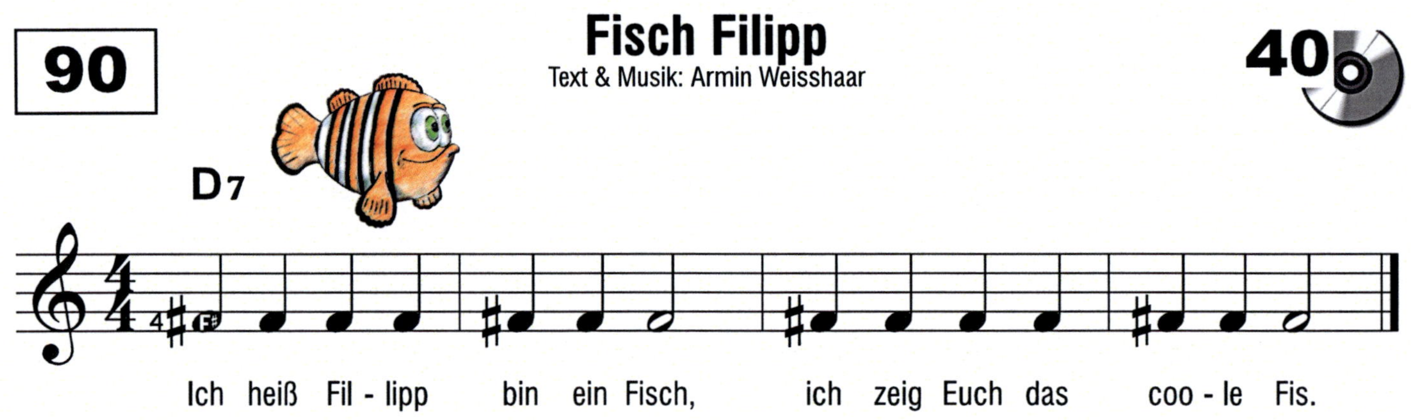

Jetzt eine Übung mit mehreren Tönen!

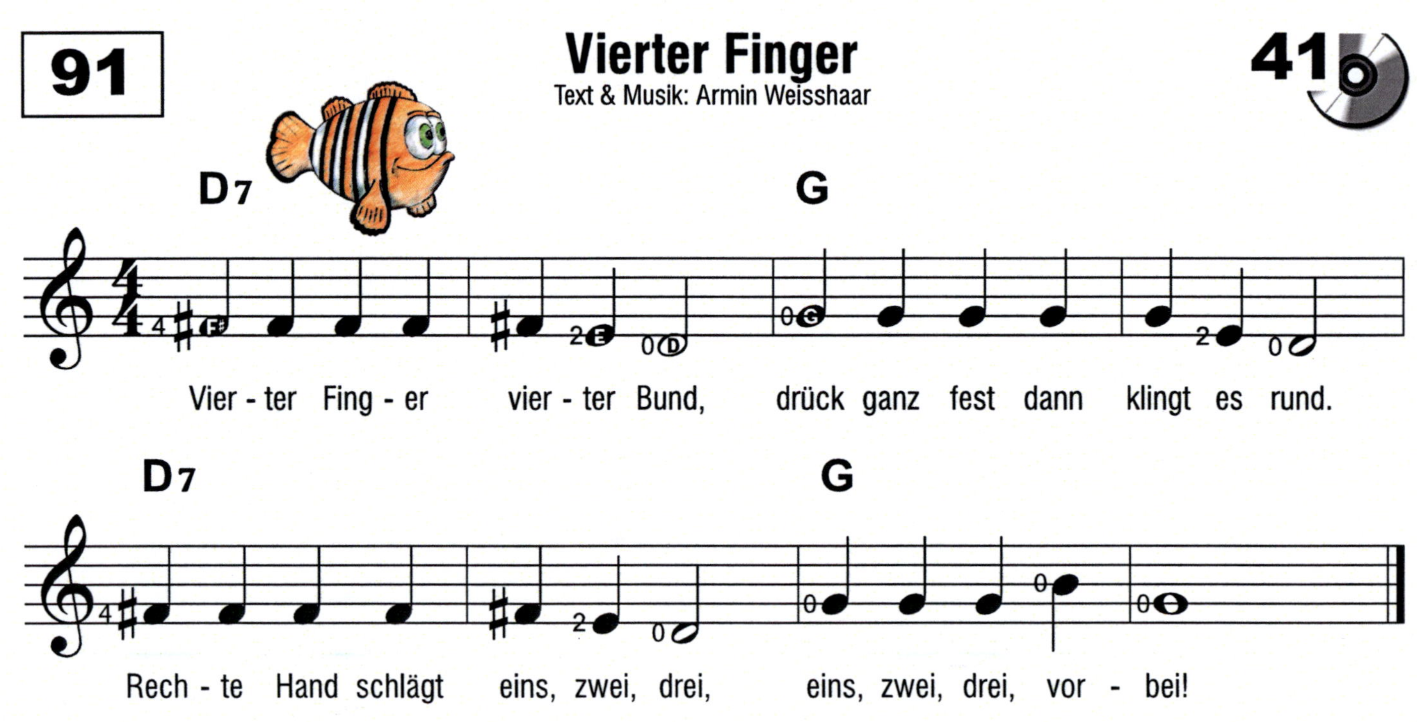

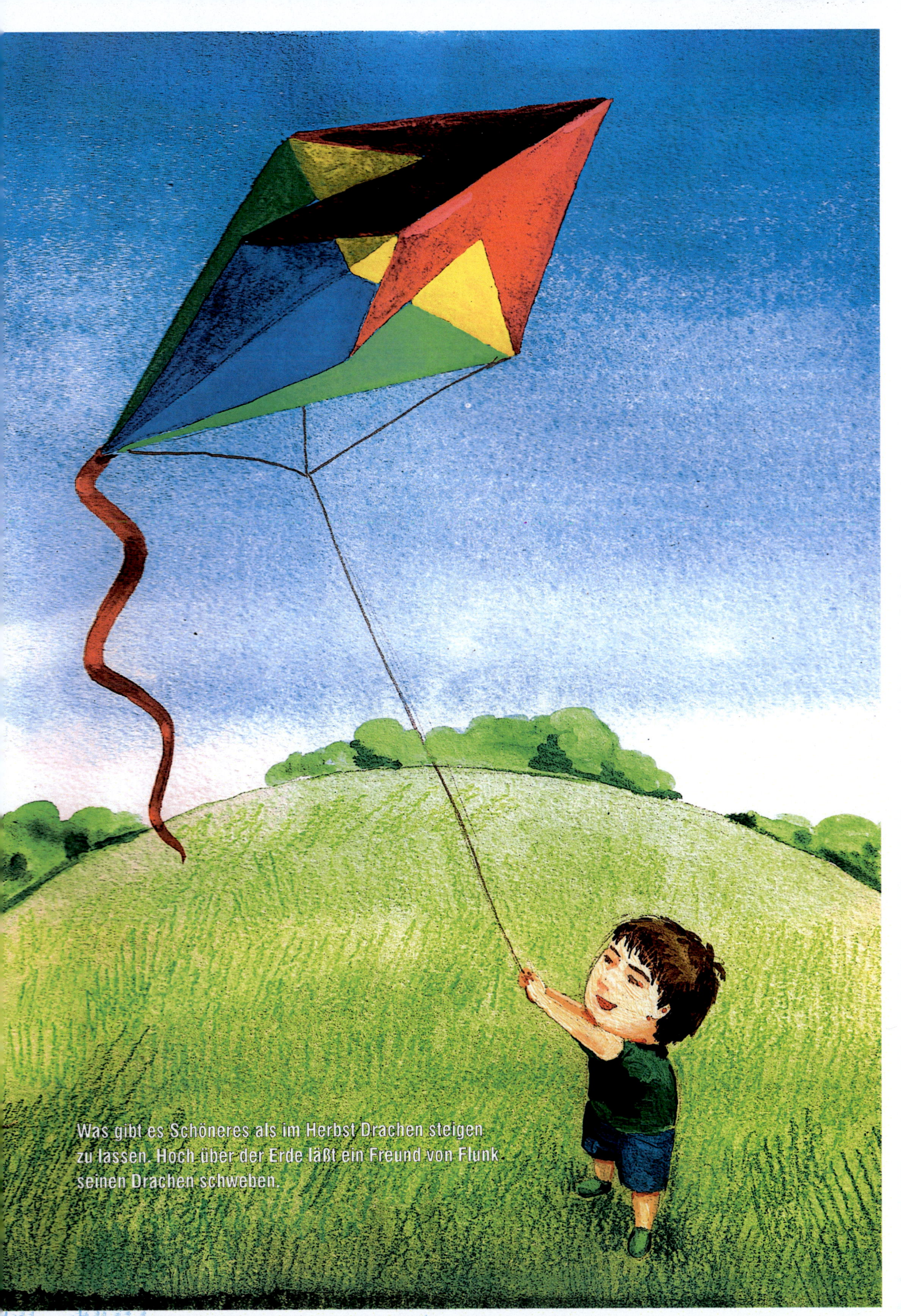

Was gibt es Schöneres als im Herbst Drachen steigen zu lassen. Hoch über der Erde läßt ein Freund von Flunk seinen Drachen schweben.

Das Lied „Der Herbst“ beginnt wieder mit einem Auftakt. Du weißt ja noch was ein Auftakt ist, oder? Genau, das ist ein unvollstäondiger Takt, der bei diesem Lied eine Viertelnote beinhaltet. Es fehlen also drei Viertelnoten. Deshalb beginnst du auf die Zählzeit **„4“**. Auf der CD hörst du also drei Schläge bovor du beginnst.

92

Der Herbst, der Herbst

Text & Musik: Armin Weisshaar

42

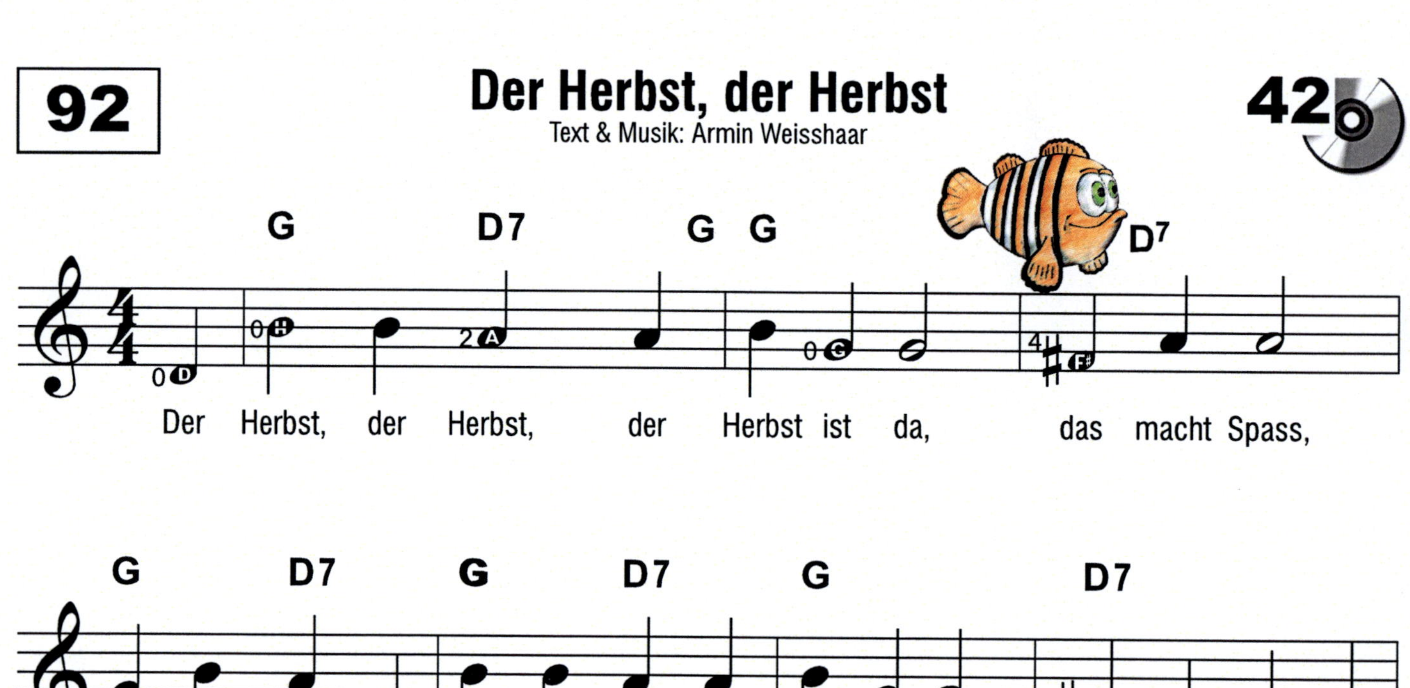

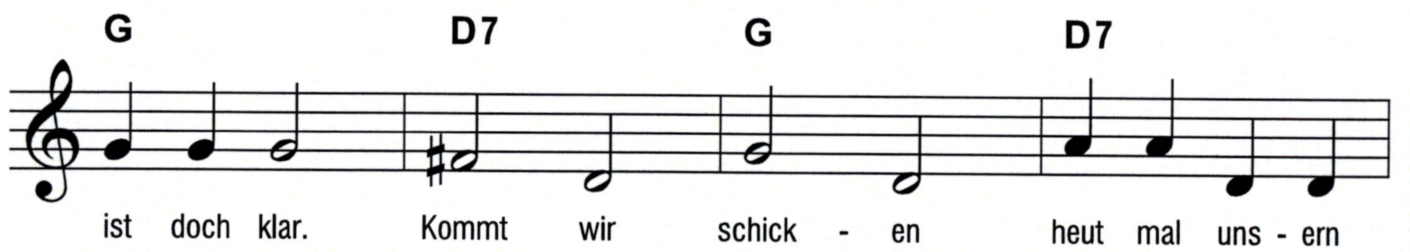

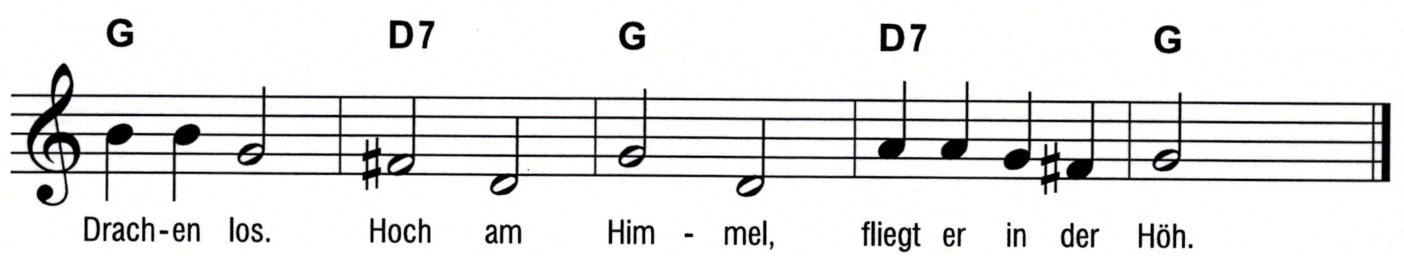

Im Zoo

Flunk und seine Freunde machen einen Ausflug in den Zoo. Dort gibt es allerhand Tiere zu sehen. Schreibe unter die Noten die entsprechenden Namen und du weißt, welche Tiere sie dort sehen.

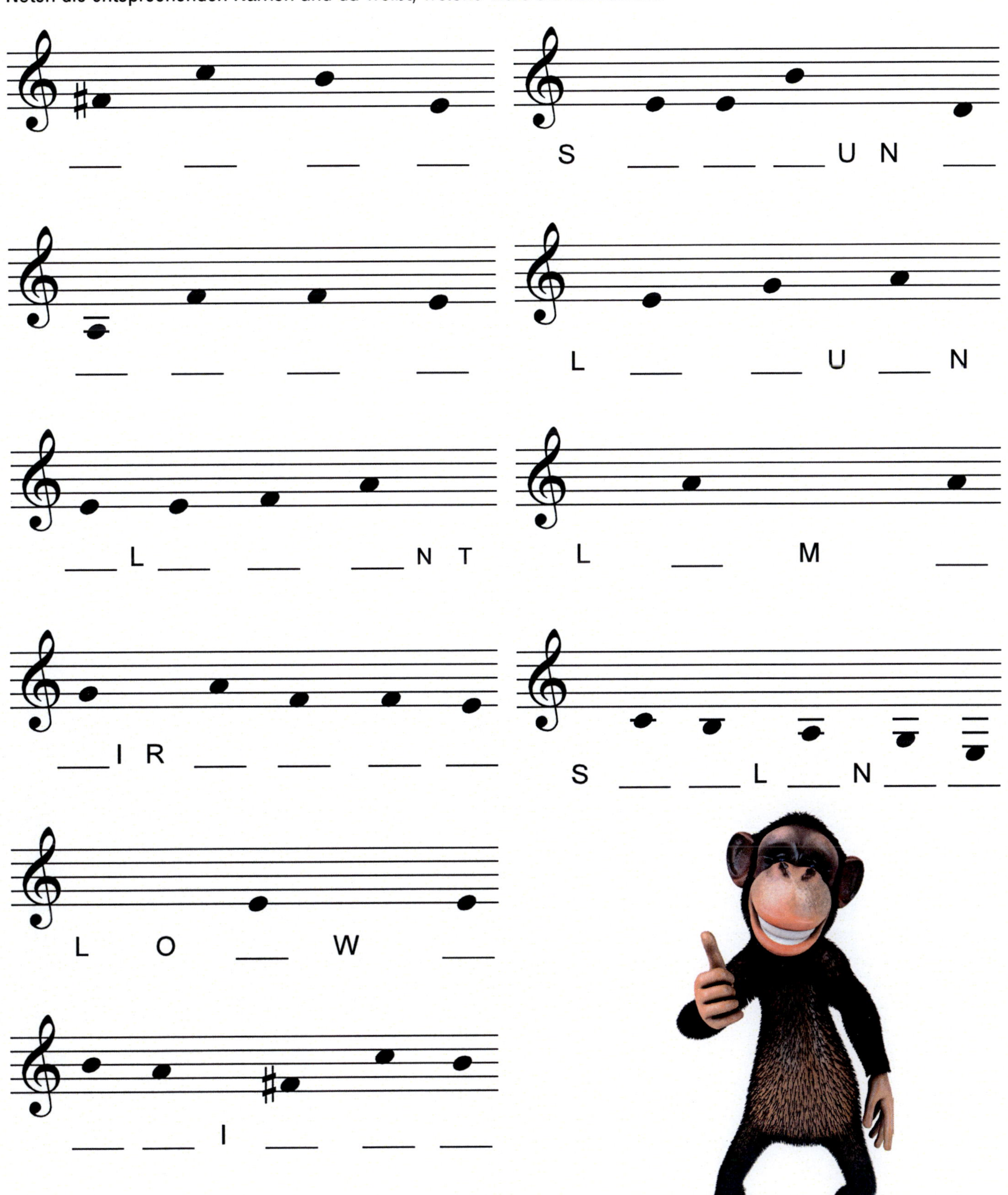

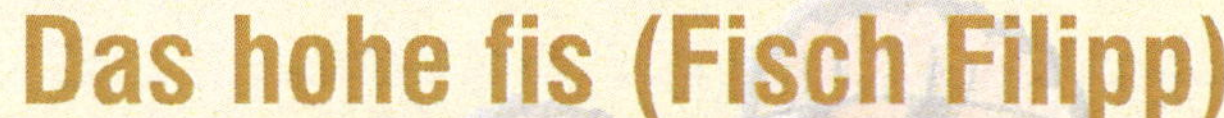

Das hohe fis (Fisch Filipp)

Jetzt lernst du deinen achten gegriffenen Ton. Es ist das „hohe Fis“. Auf der Gitarre greifst du mit dem Mittelfinger **2** im zweiten Bund auf der hohen E-Saite.

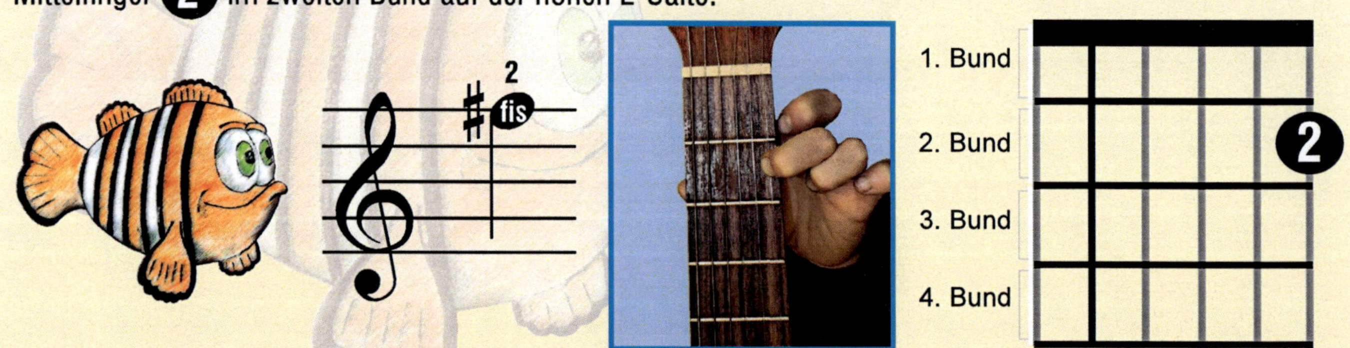

Als erstes spielen wir eine Übung nur mit dem hohen „Fis“. Damit du dich wieder auf den Ton einspielen kannst.

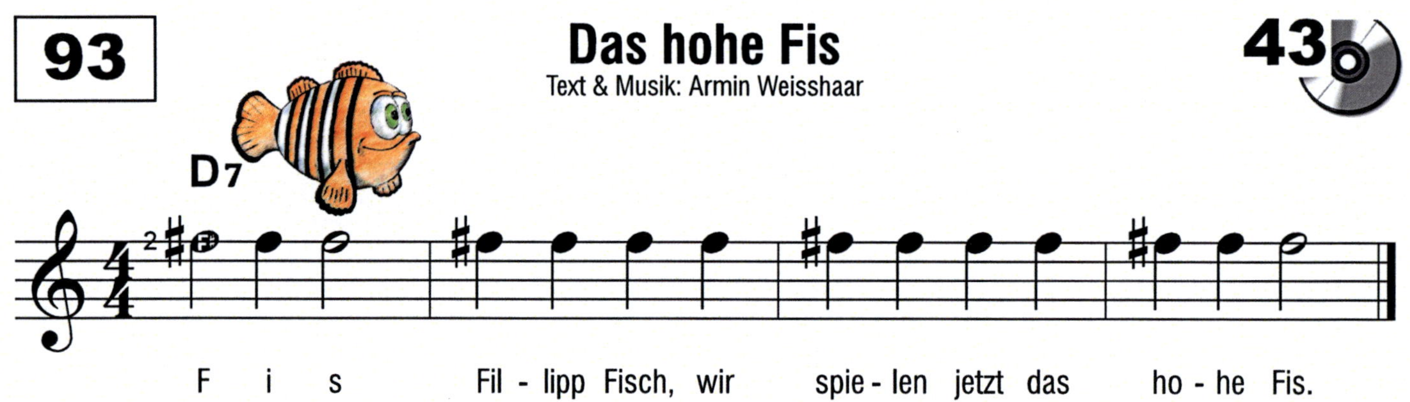

Bei diesem Lied wechseln sich das „hohe“ und „tiefe Fis“ ab!

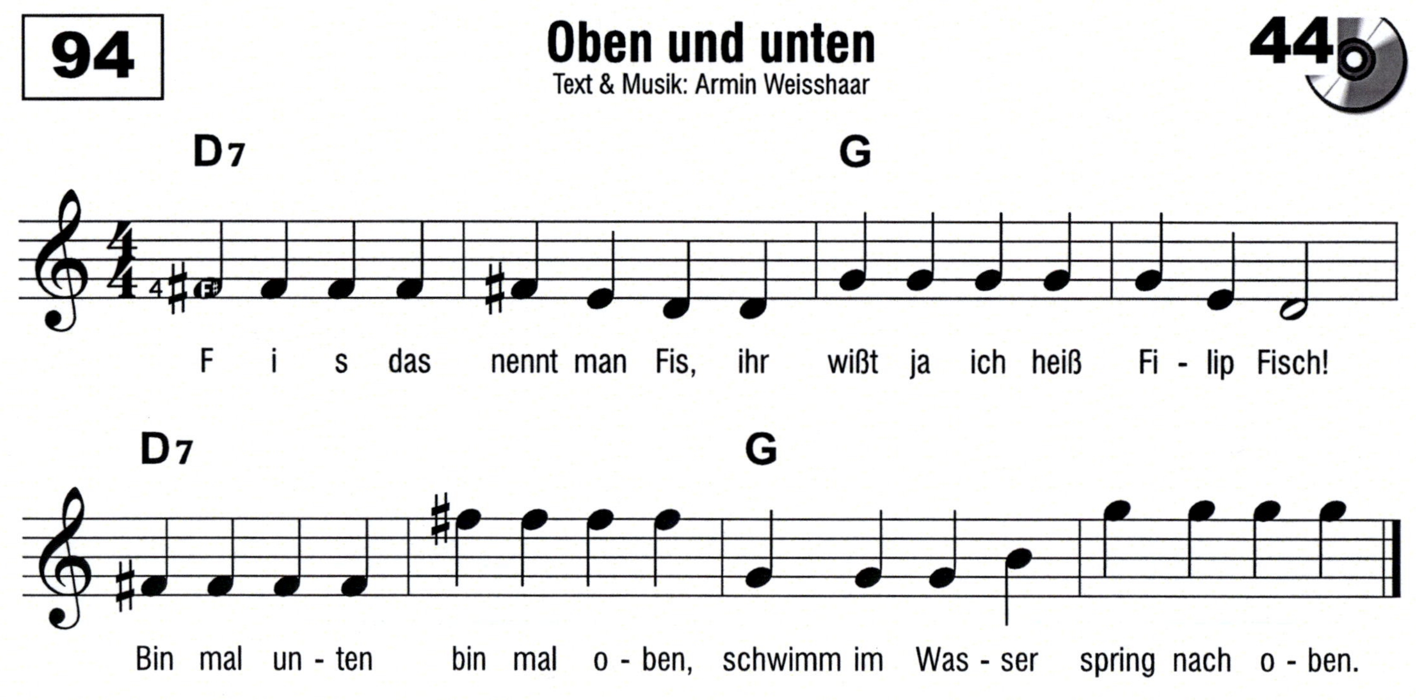

Die G-Dur Tonart

Die G-Dur Tonart ist die erste Tonart mit Vorzeichen, d.h. bei der auf g aufgebauten Durtonleiter wird deshalb das F auf der 7. Stufe durch ein Kreuz (♯) nach Fis erhöht. Zum Beispiel hat die C-Dur Tonart und der dazugehörige Tonleiter, die wir bisher gelernt haben, kein Vorzeichen. Das Kreuz steht als „Vorzeichen“ am Anfang jeder Notenzeile und gilt für alle auf der betreffenden Stufe vorkommenden Töne.

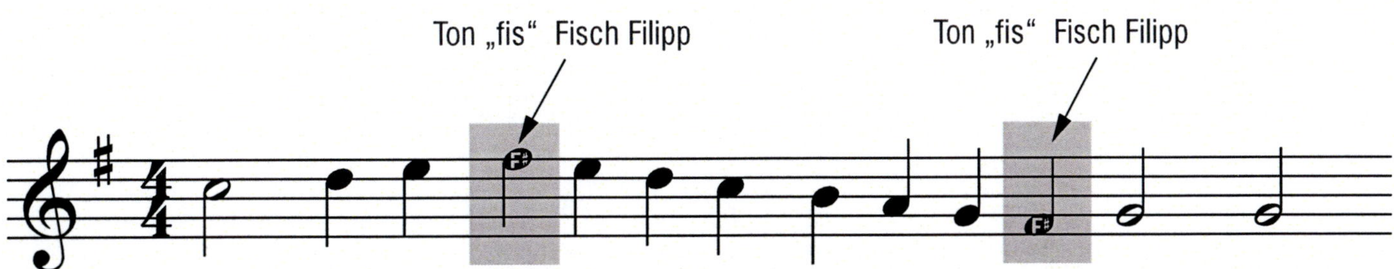

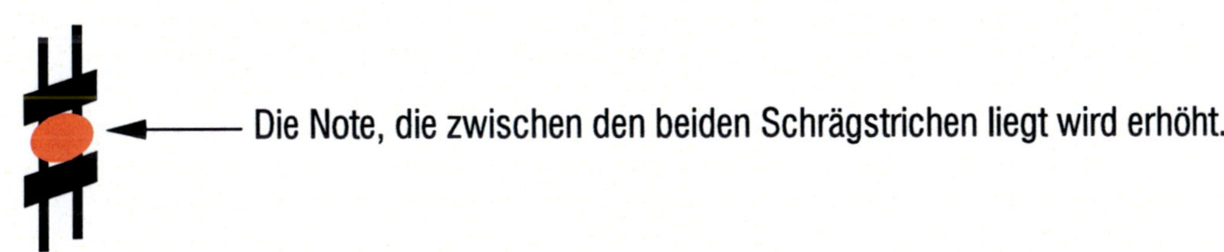

auf der Linie zwischen den Schrägbalken liegt der Ton F der zu Fis wird.

das heißt, auch dieses F wird zu Fis

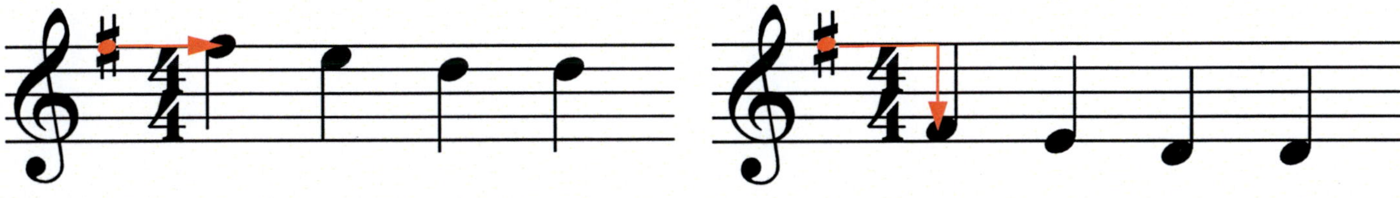

Übung

Zeichne jeweils die Note „Fis“ als als **hohe** und **tiefe** Note.

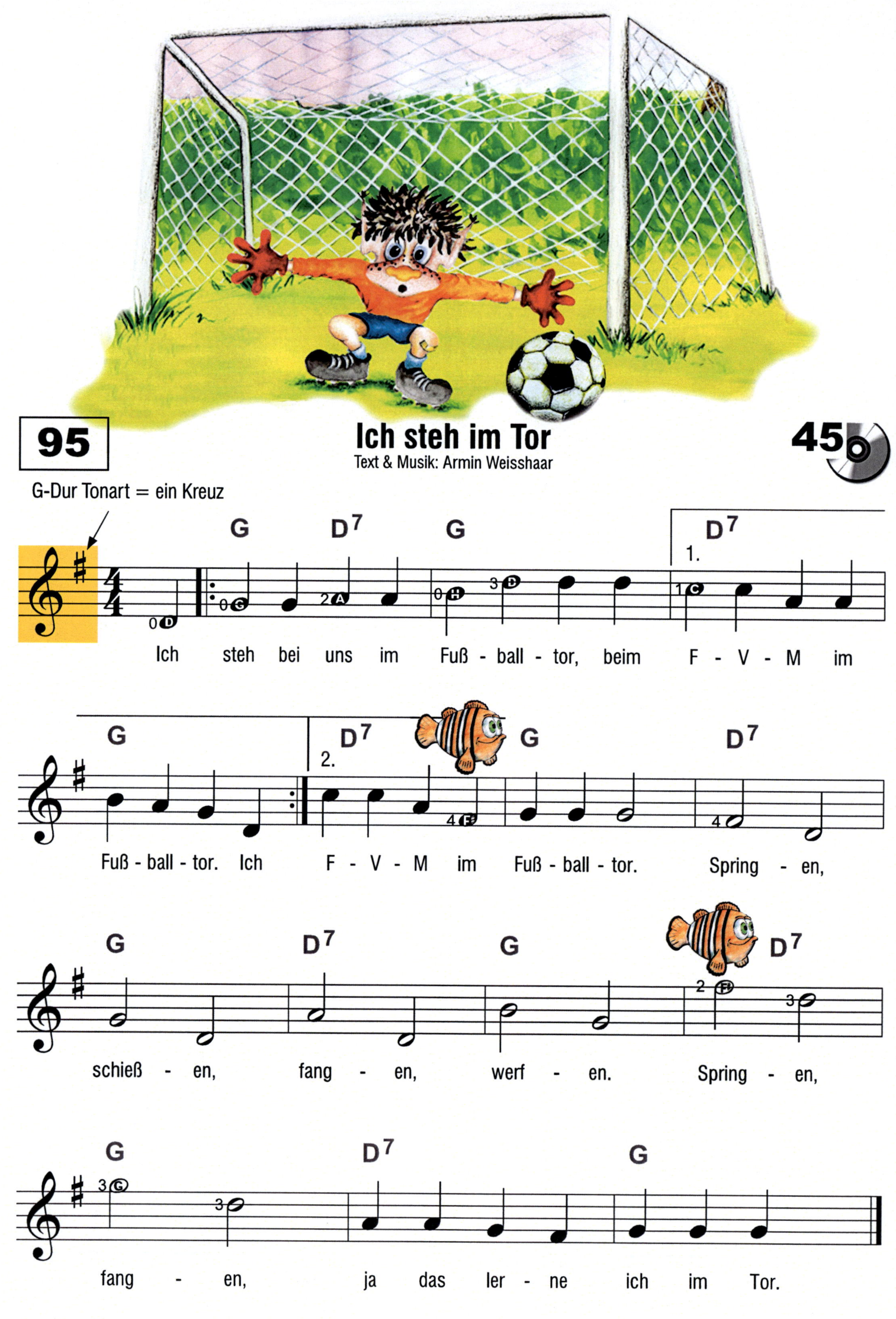
95
Ich steh im Tor
Text & Musik: Armin Weisshaar
45
G-Dur Tonart = ein Kreuz
G D7 G D7 1.
Ich steh bei uns im Fuß - ball - tor, beim F - V - M im
G D7 2. G D7
Fuß - ball - tor. Ich F - V - M im Fuß - ball - tor. Spring - en,
G D7 G D7
schieß - en, fang - en, werf - en. Spring - en,
G D7 G
fang - en, ja das ler - ne ich im Tor.

Das ♭-Vorzeichen

Steht das (♭) Vorzeichen vor einer Note, wird diese um einen halben Ton erniedrigt, d.h. einen Halbton tiefer in Richtung Gitarrenkopf (Wirbel) gespielt. Auf der Gitarre wird die Saite im nächsttieferen Bund gegeriffen. Das (♭) Vorzeichen sieht aus wie der Buchstabe „b". Der Bauch des des „b" bezeichnet die Notenlinie oder den Zwischenraum der Note, die erniedrigt wird. Der erniedrigte Ton erhält normalereise die Endsilbe „es". Der Ton „b" bildet aber gleich mal eine Ausnahme.

Der Ton „b"

Beim Erniedrigen des Tones „h" gibt es ein paar Dinge zu beachten: der erniedrigte Ton heißt nicht „hes" (wäre ja zu abgefahren:) sondern „b"!! Außerdem kann man eine leere Saite nicht erniedrigen. Wir müssen deshalb auf die tiefere G-Saite ausweichen. Der Ton „b" wird dort dann im dritten Bund mit dem Mittelfinger gespielt.

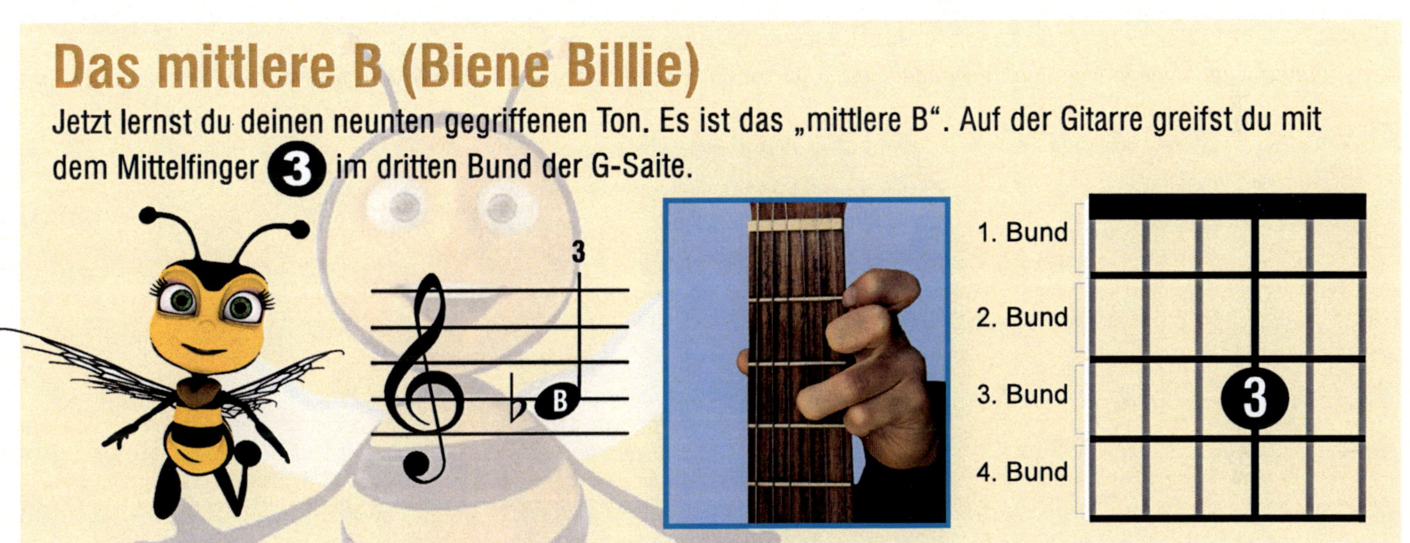

Als erstes spielen wir wir wieder eine Übung mit dem mittleren „b". Damit du dich wieder auf den Ton einspielen kannst.

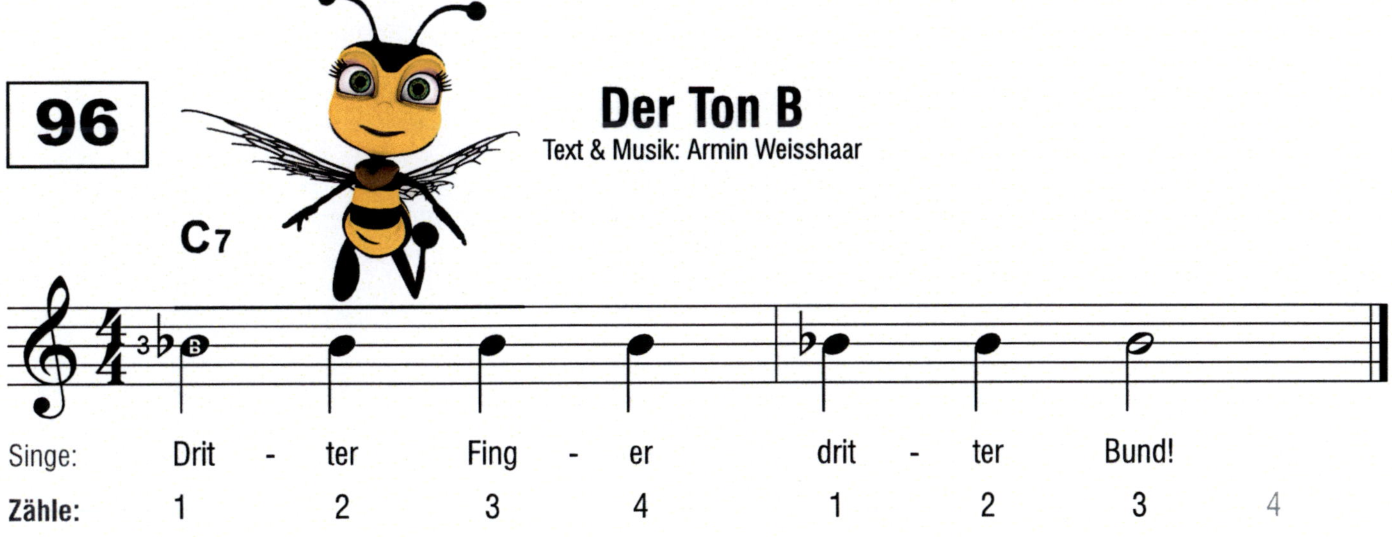

97

Katzenauge..

Text & Musik: Armin Weisshaar

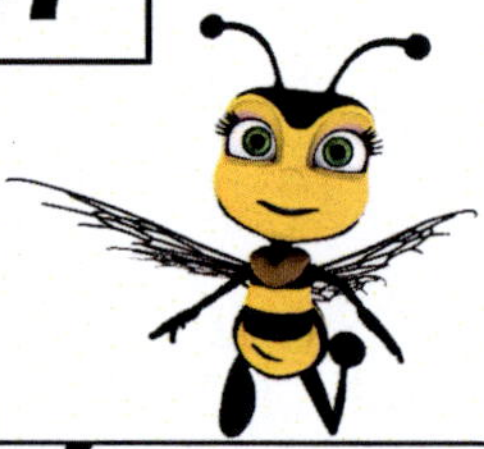

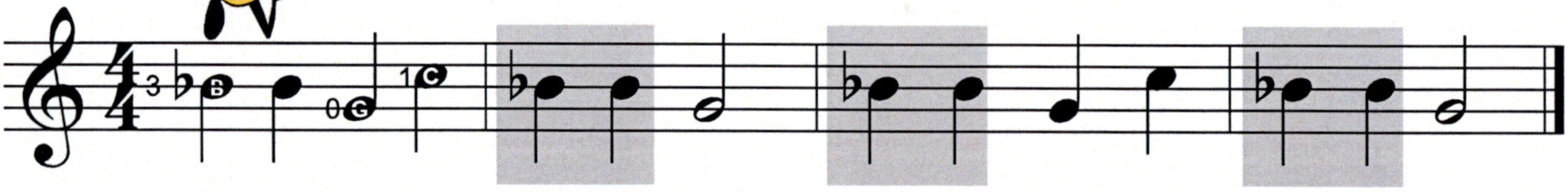

Singe: Katz - en - au - ge Eu - len-schrei, was ver-schwun-den komm her-bei!

Zähle: 1 2 3 4 1 2 3 4 1 2 3 4 1 2 3 4

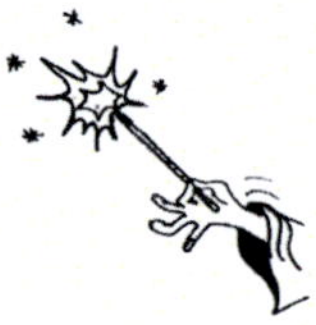

98

Zauberspruch

Text & Musik: Armin Weisshaar

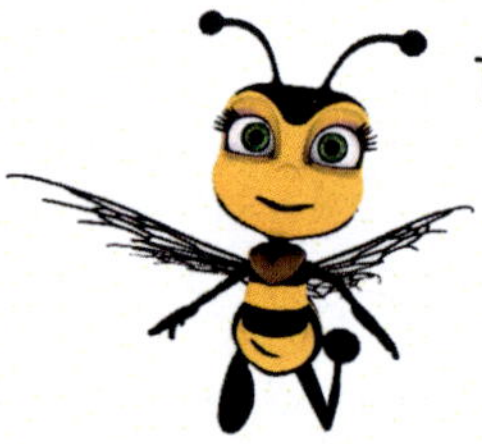

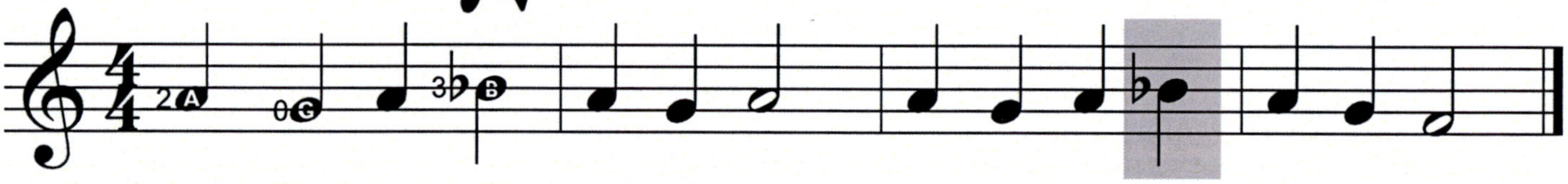

Singe: Schlang - en - ei und Krö - ten-dreck, was hier war, das ist jetzt weg!

Zähle: 1 2 3 4 1 2 3 4 1 2 3 4 1 2 3 4

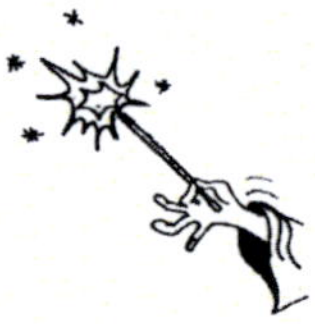

Die F-Dur Tonart

Die F-Dur Tonart hat ein (♭) als Vorzeichen. Dabei wird der Ton „h“ zu „b“ erniedrigt. Das (♭) steht als „Vorzeichen“ am Anfang jeder Notenzeile und gilt für alle auf der betreffenden Stufe vorkommenden Töne.

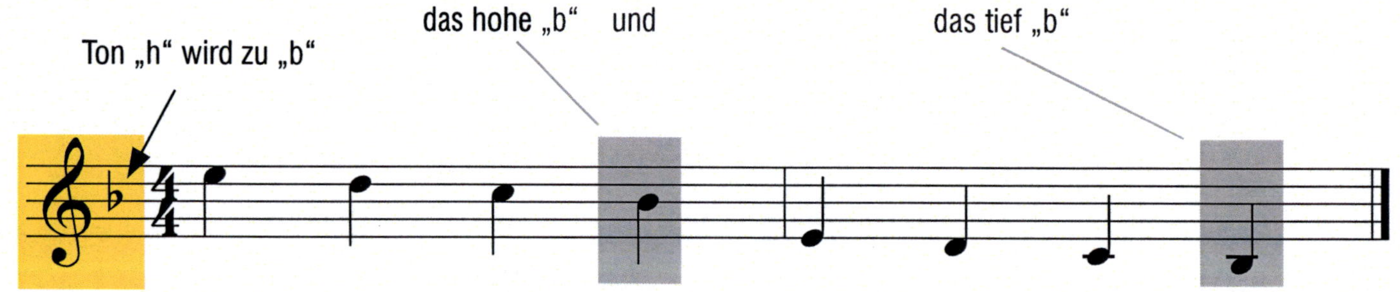

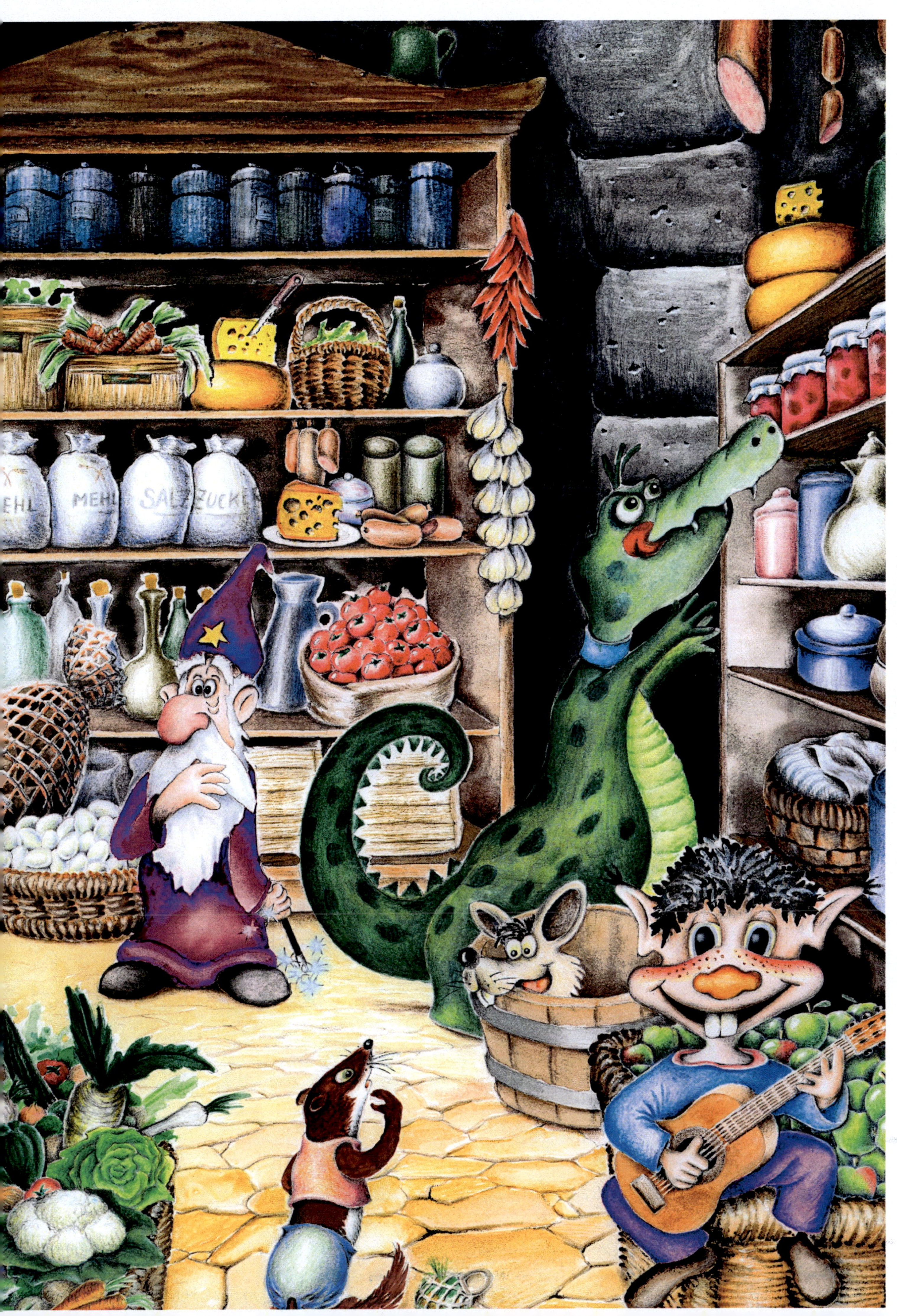
MEHL
SALZ

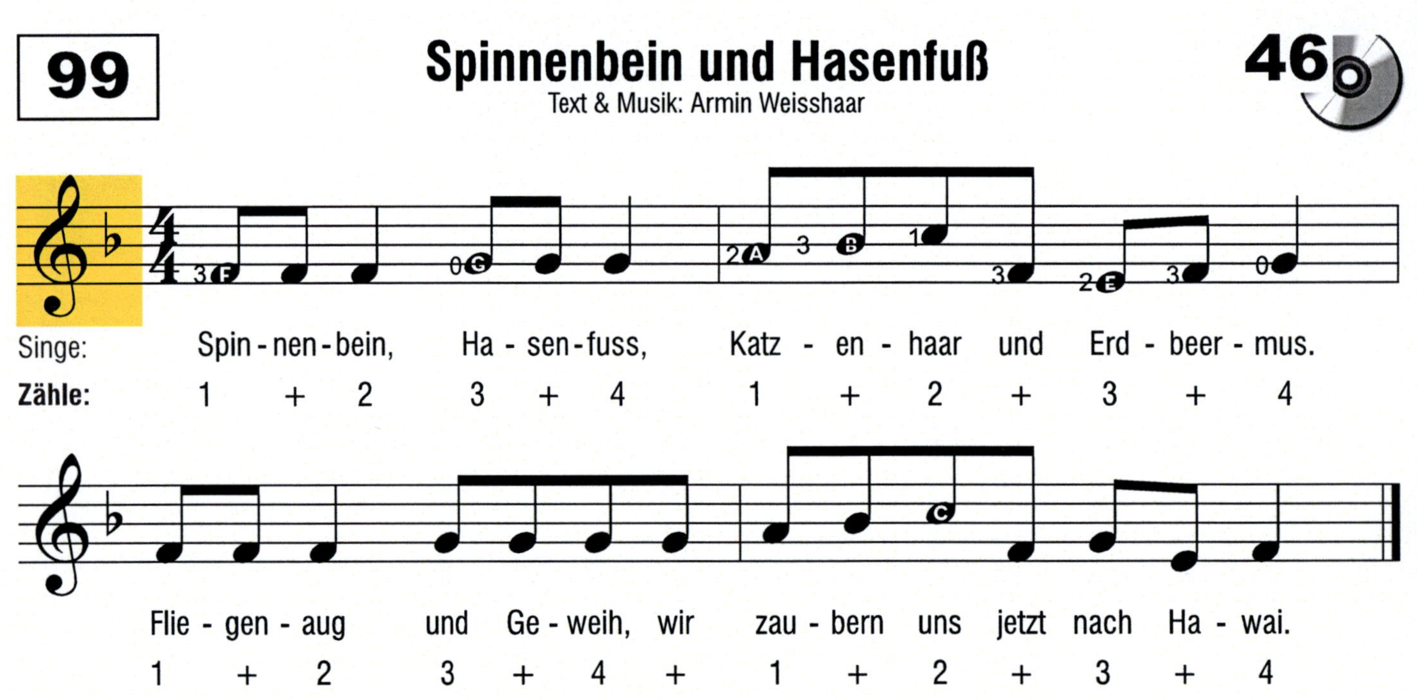

Das nachfolgende Lied kennst du bestimmt. Im Original heißt es „Auf der Mauer, auf der Lauer. Achte wieder darauf, dass das „h“ zu „b“ wird und spiel die entsprechenden Fingersätze!

100 Heute woll‘n wir zaubern

Text: Armin Weisshaar I Musik: Volkslied

47

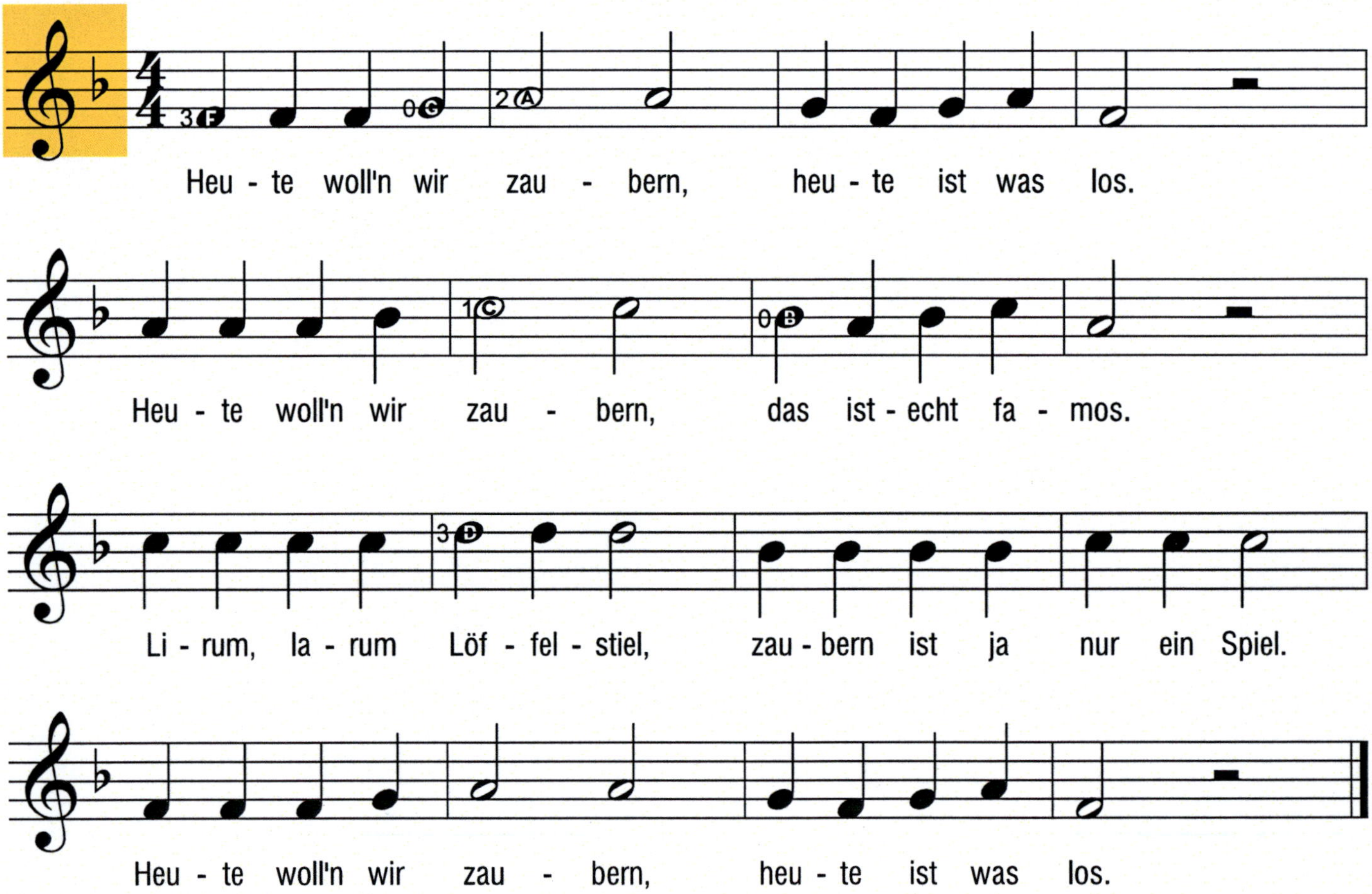

3 F 0 G 2 A

Heu - te woll'n wir zau - bern, heu - te ist was los.

1 C 0 B

Heu - te woll'n wir zau - bern, das ist - echt fa - mos.

3 D

Li - rum, la - rum Löf - fel - stiel, zau - bern ist ja nur ein Spiel.

Heu - te woll'n wir zau - bern, heu - te ist was los.

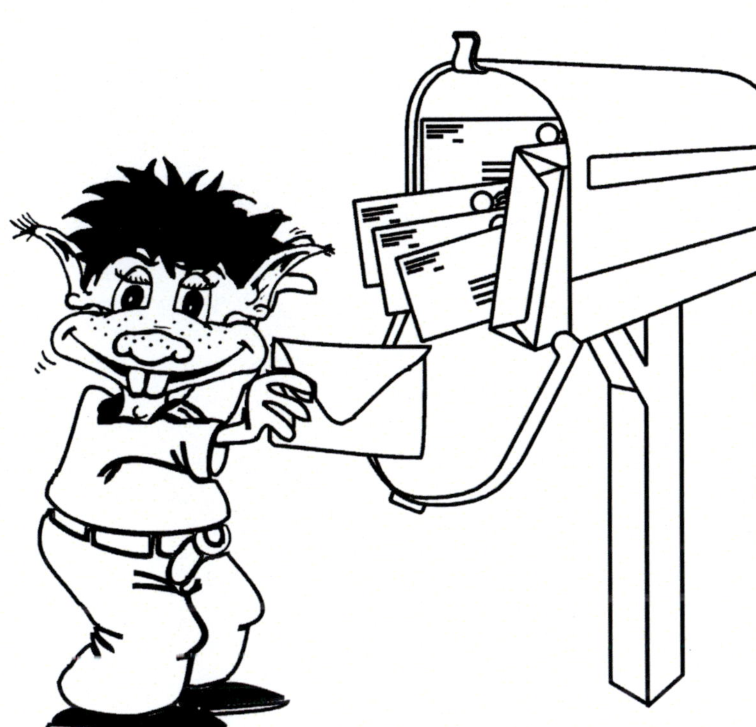

Der etwas andere Brief

Flunk läuft wie jeden Morgen zum Briefkasten um die Zeitung für Gräslin zu holen.
Aber heute entdeckt er noch einen Brief.

Aufgeregt liest er:

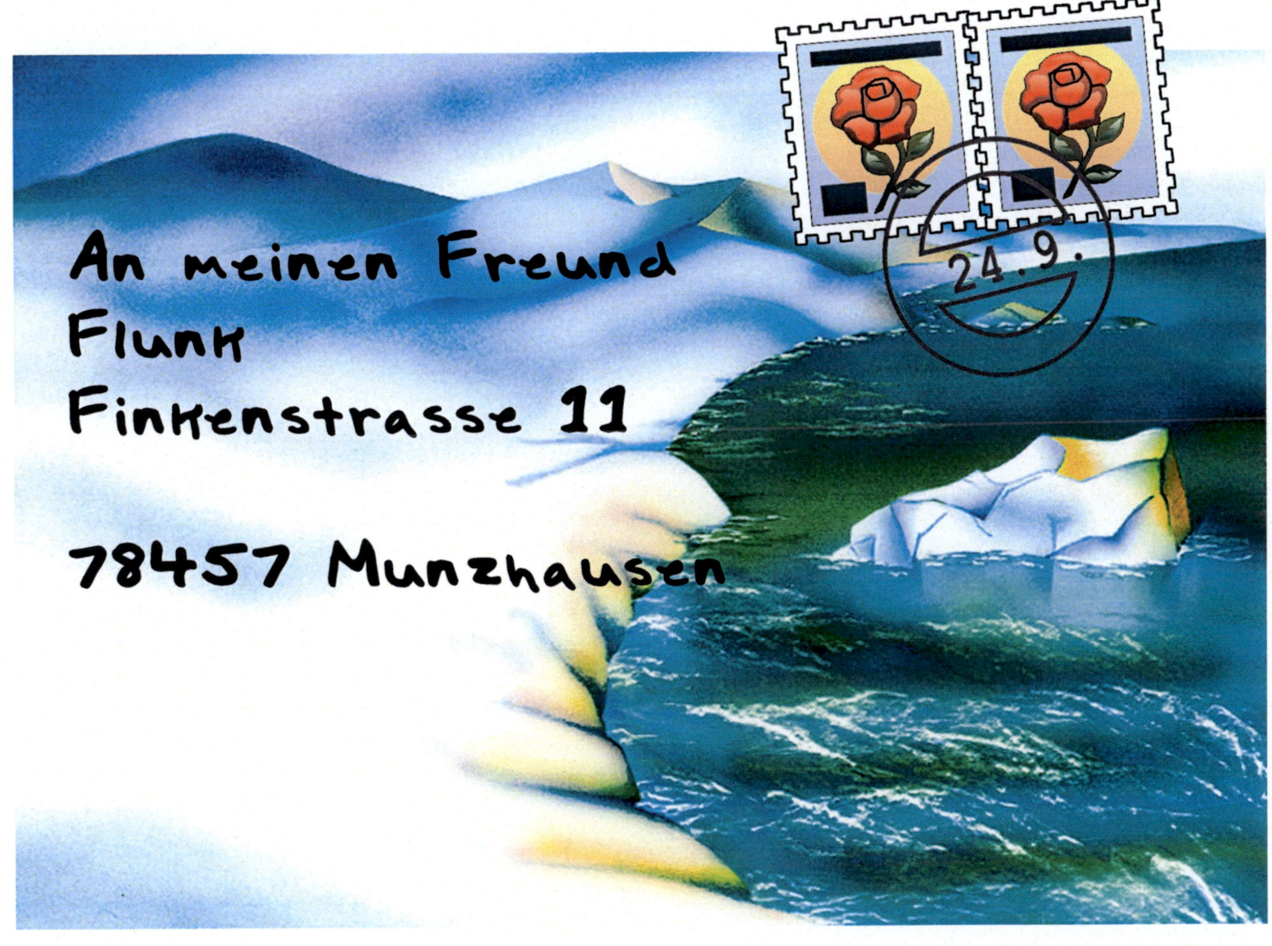

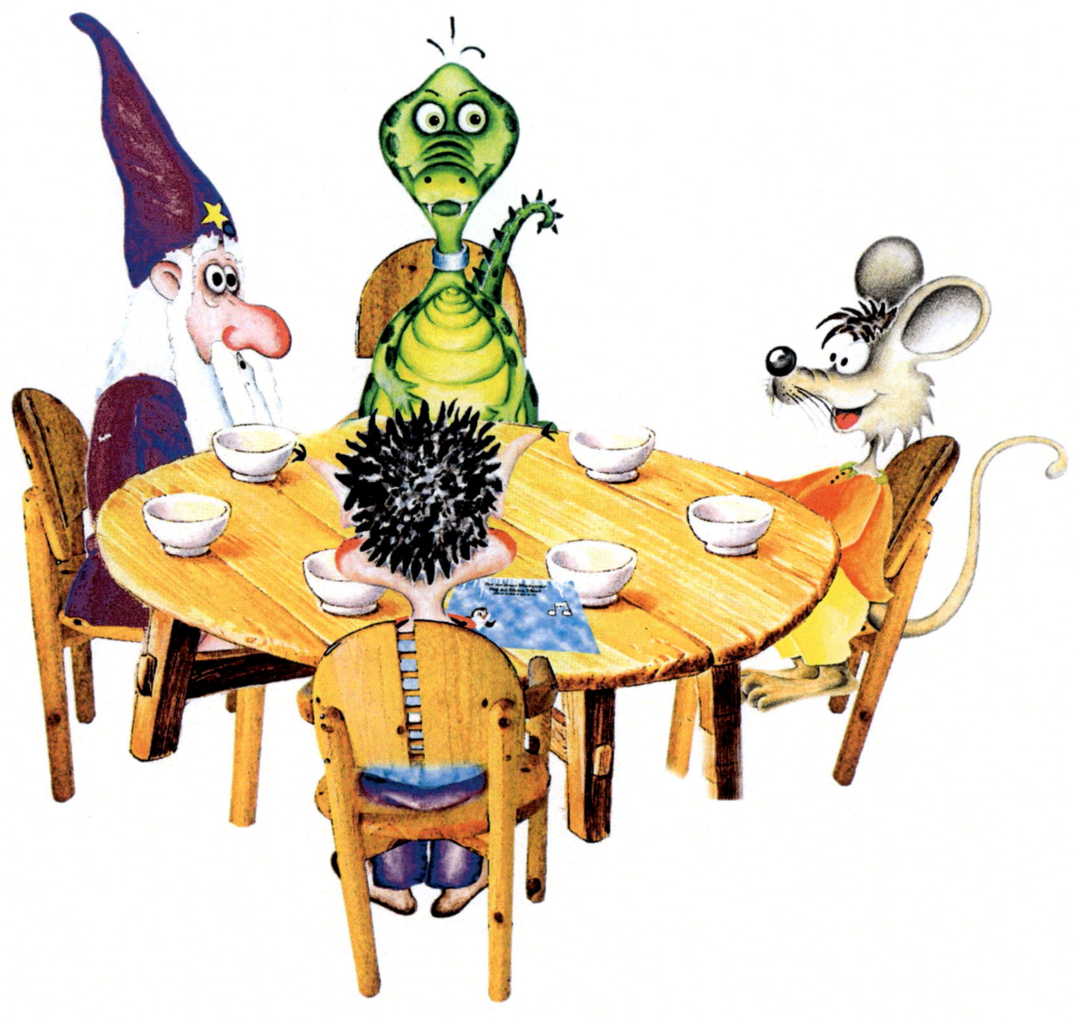

Schnell rennt Flunk ins Haus, und setzt sich an den Tisch.
Sally, Koko und Gräslin sind bereits am frühstücken.
„Was ist denn mit dir los," fragt Sally und schaukelt wieder einmal auf ihrem Stuhl. „Du bist ja ganz außer Atem?"Auch die Anderen sitzen gespannt am Tisch. „Stellt euch vor", lacht Flunk, „ich habe einen Brief von Ping aus Stoney Island bekommen".

Er öffnet den Brief.

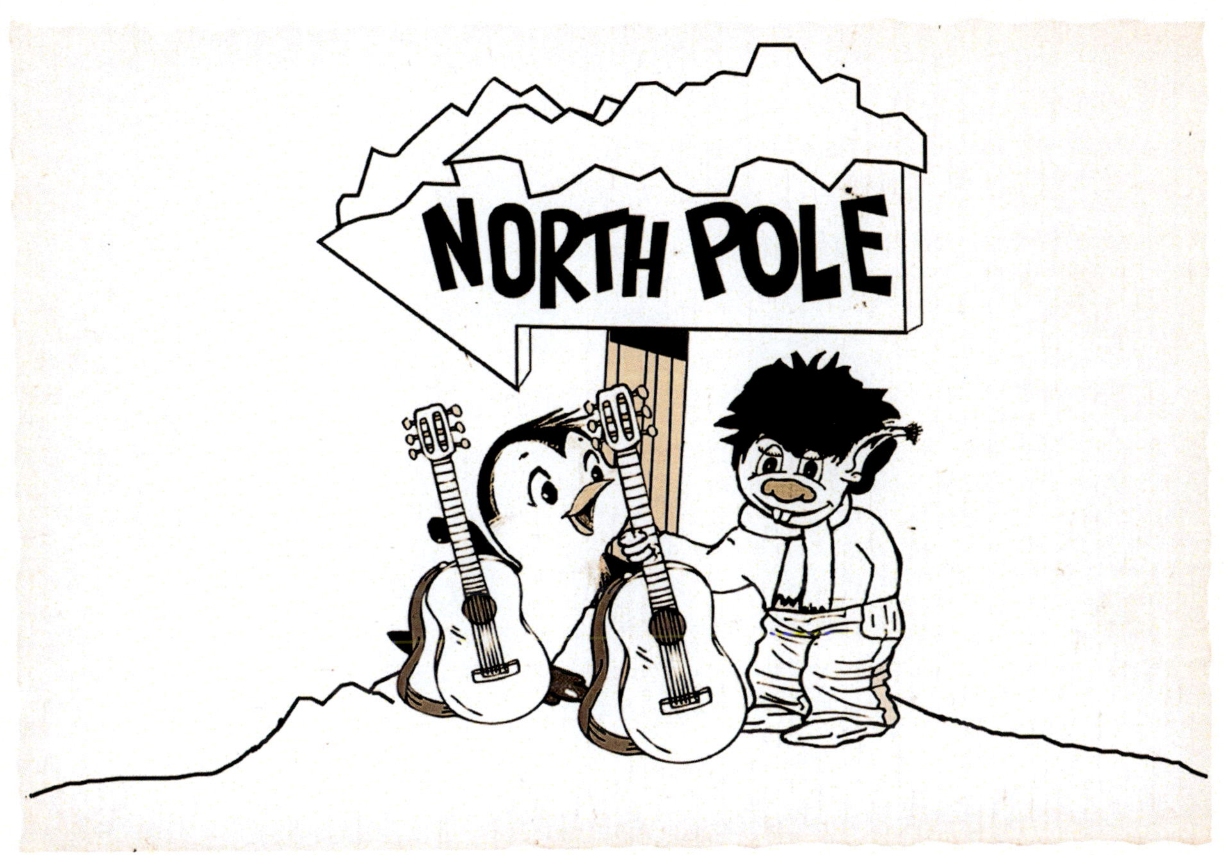

PS: Das Bild hat Opa im letzten Jahr von uns beiden gemacht.

Hallo Flunk,

wie geht es dir. Hab schon lange nichts mehr von dir gehört. Und was macht dein Gitarrenspiel? Kommst du voran? Ich habe von meinem Gitarrenlehrer die ersten Akkorde gelernt und dir mal das Lied „Bruder Jakob" mit Begleitung (so nennt man das unter Musikern) aufgeschrieben. Als Einstieg ist der Song optimal, denn du kannst ihn mit nur einem Akkord begleiten (Zupfmuster anbei). Wenn du Bock hast, kannst du ja dazu singen (die Melodie kennst du ja bestimmt). Hab mal den Akkord mit der Methode der Tiere aus dem Buch, das du mir vor ein paar Wochen zugeschickt hast, ausprobiert. Also ich wünsche dir viel Spaß beim Üben:) Und denk beim Zupfmuster an Pima. Hast du doch schon gelernt oder?

Liebe Grüße

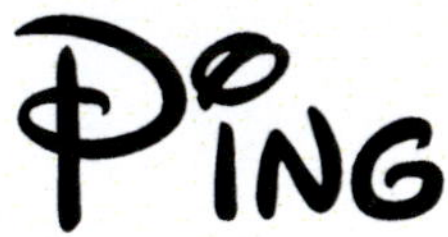

Akkord-Typen

Es gibt viele verschiedene Akkord-Typen wie z.B. Dur-Akkorde, die stabil und fröhlich klingen. Moll-Akkorde hingegen klingen traurig und weich. Dann gibt es noch die Septakkorde, den Moll-Septakkord und viele weitere komische Akkorde. Wir fangen aber mit dem einfachen C- Dur Akkord an.

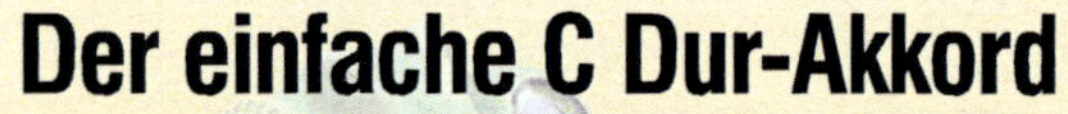

Der einfache C Dur-Akkord

Greife wie im Griffdiagramm und auf dem Foto dargestellt - mit dem Zeigefinger ① im ersten Bund der H-Saite (weißt du noch, das ist „Charlie Chamäleon) und zupfe mit dem Daumen der rechten Hand die G- und mit dem Zeige- und Ringfinger die H- und hohe E-Saite an.

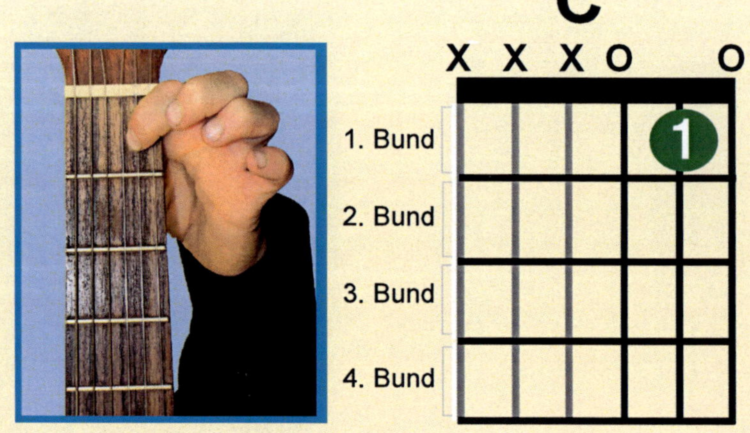

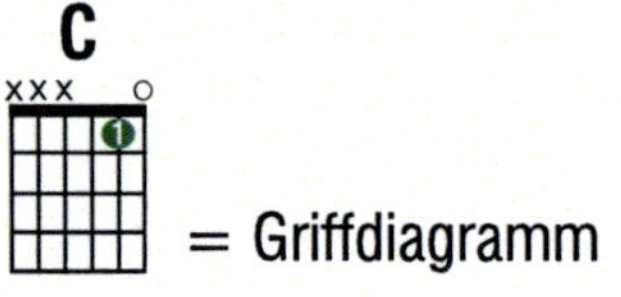

= Griffdiagramm

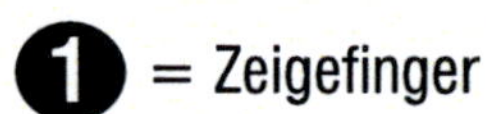
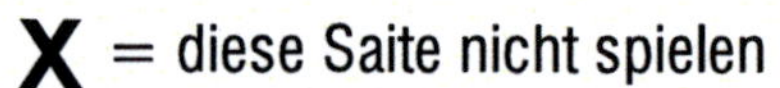
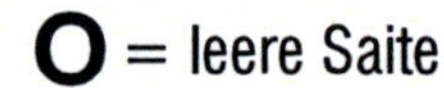

① = Zeigefinger **X** = diese Saite nicht spielen **O** = leere Saite

| = diese Saiten werden nicht gespielt **|** = diese Saiten werden gespielt

Die rechte Hand (gleichzeitiger Anschlag)

(Zupfmuster 1)

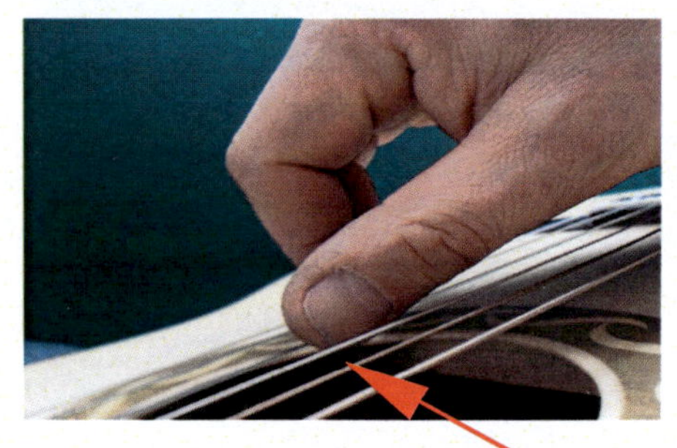
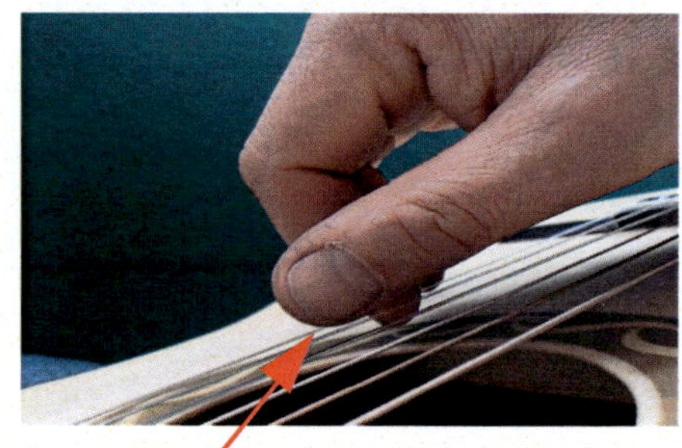
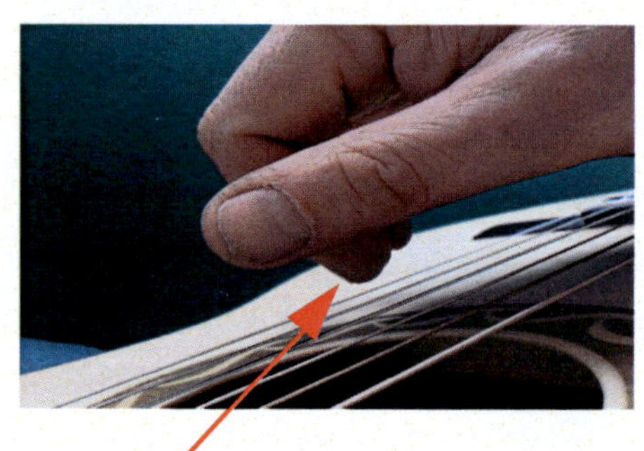

Schlage mit dem Daumen (**P**) die G-Saite nach unten.

Zupfe mit dem Zeige (**i**) und Mittelfinger (**m**) gleichzeitig die H- und hohe E- Saite nach oben.

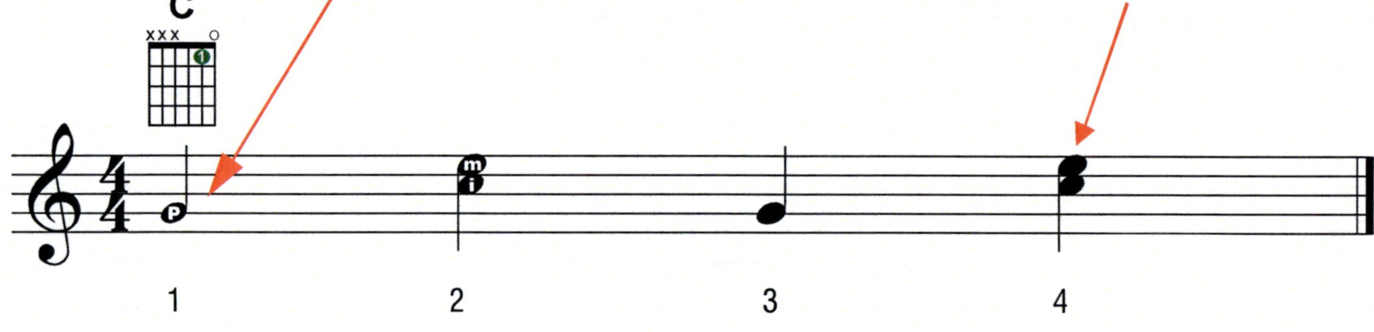

101 Mein erster Akkord

Text & Musik: Armin Weisshaar

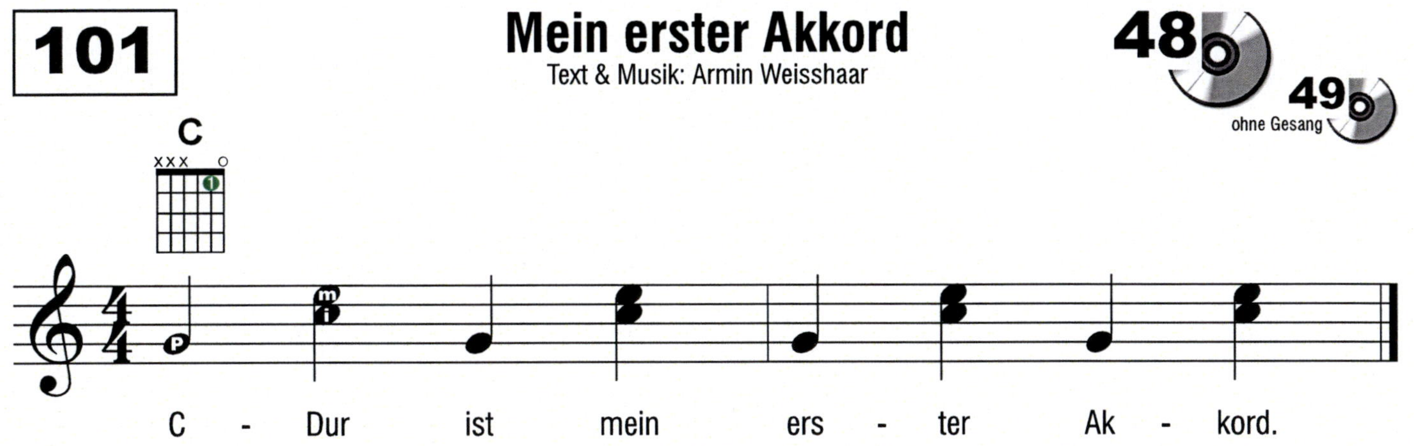

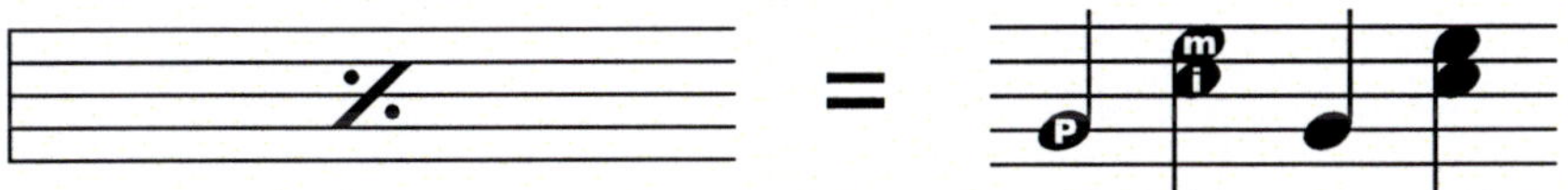

Faulenzer!!

Was sind Faulenzer wirst du dich fragen? Das ist eine Sonderform der Wiederholungszeichen. Sie werden überall dort verwendet, wo einer oder mehrere Takte wiederholt werden. Da das Pickingmuster während des ganzen Liedes gleich bleibt, kann man eben diese Faulenzer einbauen.

102 Bruder Jakob

Kanon aus Frankreich

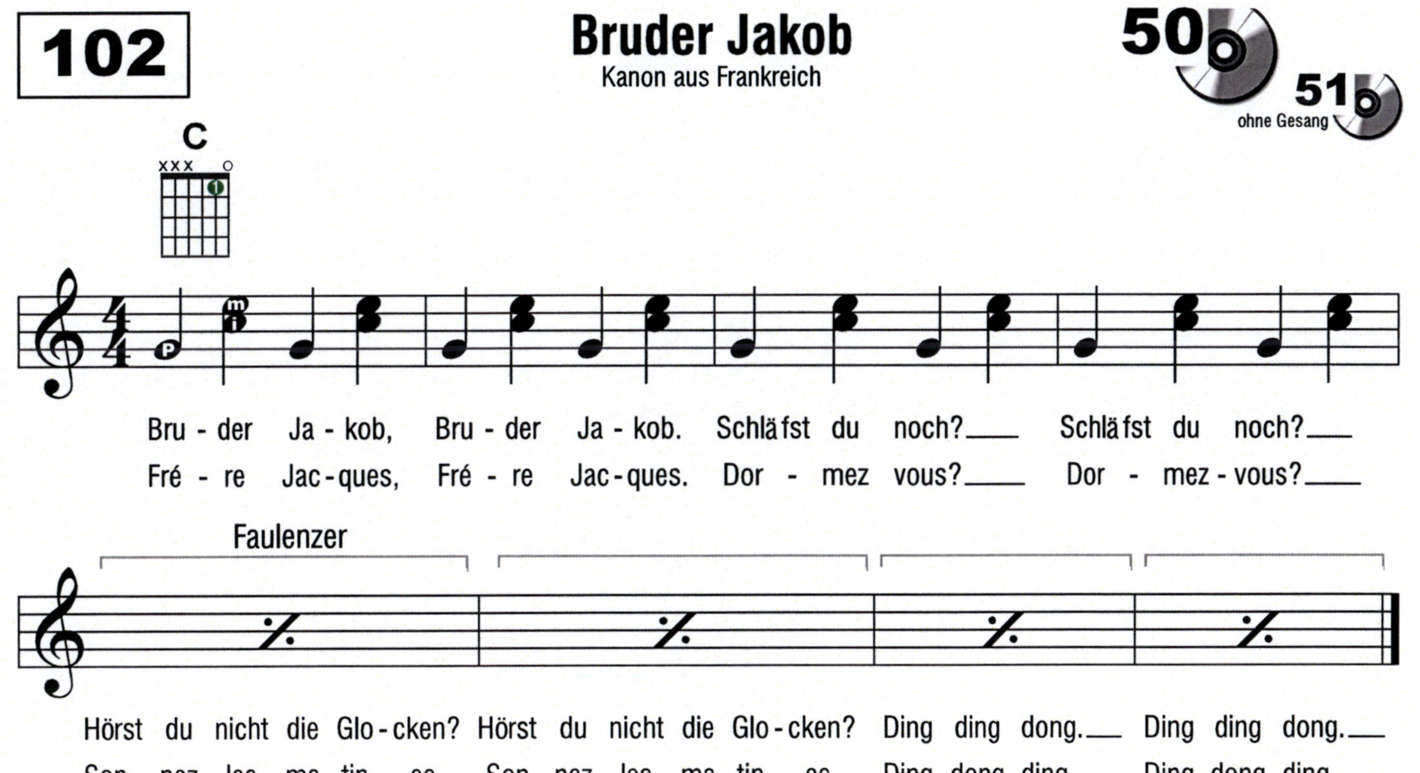

Liedbegleitung

So können Liedbegleitungen auch dargestellt werden. Das obere Notensystem zeigt dir die Melodie und das untere System die Liedbegleitung.

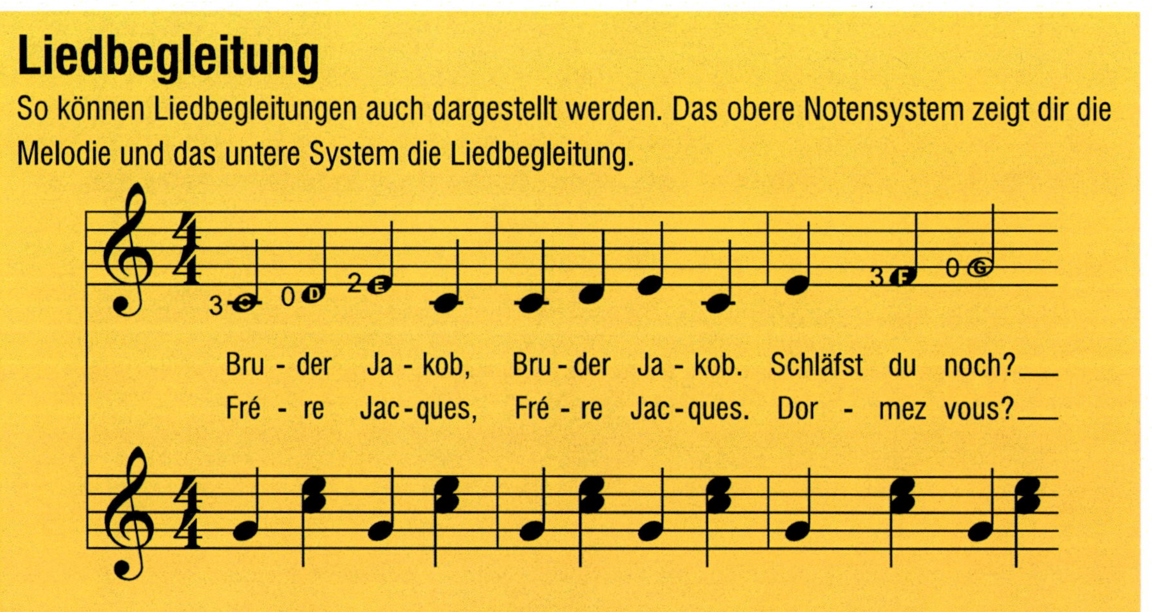

103

Bruder Jakob

Kanon aus Frankreich

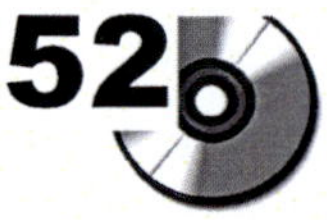

52

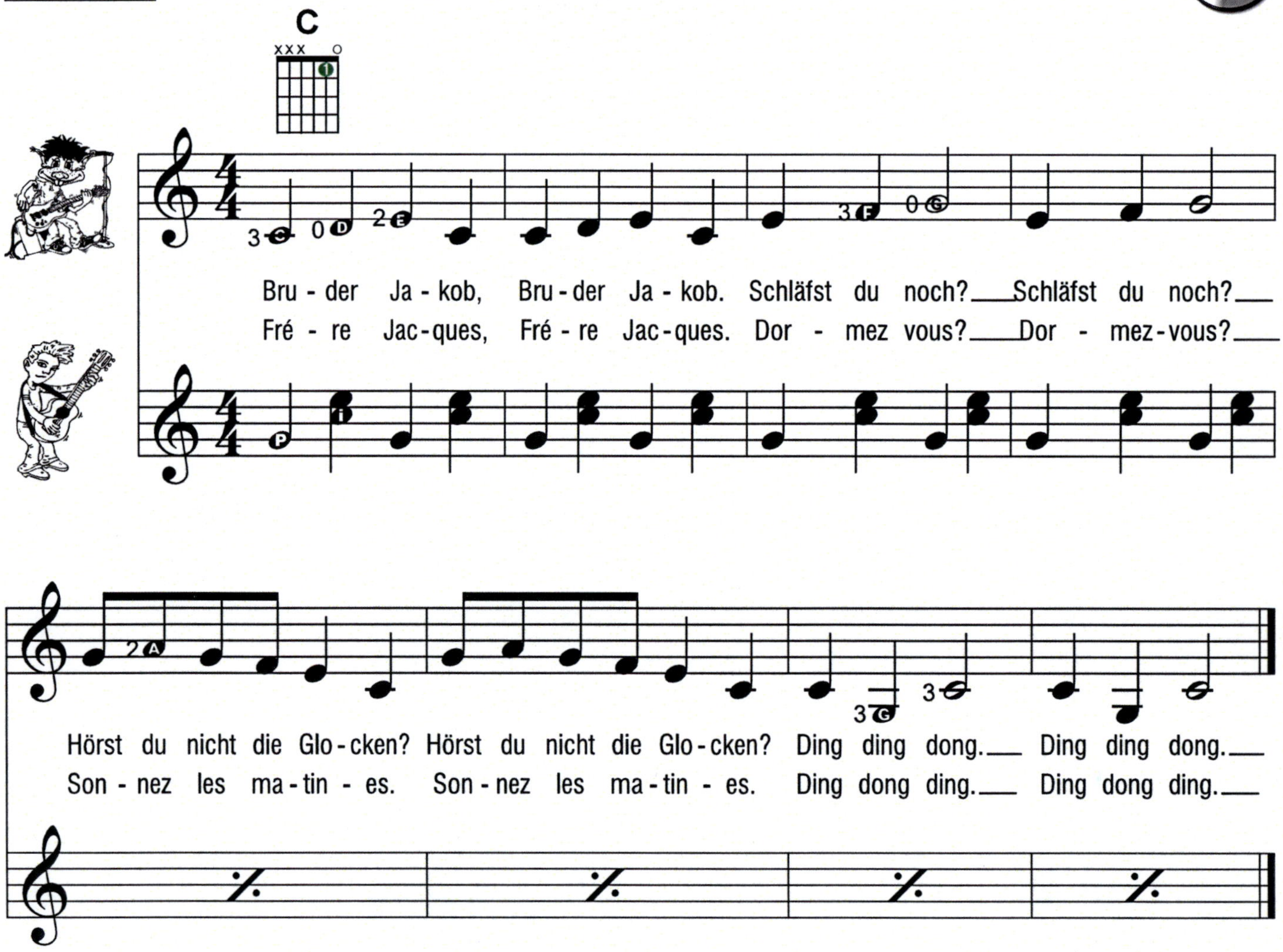

C

Bru - der Ja - kob, Bru - der Ja - kob. Schläfst du noch? Schläfst du noch?
Fré - re Jac - ques, Fré - re Jac - ques. Dor - mez vous? Dor - mez - vous?

Hörst du nicht die Glo - cken? Hörst du nicht die Glo - cken? Ding ding dong. Ding ding dong.
Son - nez les ma - tin - es. Son - nez les ma - tin - es. Ding dong ding. Ding dong ding.

Der einfache G7-Akkord

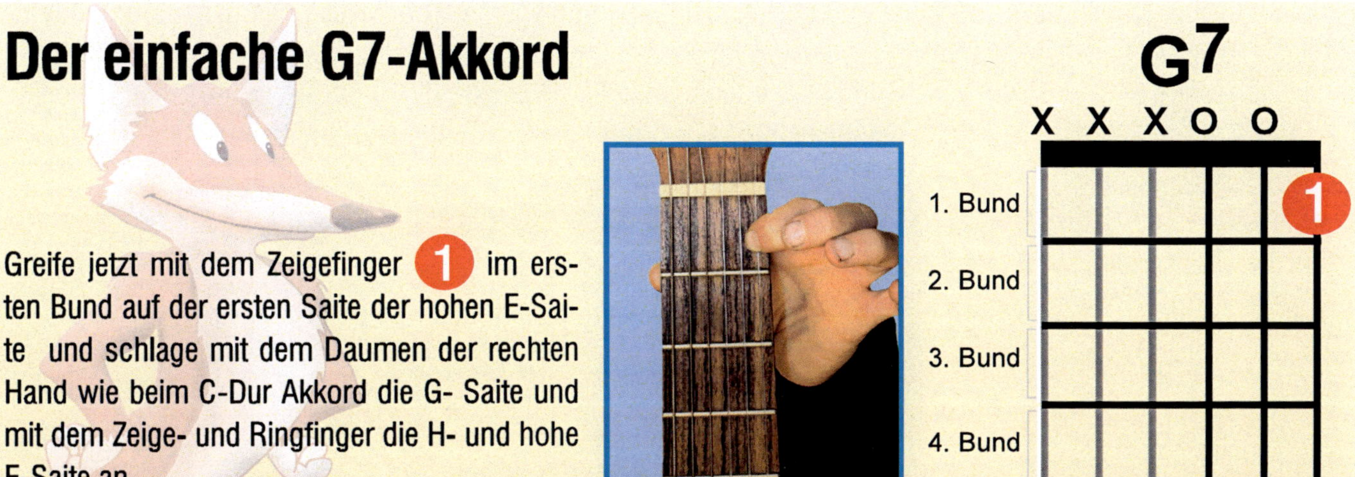

Greife jetzt mit dem Zeigefinger ❶ im ersten Bund auf der ersten Saite der hohen E-Saite und schlage mit dem Daumen der rechten Hand wie beim C-Dur Akkord die G- Saite und mit dem Zeige- und Ringfinger die H- und hohe E-Saite an.

104 Ich spiel G-Dur Sieben

Text & Musik: Armin Weisshaar

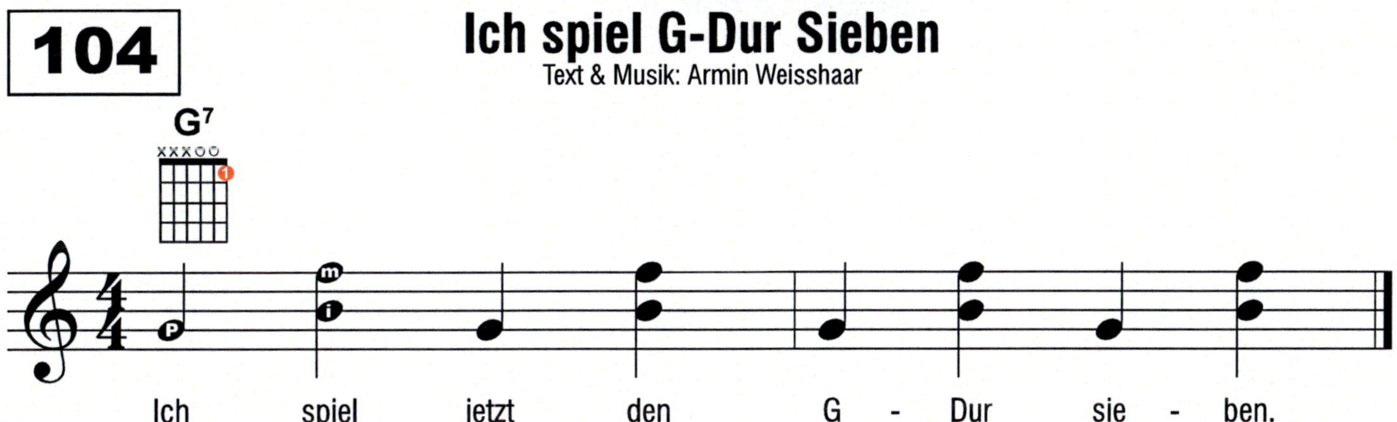

Jetzt ist **Akkordwechsel** angesagt. Vor jedem neuen Akkord geben dir zwei Viertelpausen Zeit auf den nächsten Akkord zu wechseln. Die jeweiligen Takte der einzelnen Akkorde sind in den Farben des zu greifenden Akkordes z.B. C = grün unterlegt. So siehst du genau wie viele Takte du von jedem Akkord spielen mußt.

105 Wechsellied

Text & Musik: Armin Weisshaar

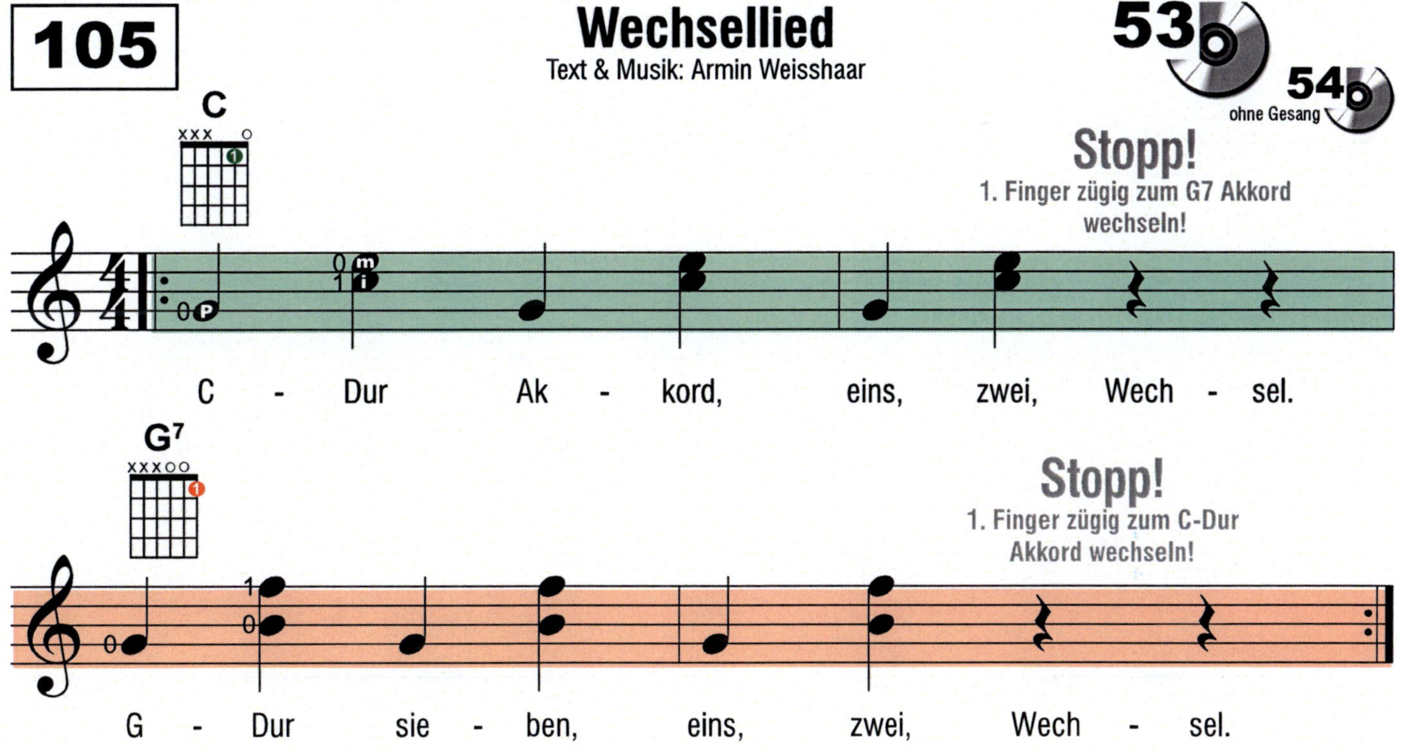

Flunk und seine Freunde sind vergnügt und spielen, lachen und singen auf der Wiese des benachbarten Bauern Pflügler. Dabei begleitet Flunk seine Freunde auf der Gitarre mit den beiden Akkorden C-Dur und G-Sieben. Sein Gitarrenlehrer hat ihm dazu die Griffbilder aufgeschrieben. Überlege dir zu der Begleitung eine Melodie und singe mit. Achte auf die rechte Anschlagshand (D=Daumen I Z= Zeigefinger I M= Mittelfinger).

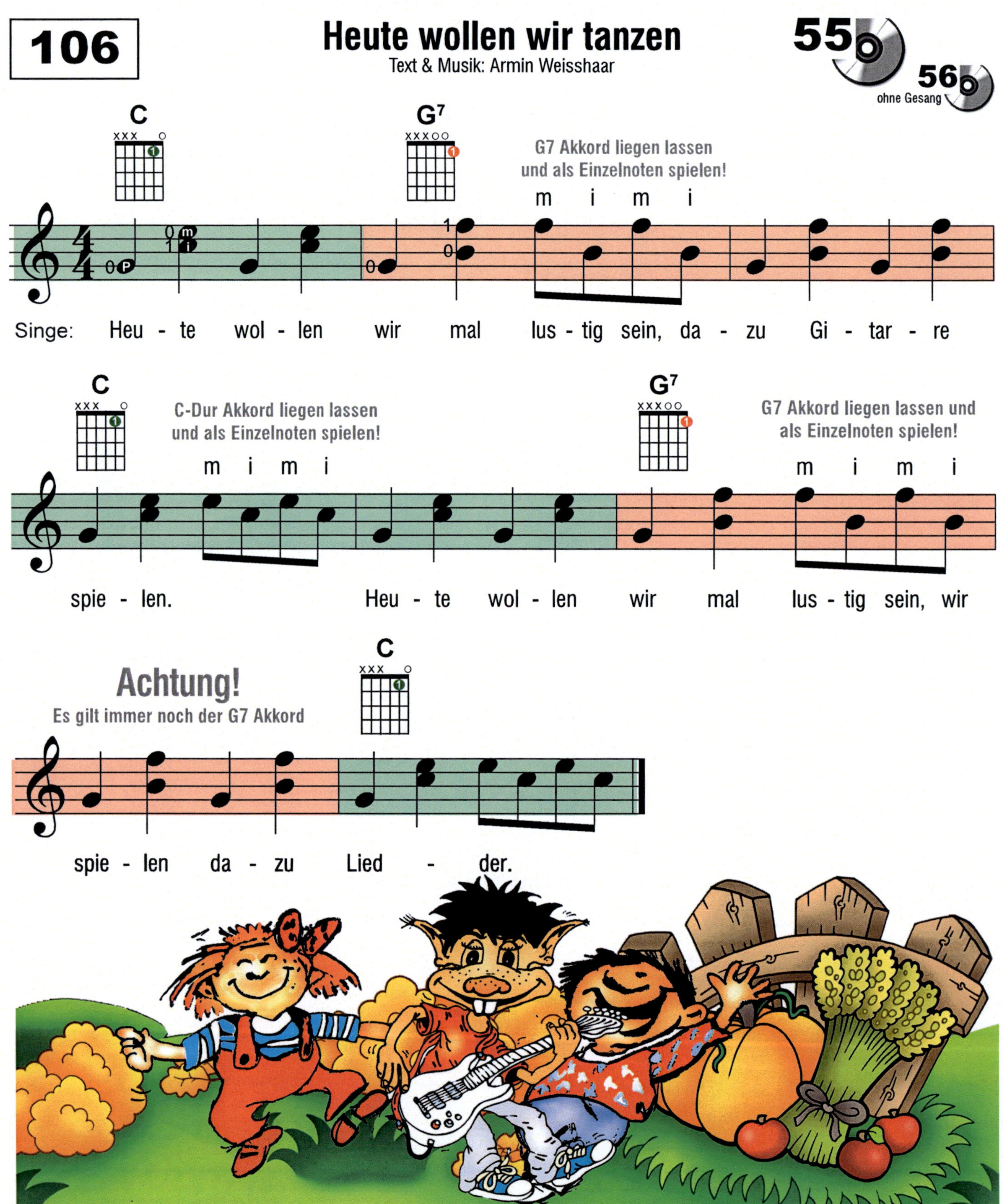

Melodie und Begleitung

Bei diesem Lied mußt du ziemlich häufig zwischen dem C- Dur und dem G7 - Akkord wechseln.
Übe deshalb das Lied erst einmal langsam.

107 **Schornsteinfegerlied** 57

Volkslied

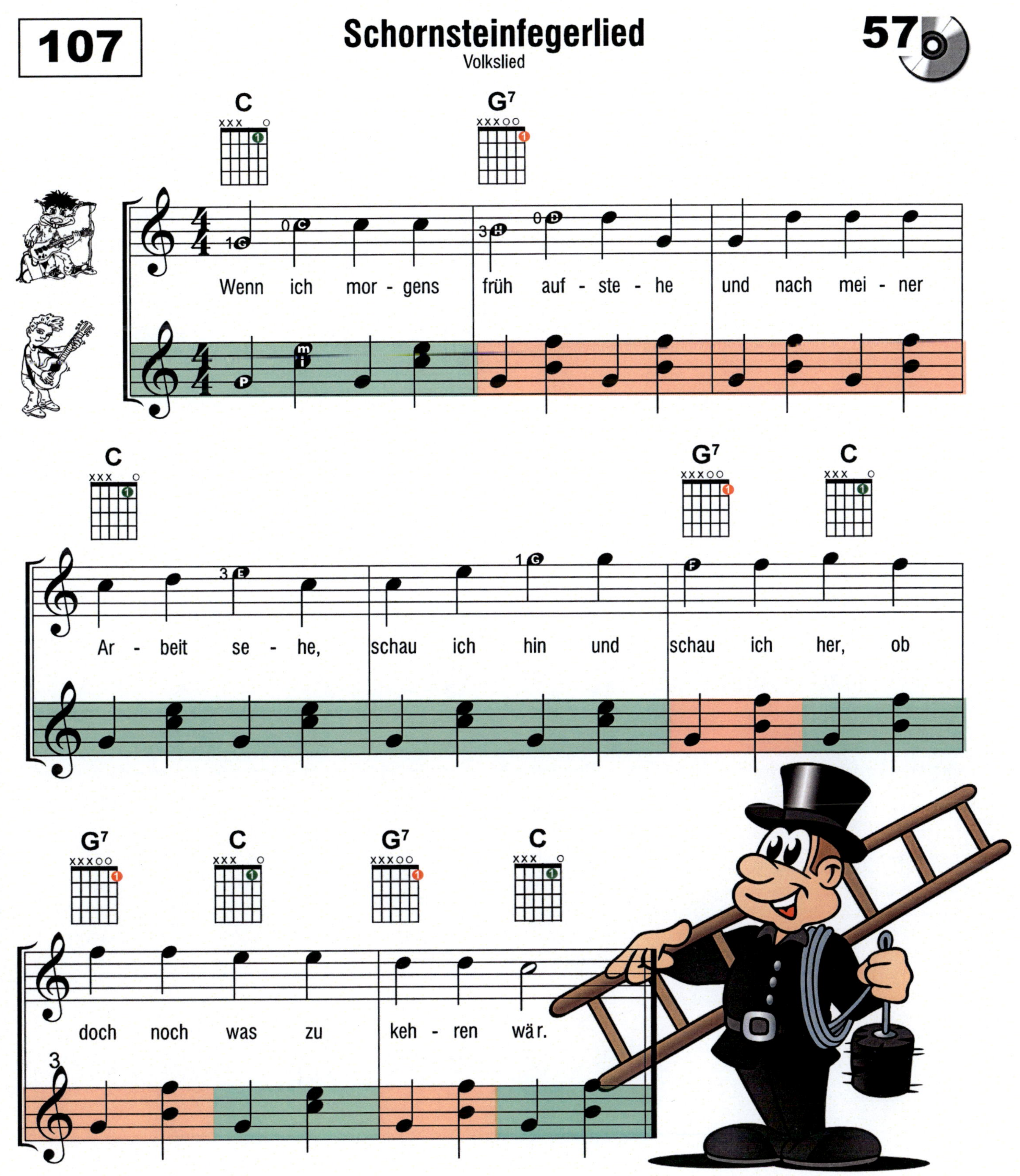

Gleichzeitiger Anschlag mit 3 Saiten

(Zupfmuster 2)

Bisher hast du ja das Zupfmuster nach folgendem Schema gespielt:
Daumen schlägt die G-Saite an und danach der **Zeige- und Mittelfinger** gleichzeitig die H- und hohe E-Saite.
Der gleichzeitige Anschlag mit drei Saiten funktioniert genau gleich, nur eben alle drei Saiten und Finger zusammen.
Ich nenne das immer die „Schnalztechnik“, da die Bewegung wie beim „Schnalzen mit den Fingern“ funktioniert.

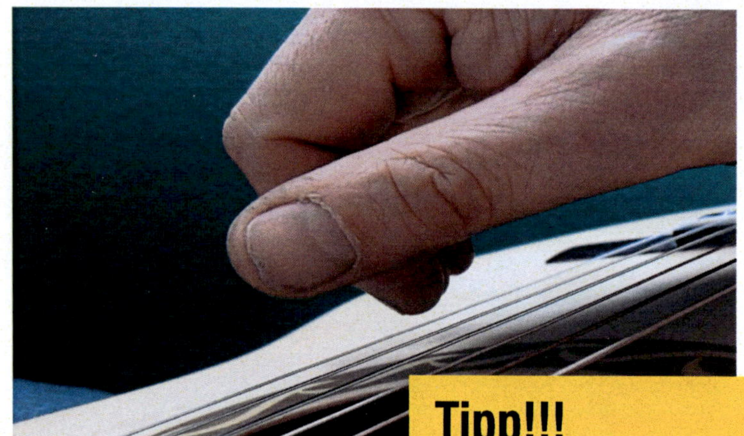

Gleichzeitiges Schlagen mit dem Daumen (G-Saite) und zupfen mit dem Zeige und Mittelfinger (H- und hohe E- Saite nach oben.

Tipp!!!
Damit sich Daumen und Finger beim Anschlag nicht gegenseitig behindern, ist es wichtig, dass der Daumen links von den Fingern vorbeischlägt.

108

Porbieren wir es doch gleich einmal an Halben Noten aus.

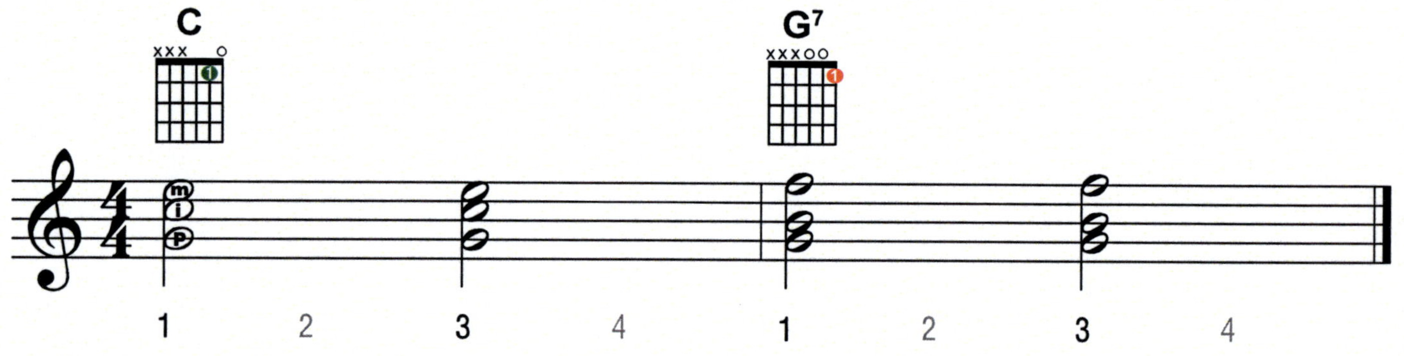

109

Und jetzt eine Übung mit dem Zupfmuster 1 und 2

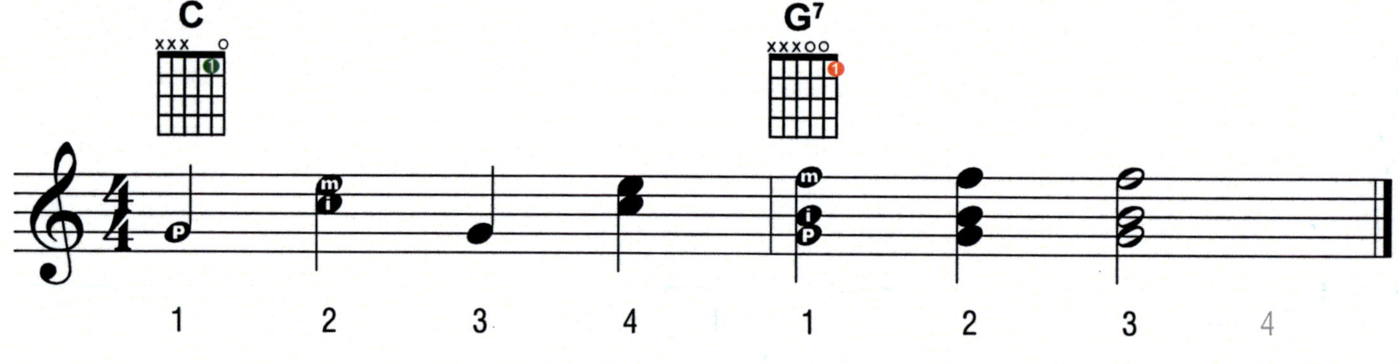

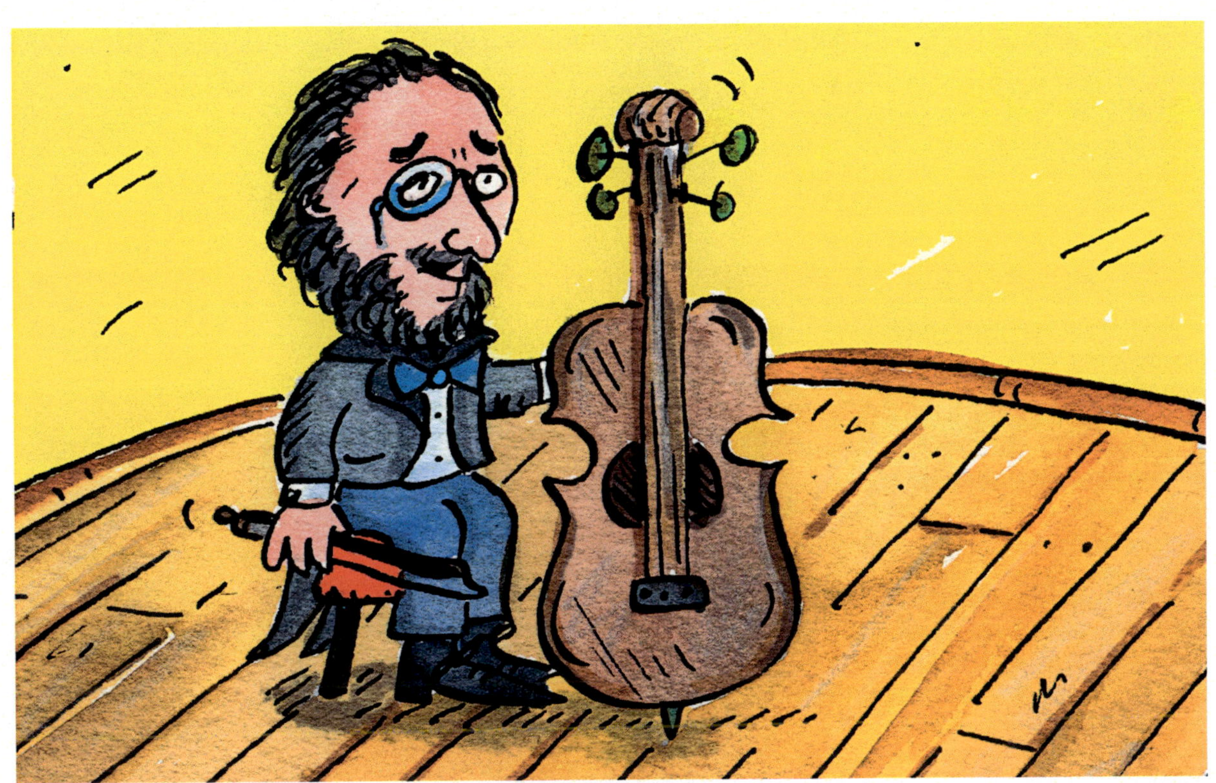

110

Mein Cello

Musik: Traditionell I Text: Armin Weisshaar

58

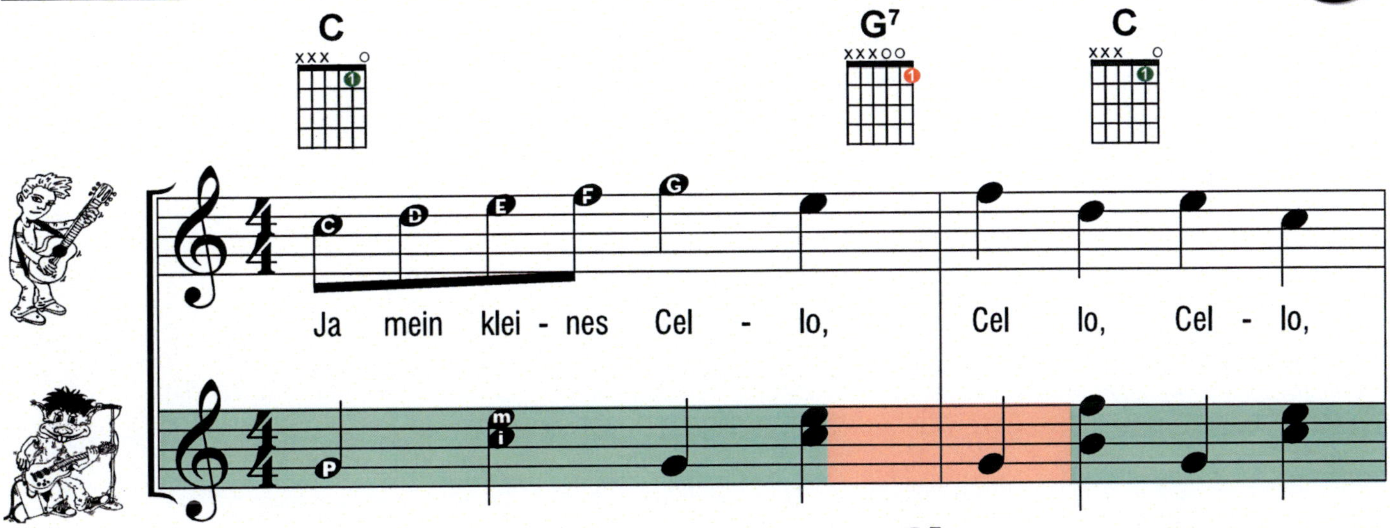

C G7 C

Ja mein klei - nes Cel - lo, Cel lo, Cel - lo,

Achtung!
Es gilt immer noch der C Dur Akkord

G7 C

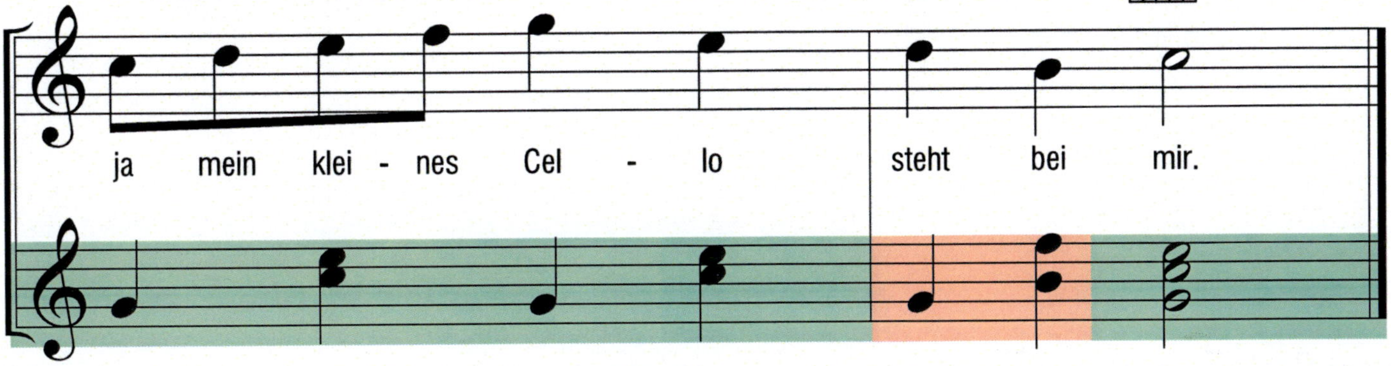

ja mein klei - nes Cel - lo steht bei mir.

Flunk sitzt am Rechner. Plötzlich bekommt er eine E-Mail mit Absender Ping. „Wow, super“, freut er sich und ruft Sally.

Flunk öffnet den elektronischen Brief.

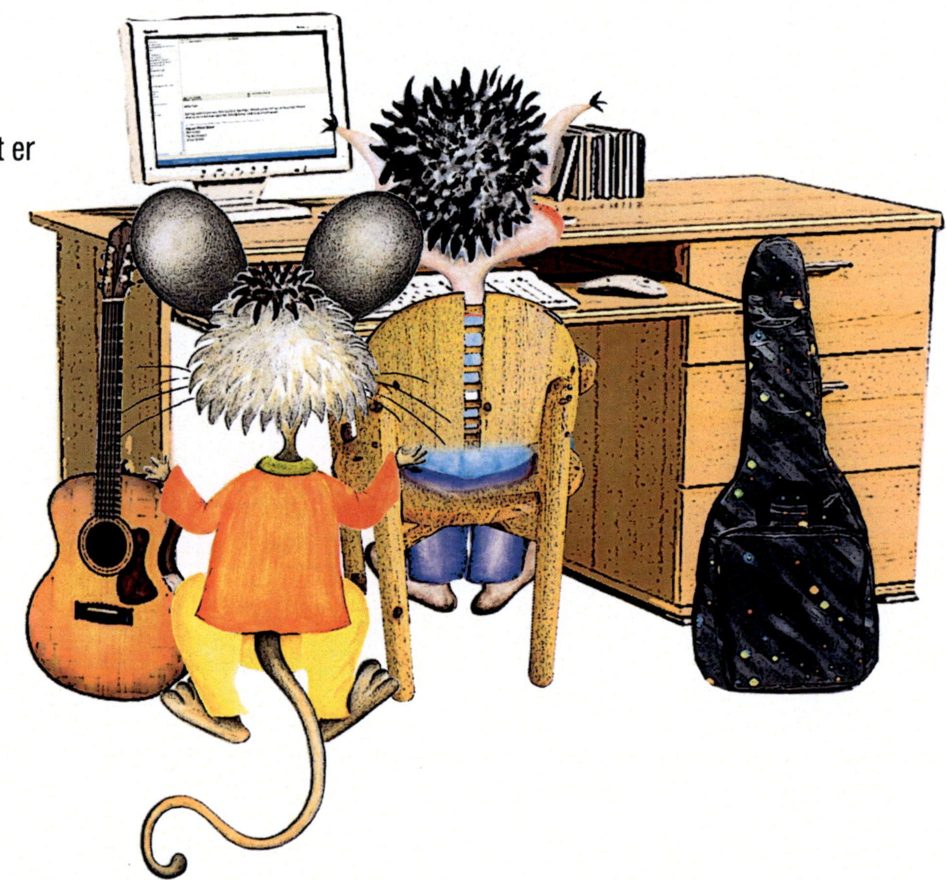

Von: Ping aus Stoney Islands(ping@nordpolcom.np)
Gesendet: Montag 17.Oktober 2011
An: flunk@gmx.de
Betreff: Neue Akkorde

Hallo Flunk,

ich habe nochmals einen neuen Akkord gelernt mit dem Namen G-Dur. Wenn du die bisher gelernten Akkorde kannst, ist der auch pille, palle. Das Begleitmuster Daumen, Zeige- und Mittelfinger kannst du ja bereits. PS: Im Anhang habe ich dir noch jede Menge Übungen und Lieder die ich gelernt habe aufgeschrieben.

Viel Spaß und Grüße

Ping aus Stoney Islands
Dein Kumpel
Nordpolstrasse 11
Stoney Islands

Der einfache G-Akkord

Greife wie im Griffdiagramm und auf dem Foto dargestellt - mit dem Ringfinger 3 im dritten Bund der hohen E- Saite und spiele dein gewohntes Zupfmuster mit Daumen,- Zeige,- und Ringfinger)

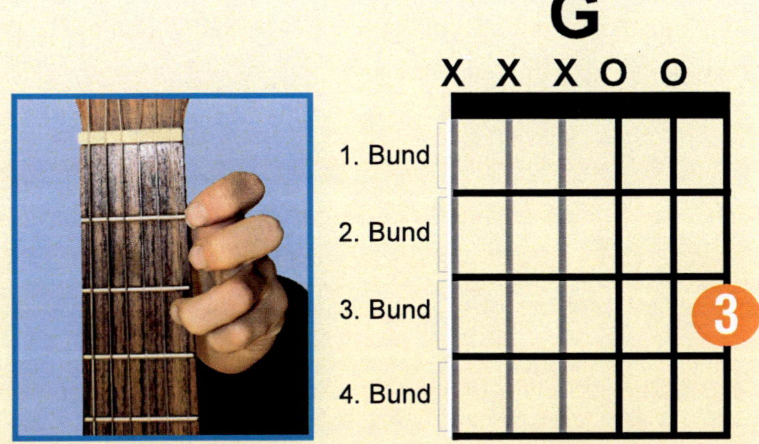

111

Der G- Akkord

Musik & Text: Armin Weisshaar

59
60 ohne Gesang

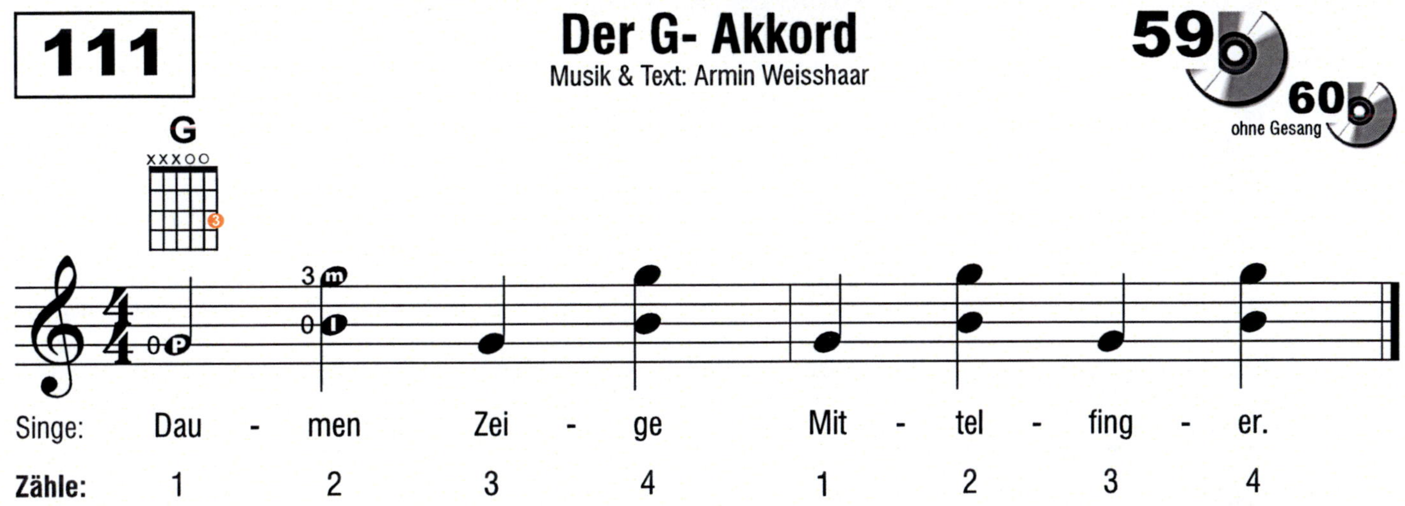

112

C- und G Dur

Musik & Text: Armin Weisshaar

61
62 ohne Gesang

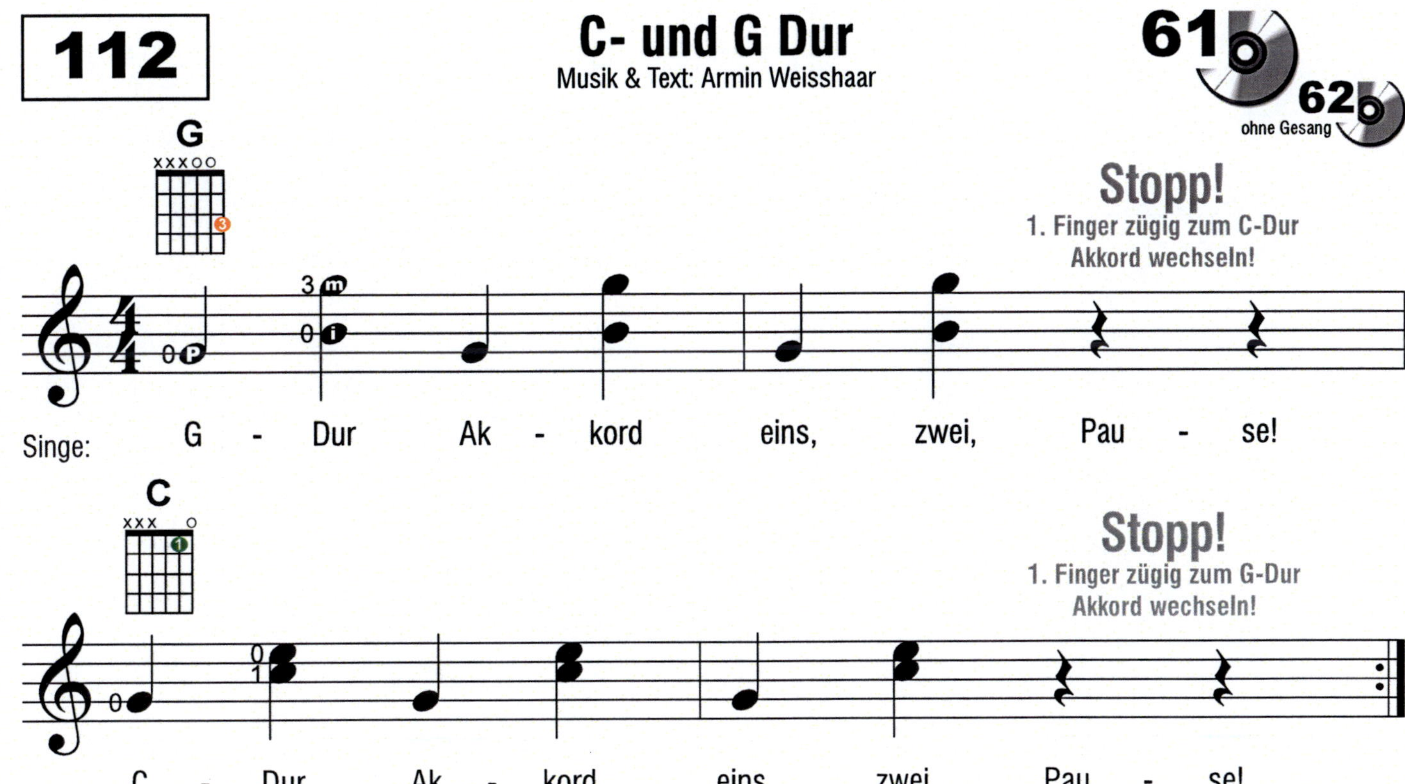

Drei Akkorde in einem Lied

Das nächste Lied enthält drei Akkorde. Das heißt du mußt oft wechseln. Deshalb solltest du zuerst ganz langsam üben, damit alle Töne sauber klingen.

Erfinde eine eigene Melodie!

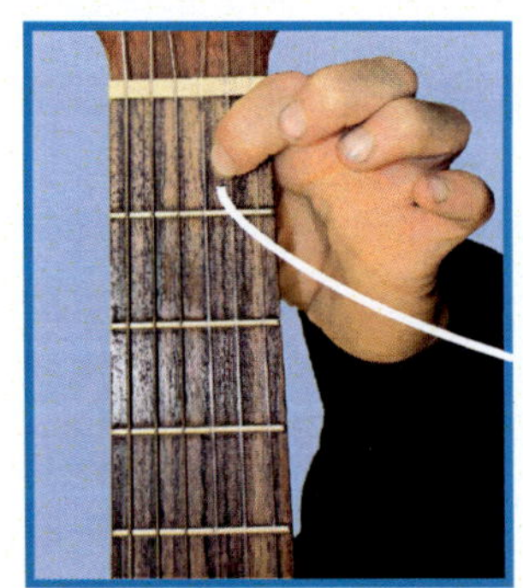
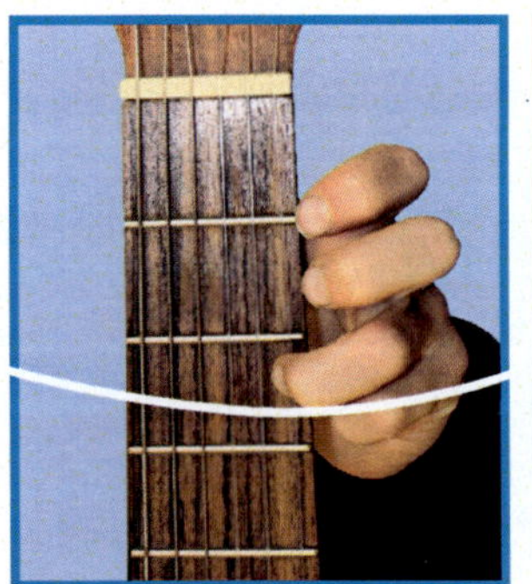
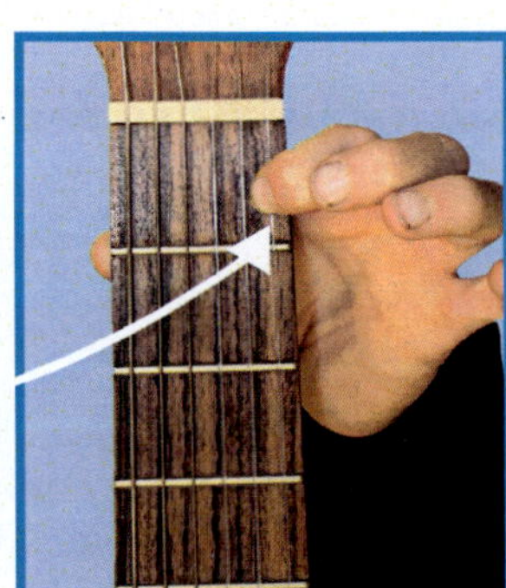

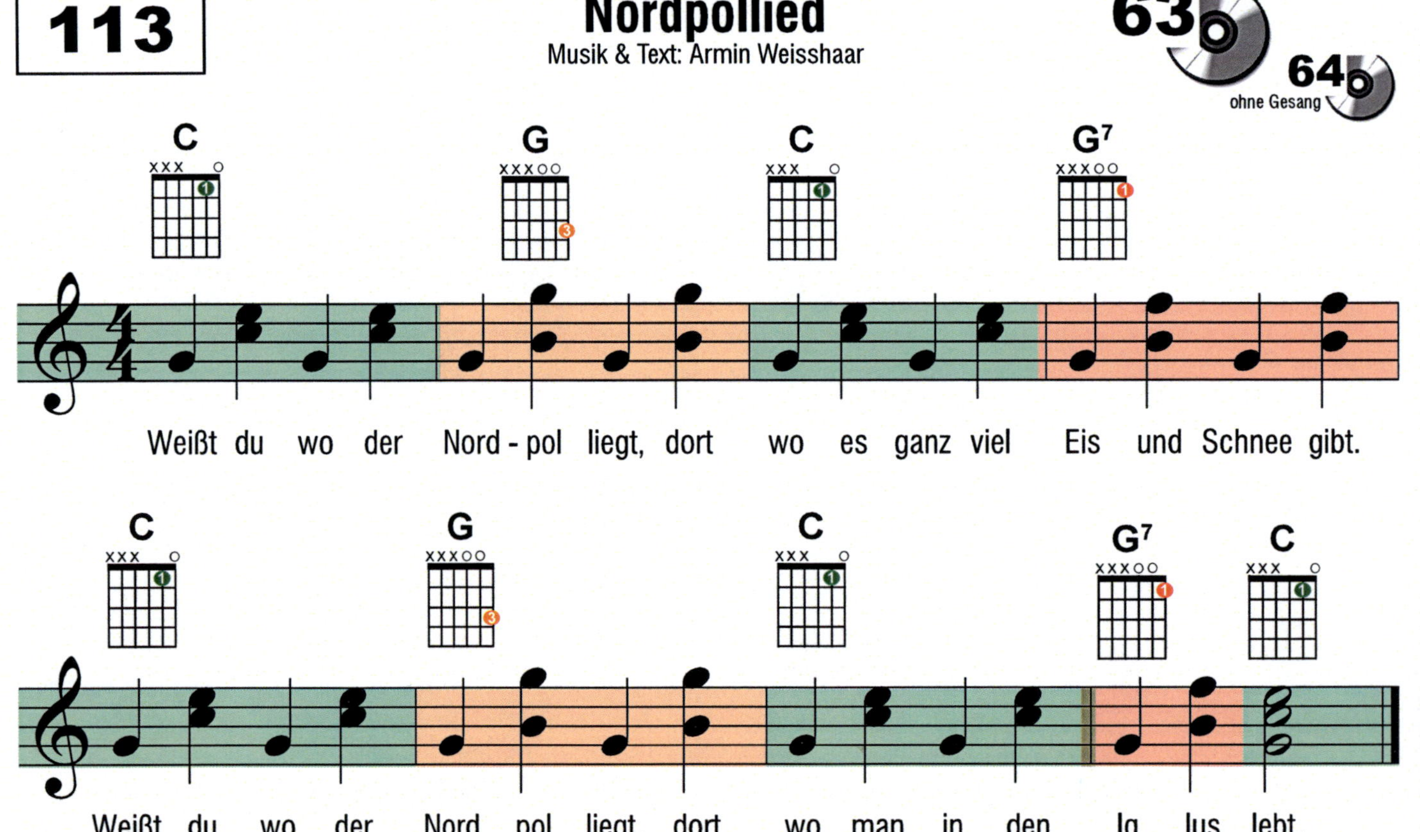

Akkordsymbole

Liedbegleitungen können vereinfacht mit Akkordsymbolen dargestellt werden. Das sind Buchstaben, die für einen ganzen Akkord stehen.

C = C-Dur Akkord I **G** = G- Dur Akkord und **G**^{7} = G Sieben Akkord

Begleite die folgenden Lieder nach den angegebenen Akkordsymbolen und dem gelb unterlegten Abschlagmuster im 4/4tel Takt. Zur Hilfe sind die Akkorde wie sie du beim Griffdiagramm gelernt hast, in Farbe dargestellt. (vgl. Seite 126 Akkord C = grün) oder Seite 129 G7 = rot)

4/4tel Takt

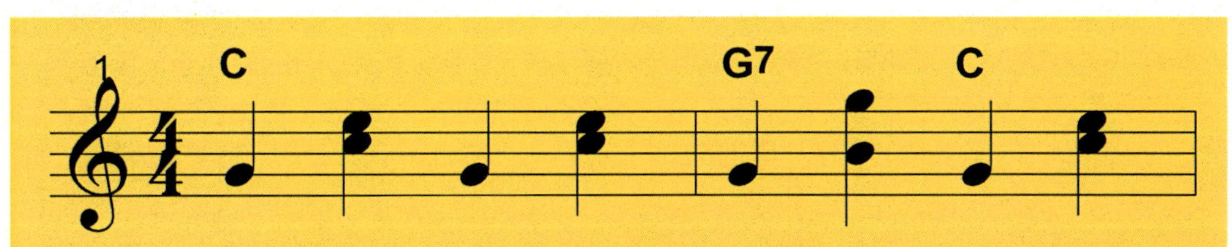

114

Lustig segeln wir hinaus

Musik: Traditionell (aus Goodnight Ladies) Text: Armin Weisshaar

65

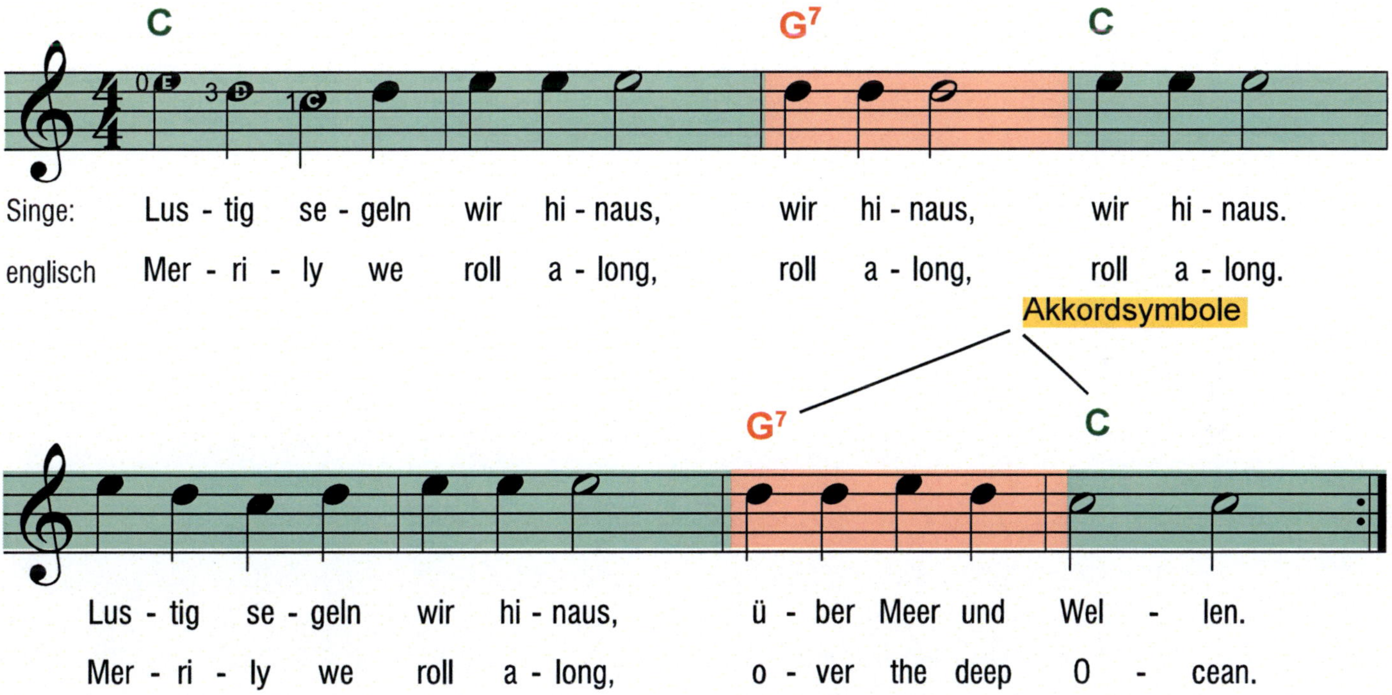

C G7 C

Singe: Lus - tig se - geln wir hi - naus, wir hi - naus, wir hi - naus.

englisch Mer - ri - ly we roll a - long, roll a - long, roll a - long.

Akkordsymbole

G7 C

Lus - tig se - geln wir hi - naus, ü - ber Meer und Wel - len.

Mer - ri - ly we roll a - long, o - ver the deep O - cean.

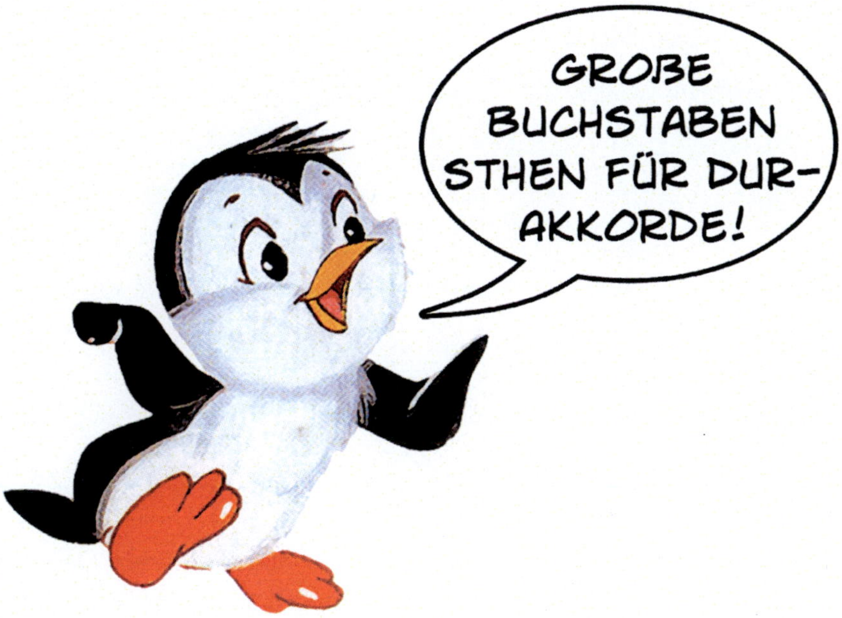

GROßE BUCHSTABEN STHEN FÜR DUR-AKKORDE!

115

Mein Iglu

Musik: & Text: Armin Weisshaar

66

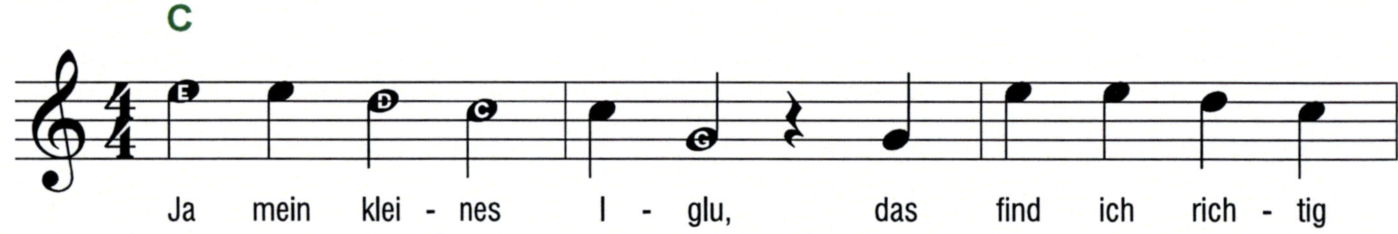

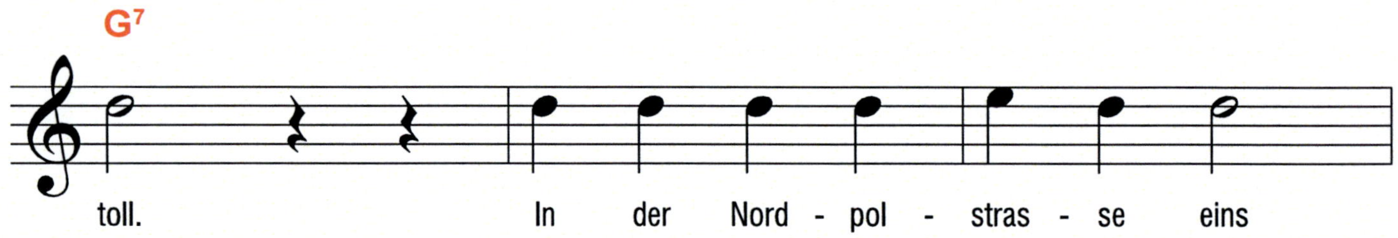

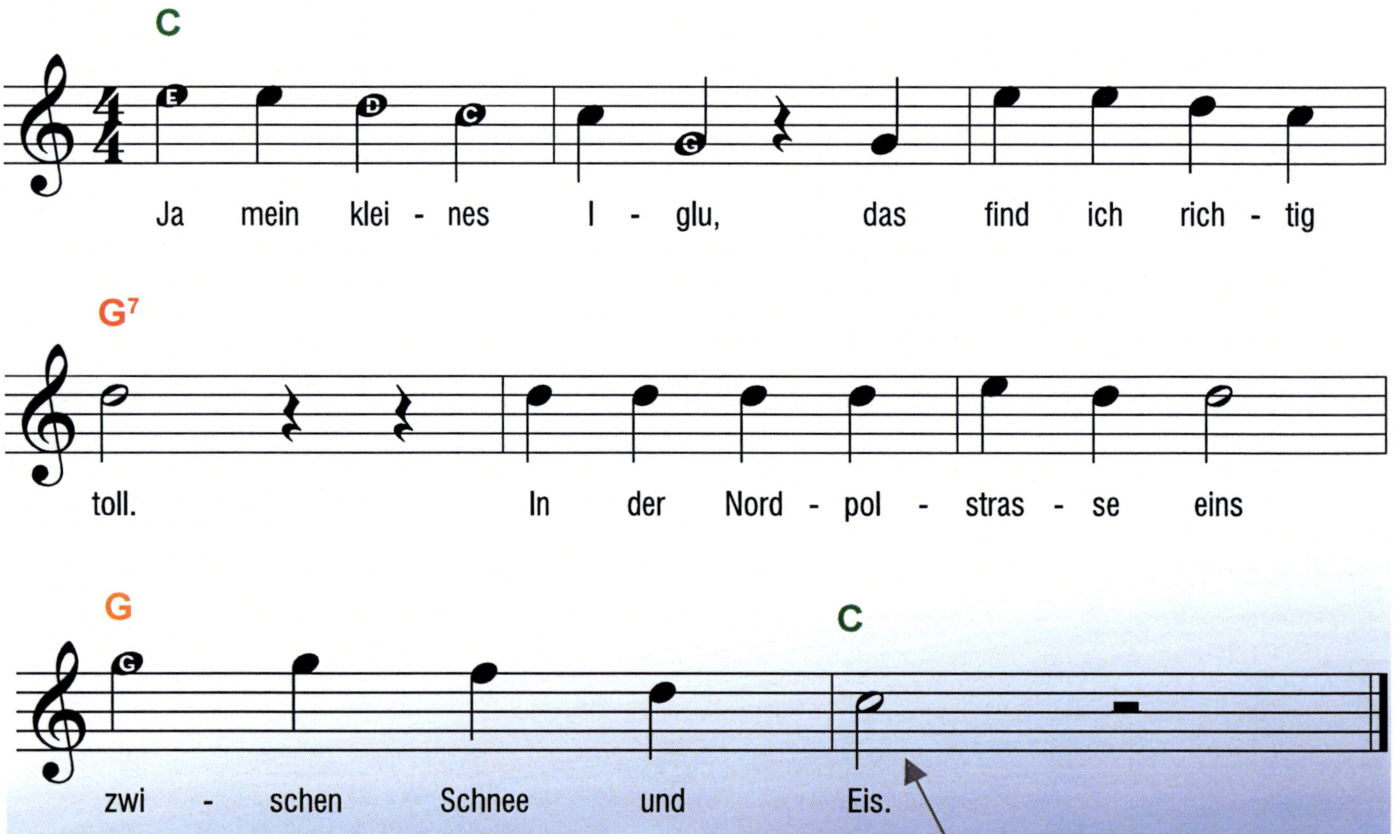

G G C

zwi - schen Schnee und Eis.

Hier kannst du wie wie auf Seite 132 beschrieben eine Halbe Note mit Zupfmuster 2 spielen.

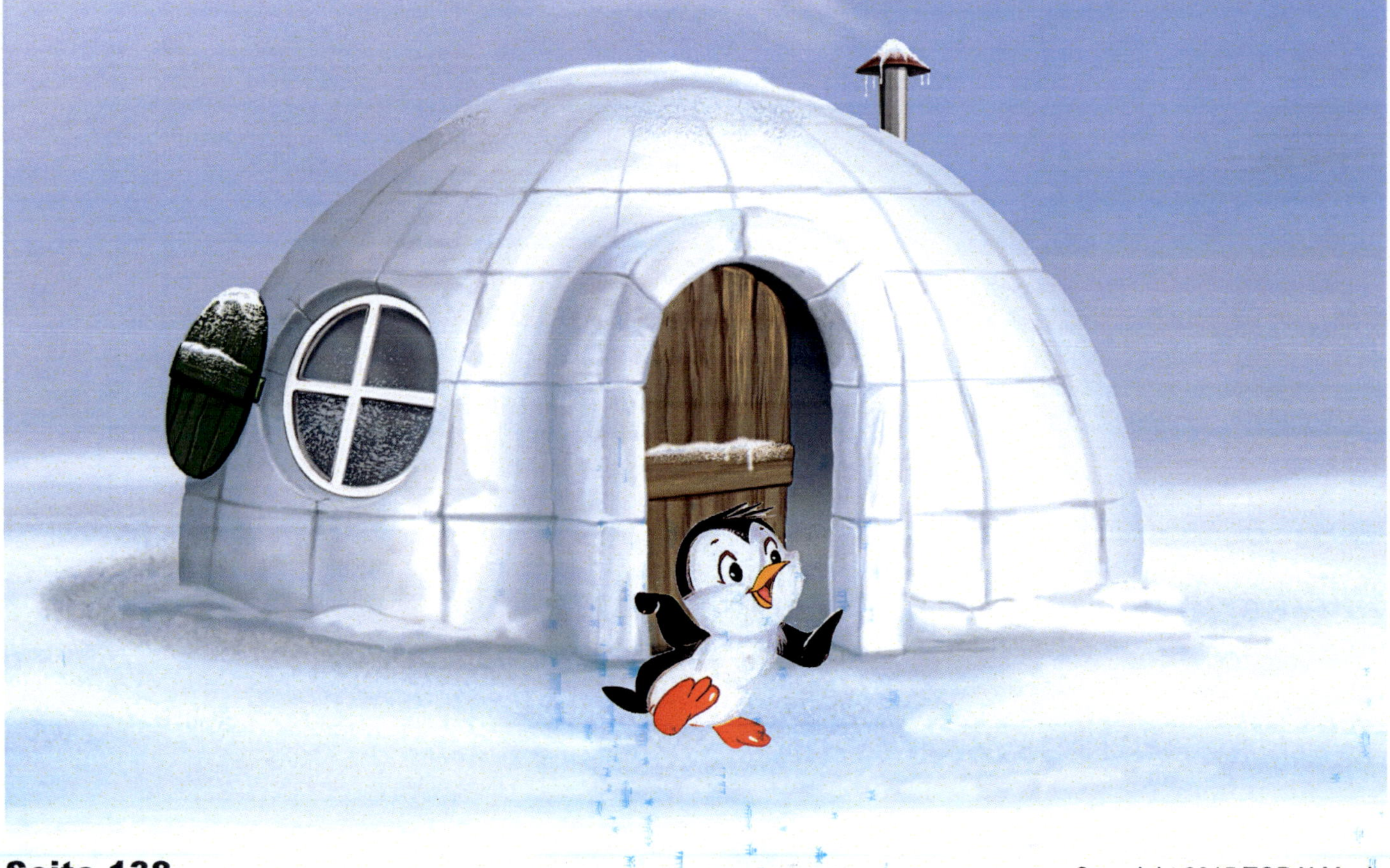

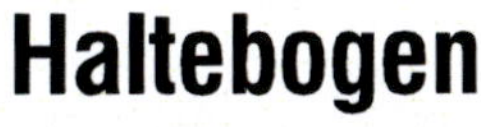

Haltebogen

Flunk sitzt grübelnd am Tisch und überlegt, was wohl die Bögen über den verschiedenen Noten zu bedeuten haben. „Ruf doch deinen Gitarrenlehrer an", sagt Sally und beißt noch ein Stück von ihrem Marmeladenbrot ab. Gesagt, getan. Flunk wählt die Telefonnummer von Herrn Pauli. Null, sieben, fünf, acht, eins, dann vier, vier, drei, drei, drei. Am anderen Ende nimmt Herr Pauli ab. Geduldig hört er zu und erklärt die Zählzeiten, die Bedeutung der Haltebögen und die Akkorde. Flunk schreibt alles auf einem Zettel, der neben dem Telefon liegt mit.

~~Der haltebogen ferbindet zwei gleichhohe noten~~

Der Haltebogen verbindet zwei gleichhohe Notenwerte miteinander.
Die Notenwerte, die mit einem Haltebogen verbunden sind,
werden einfach addiert.
Dies kann innerhalb eines Taktes, aber auch über zwei oder mehrere
Takte geschehen.

Erklärung □ = diese Noten anschlagen

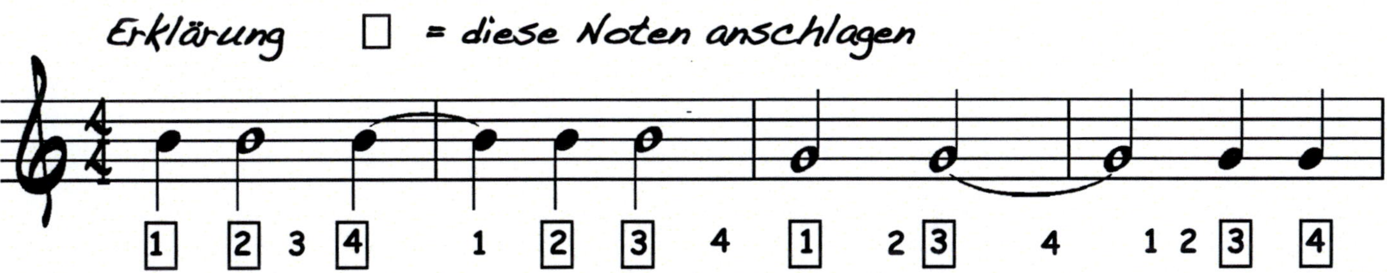

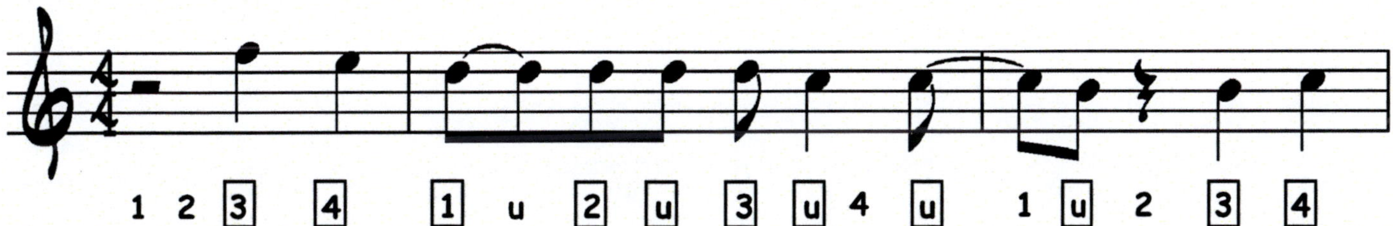

Akkorde spielen!

Flunk holt seine Gitarre und übt. Die Haltebögen hat er schon drauf, aber mit dem Zupfmuster und den Akkorden, da tut er sich noch schwer. Er sucht in seinem Notenbuch die Lieder in denen die bisher gelernten Akkorde vorkommen, heraus und spielt die Lieder. Versuch es doch auch.

Jetzt kommt ein cooler Song, den ich extra für dich komponiert habe. Die Noten hat mir mein Gitarrenlehrer aufgeschrieben. Ich blicke allerdings ein paar Dinge nicht, die ich markiert, bzw. hingeschrieben habe. Da kannst du ja mal deinen Gitarrenlehrer fragen. Da du ja noch nicht den F- Dur Akkord kannst (der ist auch ziemlich schwierig) haben wir bei der Begleitung (Zupfmuster) Übergangstöne mit eingebaut. Klingt ziemlich abgefahren, aber gut. Vielleicht können wir den Song ja irgendwann mal zusammen spielen.
Übe am besten zuerst einmal das **Zupfmuster 1** mit den **Übergangstönen**

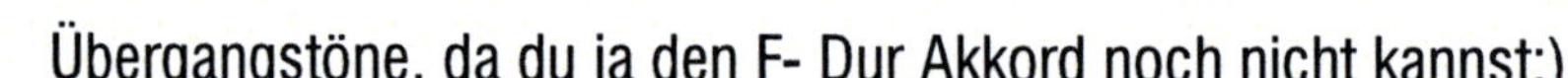

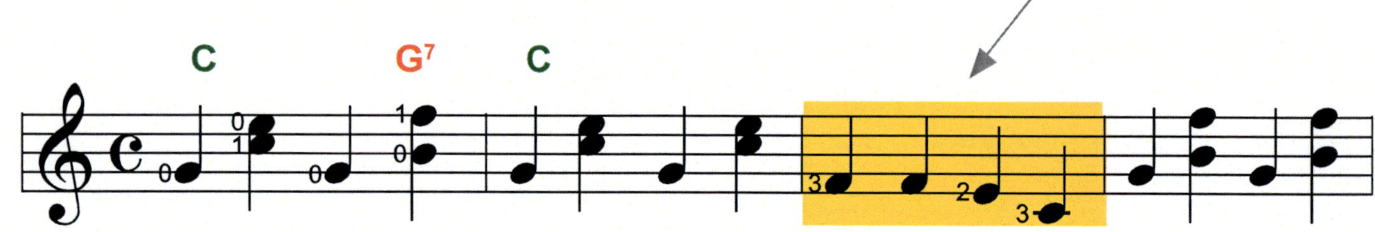

116 Rock am Nordpol

Musik: & Text: Armin Weisshaar

67

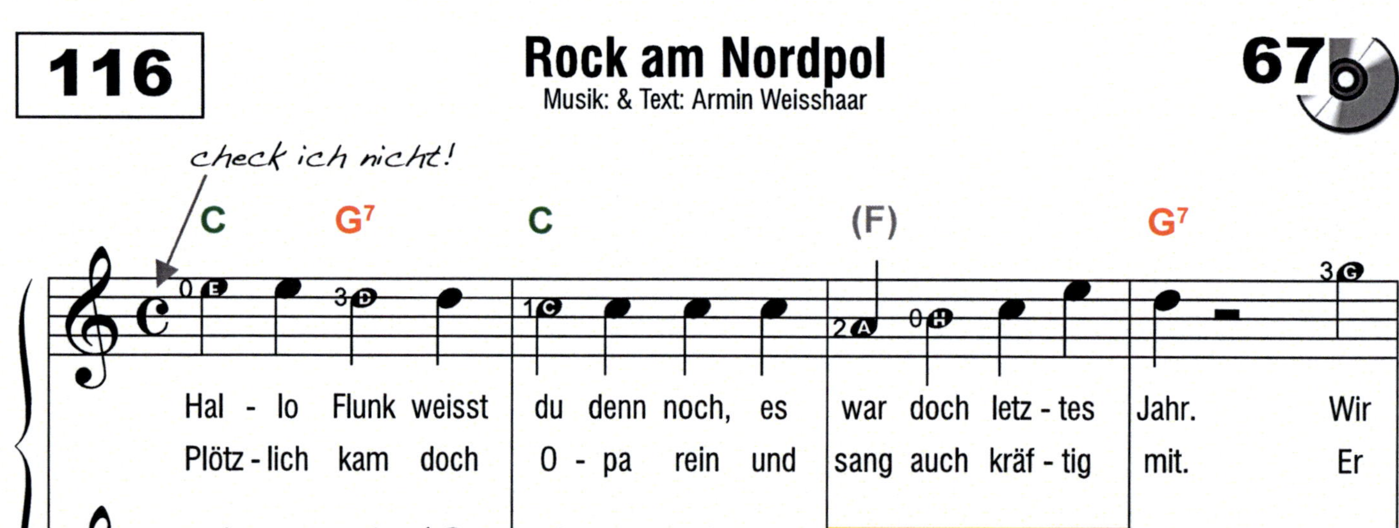

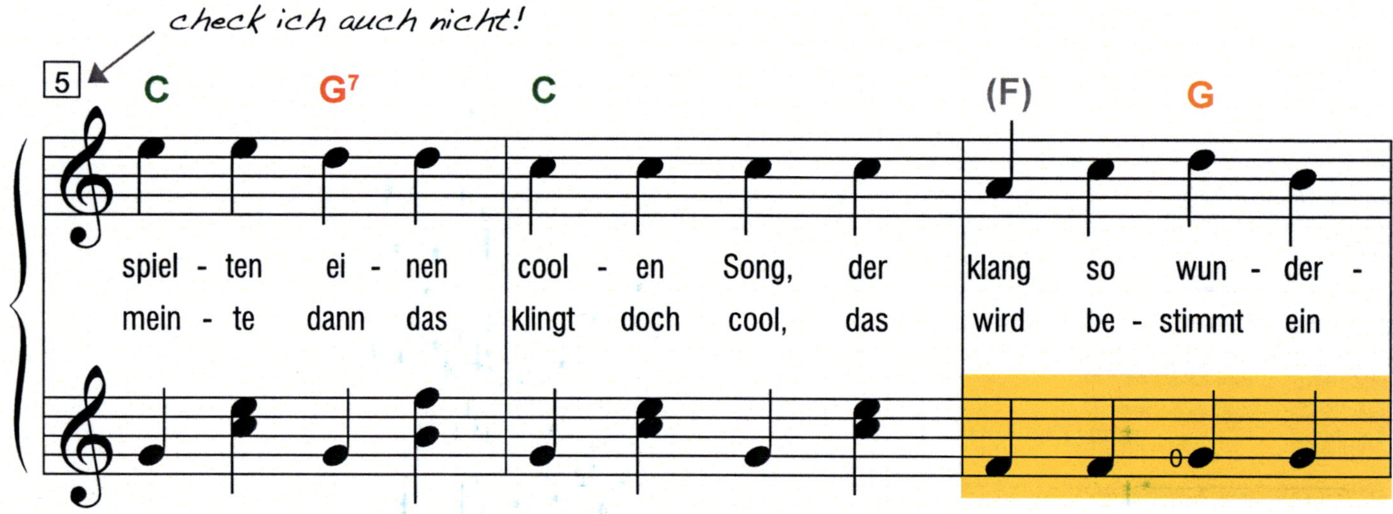

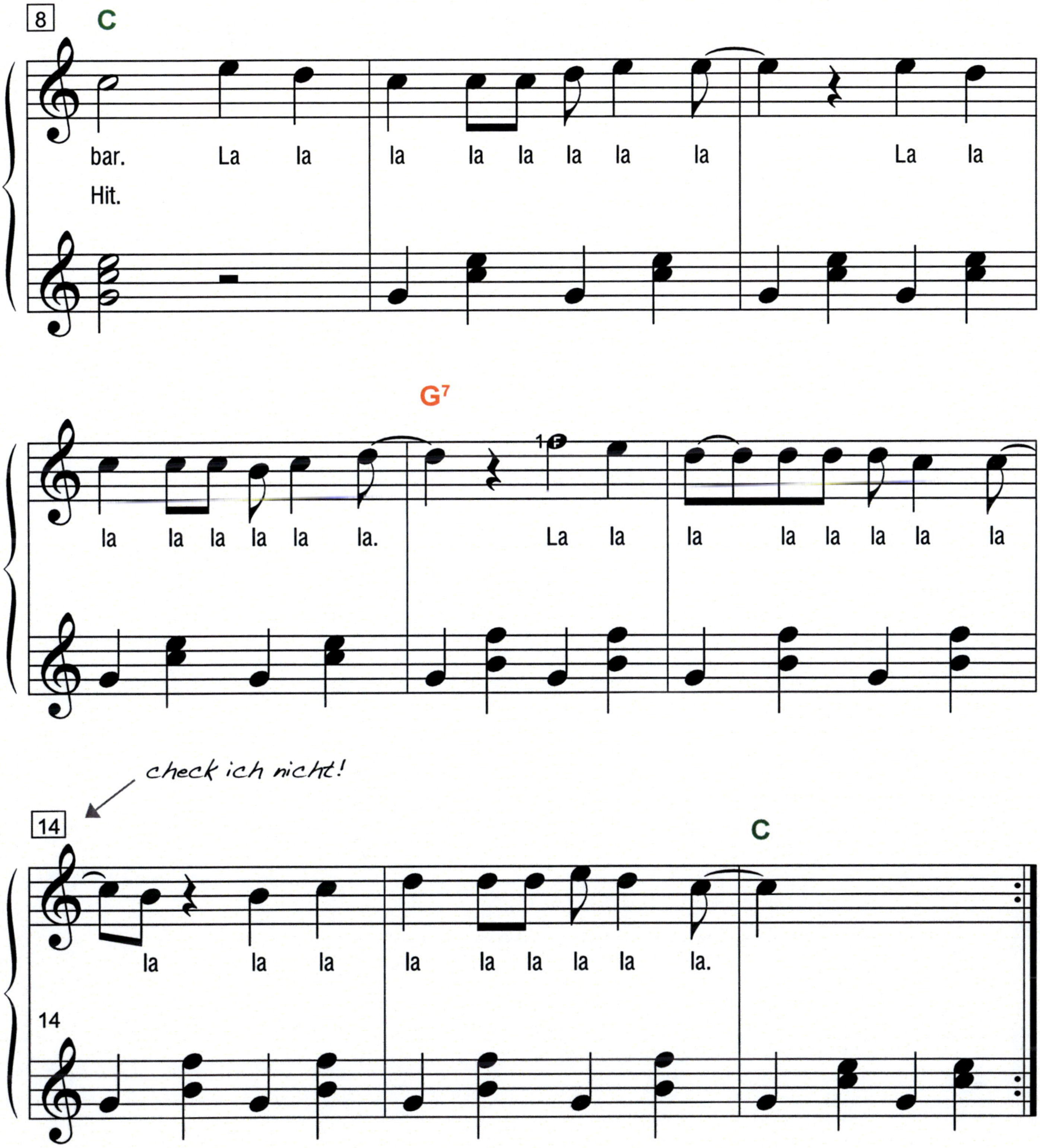

8 C

bar. La la la la la la la la La la
Hit.

G7

1

la la la la la la. La la la la la la la la

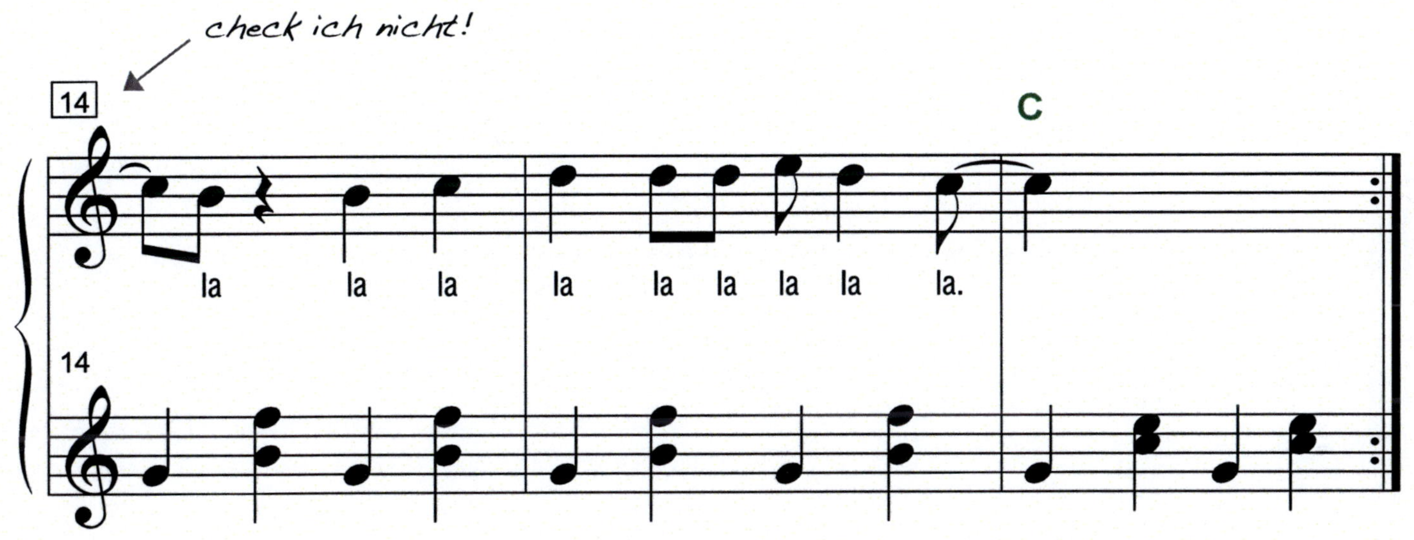

Begleitmuster im 2/4tel Takt (Zupfmuster 1)

Begleite die folgenden Lieder nach den angegebenen Akkordsymbolen und dem gelb unterlegten Abschlagmuster im **2/4tel Takt**.

2/4tel Takt

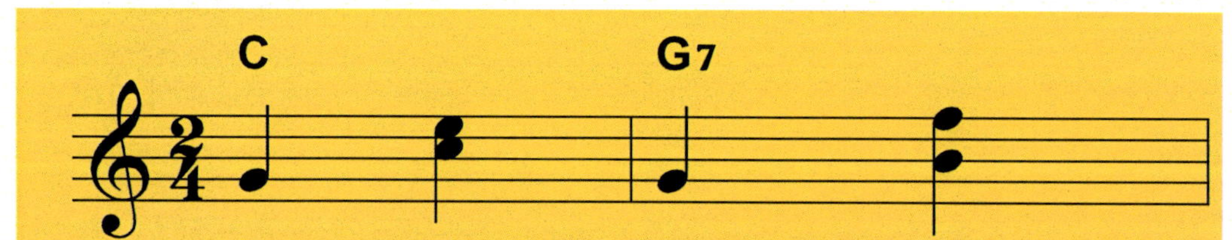

117

Wir sind Musikanten

Spiellied

68

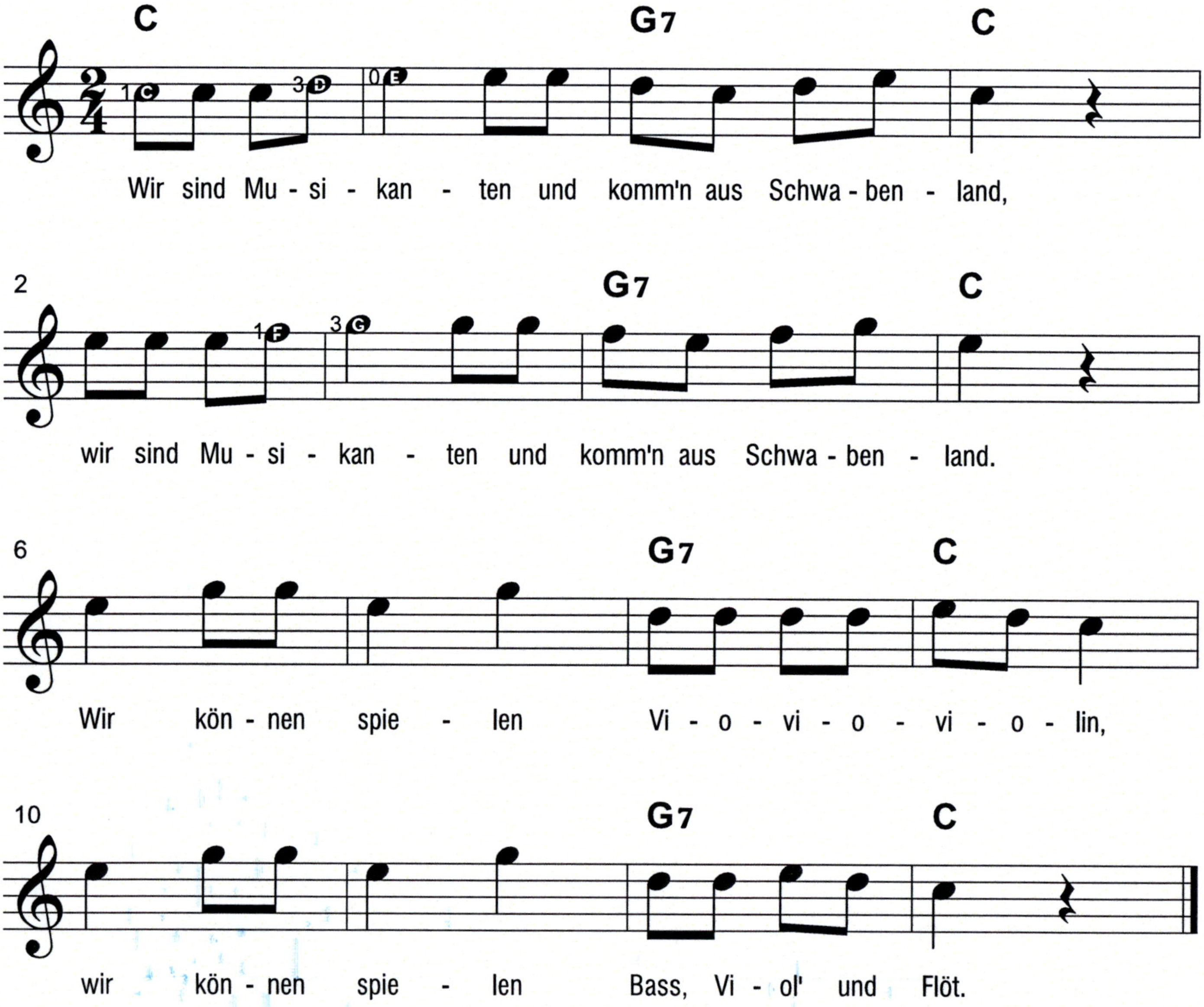

C G7 C

Wir sind Mu - si - kan - ten und komm'n aus Schwa - ben - land,

2 G7 C

wir sind Mu - si - kan - ten und komm'n aus Schwa - ben - land.

6 G7 C

Wir kön - nen spie - len Vi - o - vi - o - vi - o - lin,

10 G7 C

wir kön - nen spie - len Bass, Vi - ol' und Flöt.

Begleitmuster im 3/4tel Takt (Zupfmuster 1)

Begleite die folgenden Lieder nach den angegebenen Akkordsymbolen und dem gelb unterlegten Abschlagmuster im **3/4tel Takt**. Bei den Viertel- und den Halben Noten kannst du das **Zupfmuster 2** verwenden!

3/4tel Takt

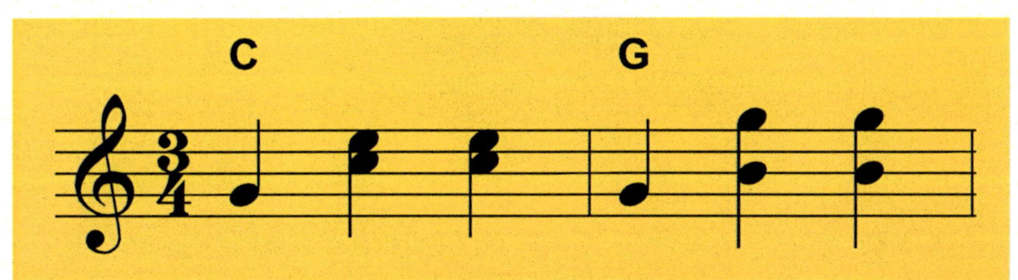

118 Hört ihr die Drescher

Traditionell

69

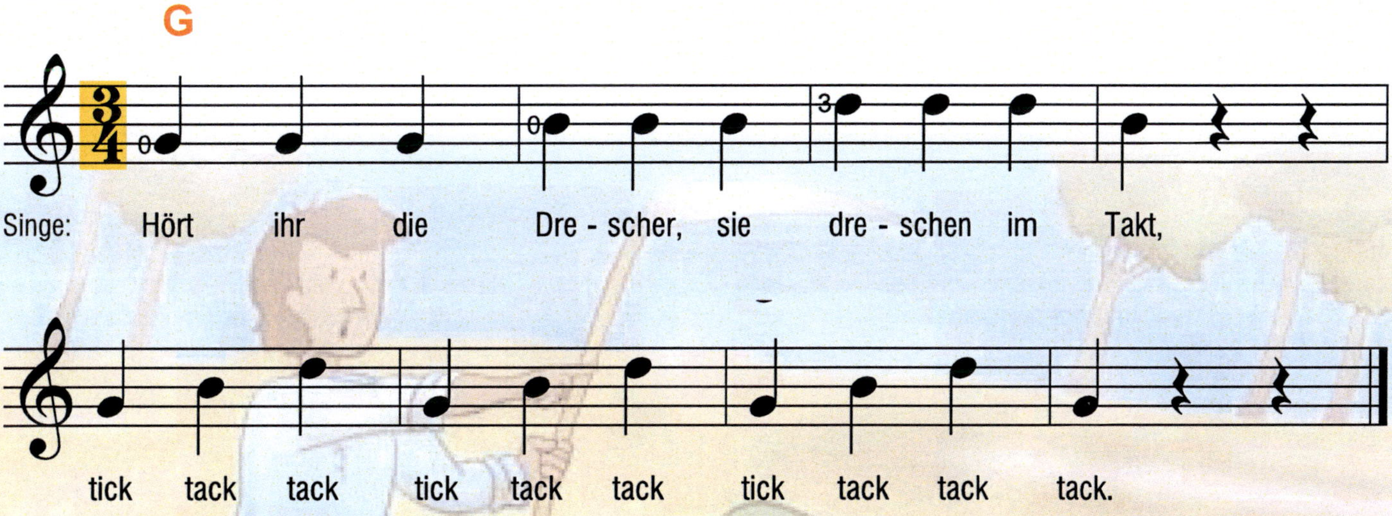

G

Singe: Hört ihr die Dre - scher, sie dre - schen im Takt,

tick tack tack tick tack tack tick tack tack tack.

119 Im Märzen der Bauer

Traditionell

70

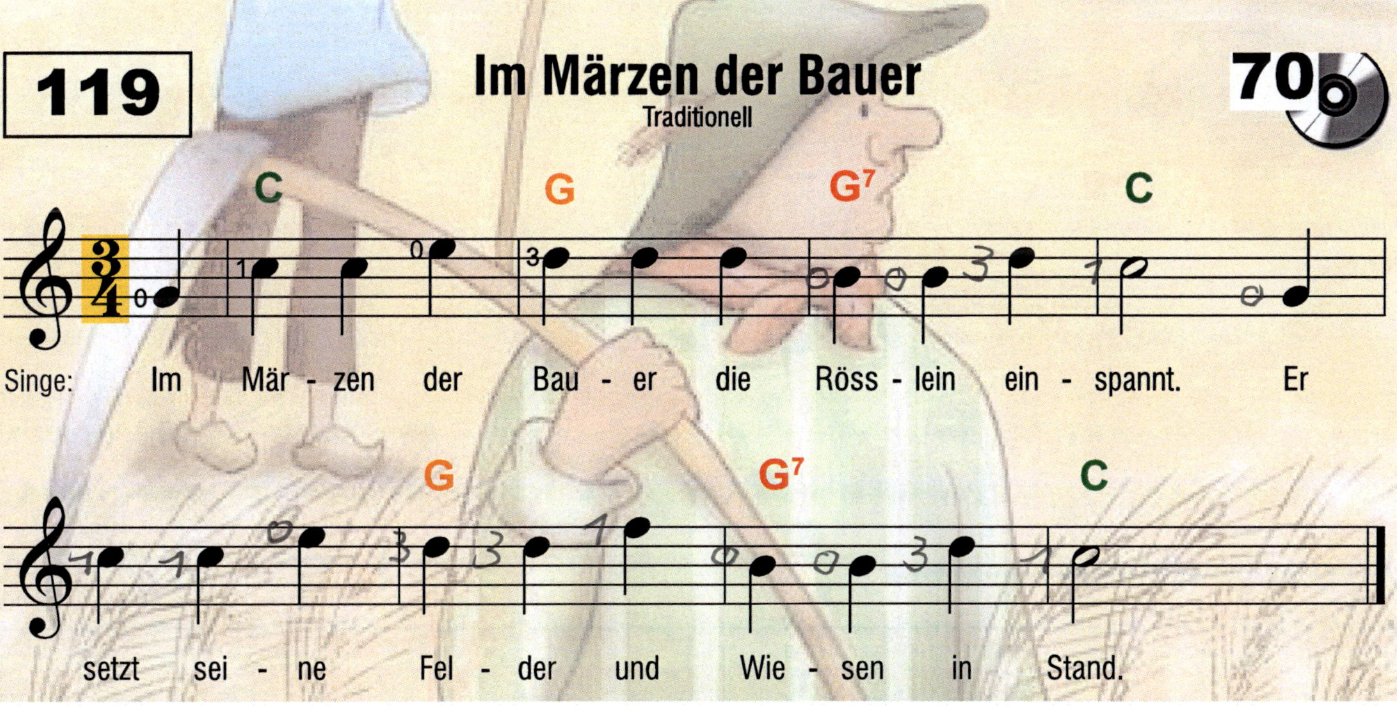

C G G7 C

Singe: Im Mär - zen der Bau - er die Röss - lein ein - spannt. Er

G G7 C

setzt sei - ne Fel - der und Wie - sen in Stand.

Arpeggios (Zupfmuster 3)

Du lernst jetzt ein Zupfmuster im 3/4tel Takt, bei dem die Töne des Akkordes macheinander gezupft werden Das nennt man ein Arpeggio. Wir probieren es mal mit dem G- Dur Akkord aus.

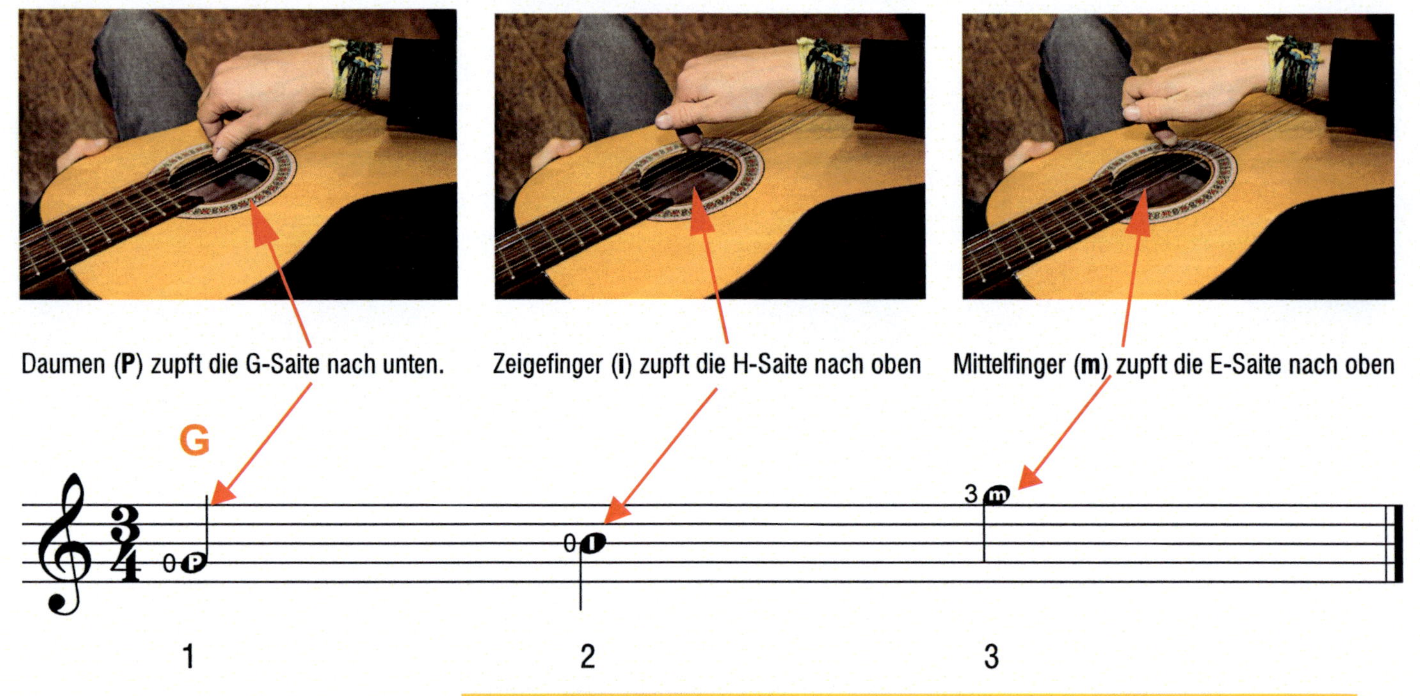

Arpeggio

(ital.) Akkordzerlegung, bei der ähnlich dem Anschlag auf einer Harfe die Akkordtöne nacheinander gesoiuelt werden. Jeder Ton liegt auf einer eigenen Saite, und jede Note wird mit einem anderen Finger angeschlagen.

Jetzt spielen wir mal das Lied „Höret die Drescher“ mit dem Zupfmuster 3!

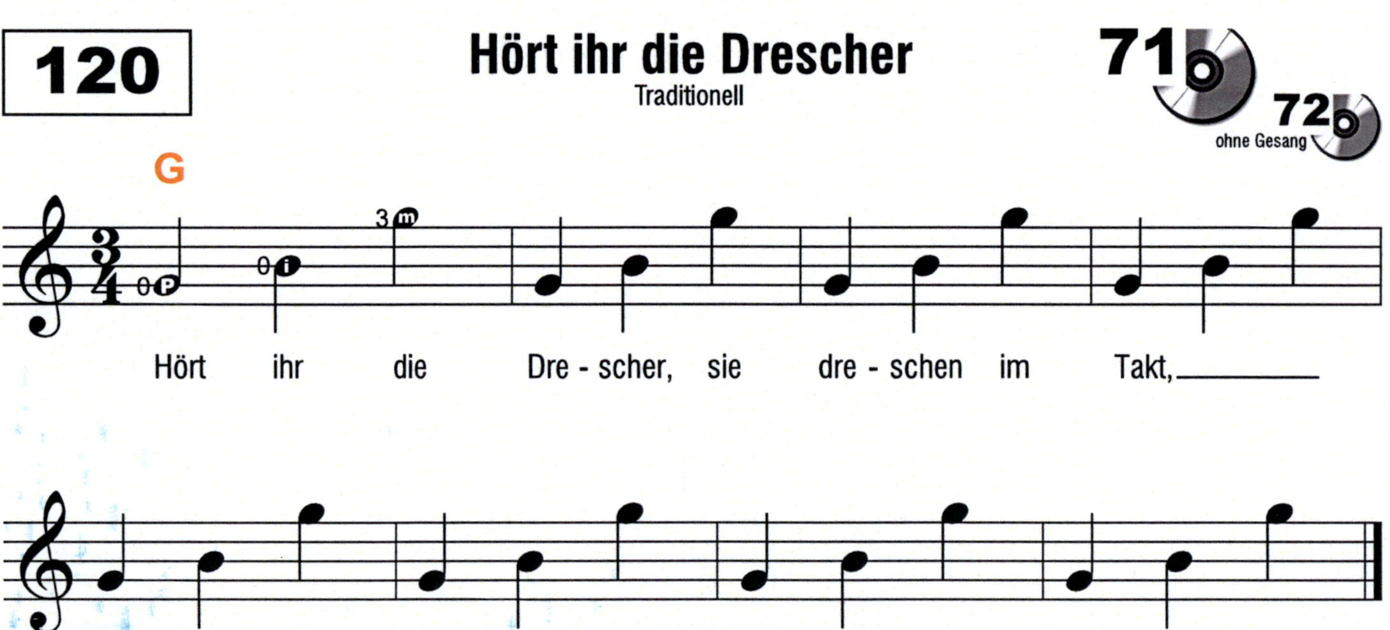

Jetzt spielen wir mit Zupfmuster 3 ein paar bekannte Kinderlieder im 3/4tel Takt !

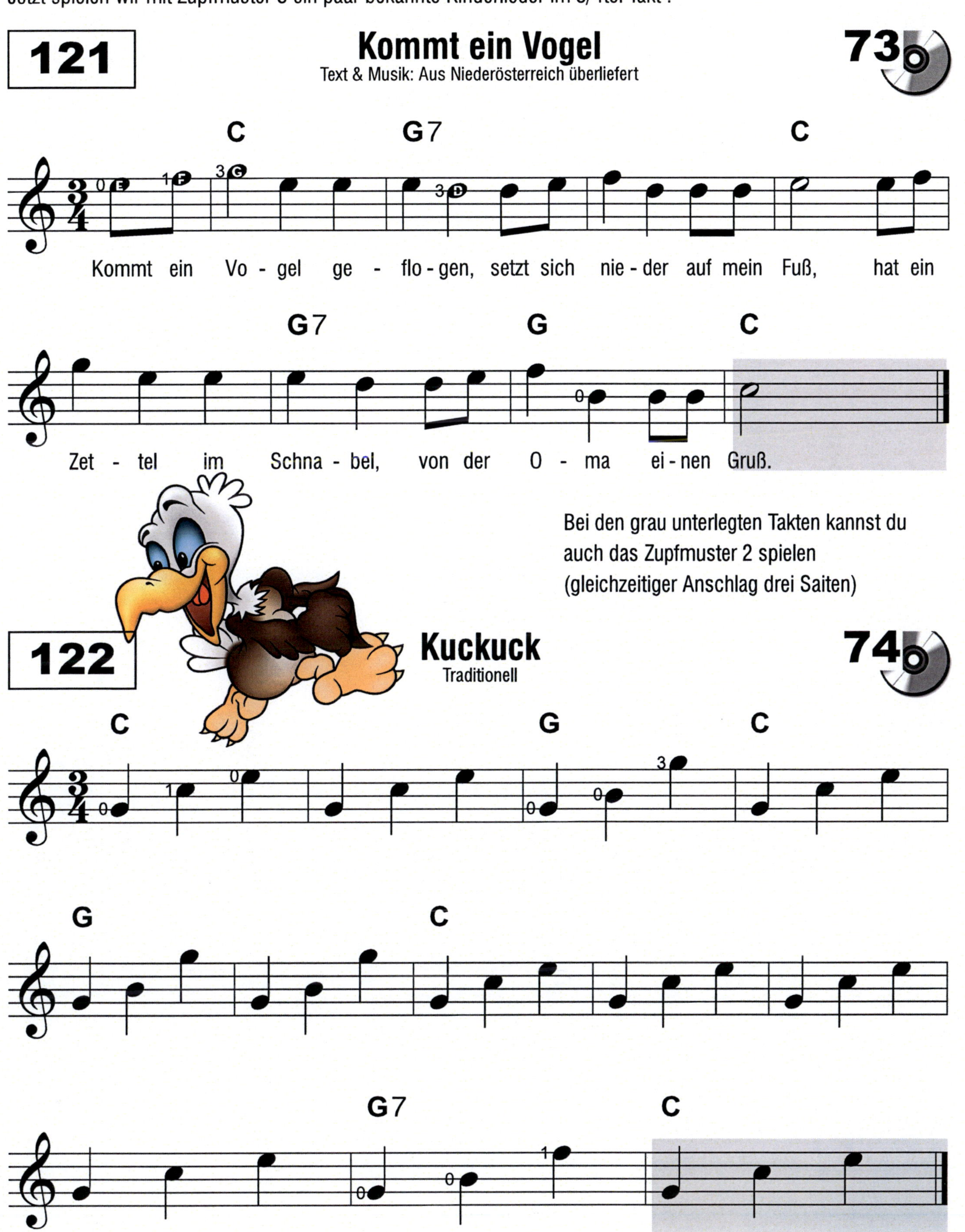

Der einfache Em-Akkord

Der Em-Akkord ist super einfach! Du begleitest nur mit den drei leeren Saiten (hohe e, h- und g-Saite).

Moll Akkorde klingen trauriger und und dunkler als Dur Akkorde. Das Akkordsymbol ist ein großer Buchstabe mit einem kleinen „m“ dahinter.

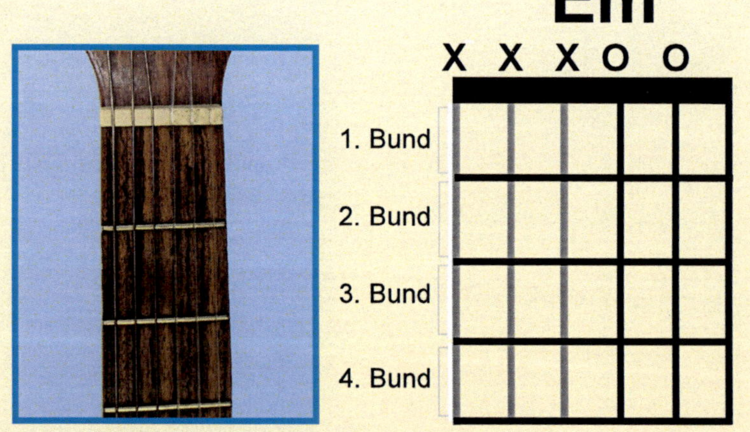

123

Zuerst eine Warm-up Übung mit dem E-Moll Akkord nach Zupfmuster 1

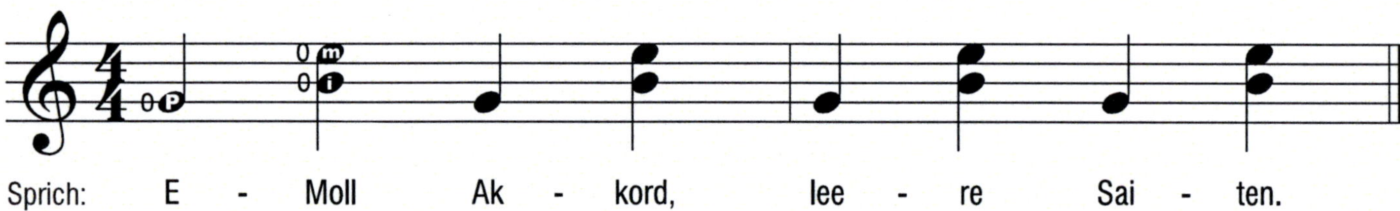

Der einfache Am-Akkord

Für den A-Moll Akkord (Am) benötigst du zum ersten Mal zwei Finger der linken Hand. Mit dem Zeigefinger **1** drückst du wie beim C-Akkord die H-Saite im ersten Bund. Mit dem Mittelfinger **2** greifst du im zweiten Bund der G-Saite.

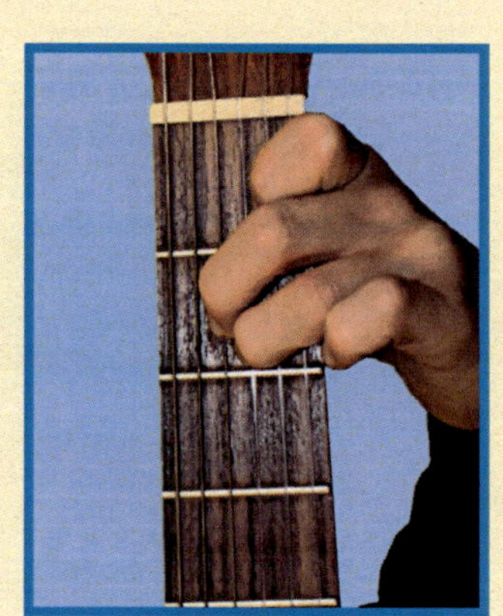

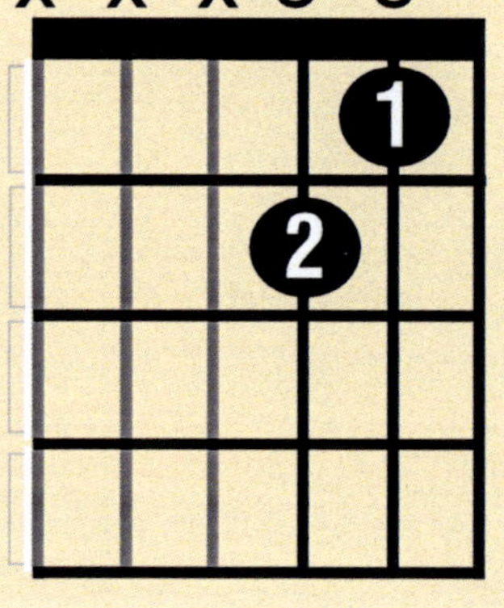

124

Und jetzt eine Übung mit dem A-Moll Akkord nach Zupfmuster 1

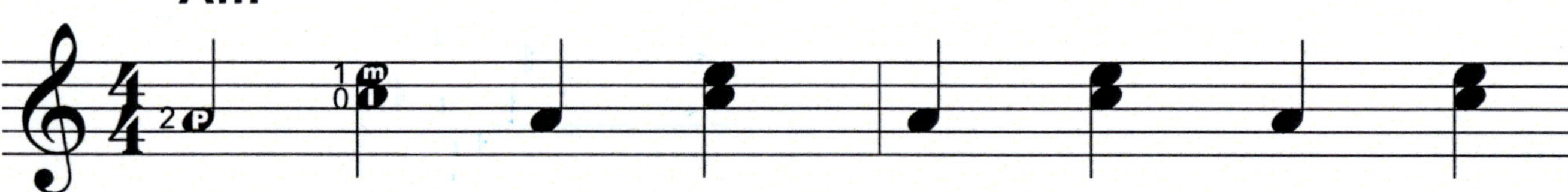

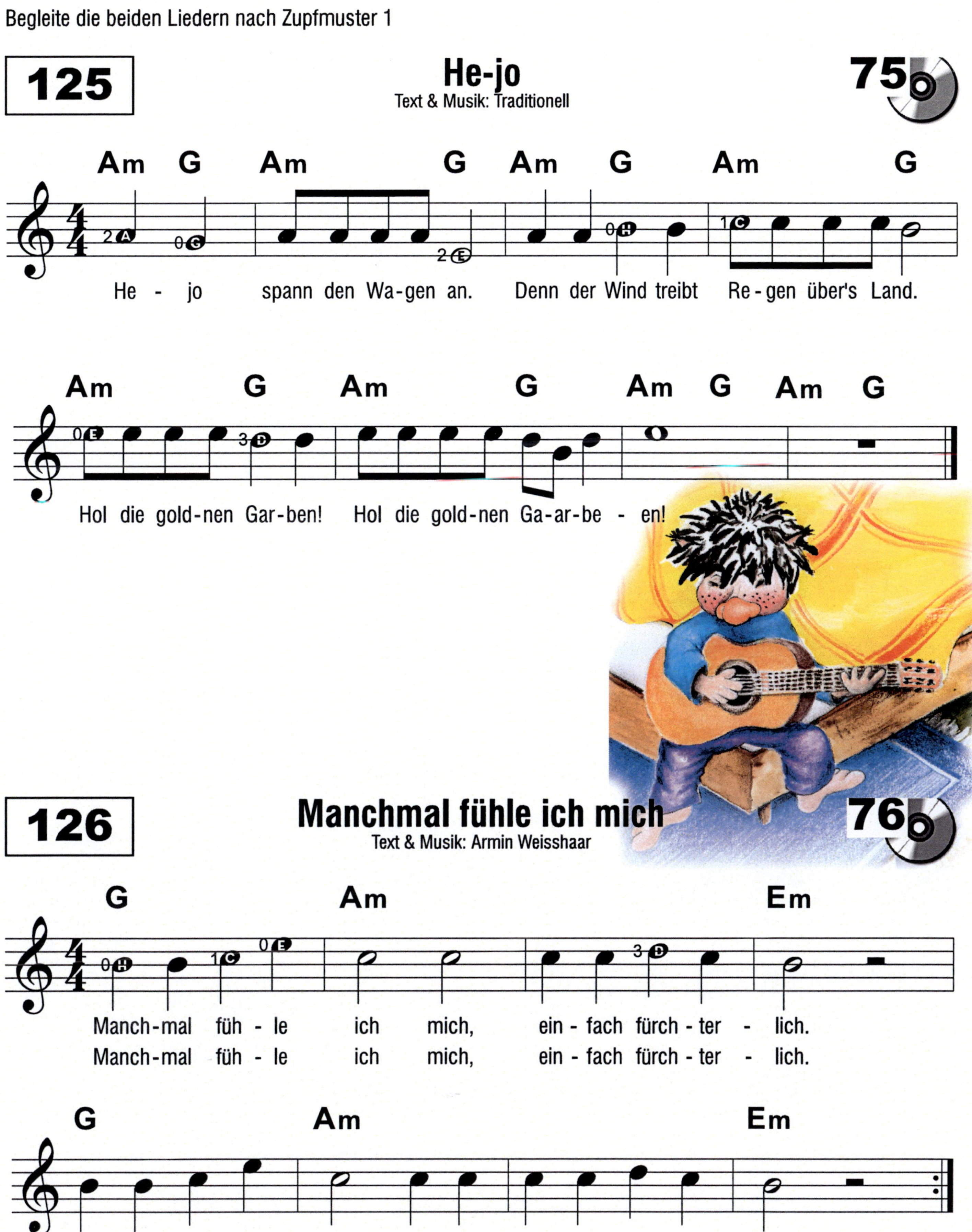
Begleite die beiden Liedern nach Zupfmuster 1
125
He-jo
Text & Musik: Traditionell
75
Am G Am G Am G Am G
He - jo spann den Wa-gen an. Denn der Wind treibt Re-gen über's Land.
Am G Am G Am G Am G
Hol die gold-nen Gar-ben! Hol die gold-nen Ga-ar-be - en!
126
Manchmal fühle ich mich
Text & Musik: Armin Weisshaar
76
G Am Em
Manch-mal füh - le ich mich, ein - fach fürch - ter - lich.
Manch-mal füh - le ich mich, ein - fach fürch - ter - lich.
G Am Em
Sitz dann an mein Fens - ter und träum so vor mich her.
Hol dann die Gi - tar - re und spiel so vor mich her.

Flunk schreibt zurück

Endlich hat Flunk einmal Zeit gefunden seinem Freund Ping aus Stoney Island zu schreiben. Immerhin ist es schon ein Monat her, als er Post von ihm bekommen hat. Seit fast einer Stunde sitzt Flunk an seinem Schreibtisch. Er könnte einige Seiten schreiben, so viel hat er seinem Freund zu sagen. Nach einer Weile ist sein Brief fertig und er bringt ihn zur Post. „Das kann fast zwei Wochen dauern" erwidert der Postbeamte, als ihn Flunk fragt, wie lange es dauern würde bis der Brief in Stoney Islands ankommt. Flunk strahlt. Seine Karte mit dem Kürbis kommt ja doch pünktlich zu Halloween bei seinem Freund an.

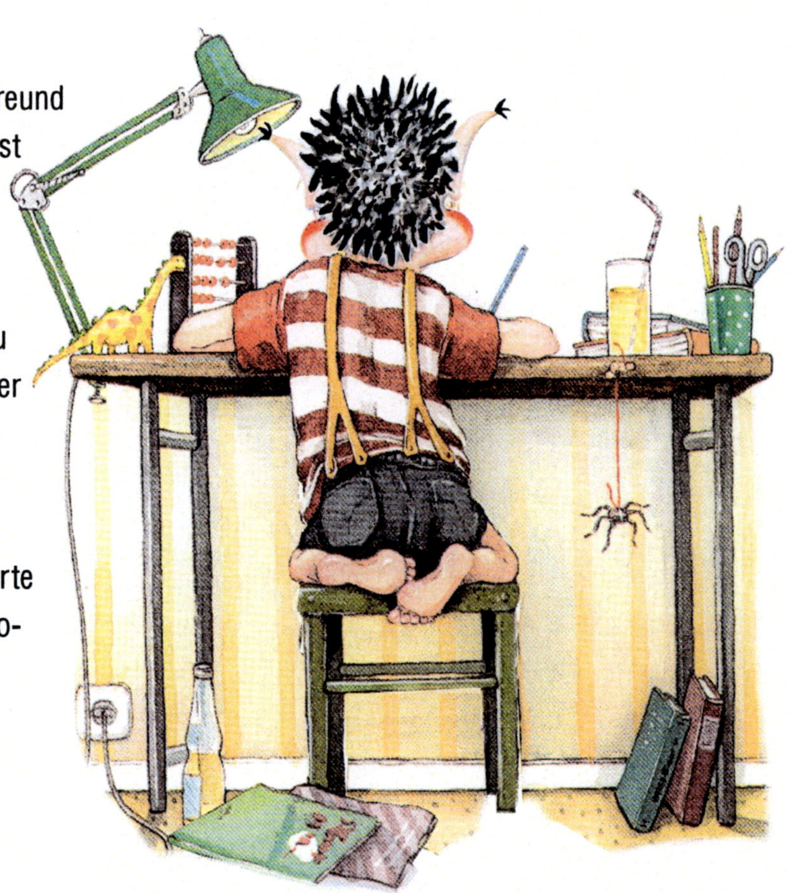

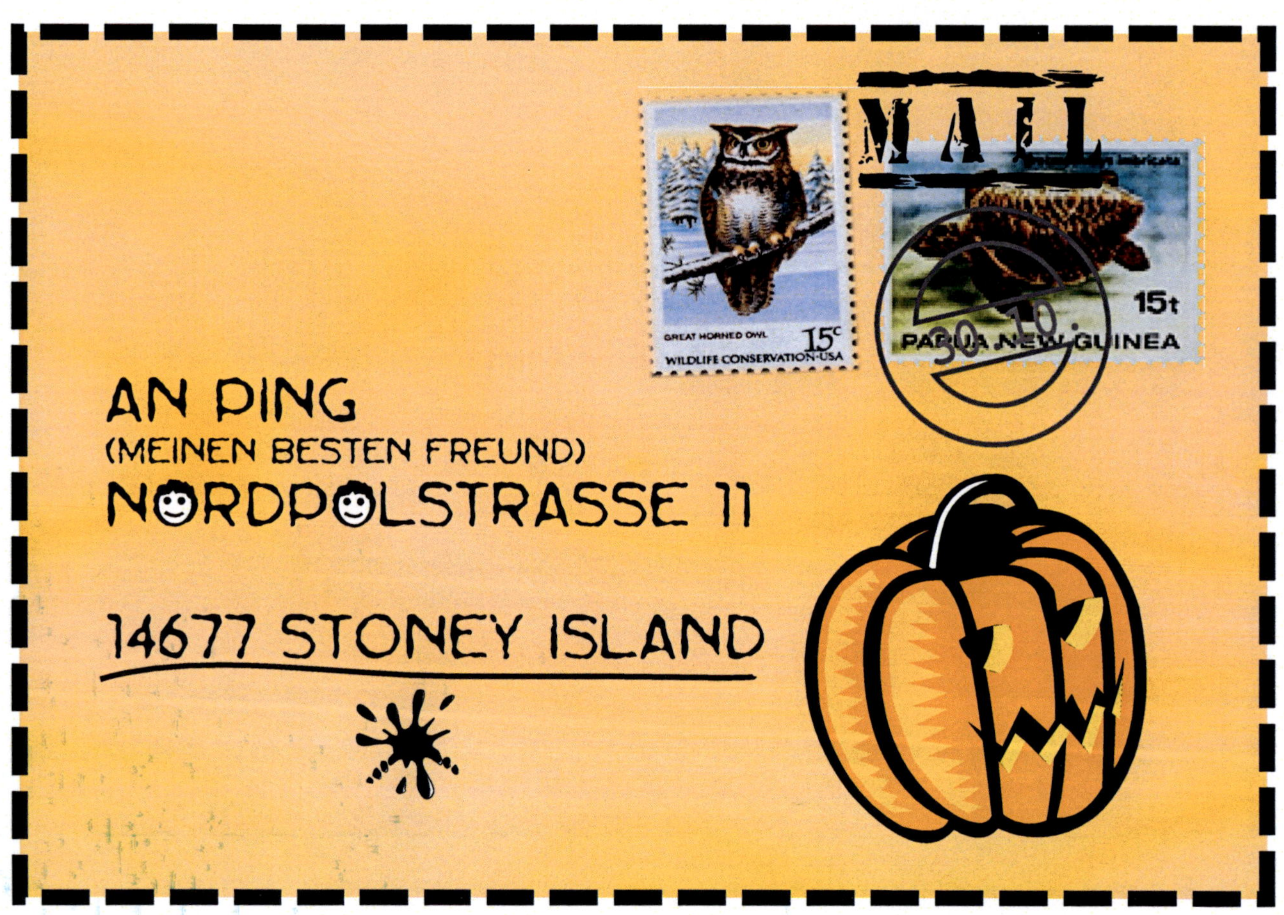

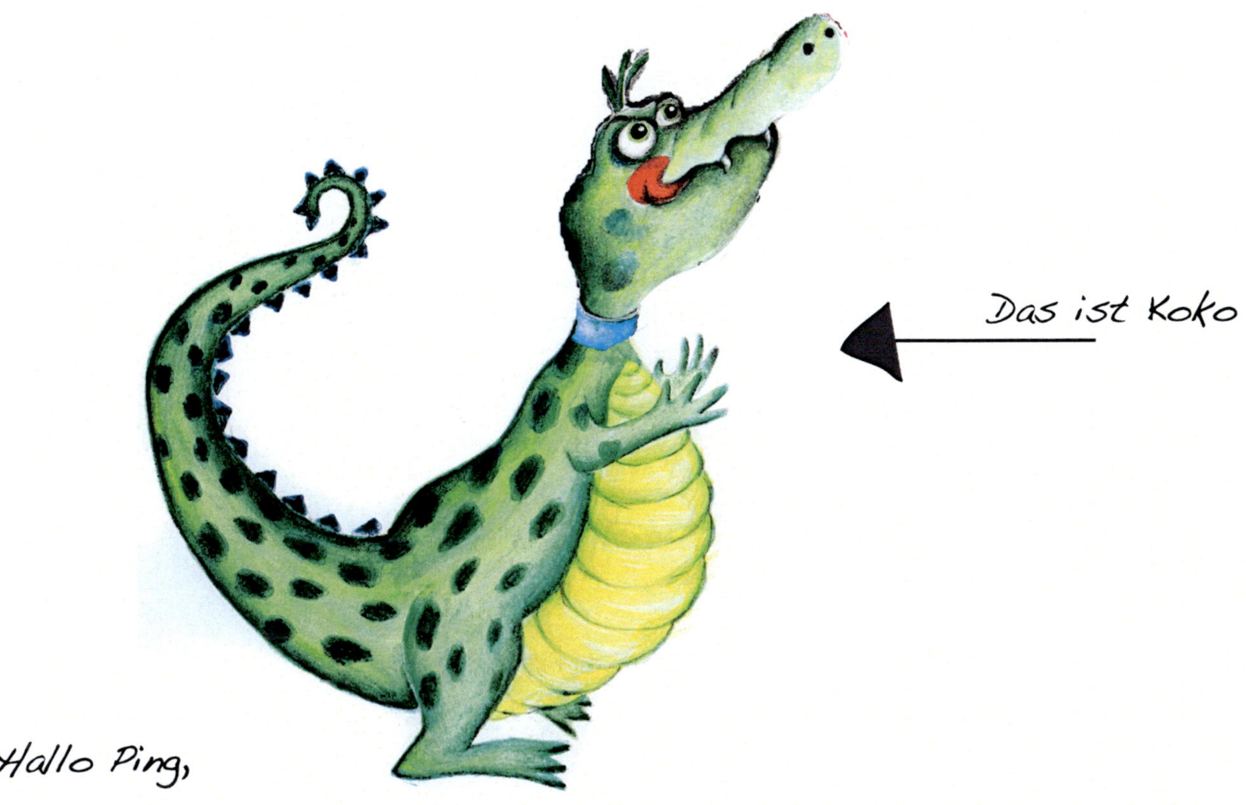

Hallo Ping,

Es tut mir leid, dass ich Dich dieses jahr nicht in Stoney Island besuchen konnte, aber wir waren alle zusammen, das heisst Sally, Gräslin und ich in Kreta. Das ist eine Insel in Griechenland.
War echt super und vor allem heiss.
Ich habe dort tolle Menschen und supertolle Abenteuer erlebt. Aber das beste war unsere Bootsfahrt auf eine einsame Insel mit einer alten Burg darauf. Du wirst es nicht glauben, aber im Verliess unterhalb der Burg war jahrelang ein Krokodil versteckt und wir haben es nach dieser langen zeit endlich befreit. Koko ist sein Name und er wohnt jetzt bei uns in unserem haus in Munzhausen. Du kannst Dir ja vorstellen, was die leute im Ort über uns geredet haben. Du mußt unbedingt einmal Koko kenenlernen, der ist echt okay. Also ich muß jetzt Schluss machen, aber ich hoffe wir sehen uns bald.

PS: Ich Dir auch ein paar Lieder mit einem abgefahrenen Akkord zugeschickt. ch hoffe es gefällt Dir. Wir können ja unsere beiden Lieder beim nächsten Treffen einmal zusammen spielen.

Liebe Grüße 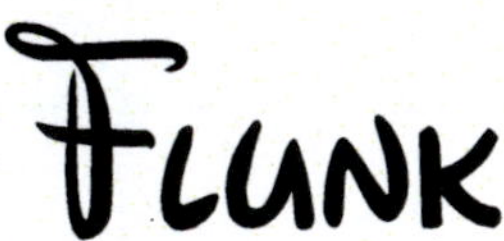

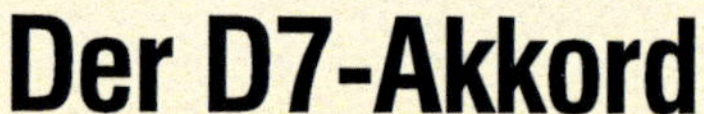

Der D7-Akkord

Für den D7-Akkord benötigst du schon drei Finger. Du greifst den Am-Akkord und setzt zusätzlich im dritten Bund der hohen E-Saite den Ringfinger **2** auf. Ist doch einfach, oder :)

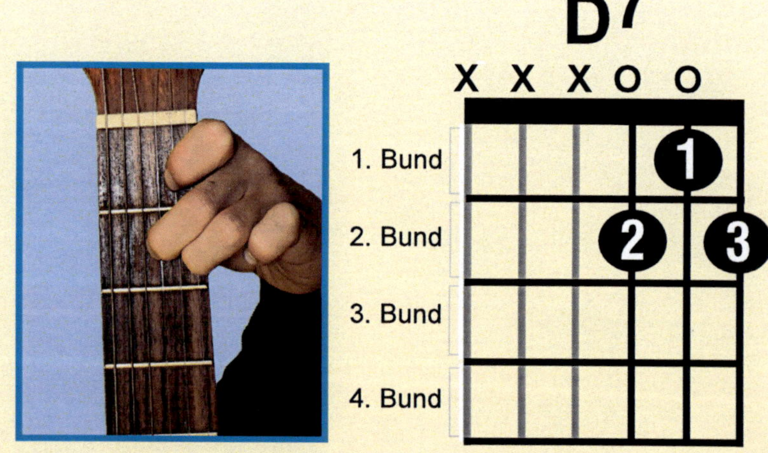

127 D-Dur sieben

Text & Musik: Armin Weisshaar

77 78 ohne Gesang

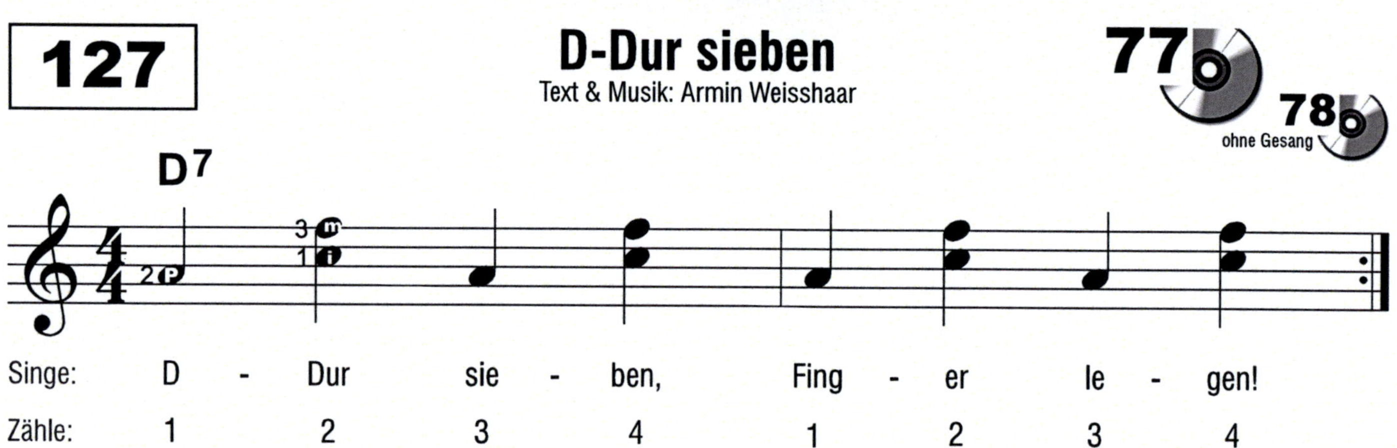

Bei diesem Lied hast du jeweils vier Viertelpausen Zeit um auf den nächsten Akkord zu wechseln.

128 Zwei Akkorde

Text & Musik: Armin Weisshaar

79 80 ohne Gesang

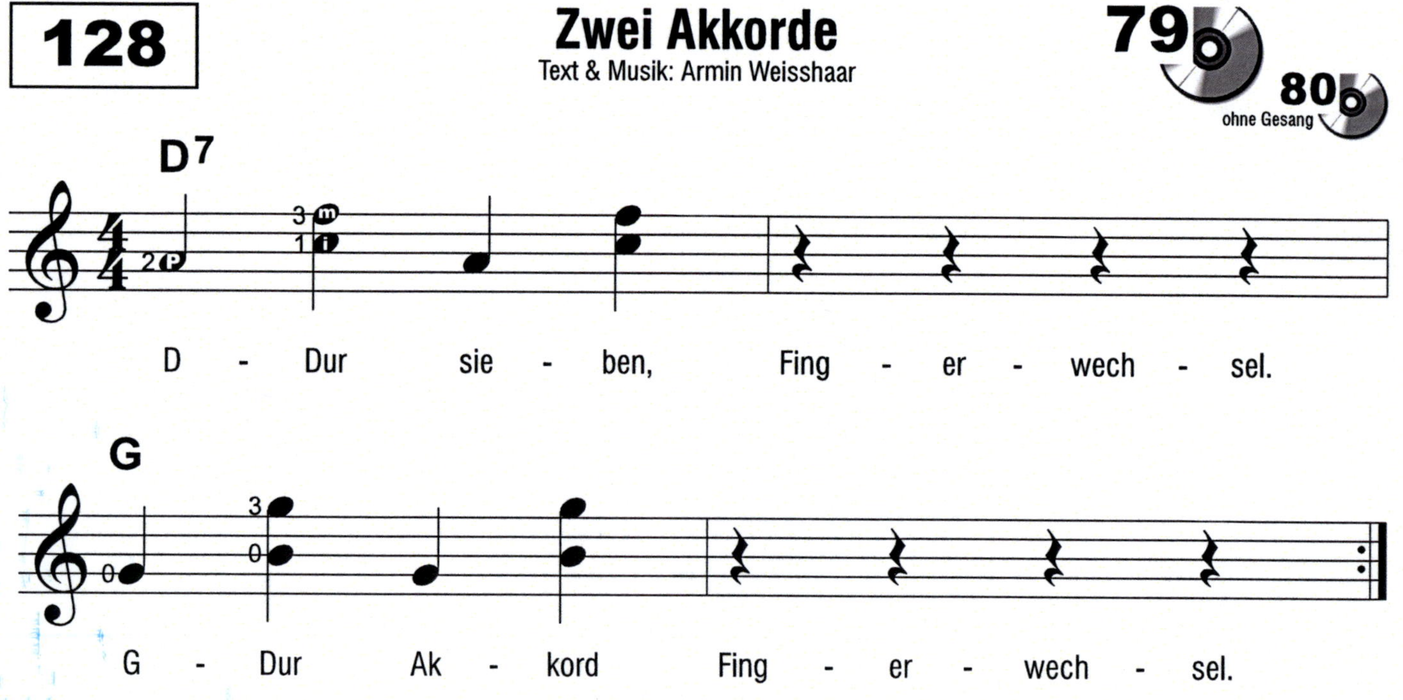

Arpeggios (Zupfmuster 4)

Du lernst jetzt ein Zupfmuster im 4/4tel Takt, bei dem die Töne des Akkordes nacheinander gezupft werden Das nennt man ein Arpeggio. Wir probieren es zuerst einmal mit dem einfachen Em-Akkord aus.

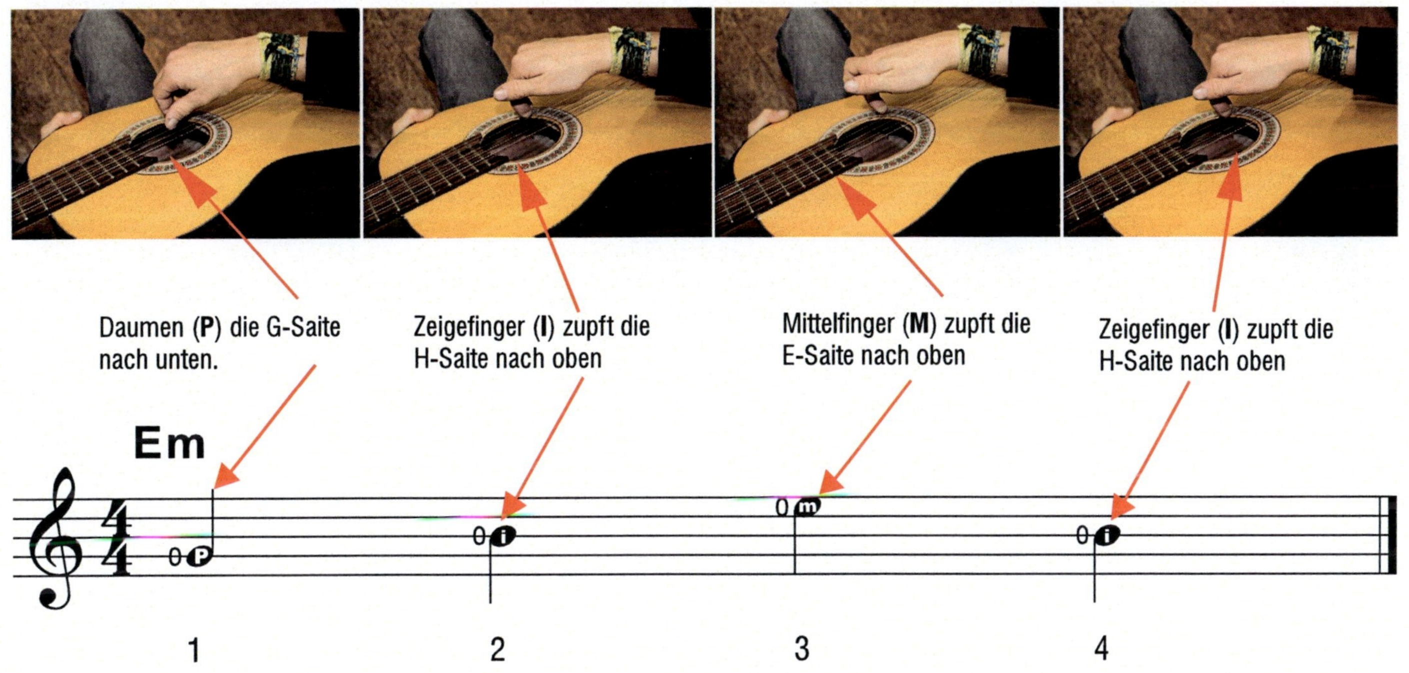

Achte auf die Akkordwechsel!!!

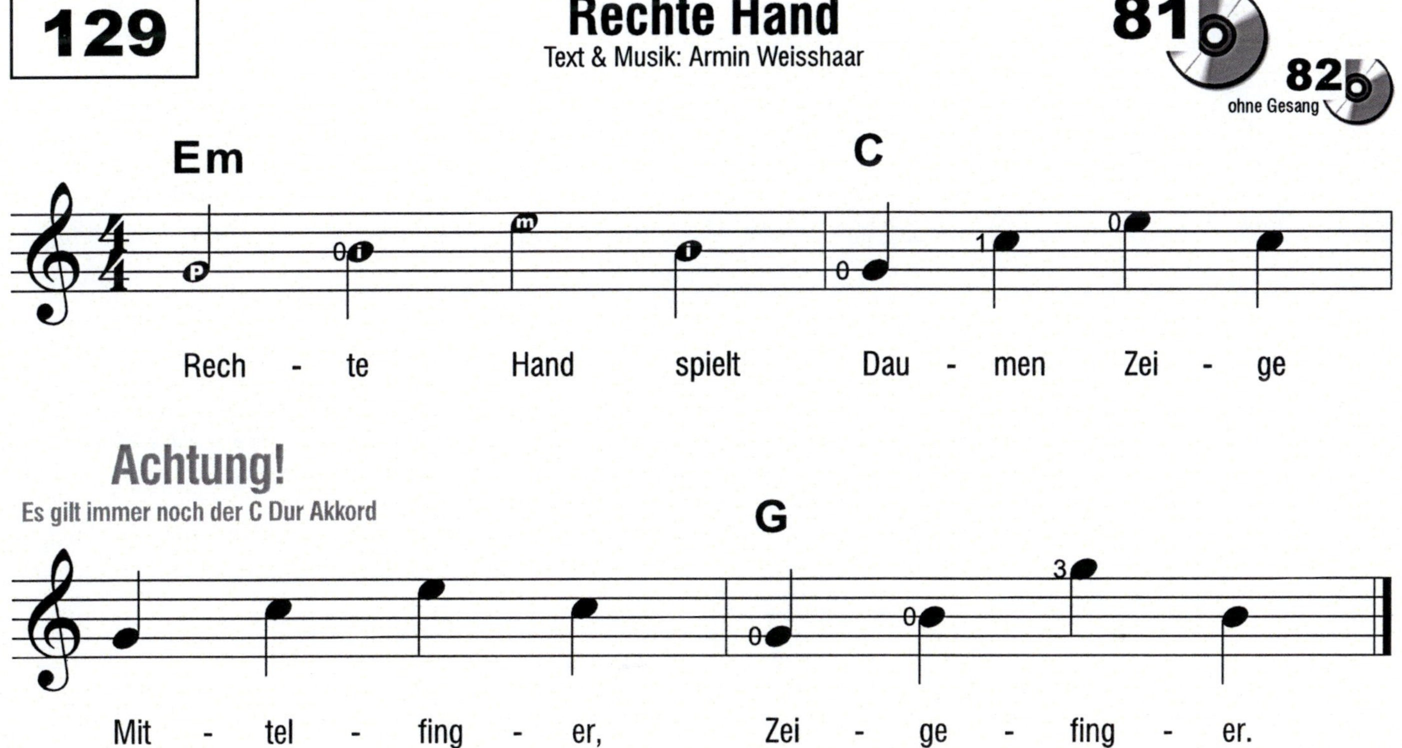

Begleite mit dem soeben gelernten Zufmuster die nächsten beiden Lieder!

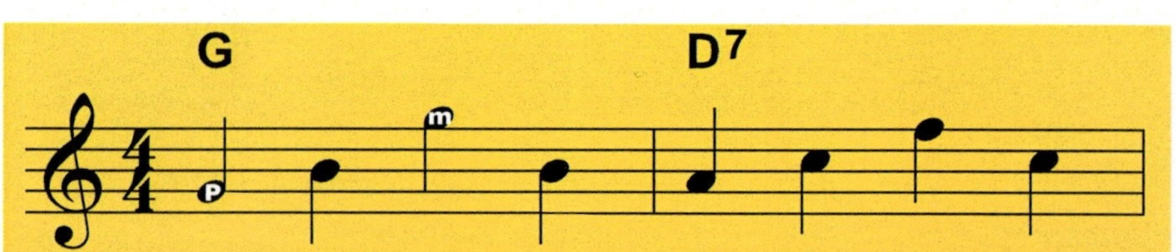

130

Drei Chinesen

Spasslied

83

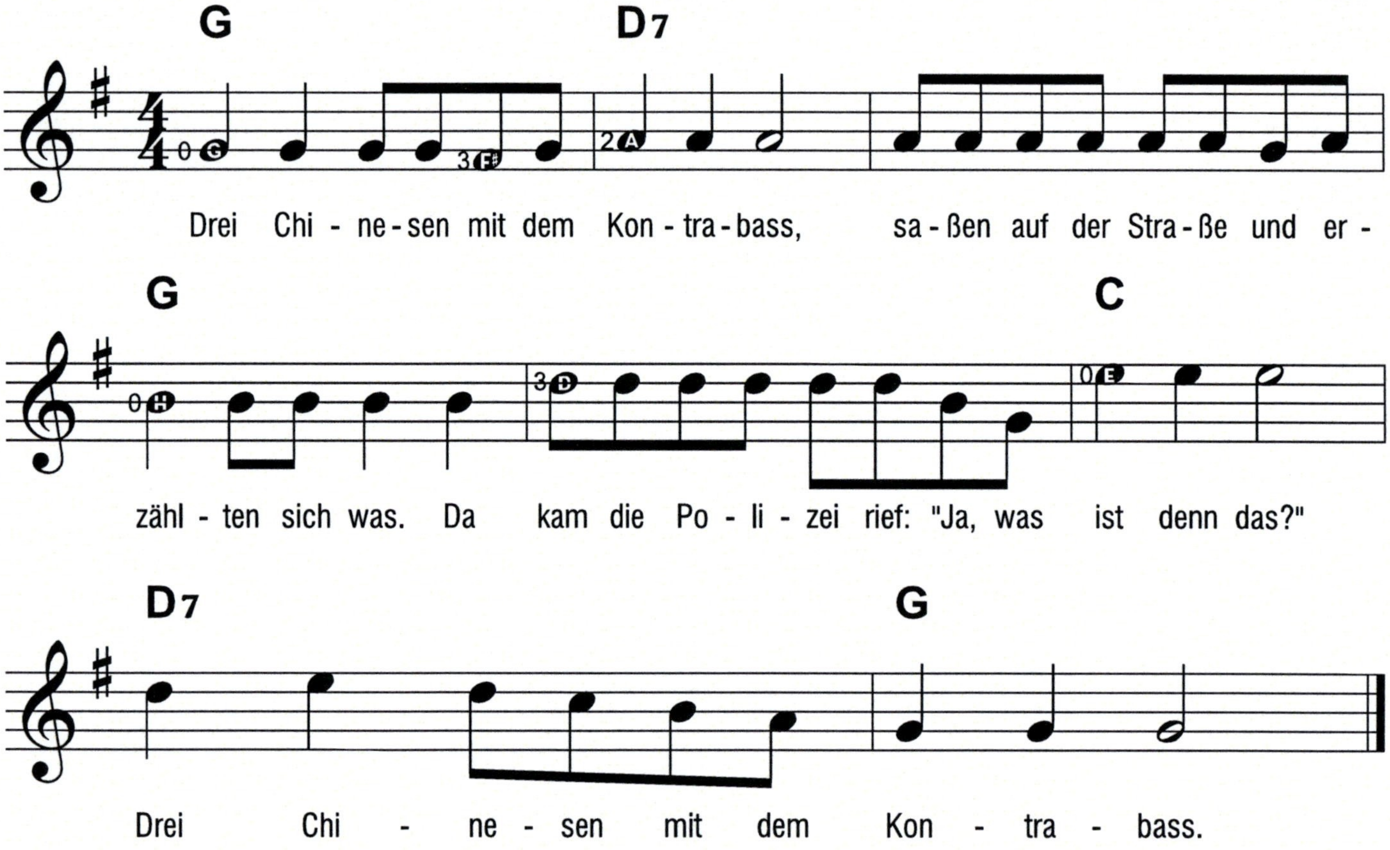

G D7

Drei Chi - ne - sen mit dem Kon - tra - bass, sa - ßen auf der Stra - ße und er -

G C

zähl - ten sich was. Da kam die Po - li - zei rief: "Ja, was ist denn das?"

D7 G

Drei Chi - ne - sen mit dem Kon - tra - bass.

131

Auf dä schwäbsche Eisebahne

Text & Musik: Traditionell

84

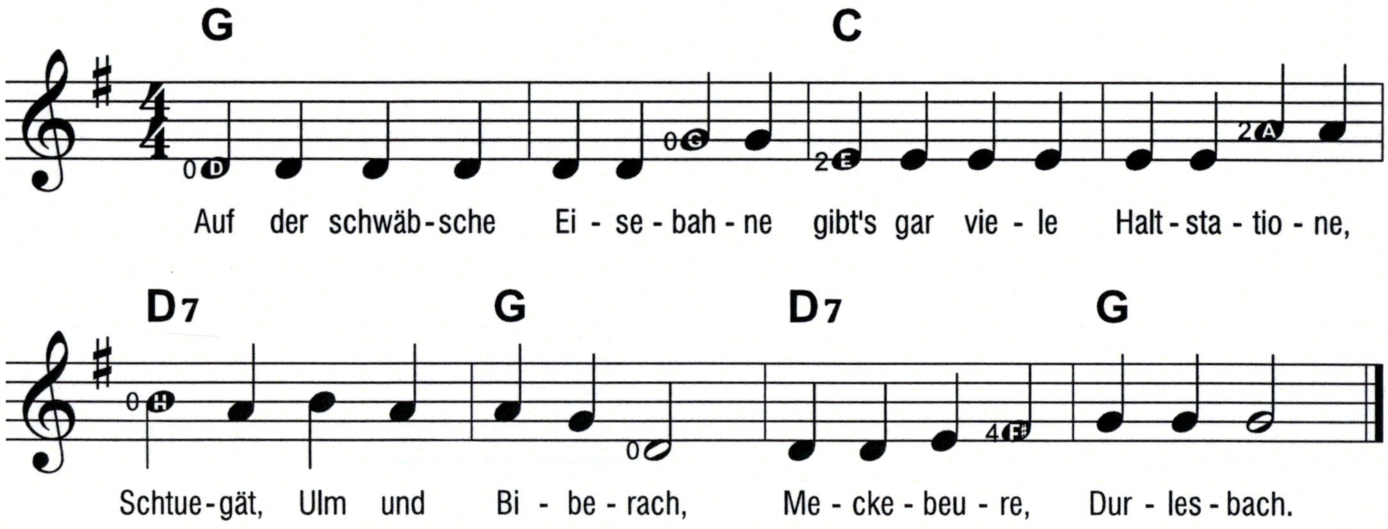

G C

Auf der schwäb - sche Ei - se - bah - ne gibt's gar vie - le Halt - sta - tio - ne,

D7 G D7 G

Schtue - gät, Ulm und Bi - be - rach, Me - cke - beu - re, Dur - les - bach.

Spielen nach Zeichnungen

Spiele bei der Zeichnung 1 auf der Gitarre die Töne, die von Punkt 1 - 7 vorkommen. Dies wären d-e-f-f-f-f-g-e-a-a-a-a-g-f-d-d. Macht doch Spaß, oder? Spiele jetzt die Übung 2 und versuche selbst ein Bild zu erstellen.

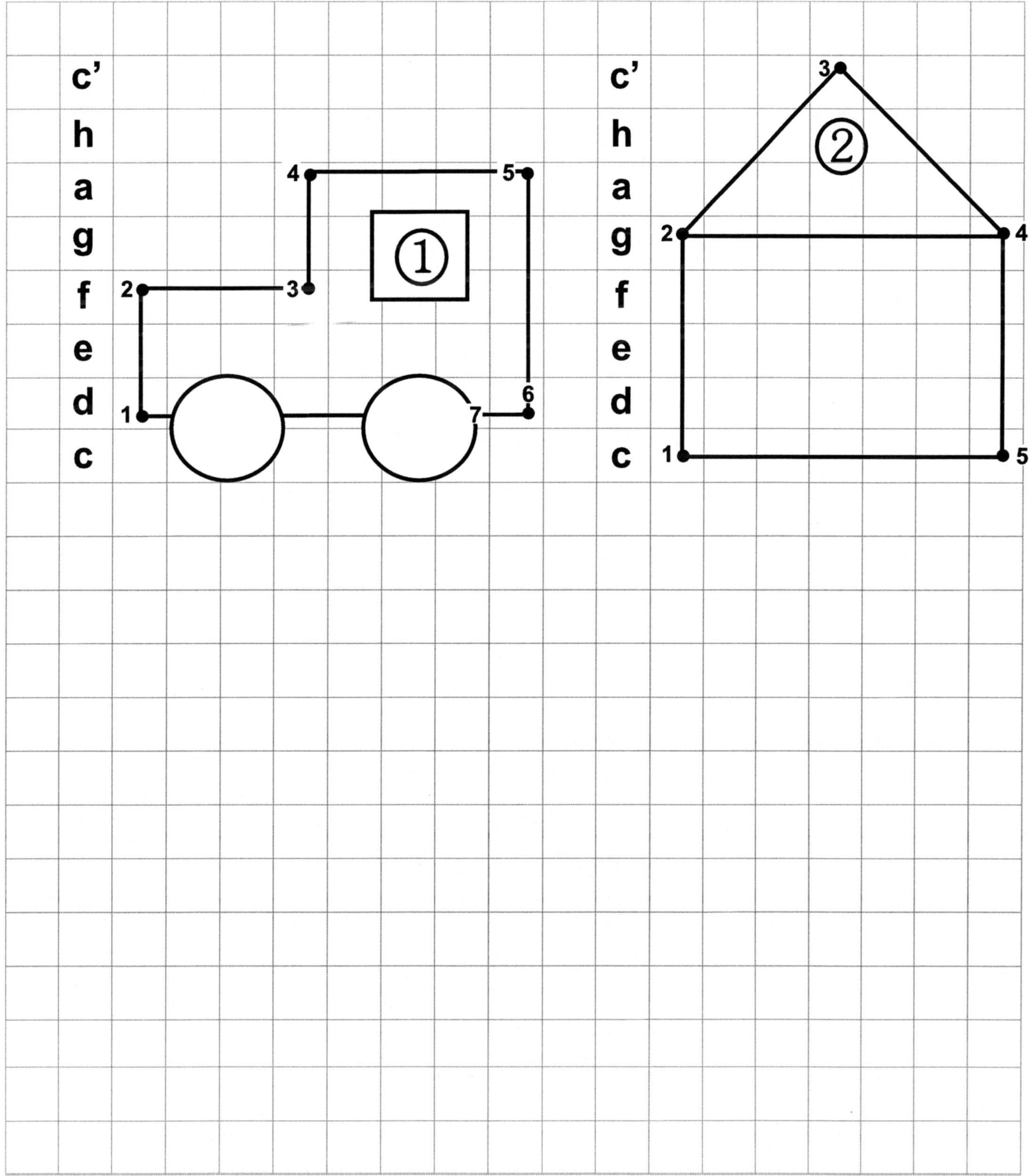

Flunk und Janosch sind sich am Endes des Tages einig, dass sie die Lieder undbedingt mit Schlagzeug, Bass und Gesang spielen wollen.
Der Gründung einer richtigen Rockband liegt demnach nichts mehr im Weg.
Mal schauen, ob die Beiden es schaffen eine Band zu gründen!!

Euer

Armin Weisshaar

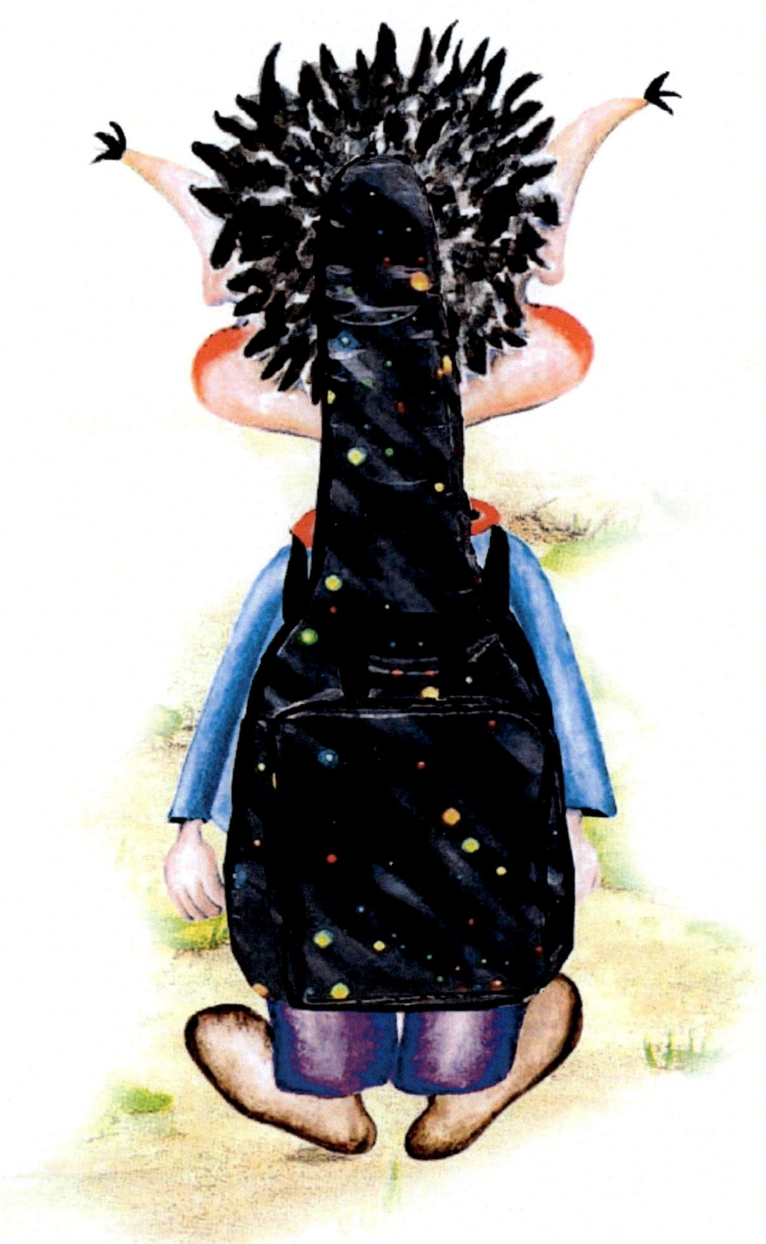

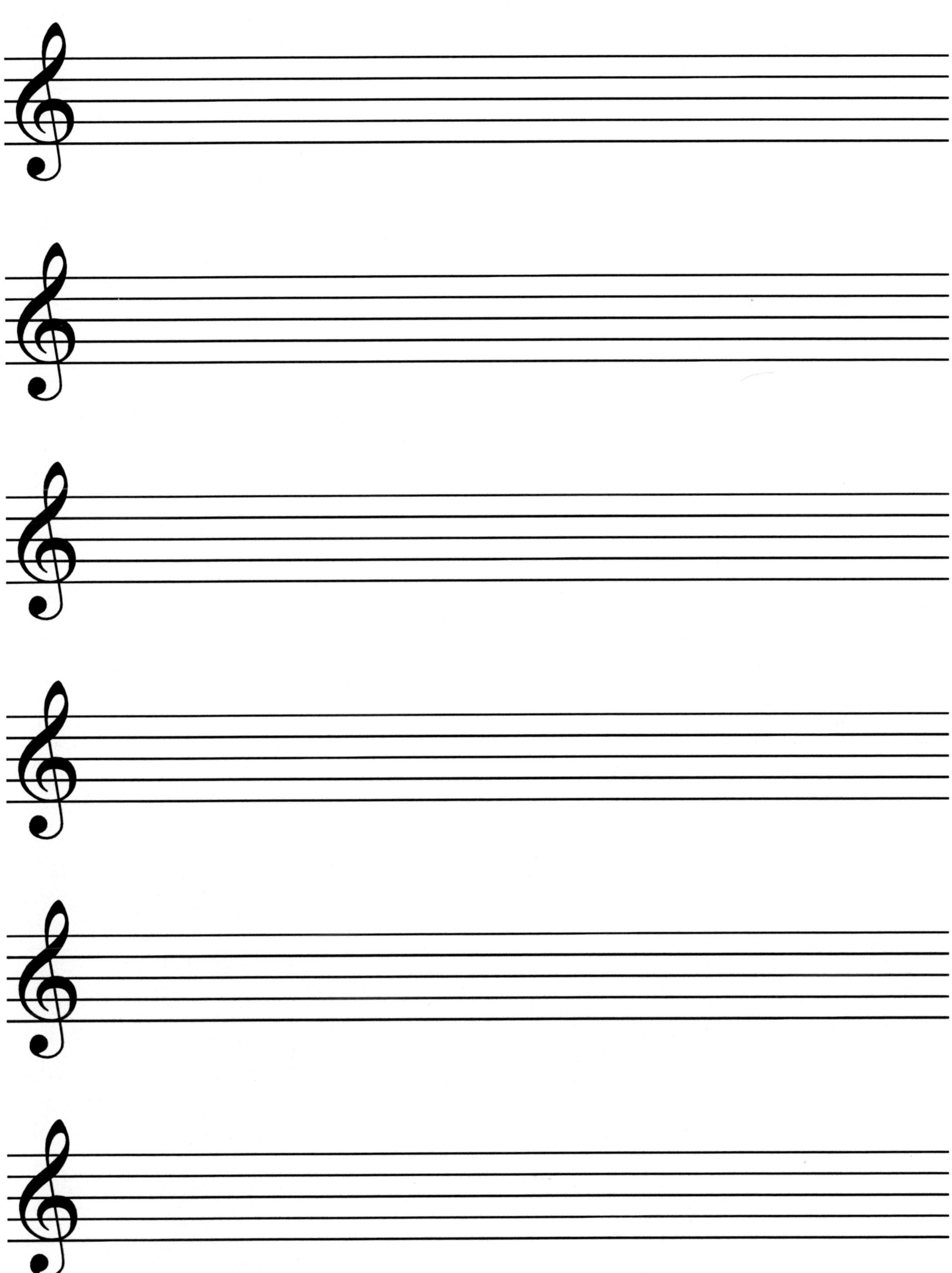

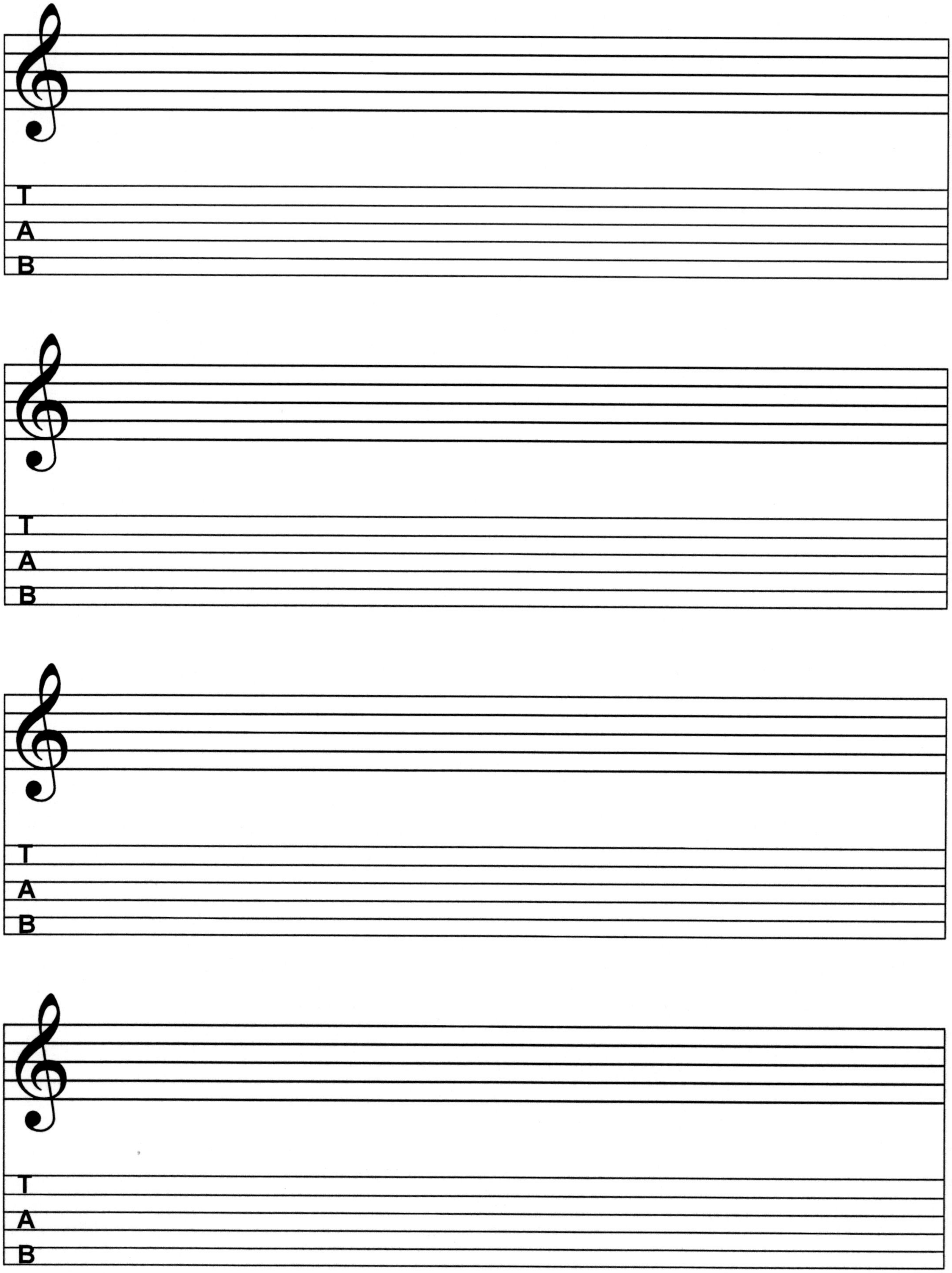

T
A
B

T
A
B

T
A
B

T
A
B

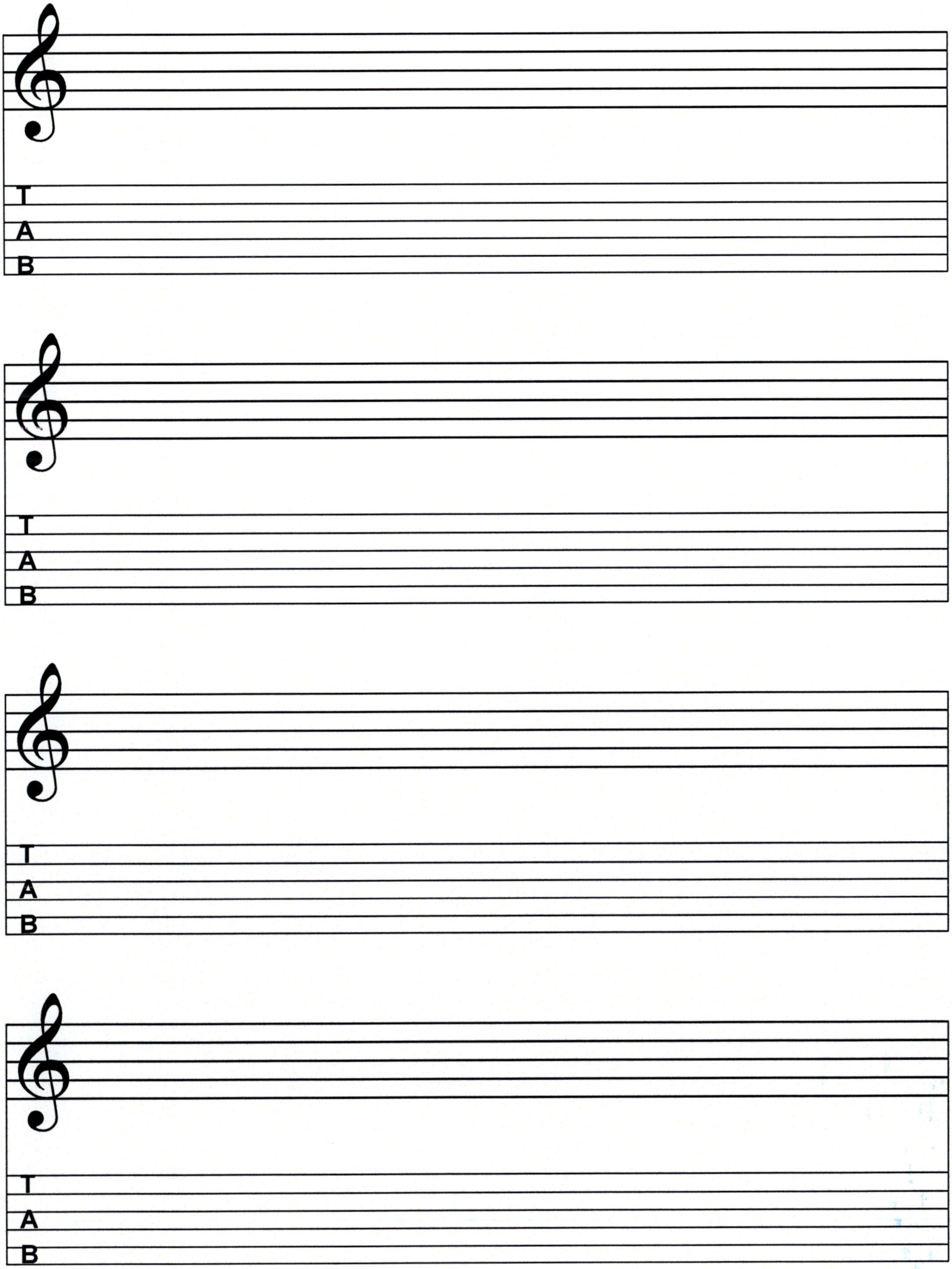

T
A
B

T
A
B

T
A
B

T
A
B

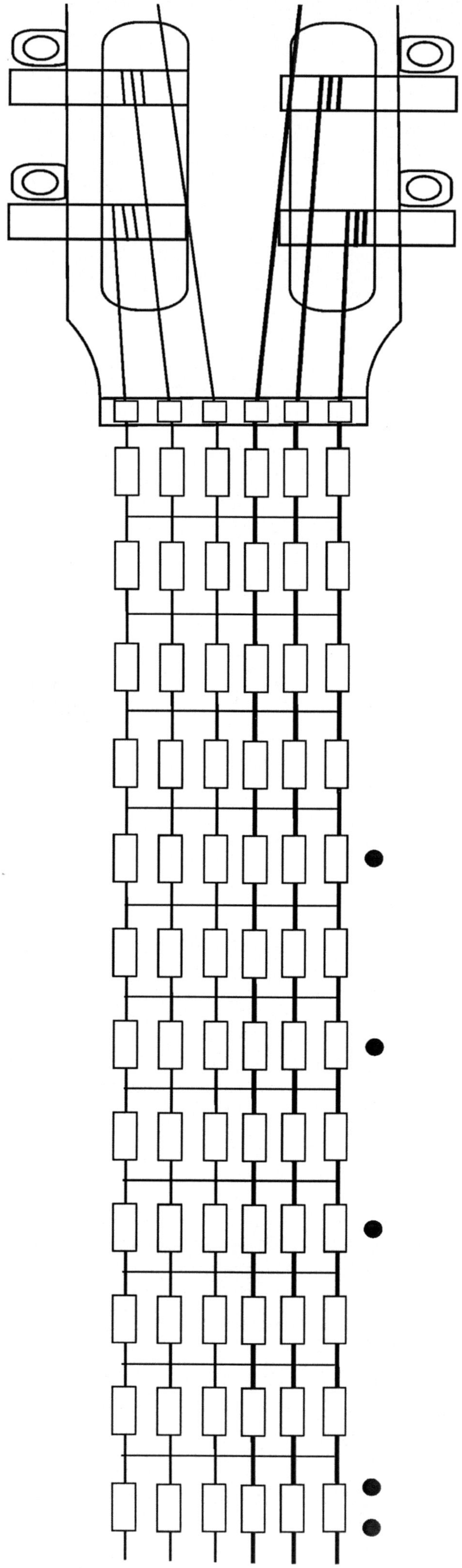

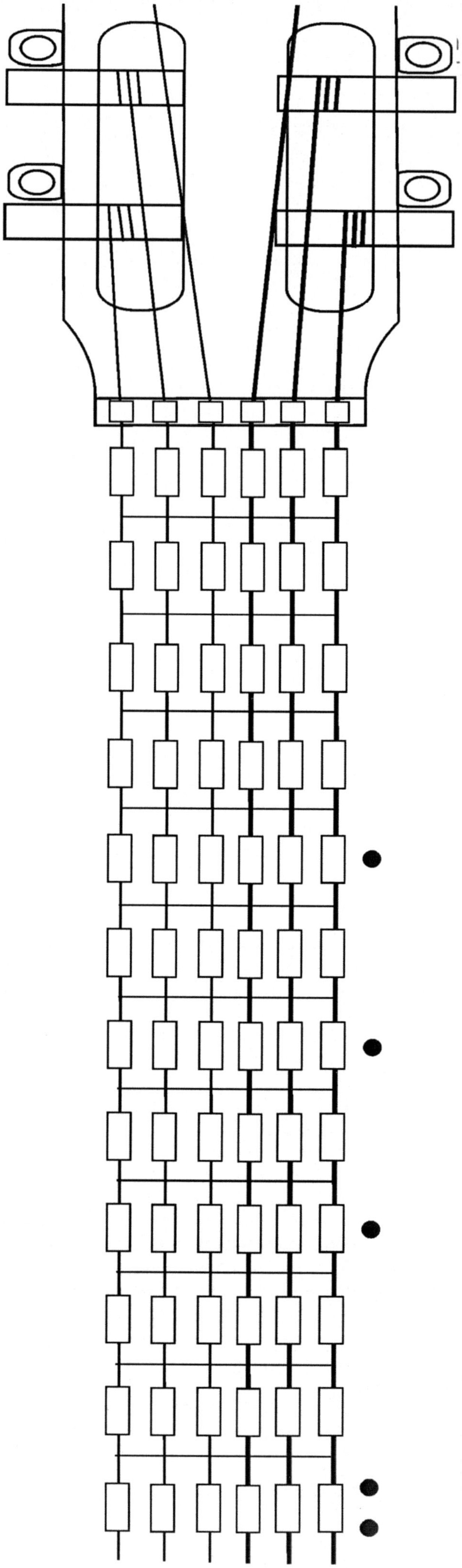

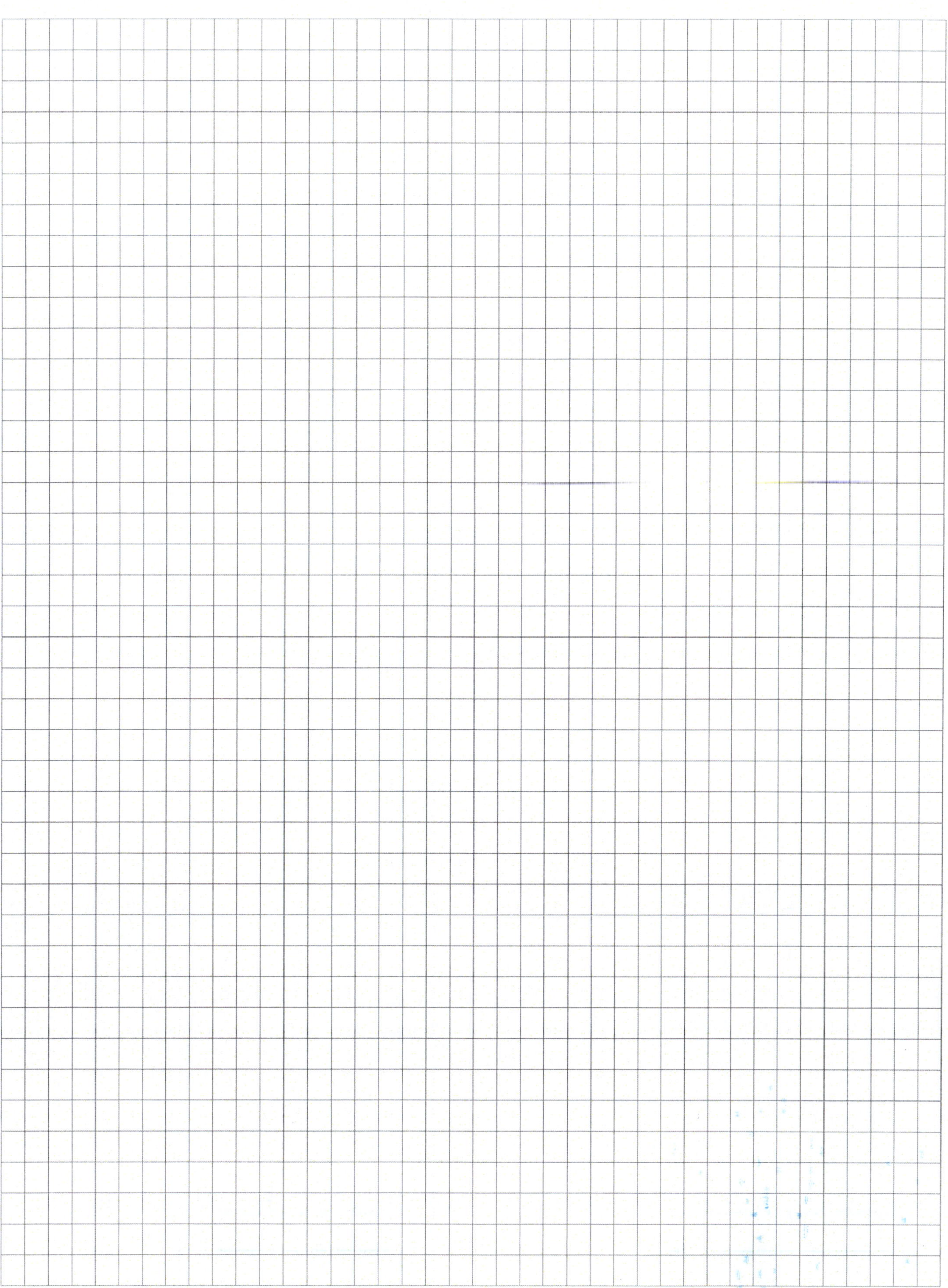

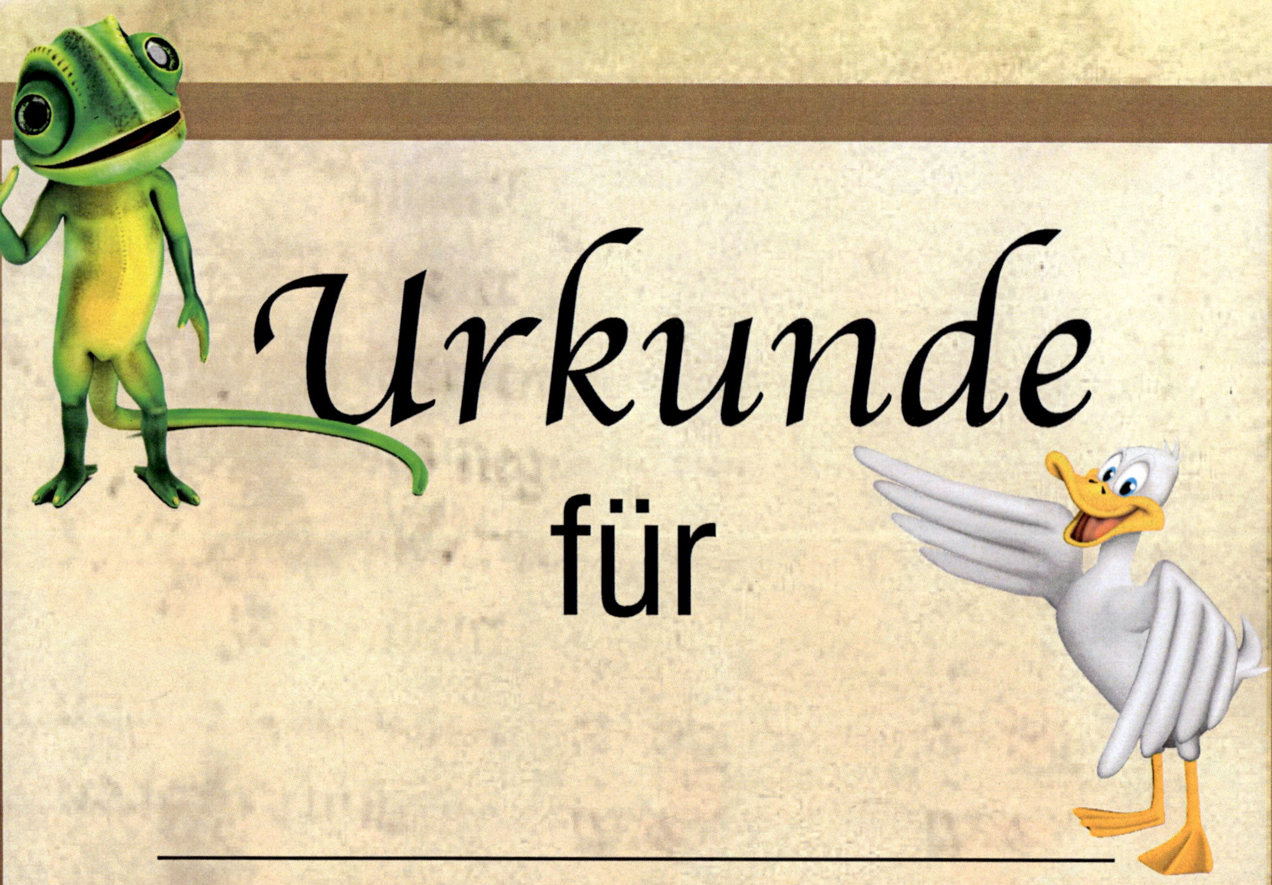

Urkunde

für

____

der /die den Gitarrenkurs

gitarre lernen mit Flunk

mit Erfolg bestanden hat.

Lehrer ______________________________

Elternteil ____________________________

Datum ______________________________